Bernd Rohlfing

Übungsbuch Wirtschaftsrecht

Bernd Rohlfing

Übungsbuch Wirtschaftsrecht

Fragen – Fälle – Lösungen

GABLER

Bibliografische Information Der Deutschen Bibliothek
Die Deutsche Bibliothek verzeichnet diese Publikation in der Deutschen Nationalbibliografie;
detaillierte bibliografische Daten sind im Internet über <http://dnb.ddb.de> abrufbar.

Prof. Dr. Bernd Rohlfing ist Rechtsanwalt und lehrt an der Privaten Fachhochschule Göttingen Wirtschaftsrecht.

1. Auflage März 2006

Alle Rechte vorbehalten
© Betriebswirtschaftlicher Verlag Dr. Th. Gabler | GWV Fachverlage GmbH, Wiesbaden 2006

Lektorat: Jutta Hauser-Fahr / Renate Schilling

Der Gabler Verlag ist ein Unternehmen von Springer Science+Business Media.
www.gabler.de

Umschlaggestaltung: Ulrike Weigel, www.CorporateDesignGroup.de
Druck und buchbinderische Verarbeitung: Wilhelm & Adam, Heusenstamm
Gedruckt auf säurefreiem und chlorfrei gebleichtem Papier
Printed in Germany

ISBN 3-409-14255-X

Vorwort

Wer sich heutzutage mit wirtschaftlichen Zusammenhängen auseinandersetzt, kommt am Wirtschaftsrecht nicht vorbei. Dabei sollte vergegenwärtigt werden, dass es sich bei dem Fach „Wirtschaftsrecht" um eine vielschichtige, aus Einzelbereichen zusammengesetzte Materie handelt, bei der die einzelnen Bereiche miteinander verschränkt sind.

Das vorliegende Werk ist primär als Ergänzung zu den Lehrbüchern „Wirtschaftsrecht 1" und „Wirtschaftsrecht 2" gedacht, sollte indessen auch Studierenden höherer Semester helfen, ihr bereits erworbenes Wissen prüfungssicher zu festigen.

Das alleinige und schlichte Lesen wird nicht ausreichen, sein Wissen (dauerhaft) zu erhalten. Dieses Buch - ein Repetitorium - will durchgearbeitet werden, d. h. es sollten die angegebenen Paragraphen auch gelesen werden. Überdies sind die Fragen und Antworten so angelegt, dass sie auch wiederholt werden können und sollten.

Mein Dank gilt in erster Linie Ilona Rink und Susanne Lange, die sich der nicht zu unterschätzenden Mühe unterzogen haben, für die schreibtechnische Herstellung des Werkes verantwortlich zu zeichnen. Dank gebührt hingegen auch meiner lieben Ehefrau Nicole, die mir großes Verständnis entgegenbrachte und ohne deren Unterstützung dieses Buchvorhaben wohl gescheitert wäre. Ich darf auch all den Personen danken, die durch ihr „offenes Ohr" und die kleinen Tipps ebenfalls einen nicht unmaßgeblichen Beitrag geleistet haben.

Für Anregungen und Kritiken, gleichviel ob positiver oder negativer Natur, bin ich aufgeschlossen und dankbar.

Göttingen, im Dezember 2005

Inhaltsverzeichnis

Abkürzungsverzeichnis

a. A.	anderer Auffassung
ABl.	Amtsblatt
AbzG	Abzahlungsgesetz
a. F.	alte Fassung
AG	Aktiengesellschaft
AG	Amtsgericht
AGB	Allgemeine Geschäftsbedingungen
AGB-Gesetz	Gesetz zur Regelung des Rechts der Allgemeinen Geschäftsbedingungen
AktG	Aktiengesetz
AnfG	Anfechtungsgesetz
AO	Abgabenordnung
ArbG	Arbeitsgericht
ArbGG	Arbeitsgerichtsgesetz
ArbnErfG	Arbeitnehmer-Erfindungsgesetz
ARGE	Arbeitsgemeinschaft
Art.	Artikel
ArzneiMG	Arzneimittelgesetz
AtomG	Atomgesetz
AÜG	Arbeitnehmerüberlassungsgesetz
BAFin	Bundesanstalt für Finanzdienstleistungsaufsicht
BAG	Bundesarbeitsgericht
BAGE	Entscheidungen des BAG (Amtliche Sammlung)
BAK	Blutalkoholkonzentration
BÄrzteO	Bundesärzteordnung
BayObLG	Bayerisches Oberstes Landesgericht
BB	Betriebs-Berater (Zeitschrift)
BetrVG	Betriebsverfassungsgesetz
BFH	Bundesfinanzhof
BGB	Bürgerliches Gesetzbuch
BGB-InfoVO	BGB-Informationspflichten-Verordnung
BGBl.	Bundesgesetzblatt
BGH	Bundesgerichtshof
BGHSt	Entscheidungen des BGH in Strafsachen (Amtliche Sammlung)
BGHZ	Entscheidungen des BGH in Zivilsachen (Amtliche Sammlung)
BO	Berufsordnung
BPatG	Bundespatentgericht

BRAO	Bundesrechtsanwaltsordnung
BRAGO	Bundesrechtsanwaltsgebührenordnung
BVerfG	Bundesverfassungsgericht
BVerfGE	Entscheidungen des Bundesverfassungsgerichts (Amtliche Sammlung)
bzw.	beziehungsweise
B2B	Business to Business
B2C	Business to Consumer
cic	culpa in contrahendo
CISG	Convention on Contracts for the International Sale of Goods (UN-Kaufrecht)
C2C	Consumer to Consumer
DB	Der Betrieb (Zeitschrift)
d. h.	das heißt
DIN	Deutsches Institut für Normung e. V. (Deutsche Industrie-Norm)
DPMA	Deutsches Patent- und Markenamt
EDV	Elektronische Datenverarbeitung
EFZG	Entgeltfortzahlungsgesetz
eG	eingetragene Genossenschaft
EG	Europäische Gemeinschaft
EGBGB	Einführungsgesetz zum Bürgerlichen Gesetzbuch
EGV	Vertrag zur Gründung der Europäischen Gemeinschaft mit den Änderungen durch den Vertrag von Amsterdam
Einf.	Einführung
EMRK	Europäische Konvention zum Schutz der Menschenrechte und Grundfreiheiten
EPA	Europäisches Patentamt
EPÜ	Europäisches Patentübereinkommen
EStG	Einkommenssteuergesetz
etc.	et cetera
EU	Europäische Union
EuGH	Europäischer Gerichtshof
EuGVÜ	EWG-Übereinkommen über die gerichtliche Zuständigkeit und Vollstreckung in Zivil- und Handelssachen
EV	Eigentumsvorbehalt
e. V.	eingetragener Verein
EWiR	Entscheidungen zum Wirtschaftsrecht
EWiV	Europäische Wirtschaftliche Interessenvereinigung
EWR	Europäischer Wirtschaftsraum
ex tunc	rückwirkend
FGG	Gesetz über die Angelegenheiten der freiwilligen Gerichtsbarkeit
G	Gesetz
GBO	Grundbuchordnung

GbR	Gesellschaft bürgerlichen Rechts
GebrMG	Gebrauchsmustergesetz
gem.	gemäß
GemMarkenV	Gemeinschaftsmarkenverordnung
GenG	Genossenschaftsgesetz
GenTG	Gesetz zur Regelung der Gentechnologie
GeschmMG	Geschmacksmustergesetz
GewO	Gewerbeordnung
GG	Grundgesetz
ggf.	gegebenenfalls
GmbH	Gesellschaft mit beschränkter Haftung
GmbHG	Gesetz betreffend die Gesellschaften mit beschränkter Haftung
GmbHR	GmbH-Rundschau (Zeitschrift)
GoA	Geschäftsführung ohne Auftrag
GPSG	Geräte- und Produktsicherheitsgesetz
GRUR	Gewerblicher Rechtsschutz und Urheberrecht (Zeitschrift)
GRUR-RR	Gewerblicher Rechtsschutz und Urheberrecht (Rechtsprechungs-Report)
GüKG	Güterkraftverkehrsgesetz
GuT	Gewerbemiete und Teileigentum (Zeitschrift)
GVG	Gerichtsverfassungsgesetz
GWB	Gesetz gegen Wettbewerbsbeschränkungen (Kartellgesetz)
HaftpflG	Haftpflichtgesetz
HalblSchG	Halbleiterschutzgesetz
HGB	Handelsgesetzbuch
h. M.	herrschende Meinung
HR	Handelsregister
HRefG	Handelsrechtsreformgesetz
HRV	Handelsregisterverfügung
HWG	Heilmittelwerbegesetz
HWiG	Haustürwiderrufsgesetz
i. A.	im Auftrag
IHK	Industrie- und Handelskammer
IHR	Zeitschrift für Internationales Handelsrecht
Incoterms	International Commercial Terms
Ins	Insolvenz
InsO	Insolvenzordnung
i. S.	im Sinne
i. Ü.	im Übrigen
i. V.	in Vertretung
iVm	in Verbindung mit
JZ	Juristen-Zeitung
KAGG	Gesetz über Kapitalanlagegesellschaften

Kfz	Kraftfahrzeug
KG	Kammergericht
KG	Kommanditgesellschaft
KGaA	Kommanditgesellschaft auf Aktien
KMU	kleine und mittelständische Unternehmen
KO	Konkursordnung
KWG	Kreditwesengesetz
LadSchlG	Ladenschlussgesetz
LAG	Landesarbeitsgericht
LG	Landgericht
LMBG	Lebensmittel- und Bedarfsgegenständegesetz
LuftVG	Luftverkehrsgesetz
MarkenG	Markengesetz
m. a. W.	mit anderen Worten
MB	Mega Byte
MDR	Monatsschrift für Deutsches Recht
MHA	Madrider Herkunftsabkommen
MMA	Madrider Markenabkommen
MMR	Multi Media und Recht (Zeitschrift)
MontanMitbestG	Montanmitbestimmungsgesetz
NaStraG	Gesetz zur Namensaktie und zur Erleichterung der Stimmrechtsausübung
n. F.	neue Fassung
NJW	Neue Juristische Wochenschrift (Zeitschrift)
NJWE-WettbR	NJW-Entscheidungsdienst Wettbewerbsrecht
NJW-RR	NJW-Rechtsprechungs-Report Zivilrecht
NKA	Nizzaer Abkommen über die internationale Klassifikation von Waren und Dienstleistungen
NVwZ	Neue Zeitschrift für Verwaltungsrecht
NVwZ-RR	NVwZ-Rechtsprechungs-Report
NZA	Neue Zeitschrift für Arbeitsrecht
NZG	Neue Zeitschrift für Gesellschaftsrecht
o. Ä.	oder Ähnliches
OHG	Offene Handelsgesellschaft
OLG	Oberlandesgericht
OVG	Oberverwaltungsgericht
PAngVO	Preisangabenverordnung
PartG	Partnergesellschaft
PartGG	Partnerschaftsgesellschaftsgesetz
PatentG	Patentgesetz
PatV	Patentverordnung
PflVersG	Pflichtversicherungsgesetz
PostG	Postgesetz

ProdHaftG	Produkthaftungsgesetz
ProdSG	Produktsicherheitsgesetz
PVÜ	Pariser Verbandsübereinkunft
pVV	Positive Vertragsverletzung
RabattG	Rabattgesetz
RAM	Random Access Memory
Rdziff.	Randziffer
RG	Reichsgericht
RGZ	Entscheidungen des Reichsgerichts in Zivilsachen (Amtliche Sammlung)
S.	Seite
SchE	Schadensersatz
ScheckG	Scheckgesetz
SE	Societas Europaea
SGB	Sozialgesetzbuch
SigG	Signaturgesetz
sog.	so genannte(r)
SortenschG	Sortenschutzgesetz
SpruchG	Spruchverfahrensgesetz
SpuRT	Sport und Recht (Zeitschrift)
StGB	Strafgesetzbuch
StVG	Straßenverkehrsgesetz
SZR	Sonderziehungsrecht
TDG	Teledienstegesetz
TKG	Telekommunikationsgesetz
TKSchVO	Telekommunikationskundenschutzverordnung
TransPuG	Transparenz- und Publizitätsgesetz
u. a.	unter anderem
u. Ä.	und Ähnliches
UKlaG	Unterlassungsklagengesetz
UmweltHG	Umwelthaftungsgesetz
UmwG	Umwandlungsgesetz
UrhG	Urhebergesetz
Urt.	Urteil
usw.	und so weiter
UVP	Unverbindliche Preisempfehlung
UWG	Gesetz gegen den unlauteren Wettbewerb
VAG	Versicherungsaufsichtsgesetz
VerbrKrG	Verbraucherkreditgesetz
VersR	Versicherungsrecht (Zeitschrift)
VG	Verwaltungsgericht
vgl.	vergleiche
VO	Verordnung

VOB	Verdingungsordnung für Bauleistungen
VVaG	Versicherungsverein auf Gegenseitigkeit
VVG	Versicherungsvertragsgesetz
VwGO	Verwaltungsgerichtsordnung
VwVfG	Verwaltungsverfahrensgesetz
WE	Willenserklärung
WG	Wechselgesetz
WHG	Wasserhaushaltsgesetz
WM	Zeitschrift für Wirtschafts- und Bankrecht, Wertpapiermitteilungen
WPO	Wirtschaftsprüferordnung
WpÜG	Wertpapiererwerbs- und Übernahmegesetz
WRP	Wettbewerb in Recht und Praxis (Zeitschrift)
WuM	Wohnungswirtschaft und Mietrecht (Zeitschrift)
z. B.	zum Beispiel
ZiP	Zeitschrift für Wirtschaftsrecht
ZMR	Zeitschrift für Mietrecht
ZPO	Zivilprozessordnung
ZRP	Zeitschrift für Rechtspolitik
z. T.	zum Teil
ZugabeVO	Zugabeverordnung
ZVG	Zwangsversteigerungsgesetz
zzgl.	zuzüglich

Teil 1

Fragen und Antworten zum

Zivilen Wirtschaftsrecht

Kapitel 1 Grundlagen des Rechtssystems

§ 1 Die Rechtsordnung

1. Wie kann man den Begriff „Recht" definieren?

Recht ist eine Sollensordnung mit dem Merkmal der staatlichen Durchsetzbarkeit, wobei die Sollensordnung als die Gesamtheit der geschriebenen und ungeschriebenen Rechtsgrundsätze zu verstehen ist.

2. Welche grobe Zweiteilung (Dichotomie) liegt dem deutschen Recht zugrunde?

Im deutschen Recht wird herkömmlicherweise zwischen öffentlichem Recht und Privatrecht unterschieden.

3. Was versteht man unter „Privatrecht" sowie unter „öffentlichem Recht"?

Als Privatrecht ist die Gesamtheit der Normen zu bezeichnen, die die Rechtsbeziehungen der Bürger untereinander regeln. Das öffentliche Recht ist von einem Über- und Unterordnungsverhältnis, d. h. dem Verhältnis vom Bürger zum Staat, gekennzeichnet. Die Normen, die dem öffentlichen Recht zuzuordnen sind, sind solche, welche die staatliche Organisation bzw. das Staatshandeln erfassen.

4. Was ist unter dem Begriff „Wirtschaftsrecht" zu verstehen?

Unter dem Begriff „Wirtschaftsrecht" ist einerseits das im BGB geregelte Privatrecht, andererseits das in Nebengebieten geregelte Sonderprivatrecht, wie z. B. das Handels- und Gesellschaftsrecht, Wettbewerbsrecht, Kennzeichen- und Markenrecht, Geschmacks- und Gebrauchsmusterrecht sowie Urheberrecht erfasst. Diese Sondermaterien werden unter dem Begriff „Wirtschaftsrecht" zusammengefasst. Charakteristisch für das Sonderprivatrecht bzw. das Wirtschaftsrecht ist die Ausrichtung auf Kaufleute bzw. auf das kaufmännische Handeln.

§ 2 Subjekte und Objekte im Wirtschaftsrecht

1. Was sind Subjekte des (Wirtschafts-) Rechtsverkehrs?

Zu den Subjekten des (Wirtschafts-) Rechtsverkehrs gehören natürliche und juristische Personen. Zu den natürlichen Personen zählt jeder Mensch, der lebend geboren ist. Mit dem Begriff der „natürlichen Person" werden sowohl der in § 13 BGB erfasste Verbraucher sowie der in § 14 BGB erfasste Unternehmer umschlossen.

2. Was ist der Unterschied zwischen „Verbraucher" und „Unternehmer"?

Verbraucher ist jede natürliche Person, die ein Rechtsgeschäft zu einem Zweck abschließt, der weder der gewerblichen noch der selbständigen Tätigkeit zugerechnet werden kann; demgegenüber ist ein Unternehmer entweder eine natürliche oder aber eine juristische Person oder aber eine rechtsfähige Personengesellschaft, die bei Abschluss eines Rechtsgeschäfts in Ausübung ihrer gewerblichen oder selbständigen beruflichen Tätigkeit handelt.

3. Was ist eine juristische Person?

Unter dem - gesetzlich nicht geregelten - Begriff der juristischen Person wird die Zusammenfassung von Personen oder Sachen zu einer rechtlich geregelten Organisation verstanden, der die Rechtsordnung Rechtsfähigkeit verliehen hat und dadurch als Träger eigene Rechte und Pflichten verselbständigt hat.

4. Was sind z. B. juristische Personen des Privatrechts?

Juristische Personen des Privatrechts sind der Verein, die Stiftung und Handelsgesellschaften, wie z. B. GmbH, AG, OHG, KG.

5. Was sind juristische Personen des öffentlichen Rechts?

Juristische Personen des öffentlichen Rechts sind entweder Körperschaften (Gebietskörperschaften wie Staat, Gemeinden und Gemeindeverbände bzw. Personalkörperschaften wie Industrie- und Handelskammern, Handwerkskammern) oder Anstalten (Sparkassen, ZDF, Bundesanstalt für Finanzdienstleistungsaufsicht) oder Stiftungen (z. B. Stiftung Preußischer Kulturbesitz).

5. Was sind Objekte des Wirtschaftsrechtsverkehrs?

Objekte des Wirtschaftsrechtsverkehrs können Sachen und Rechte sein.

6. Was sind Sachen?

Sachen sind körperliche Gegenstände; sie können unterschieden werden in unbewegliche und bewegliche Sachen, wobei unter unbeweglichen Sachen Grundstücke verstanden werden; beweglich sind demgegenüber alle Sachen, die nicht Grundstücke, den Grundstücken gleichgestellt oder Grundstücksbestandteile sind.

7. Zählen folgende Objekte zu den „Sachen"?

a) freie Luft

b) fließendes Wasser

c) Grundwasser

d) Schnee

e) Elektrische Energie

f) Der Nachbarsdackel „Lumpi"

g) Computerdaten auf einem Datenträger

Lediglich die Computerdaten auf einem Datenträger sind als „Sache" zu verstehen, sodass lediglich g. richtig ist.

9. Was versteht man unter vertretbaren bzw. nicht vertretbaren Sachen?

Vertretbare Sachen sind solche beweglichen Sachen, die im Verkehr nach Zahl, Maß oder Gewicht bestimmt werden. Vertretbar ist dabei eine Sache, wenn sie sich von der anderen gleichen Art nicht durch ausgeprägte Individualisierungsmerkmale abhebt und daher ohne Weiteres austauschbar ist. Nicht vertretbare Sachen sind hingegen Grundstücke und Eigentumswohnungen oder die Sonderanfertigung eines Serienmotorrades.

10. Was versteht man unter „wesentlichen Bestandteilen"?

Wesentliche Bestandteile einer Sache teilen stets das Schicksal der Hauptsache, zu der sie gehören. Maßgeblich für die Frage, ob ein Teil als „wesentlich" i. S. d. § 93 BGB anzusehen ist, ist daher die Frage der Trennbarkeit; es kommt darauf an, ob durch die Trennung der abgetrennte oder der zurückbleibende Bestandteil zerstört oder in seinem Wesen verändert wird.

11. Jochen Traudich (T) ist nicht nur selbständiger Handwerksmeister im Bereich Gas-, Wasser- und Sanitärinstallation sowie im Heizungsbauwesen, sondern auch noch sehr vertrauensselig. Bei einem Bauvorhaben der Eheleute Habenix (H) hat er eine vollständige Heizungsanlage eingebaut, ohne indessen einen Vorschuss genommen zu haben oder sich sonst anderweitig abgesichert zu haben. Trotz mehrfacher Mahnungen und Zahlungserinnerungen von T zahlen indessen H keinen Cent. Dieser Vorfall ist Gesprächsthema beim Stammtischabend von T. Seine Stammtischbrüder empfehlen ihm, die Heizungsanlage wieder auszubauen bzw. ausbauen zu lassen. Steht dies im Einklang mit der geltenden Rechtslage?

Durch den Einbau der Heizungsanlage sind die Eheleute H gem. §§ 946, 94 Abs. 2 BGB Eigentümer geworden. Die Heizungsanlage ist wesentlicher Bestandteil von deren Haus geworden und lässt sich nicht mehr (zumindest ohne Weiteres) von dem Haus trennen. Eigentümer der Heizungsanlage sind daher die Eheleute H, T hat seine Rechte an der Heizungsanlage, die vorher bestanden haben, aufgrund des Einbauvorgangs verloren.

12. Was versteht man unter dem Zubehör i. S. d. § 97 BGB?

Zubehör sind bewegliche Sachen, die keine Bestandteile der Hauptsache sind und andererseits dem wirtschaftlichen Zweck der Hauptsache zu dienen bestimmt sind und zu ihr in einem dieser Bestimmung entsprechenden räumlichen Verhältnis stehen.

13. Sind folgende Gegenstände als „Zubehör" anzusehen?

   a) Maschinen auf einem Grundstück
   b) Maschinen eines Unternehmers, die auf Baustellen außerhalb eines Fabrik-grundstücks eingesetzt werden
   c) Der oberirdische Teil einer transportablen Beregnungsanlage

a) sowie c. sind Zubehör, da sie dem wirtschaftlichen Zweck der jeweiligen Hauptsache zu dienen bestimmt sind und auch in einem entsprechenden räumlichen Verhältnis zur Hauptsache stehen.

§ 3 Grundprinzipien des Zivilen Wirtschaftsrechts und deren Durchsetzung

1. Was versteht man unter dem Abstraktionsprinzip?

Mit dem Abstraktionsprinzip wird die Trennung von Verpflichtungsgeschäft (= Kausalgeschäft) und Verfügungsgeschäft (= Erfüllungsgeschäft) bezeichnet. Das wiederum bedeutet, dass dann, wenn ein Verpflichtungsgeschäft, z. B. ein Kaufvertrag, unwirksam ist, dies nicht automatisch zugleich zur Unwirksamkeit des Verfügungsgeschäfts, d. h. der Übereignung, führt. Vielmehr muss dann, sollte ein Kaufvertrag unwirksam sein, ggf. auf Rückübertragung des Eigentums bzw. Herausgabe des Eigentums geklagt werden.

2. Auf der alljährlich in der südniedersächsischen Universitätsstadt G stattfindenden Nikolausveranstaltung (benannt nach einem punschartigen Getränk) wird der Student Karolus (K) von dem Kommilitonen Brecheisen (B) zusammengeschlagen und nicht unerheblich verletzt. Eine Verletzung an der Stirn musste mit 27 Stichen genäht werden, die zahnärztliche Behandlung dauerte insgesamt 12 Wochen. Nunmehr möchte K den nicht unvermögenden, aber im Übrigen einfach strukturierten B auf Schmerzensgeld in Anspruch nehmen. Er stellt sich vor, dass hier wegen der Art und Weise der Verletzungen ein Schmerzensgeld mindestens in Höhe von 2.500 € „herausspringen" muss. Von einem Jurastudenten des 2. Semesters erhält er die Information, dass er sich ja auch an den Staatsanwalt wenden kann, um seine Forderung durchzusetzen. Ist diese Information zutreffend?

Die Körperverletzung des K durch B ist zwar eine strafbare Handlung gewesen, die dann auf entsprechenden Antrag durch die Staatsanwaltschaft auch verfolgt wird. Die zuständige Staatsanwaltschaft ist indessen nicht von Amts wegen verpflichtet, auch entsprechende immaterielle Ansprüche des Geschädigten (Schmerzensgeld) durchzusetzen. Ggf. hat K folglich dann die Zivilgerichte zu bemühen, um seinen Anspruch zum Erfolg zu verhelfen. Da es sich bei dem von ihm vorgestellten Schmerzensgeld in Höhe von 2.500 € um einen Betrag unterhalb der Zuständigkeitsgrenze der Landgerichte (ab 5.000 €) handelt, wird er das in diesem Fall - örtlich und sachlich zuständige - Amtsgericht G mit seiner Klageforderung anrufen.

3. Die in der südniedersächsischen Universitätsstadt G geschäftsansässige Aktiengesellschaft „Gruppo Finanza Securo" (GFS) hat Stress mit ihrem ehemaligen Vorstandsmitglied Zechezahl (Z). Z beansprucht von GFS noch aus diversen Verträgen Zahlungen in einer Größenordnung von 2 Mio. €. Welche Überlegungen kann Z bezüglich der Zuständigkeit des anzurufenden Gerichts anstellen?

Mit Rücksicht auf die von Z beanspruchte Forderung ist auf jeden Fall das Landgericht G (örtlich und sachlich) zuständig. Fraglich ist lediglich, ob sich Z dafür entscheidet, die Klage bei einer Zivilkammer, oder aber bei der sog. Kammer für Handelssachen anzubringen. Die Kammer für Handelssachen ist eine speziell eingerichtete Kammer, die neben einem Vorsitzenden, der die Befähigung zum Richteramt berufsmäßig erworben hat, mit zwei Handelsrichtern besetzt ist, die eine kaufmännische Ausbildung vorweisen können. Diese Kammern für Handelssachen befassen sich insbesondere mit speziellen Fragen des Wirtschaftsrechts. Von ihr darf folglich eine sachnähere Kompetenz zu speziellen Fragen des Wirtschaftsrechts erwartet werden.

Kapitel 2 Grundzüge des Allgemeinen Vertragsrechts

§ 4 Rechtsgeschäfte

1. Was versteht man unter dem sog. „Rechtsgeschäft"?

Ein Rechtsgeschäft ist das wesentliche Mittel zur Verwirklichung privatautonomer bzw. unternehmerischer Entscheidungen. Durch ein solches Rechtsgeschäft, welches mindestens aus einer Willenserklärung besteht, wird die gewollte Rechtsfolge unmittelbar herbeigeführt.

2. Bei Rechtsgeschäften werden sog. einseitige Rechtsgeschäfte von den mehrseitigen (in der Regel zweiseitige) Rechtsgeschäften unterschieden. Was ist der Unterschied?

Ein einseitiges Rechtsgeschäft liegt vor, wenn bereits eine Willenserklärung der erklärenden Person ausreicht, um eine Rechtsfolge herbeizuführen; von einem zweiseitigen Rechtsgeschäft wird gesprochen, wenn mehr als eine Willenserklärung notwendig ist, um eine Rechtsfolge herbeizuführen. Beispiele für einseitige Rechtsgeschäfte sind z. B. die Anfechtung, die Aufrechnung, die Kündigung, der Rücktritt oder der Widerruf. Beispiele für zweiseitige Rechtsgeschäfte sind z. B. der Kaufvertrag, der Mietvertrag, der Dienstvertrag oder der Werkvertrag.

3. Was bedeutet der Begriff „Rechtsfähigkeit"?

Rechtsfähigkeit ist die Eigenschaft, Träger von Rechten und Pflichten zu sein. Rechtsfähigkeit hat - unabhängig vom Alter und Gesundheitszustand - jeder Mensch sowie die juristischen Personen.

4. Wann beginnt die Rechtsfähigkeit und wann endet sie?

Die Rechtsfähigkeit beginnt mit der Vollendung der Geburt und endet mit dem Tod.

5. Was ist die Geschäftsfähigkeit?

Unter dem Begriff „Geschäftsfähigkeit" versteht man die Fähigkeit, Rechtsgeschäfte selbständig voll wirksam vornehmen zu können.

6. Der schon länger an Schizophrenie leidende Schulze (S) befindet sich auf einer Ausstellung für alte Gemälde. Er beschließt, dem Künstler (K) ein Gemälde abzukaufen. Dieser entgegnet, ein Vertrag könne zwischen ihnen nicht zustande kommen, selbst wenn Schulze in einem geistig klaren Augenblick handelt. Hat er Recht?

Gem. § 104 Nr. 2 BGB ist geschäftsunfähig, wer sich in einem die freie Willensbestimmung ausschließenden Zustande krankhafter Störung der Geistestätigkeit befindet, sofern nicht der Zustand seiner Natur nach ein vorübergehender ist. Ein Ausschluss der freien Willensbestimmung liegt vor, wenn jemand nicht in der Lage ist, seinen Willen frei und unbeeinflusst von einer vorliegenden Geistesstörung zu bilden und nach zutreffend gewonnenen Einsichten zu handeln. Schulze leidet hier zwar an einer krankhaften Störung der Geistestätigkeit, nämlich an Schizophrenie. Dieser Zustand ist bei ihm auch von Dauer, und nicht nur vorübergehend. Möchte er einen Vertrag jedoch in einem geistig klaren Augenblick schließen, befindet er sich nicht in einem die freie Willensbestimmung ausschließenden Zustand. Denn in diesem lichten Augenblick (lucidum intervallum) ist er in der Lage, die Bedeutung der von ihm abgegebenen Willenserklärung einzusehen und nach dieser Einsicht zu handeln. Der Künstler hat demnach Unrecht, ein Kaufvertrag kann wirksam geschlossen werden.

7. Sind Minderjährige geschäftsfähig?

Das kommt darauf an. Minderjährige, die das 7. Lebensjahr noch nicht vollendet haben, sind nicht geschäftsfähig. Gem. § 106 BGB erlangt ein Minderjähriger, der das 7. Lebensjahr vollendet hat, die beschränkte Geschäftsfähigkeit. Das wiederum bedeutet, dass die Willenserklärung einer beschränkt geschäftsfähigen Person der (vorherigen) Einwilligung oder (nachträglichen) Genehmigung des gesetzlichen Vertreters bedarf. Solange die Zustimmung des gesetzlichen Vertreters (Einwilligung) oder aber die (nachträgliche) Genehmigung nicht vorliegt, ist die Willenserklärung des beschränkt Geschäftsfähigen schwebend unwirksam.

8. Was versteht man unter dem Taschengeldparagraf?

Ein von dem Minderjährigen ohne Zustimmung des gesetzlichen Vertreters geschlossener Vertrag gilt als von Anfang an wirksam, wenn der Minderjährige die vertragsmäßige Leistung mit Mitteln bewirkt, die ihm zu diesem Zweck oder zur freien Verfügung von dem Vertreter oder mit dessen Zustimmung von einem Dritten überlassen worden sind, vgl. § 110 BGB.

9. Der 16jährige Sorglos (S) kauft ohne Wissen seiner Eltern bei einem Elektromarkt ein Radio zum Preis von 60 € und zahlt von seinem Taschengeld 20 € an. Den Rest will er in vier Monatsraten zahlen. Die Eltern erfahren von dem Kauf und meinen, ein Kaufvertrag sei nicht wirksam zustande gekommen. Haben sie Recht?

§ 110 BGB verlangt, dass der beschränkt Geschäftsfähige die vertragsmäßige Leistung tatsächlich bewirkt, d. h. die Leistung muss vollständig erbracht worden sein. S hat seine vertragsmäßige Leistung im Zeitpunkt der Einigung noch nicht bewirkt. Der Vertrag ist nicht nach § 110 BGB wirksam. Gerade Ratengeschäfte des beschränkt Geschäftsfähigen sollen mittels § 110 BGB verhindert werden, da dieser sich von vornherein nur wirksam zur Leistung solcher Mittel verpflichten können soll, die er schon tatsächlich zur Verfügung hat. Außerdem ist der Vertrag ohne die erforderliche Einwilligung der Eltern des S abgeschlossen worden, sodass er schwebend unwirksam ist. Seine Wirksamkeit hängt von der Genehmigung der Eltern ab, vgl. § 108 Abs. 1 BGB. Haben die Eltern dagegen nichts von dem Geschäft des S erfahren und K leistet alle Ratenzahlungen, so ist der Vertrag nach § 110 BGB mit Zahlung der letzten Rate rückwirkend wirksam geworden, da S dann seine vertragsmäßige Leistung bewirkt hat.

10. Was versteht man unter einer Willenserklärung?

Eine Willenserklärung ist die Äußerung eines rechtlich erheblichen Willens, die auf einen rechtlichen Erfolg abzielt und aus einem objektiven Tatbestand (Erklärung) und einem subjektiven Tatbestand (Willen) besteht.

11. Woraus setzt sich das subjektive Element der Willenserklärung (Wille) zusammen?

Das subjektive Element einer Willenserklärung setzt sich zusammen aus dem Handlungswillen, dem Geschäftswillen und dem Erklärungsbewusstsein. Das Vorliegen eines Handlungswillens erfordert das Bewusstsein, überhaupt handeln zu wollen, sodass keinerlei Willenserklärung vorliegt, wenn jemand ohne Willen gehandelt hat. Ist sich der Erklärende bewusst, rechtlich erheblich zu handeln, so handelt er mit Erklärungsbewusstsein. Der Geschäftswille ist die Absicht eines bestimmten rechtsgeschäftlichen Erfolges.

12. Eine Willenserklärung muss, damit sie wirksam wird, nicht nur erklärt werden. Es bedarf noch eines weiteren Schrittes, und zwar des Zugangs der Willenserklärung, um (bei empfangsbedürftigen Willenserklärungen) Wirksamkeit zu entfalten. Wann ist eine Willenserklärung zugegangen?

Unter Anwesenden (und am Telefon) ist eine Willenserklärung in dem Zeitpunkt zugegangen, in dem der Erklärungsempfänger die Erklärung richtig verstanden hat. Unter Abwesenden ist eine Willenserklärung dann zugegangen, wenn sie derart in den Machtbereich des Empfängers gelangt ist, dass unter normalen Umständen mit der Kenntnisnahme gerechnet werden kann; wann dann der Empfänger tatsächlich Kenntnis erlangt, ist für den Zugang nicht erheblich.

13. Arbeitgeber Fleißig möchte seinem Arbeitnehmer Faul kündigen und muss dazu eine Kündigungsfrist von zwei Monaten zum Monatsende einhalten. Am 30.03.

überlegt er, ob er noch zum 31.05. kündigen kann. Er weiß, dass die Beförderung eines Kündigungsschreibens durch die Post zum Teil auch länger als einen Tag in Anspruch nehmen kann und befürchtet daher, dass die Kündigung bei Faul nicht mehr rechtzeitig eintreffen könnte. Nun fragt er seinen alten Schulfreund Famos, einen erfolgreichen Anwalt, um Rat. Was wird dieser ihm raten?

Rechtsanwalt Famos wird ihm raten, dass die Kündigungserklärung durch eine dritte Person in den Briefkasten des Faul nach Möglichkeit noch am 30.03. eingeworfen werden sollte. Der Einwurf sollte durch eine dritte Person vorgenommen werden, damit dieser ggf. als Zeuge fungieren kann. Der Zeuge sollte dabei wissen, dass es sich um eine Kündigung handelt, die er in den Briefkasten einwirft. Der Einwurf des Briefes sollte so rechtzeitig vorgenommen werden, dass mit der Kenntnisnahme der Kündigung durch den Empfänger noch am 31.03. gerechnet werden kann. Es wäre daher nicht mehr ausreichend, die Kündigungserklärung am 31.03. um 20.00 Uhr abends in den Briefkasten zu werfen, weil üblicherweise zu diesem Zeitpunkt niemand mehr seinen Briefkasten zu kontrollieren pflegt. Eine Willenserklärung geht nicht schon mit der Verbringung in den Machtbereich des Empfängers zu, sondern erst dann, wenn auch damit gerechnet werden kann, dass der Empfänger diese Willenserklärung unter normalen Umständen zur Kenntnis nimmt.

14. Einige Zeit, nachdem der Arbeitgeber Fleißig seinem Arbeitnehmer Faul erfolgreich mit Hilfe seines Freundes Famos hat kündigen können, taucht für den Arbeitgeber Fleißig ein weiteres Problem mit einem Arbeitnehmer, Herrn Fatal, auf. Herr Fleißig hat schon in Erfahrung gebracht, dass eine Kündigung gegenüber Fatal nicht so leicht zu übermitteln sein wird, wie das bei Faul der Fall gewesen ist. Herr Fleißig hat in Erfahrung gebracht, dass Fatal, der bereits seit sieben Monaten krank „feiert", Vorkehrungen getroffen hat, damit eine Kündigung an ihn nicht übermittelt werden kann. Aus Gesprächen mit anderen hat Fleißig erfahren, dass Einschreiben mit Rückschein keinen Erfolg bringen würden, weil derartige Einschreiben von Fatal gar nicht erst abgeholt werden würden. Über einen Briefkasten, davon hat sich Herr Fleißig überzeugt, verfügt Fatal gar nicht. Nunmehr wendet er sich erneut an seinen rechtsanwaltlichen Berater Famos und bittet um Rat. Was wird ihm Famos raten?

Famos wird auf die Regelung in § 132 BGB verweisen. Eine Willenserklärung gilt auch dann als zugegangen, wenn sie durch Vermittlung eines Gerichtsvollziehers zugestellt worden ist, wobei die Zustellung dann nach den Vorschriften der ZPO erfolgt. Famos wird Herrn Fleißig empfehlen, eine Kündigung vorzubereiten und diese im Original und mit einer Kopie (beglaubigten Abschrift) an den Gerichtsvollzieher, der für den Bereich, in dem Fatal wohnt, zuständig ist, zu übergeben. Der Gerichtsvollzieher wird dann (mit Hilfe der Post) eine Zustellung vornehmen. Es spielt dann keine Rolle, ob Fatal der Benachrichtigung Folge leistet und das Schriftstück, welches bei der Post niedergelegt wird, abholt. Bei Zustellung durch Gerichtsvollzieher gilt die Willenserklärung als zugegangen, wenn das Schriftstück bei der Post niedergelegt worden ist.

15. Was versteht man unter einer sog. „invitatio ad offerendum"?

Eine „invitatio ad offerendum" ist kein Angebot, folglich keine Willenserklärung, sondern lediglich die bloße Aufforderung zur Abgabe eines Angebotes. Anzeigen in Zeitungen, Katalogen, Preislisten, Auslagen und Schaufenstern, Empfehlungen oder Anfragen oder aber Angebote auf Homepages stellen keine rechtlich bindenden Angebote dar. Die Website hat lediglich die Funktion eines gedruckten Prospektes oder Kataloges.

16. Moosberger (M) hat in seinem Schaufenster ein Modellkleid für 1.500 € ausgestellt. Frau Feldbach (F), die das Kleid gesehen hat, ruft M an und erklärt, dass sie das Kleid nehme. M antwortet, er werde es ihr zuschicken. Kurz danach sieht Frau Berger (B) das Kleid, geht schnurstracks in den Laden und erklärt dem M, dass sie das Kleid kaufe. M bedauert, das Kleid sei bereits verkauft. Frau B verlangt das Kleid, da sie ihrer Meinung nach das von M im Schaufenster gemachte Angebot angenommen habe. Hat sie Recht?

Frau B könnte einen Anspruch auf das Kleid haben, wenn zwischen ihr und M ein Kaufvertrag in Bezug auf dieses Kleid zustande gekommen ist. Ein Ausstellen im Schaufenster ist aber lediglich eine Aufforderung zur Offerte. Daher ist das Zustandekommen des Kaufvertrages hier zu verneinen. Das Angebot gab Frau B im Laden ab. Allerdings lehnte M dieses Angebot ab. Zwischen M und Frau F ist dagegen ein Vertrag zustande gekommen. Der Anruf der Frau F stellt das Angebot und die Zustimmung des M stellt die Annahme dar. Wäre bereits im Ausstellen im Fenster das Angebot des M zu sehen, dann wäre durch die Erklärung der Frau F am Telefon und durch die Erklärung der Frau B im Laden je ein Kaufvertrag über das Kleid zustande gekommen, M könnte aber nur einen dieser Verträge erfüllen.

17. Willenserklärungen sind häufig nicht in der gebotenen Art und Weise eindeutig, sodass es erforderlich wird, Willenserklärungen (oder auch Rechtsgeschäfte) vor dem Hintergrund der Regelungen in §§ 133, 157 BGB auszulegen. Bei der Auslegung ist danach zu differenzieren, ob es sich um empfangsbedürftige oder nicht empfangsbedürftige Willenserklärungen handelt. Nach welchen Kriterien werden diese Arten von Willenserklärungen ausgelegt?

Bei empfangsbedürftigen Willenserklärungen richtet sich die Auslegung nach dem sog. objektivierten Empfängerhorizont; das wiederum bedeutet, dass Willenserklärungen aus der Sicht eines sorgfältigen Empfängers unter Berücksichtigung aller maßgeblichen Umstände auszulegen sind. Hingegen sind nicht empfangsbedürftige Willenserklärungen nach dem wahren Willen des Erklärenden auszulegen, wobei es auf den Empfängerschutz nicht ankommt. Die Auslegung vollzieht sich zum einen nach dem Wortlaut, dem Sprachgebrauch sowie dem Ort und der Zeit der Erklärung bzw. nach dem zugrunde liegenden Zweck.

18. Das Gesetz schreibt unter Umständen bestimmte Formerfordernisse für Willens-erklärungen vor. Welches sind die wichtigsten Formerfordernisse?

Schriftform, elektronische Form, Textform, notarielle Beurkundung, öffentliche Be-glaubigung.

19. Rechtsanwalt Standfest möchte seinem gut betuchten Mandanten Winkelmoos zu einem beträchtlichen Kredit einer Bank verhelfen. Einen solchen Kredit in dieser Größenordnung will die Bank nicht ohne Sicherheiten geben und besteht daher auf einer Bürgschaft. Rechtsanwalt Standfest ruft daher bei der Hausbank des Winkelmoos an und verbürgt sich per Telefon. Der Bankangestellte Unsicher fragt nunmehr in seiner Rechtsabteilung nach, ob die Bürgschaftserklärung wirksam ist. Wie ist die Rechtslage?

Rechtsanwalt Standfest ist zwar freiberuflich tätig, hingegen kein Kaufmann i. S. d. § 1 HGB, sodass eine Bürgschaftserklärung von ihm grundsätzlich in Schriftform abgegeben werden muss, vgl. § 766 BGB. Die Ausnahmeregelung in § 350 HGB greift nicht ein.

20. Häufig stimmt bei einer Willenserklärung die Erklärung nicht mit dem überein, was der Erklärende gewollt hat. Dann liegt ein Willensmangel vor. Das BGB un-terscheidet zwischen sog. bewussten und unbewussten Willensmängeln. Was sind bewusste Willensmängel, was sind unbewusste Willensmängel?

Ein bewusster Willensmangel liegt vor, wenn der Erklärende weiß, dass er das Erklärte gar nicht will, so z. B. bei einem geheimen Vorbehalt (§ 116 BGB), einem Scheinge-schäft (§ 117 BGB) oder bei einer Scherzerklärung (§ 118 BGB). Ein unbewusster Wil-lensmangel liegt vor, wenn das Erklärte und das Gewollte (unbewusst) auseinander fallen. Dann liegt ein Irrtum vor, der den Erklärenden dann zu einer Anfechtung be-rechtigt.

21. Welche Arten von Irrtümern unterscheidet das Gesetz?

Inhaltsirrtum, Erklärungsirrtum, Eigenschaftsirrtum und Übermittlungsirrtum.

22. Was versteht man unter einer konkludenten Willenserklärung?

Bei einer konkludenten Willenserklärung - im Gegensatz zu einer ausdrücklichen Willenserklärung - erklärt der Erklärende nicht ausdrücklich seinen Willen; vielmehr lässt nur das Verhalten des Erklärenden auf einen entsprechenden Willen schließen.

23. Liegt in dem Schweigen einer Person eine Willenserklärung?

Grundsätzlich liegt in dem Schweigen einer Person keine Willenserklärung. Ausnah-men dazu gibt es im Bereich des Handelsrechts. Schweigt ein Kaufmann auf das An-gebot eines Vertragsschlusses, dessen Gegenstand im Zusammenhang mit seinem Handelsgeschäft steht, so gilt sein Schweigen als Zustimmung.

24. Der sehr belesene Müller-Hinterplatz (M) erhält unaufgefordert ein Buch mit einem Anschreiben von dem Buchhändler Bucher (B), wonach dieser das Buch dem M zum Kauf für 60 € anbietet. Sollte B von M innerhalb von zwei Wochen keine Antwort erhalten, gehe er davon aus, dass M durch sein Schweigen das Angebot annehme. M reagiert nicht. Muss er zahlen?

Aus dem Schweigen ist regelmäßig nicht auf eine Willenserklärung zu schließen, sodass das Schweigen des M nicht als Annahme des Kaufangebots gilt. Deshalb braucht M auch nichts zu zahlen.

25. Was versteht man unter dem sog. kaufmännischen Bestätigungsschreiben?

Geht einem Kaufmann die schriftliche Bestätigung zuvor mündlich oder schriftlich geführter Verhandlungen zu und ist sein Geschäftspartner redlich, dann gilt sein Schweigen auf die Bestätigung als Annahme des (schriftlich unterbreiteten) Angebots. Es kommt folglich ein Vertrag in der Form des Bestätigungsschreibens zustande.

26. Was ist maßgeblich, wenn Willenserklärungen nicht eindeutig zu verstehen sind?

Die Feststellung des Inhalts einer Willenserklärung bedarf gem. § 133 BGB der Auslegung, wobei herauszufinden ist, was der Erklärende wirklich gemeint und gewollt hat.

27. Was versteht man unter dem objektiven Empfängerhorizont?

Die Erforschung des Parteiwillens ist aus der Sicht eines objektiven Erklärungsempfängers vorzunehmen, wobei die Erklärung gem. § 133 BGB iVm § 157 BGB so zu verstehen ist, wie sie der Empfänger nach Treu und Glauben unter Berücksichtigung der Verkehrssitte verstehen durfte.

28. Können Willenserklärungen widerrufen werden?

Der Erklärende kann seine Willenserklärung gleichzeitig mit deren Abgabe (zumeist auf dem Schriftwege) widerrufen, sodass seine Willenserklärung gem. § 130 Abs. 1 S. 2 BGB nicht wirksam wird. Darüber hinaus bestehen gesetzliche Widerrufsrechte trotz Zugangs der Willenserklärung bei dem Erklärungsempfänger. Gem. § 355 Abs. 1 S. 1 BGB ist der Verbraucher (§ 13 BGB) nicht mehr an seine Willenserklärung gebunden, wenn er sie innerhalb von zwei Wochen widerruft.

29. Benennen Sie die Voraussetzungen eines Vertrags!

Das vertragliche Rechtsgeschäft besteht aus zwei sich inhaltlich entsprechenden Willenserklärungen der Vertragspartner, dem Angebot und der Annahme, wobei sich die Parteien zumindest über die wesentlichen Vertragsbestandteile (essentialia negotii) im Sinne eines Konsenses einig geworden sein müssen.

30. Steht es der Rechtswirksamkeit des Vertrages entgegen, wenn ein Einigungsmangel bzw. Dissens vorliegt?

Es ist zu differenzieren, ob ein bewusster (offener) und unbewusster (versteckter) Einigungsmangel vorliegt. Beim offenen Dissens haben sich die Parteien tatsächlich nicht über alle wesentlichen Vertragsbestandteile geeinigt, sodass der Vertrag gem. § 154 Abs. 1 S. 1 BGB im Zweifel als nicht geschlossen anzusehen ist. Beim versteckten Dissens glauben die Parteien, dass sie sich über einen bestimmten Vertragsbestandteil geeinigt haben, obgleich ihre Willenserklärungen in Wirklichkeit nicht übereinstimmen. Danach ist die Vereinbarung wirksam, kann aber wegen Irrtums über den Inhalt angefochten werden.

31. Wie sind Werbeanzeigen oder Warenauslagen in Geschäften rechtlich zu qualifizieren?

Danach handelt es sich nicht um rechtsverbindliche Angebote, sondern um die bloße Aufforderung zur Abgabe eines Angebots (invitatio ad offerendum), wodurch der Erklärende lediglich zur Abgabe eines Angebots durch den Interessenten einlädt.

32. Wann gilt das Angebot als angenommen?

Wenn die Zustimmung inhaltlich mit dem Angebot übereinstimmt und unter Anwesenden sofort oder unter Abwesenden nach den regelmäßigen Umständen erfolgt (§ 147 Abs. 2 BGB).

33. Ist ein Vertragsschluss auch ohne ausdrückliche Annahmeerklärung möglich?

Gem. § 151 S. 1 BGB ist die Annahme entbehrlich, wenn der Antragende auf die Erklärung verzichtet hat oder eine solche nach der Verkehrssitte nicht zu erwarten ist, wobei dies im Allgemeinen für unentgeltliche Zuwendungen (Schenkungen) und bei für den Antragsempfänger lediglich vorteilhaften Rechtsgeschäften gilt. Letztlich aber ist nicht die Annahme als solche, sondern bloß die Verlautbarung der Vertragsannahme entbehrlich.

34. Unterliegen Rechtsgeschäfte dem Formzwang?

Nur ausnahmsweise sieht das Gesetz die Einhaltung von Formerfordernissen bei Abschluss des Rechtsgeschäfts vor, wobei im Falle der Nichtbeachtung der gesetzlich vorgeschriebenen Form das Rechtsgeschäft gem. § 125 S. 1 BGB von Anfang an nichtig ist.

35. Welche Formerfordernisse sieht das BGB vor?

Häufigstes Formerfordernis ist gem. § 126 BGB die Schriftform, wonach eine eigenhändige Unterschrift erforderlich ist. Gem. § 126 a BGB ist der Ersatz der Schriftform durch die elektronische Form möglich, wobei eine elektronische Signatur des Dokuments mit einer Signatur nach dem Signaturgesetz erforderlich ist. Eine Textform kann gem. § 126 b BGB erforderlich sein, wonach die Erklärung dann entweder in einer Urkunde oder auf andere Weise dauerhaft abgegeben werden muss. Ferner kann eine notarielle Beurkundung gem. § 128 BGB oder auch eine öffentliche Beglaubigung gem. § 129 BGB erforderlich sein.

36. Während eines Ausflugs in den Botanischen Garten verspricht Onkel Oskar (O) seinem Neffen Nikolaus (N), ihm seine Briefmarkensammlung zu schenken, was er ein paar Tage später auch tut. Kurze Zeit später ärgert er sich so über N, dass er die Sammlung zurückhaben möchte. Er führt an, dass sie beide nicht beim Notar waren und er daher ein Recht hat, die Sammlung zurückzuerhalten. Hat er Recht?

Zunächst ist festzustellen, dass das auf dem Ausflug gegebene Versprechen wegen Nichteinhaltung der Form unwirksam ist und der O zu nichts verpflichtet wurde, vgl. §§ 125 S. 1, 518 Abs. 2 BGB. Das ohne eine wirksame Leistungsverpflichtung Geleistete (hier also die Übereignung der Sammlung) kann grundsätzlich aus ungerechtfertigter Bereicherung herausverlangt werden. Zu erkennen ist hier aber, dass durch die Übereignung der Sammlung das Schenkungsversprechen erfüllt und damit der Formmangel geheilt wurde, sodass in Gestalt der wirksam gewordenen Schenkung mit Rechtsgrund geleistet wurde, vgl. §§ 812, 518 Abs. 2 BGB. Daher hat O keinen Anspruch gegen seinen Neffen N.

37. Der sehr naive Käufer Kammamasehen (K) kauft von der Wohnungsbaugesellschaft Gohleher (G) ein Grundstück. Zwar führt er an, dass da doch irgendwelche Formerfordernisse zu beachten seien, die G leugnet dies jedoch, sodass der Vertrag nur schriftlich abgeschlossen wird. In der nun folgenden Zeit steigen die Grundstückspreise rapide an, sodass sich die G weigert, den Vertrag zu erfüllen. Hat sie Recht?

Auch hier ist der Kaufvertrag über das Grundstück wegen Fehlens der notariellen Beurkundung unwirksam, sodass daraus keinerlei Ansprüche hergeleitet werden können, vgl. §§ 125 S. 1, 311 b Abs. 1 S. 1 BGB. Ein Erfüllungsanspruch des K besteht an sich also nicht. Allerdings hat in Fällen wie dem vorliegenden der BGH der G die Berufung auf den Formmangel verboten, weil sie den Partner arglistig von der Wahrung der Form abgehalten hat. Hierbei wird der Vertrag also als wirksam angesehen, sodass K von G Übereignung des Grundstücks verlangen kann, § 34 Abs. 1 BGB.

38. Wann liegt ein Willensmangel vor und wonach ist dabei zu differenzieren?

Ein Willensmangel liegt überhaupt vor, wenn das Erklärte nicht dem vom Erklärenden Gewollten entspricht, wobei dies entweder dem Erklärenden gem. § 116 - 118 BGB bewusst ist oder aber wegen Irrtums gem. § 119 BGB oder wegen eines Übermittlungsfehlers gem. § 120 BGB oder durch arglistige Täuschung gem. § 123 Abs. 1 BGB dem Erklärenden unbewusst ist.

39. Wie sind die zur Anfechtung berechtigenden Fälle des Irrtums gem. § 119 BGB zu unterscheiden?

Bei dem Inhaltsirrtum gem. § 119 Abs. 1 1. Alt. BGB irrt sich der Erklärende über die Bedeutung des von ihm Erklärten, indem er weiß, was er tut, aber nicht weiß, was er damit bewirkt. Beim Erklärungsirrtum gem. § 119 Abs. 1 2. Alt. BGB weiß der Erklärende nicht, was er tut, sodass er nicht erklärt, was er wollte (verschreiben, versprechen, verklicken). Bei dem Eigenschaftsirrtum gem. § 119 Abs. 2 BGB irrt sich der Erklärende über eine verkehrswesentliche Eigenschaft (alle wertbildenden Faktoren) einer Sache oder Person, die nach der Verkehrsanschauung für die Wertschätzung der Vertragsleistung von Bedeutung ist.

40. Alfredo (A) ist Inhaber eines kleinen Kiosks. Er stellt den Bernie (B) als Kassierer ein. Kurze Zeit später erfährt er von seinem Nachbarn, dass B bereits mehrfach vorbestraft ist wegen Unterschlagung und Untreue. Nun möchte er den Vertrag anfechten. Kann er das?

A kann den Dienstvertrag (§§ 611 ff. BGB) anfechten, weil er sich „über solche Eigenschaften der Person geirrt hat, die für einen Vertrag der in Rede stehenden Art" im Verkehr als wesentlich angesehen werden (§ 119 Abs. 2 BGB).

41. Wie würden Sie vorstehenden Fall beurteilen, wenn B zwar nicht vorbestraft, aber viel weniger tüchtig ist, als A aufgrund der Zeugnisse des B angenommen hatte? Kann A auch hier anfechten?

Nein, in einem solchen Fall ist die Anfechtung ausgeschlossen. Hier liegt vielmehr ein unbeachtlicher Irrtum im Beweggrund (sog. Motivirrtum) vor. Der Irrtum über die Fähigkeiten des B ist in einem solchen Fall das Risiko des Arbeitgebers.

42. Welche Voraussetzungen begründen eine wirksame Anfechtung gem. § 142 Abs. 1 BGB und was ist die Rechtsfolge?

Neben dem Vorliegen eines Anfechtungsgrundes ist zur wirksamen Anfechtung eine Anfechtungserklärung (§ 143 BGB) und die Beachtung der Anfechtungsfrist (§§ 121, 124 BGB) erforderlich. Liegen diese Voraussetzungen vor, wirkt die Anfechtung auf den Zeitpunkt der Abgabe der Willenserklärung (ex tunc) zurück, sodass diese von Anfang an als nichtig anzusehen ist.

43. Warum gilt § 142 Abs. 1 BGB nicht für Arbeits- und Gesellschaftsverträge?

Bei diesen Vertragstypen können die bereits erbrachten Leistungen naturgemäß nicht mehr zurückgegeben werden, sodass eine Anfechtung hier ausnahmsweise sofort wirkt, also bezogen auf den Zeitpunkt der Anfechtungserklärung.

44. Was besagt der Grundsatz der Privatautonomie und worin findet er seine gesetzlichen Schranken?

Das Prinzip der Privatautonomie gestattet es den Vertragsparteien grundsätzlich, Inhalt und Form ihrer vertraglichen Beziehungen frei zu gestalten. Ausnahmen dieser Gestaltungsfreiheit sieht das Gesetz wegen Verstoßes eines Rechtsgeschäfts gegen ein gesetzliches Verbot gem. § 134 BGB vor sowie im Falle eines Verstoßes gegen die guten Sitten gem. § 138 Abs. 1 BGB bzw. wegen Wuchers gem. § 138 Abs. 2 BGB und im Falle des Verstoßes gegen Formvorschriften gem. § 125 S. 1 BGB.

45. Wann liegt grundsätzlich ein sittenwidriges Rechtsgeschäft vor und für welche Fälle gilt dies insbesondere im Wirtschaftsrecht?

Ein Rechtsgeschäft verstößt dann gegen die guten Sitten, wenn es gegen das Anstandsgefühl aller billig und gerecht Denkenden verstößt, wobei auf eine durchschnittliche Rechts- und Sozialmoral und das Wertsystem zurückzugreifen ist. Im Wirtschaftsrecht tritt sittenwidriges Verhalten gegenüber dem Geschäftspartner insbesondere bei Kreditverträgen, Knebelungsverträgen, Monopolstellungen, Übersicherungsgeschäften und Schmiergeldversprechen auf.

46. Ärmlich (A) ist Inhaber einer Firma. Er wendet sich an die Bank Borg (B) wegen eines Kredits. Dieser wird ihm bewilligt, allerdings unter der Auflage, über sämtliche Geschäftsabschlüsse der Gläubigerin B Auskunft zu geben und von den Verträgen, die B missbilligt, Abstand zu nehmen. A hält diese Abrede für sittenwidrig. Hat er Recht?

Ja. Zwar verstößt eine Beschränkung der wirtschaftlichen Freiheit nicht ohne Weiteres gegen die guten Sitten. Der A wird hier aber praktisch einer umfassenden Geschäftsaufsicht durch die Kreditgeberin unterstellt und damit ganz oder fast ganz seiner wirtschaftlichen Freiheit beraubt. Aus diesem Grund sind solche Absprachen als sog. Knebelungsverträge nach § 138 Abs. 1 BGB nichtig.

47. Der reiche Klaus tritt dem armen Klaus eine Forderung gegen einen Abnehmer ab, damit der arme Klaus für die Durchsetzung des Anspruchs Prozesskostenhilfe in Anspruch nehmen kann. Ist diese Abtretung sittenwidrig?

Ja. Grundsätzlich kann der arme Klaus zwar nach den §§ 114 ff. ZPO für die Geltendmachung seiner Ansprüche Prozesskostenhilfe in Anspruch nehmen, soweit die Rechtsdurchsetzung Aussicht auf Erfolg hat. Die Abtretung des Kaufpreisanspruches gem. §§ 398, 433 Abs. 2 BGB erfolgte hier allerdings nur zu dem einen Zweck, die Begünstigung auch für einen an sich nicht der Prozesskostenhilfe unterliegenden Anspruch zu erlangen. Das ist sittenwidrig.

48. Welche Rechtsfolge tritt im Falle des Verstoßes gegen diese Schranken ein?

Der Verstoß gegen das Gebot der guten Sitten führt nach Maßgabe des § 138 Abs. 1 BGB zur Nichtigkeit. Die Durchführung von Verbotsgeschäften i. S. d. § 134 BGB führt regelmäßig zu deren vollständiger Nichtigkeit. Der grundsätzlich zur Nichtigkeit führende Verstoß gegen Formvorschriften kann ausnahmsweise geheilt werden, z. B. bei fehlender notarieller Beurkundung eines Grundstückskaufvertrags oder eines Schenkungsversprechens durch die Auflassung und Eintragung bzw. den Vollzug der Schenkung.

49. Nach welcher Norm richten sich die Voraussetzungen der Stellvertretung und wie lauten diese?

Gem. § 164 Abs. 1 S. 1 BGB kann eine Willenserklärung wirksam durch einen Stellvertreter abgegeben werden, wenn diese nicht von vornherein wegen Unzulässigkeit im Sinne eines höchstpersönlichen Rechtsgeschäfts ausgeschlossen ist, eine eigene Willenserklärung des Vertreters vorliegt, dieser im fremden Namen, d. h. für den Vertretenen, handelt, und der Vertreter mit rechtsgeschäftlicher oder gesetzlicher Vertretungsmacht ausgestattet ist.

50. Wie unterscheidet sich ein Stellvertreter von einem Boten?

Im Gegensatz zu einem Stellvertreter übermittelt der Bote lediglich eine fremde Willenserklärung und er muss noch nicht einmal beschränkt geschäftsfähig sein (§ 165 BGB).

51. Was besagt das Offenkundigkeitsprinzip und wann ist es entbehrlich?

Grundsätzlich muss der Vertreter seine Willenserklärung erkennbar im fremden Namen abgeben (Offenkundigkeitsprinzip). Diese Erkennbarkeit des Handelns in fremdem Namen ist ausnahmsweise bei den Bargeschäften des täglichen Lebens entbehrlich, indem es dem Vertragspartner egal ist, mit wem er den Vertrag abschließt.

52. Wonach grenzt sich das Handeln in fremdem Namen von dem Handeln unter fremdem Namen ab?

Ein Fall des Handelns unter fremdem Namen liegt vor, wenn der Stellvertreter nicht berechtigt ist, den Namen des anderen zu verwenden. Ob die falsche Namensangabe zur Rechtswirksamkeit des beabsichtigten Vertrages führt, ist von den Einzelumständen abhängig (so ist es z. B. dem Hotelier gleich, ob sich Herr Kraidefels und seine (mit ihm nicht verheiratete) Geliebte als Eheleute ausgeben).

53. Bei einem Autounfall wird Adam Arglos (A) verletzt. Später kommt Bertram Block (B) hinzu und ruft auf die Bitte des A telefonisch einen Arzt herbei, wobei er sagt: „Hier spricht B. Kommen Sie schnell. An der Kreuzung Ecke Weender Landstraße/Nikolausberger Weg verblutet einer!" Der Arzt kommt und rettet den A und möchte nun wissen, gegen wen er einen Honoraranspruch hat.

Entscheidend ist hier, wer als Vertragspartner des Arztes aufgetreten und daher verpflichtet ist, das Honorar zu zahlen, vgl. § 611 Abs. 1 BGB. B ist hier lediglich als Vertreter gem. § 164 Abs. 1 S. 1 BGB aufgetreten. Zunächst setzt der Abschluss des Dienstvertrages gem. § 611 Abs. 1 BGB eine entsprechende Willenserklärung voraus, die B abgegeben hat. Dabei müsste er im Namen des A gehandelt haben. Er hat zwar nicht ausdrücklich erklärt, im Namen des A zu handeln, insofern er nicht betont hat, dass A Vertragspartei werden sollte. Aber aus den Umständen ergibt sich, dass er als Unfallbeteiligter nicht selbst Zahlungspflichten auf sich laden wollte. Das reicht gem. § 164 Abs. 1 S. 2 BGB aus. Es handelt sich um einen Fall der sog. stillen Vertretung. Durch seine Bitte hat A dem B eine entsprechende Vertretungsmacht erteilt.

54. Stamp (S) sammelt Briefmarken. Er erfährt, dass der Briefmarkenhändler Armleuchter (A) eine Marke besitzt, die S gerne haben möchte. Er fürchtet allerdings, dass ihm A einen zu hohen Preis berechnen würde, da dieser seine Sammelleidenschaft kennt. Aus diesem Grund bittet er seinen Freund Fidelio (F), für ihn die Marke zu besorgen. F tut das. Als A im Nachhinein von den Umständen erfährt, fragt er sich, wer denn nun der Käufer ist, S oder A.

Hier soll F gerade nicht „im Namen" des S kaufen, sondern vielmehr dem A verheimlichen, dass die Marke für S ist. Auch aus den Umständen ergibt sich hier nicht, dass S von F vertreten werden soll. Es handelt sich vielmehr um einen Fall der sog. mittelbaren Stellvertretung, bei dem der Zwischen- oder Strohmann für einen anderen, aber im eigenen Namen kauft, also ohne das wirtschaftliche Interesse des Hintermannes offen zu legen. Aus diesem Grund wird hier F der Käufer. Allerdings hat er aus dem zugrunde liegenden Auftrag die Pflicht, dem S die Marke herauszugeben, vgl. § 667 BGB, und kann umgekehrt von S Ersatz seiner Geldaufwendungen gem. § 670 BGB verlangen.

55. Welche Arten von Vertretungsmacht gibt es, insbesondere im Wirtschaftsrecht?

Grundsätzlich unterscheidet man die Vertretungsmacht kraft Gesetzes (z. B. für die Eltern, §§ 1626, 1629 BGB) von der rechtsgeschäftlichen Vertretungsmacht bzw. Vollmacht (§§ 166 Abs. 2 S. 1, 167 BGB). Bei juristischen Personen spricht man von der sog. organschaftlichen Vertretung, welche entweder als Spezialvollmacht (einzelne Handlung), Art oder Gattungsvollmacht (bestimmte Arten von Geschäften), Generalvollmacht (betr. alle Vertragstypen, typischerweise Leitungsbefugnis) erteilt wird.

56. Was ist ein falsus procurator und in welchem Falle haftet er?

Ein falsus procurator handelt entweder als Vertreter ohne Vertretungsmacht oder überschreitet die Grenzen der ihm erteilten Vollmacht, sodass das Geschäft nicht rechtswirksam zustande gekommen ist. Der falsus procurator haftet gem. § 179 Abs. 1 BGB immer dann, wenn der Vertretene das abgeschlossene Geschäft nicht genehmigt (§ 179 Abs. 1 iVm § 177 Abs. 1 BGB).

57. Welche Rechtsnatur hat die Vollmacht und wie endet ihre Wirksamkeit?

Die Vollmacht ist eine Willenserklärung, welche konkludent erteilt werden kann und grundsätzlich durch Widerruf (§ 168 S. 2 BGB) erlischt.

58. Was ist unter einem unternehmensbezogenen Geschäft zu verstehen?

Bei einem unternehmensbezogenen Geschäft macht der Bevollmächtigte nicht deutlich, dass er für das Unternehmen auftritt. Gleichwohl wird der Unternehmensinhaber verpflichtete Vertragspartei, wenn das Rechtsgeschäft einen Bezug zum Unternehmen aufweist.

59. Welche Möglichkeiten der Vertragsgestaltung sehen die §§ 158 - 163 BGB vor?

Gem. § 158 BGB können die Vertragsparteien die Wirksamkeit des Rechtsgeschäfts vom Eintritt eines zukünftigen ungewissen Ereignisses abhängig machen, welches gem. § 158 Abs. 1 BGB den Anfang der Wirksamkeit des Rechtsgeschäfts (aufschiebende Bedingung) und gem. § 158 Abs. 2 BGB das Ende der Wirksamkeit des Rechtsgeschäfts setzt (auflösende Bedingung). Ferner können gem. § 163 BGB Rechtsgeschäfte zeitlich bestimmt werden, indem sie durch einen Anfangs- oder Endtermin befristet werden.

60. Was ist der Zweck und die Rechtsfolge der Verjährung und welche Ausnahmen gibt es von der grundsätzlichen Verjährungsfrist?

Die Verjährung dient der Sicherheit des Rechtsverkehrs und dem Rechtsfrieden, bei Verjährungseintritt ist der Schuldner berechtigt, die Leistung zu verweigern (§ 214 Abs. 1 BGB). Ausnahmen der Regelfrist von drei Jahren gem. § 195 BGB sieht z. B. § 196 BGB bei Rechten an einem Grundstück für zehn Jahre vor, § 197 BGB normiert eine dreißigjährige Verjährungsfrist (z. B. Ansprüche auf Herausgabe am Eigentum und Vollstreckungsansprüche im Insolvenzverfahren); spezielle Fristen sieht das Schuldrecht bei Kauf-, Miet- oder Werkverträgen vor. Die Verjährung wird in einem Zivilprozess nicht von Amts wegen berücksichtigt (= Einwendung), vielmehr muss sich der Schuldner der (verjährten) Leistung ausdrücklich auf die Verjährung berufen und die Einrede der Verjährung erheben.

61. Was versteht man unter einem Haustürgeschäft i. S. d. § 312 Abs. 1 BGB?

Es muss ein Vertrag über eine entgeltliche Leistung zwischen einem Unternehmer (§ 14 BGB) und einem Verbraucher (§ 13 BGB) vorliegen, zu dem der Verbraucher bestimmt worden ist (Haustür, Kaffeefahrt, Produktwerbung in der Öffentlichkeit).

62. Was setzt die Wirksamkeit eines Fernabsatzgeschäfts gem. § 312 b BGB voraus?

Es muss ein Vertrag zwischen einem Unternehmer und einem Verbraucher über die Lieferung von Waren oder über die Erbringung von Dienstleistungen unter ausschließlicher Verwendung von Fernkommunikationsmitteln (Briefe, Kataloge, Telefonanrufe, Telekopien, E-Mails, Rundfunk-, Tele- und Mediendienste) vorliegen, welcher auf dem vom Unternehmer für den Fernabsatz organisierten Vertriebs- und Dienstleistungssystem basiert. Ferner ist der Verbraucher rechtzeitig vor Abschluss des Fernabsatzvertrages über die wesentlichen Vertragsbestandteile und sein Widerrufs- oder Rückgabe-recht in Textform zu informieren.

63. Welche Konsequenz hat eine mangelnde Widerrufsrechtsbelehrung?

Unterlässt der Unternehmer die zwingende Belehrung des Verbrauchers über dessen Widerrufsrecht, so erlischt dessen Widerrufsrecht nicht (entgegen § 355 Abs. 3 S. 1 BGB), sodass sich der Verbraucher auch noch Jahre später von dem Vertrag durch Widerrufserklärung lösen kann.

64. In welcher Frist muss widerrufen werden und welche Besonderheit gilt beim Fernabsatzgeschäft?

Der Verbraucher kann sein Widerrufs- bzw. Rückgaberecht bei Haustür- und Fernab-satzgeschäften gem. §§ 355, 356 BGB binnen zwei Wochen ausüben. Bei Fernabsatz-verträgen läuft die Widerrufsfrist erst nach ordnungsgemäßer Widerrufsbelehrung sowie Erfüllung der Informationspflichten des Unternehmers bzw. dem Zeitpunkt des Eingangs der Ware bei dem Empfänger an. Überdies besteht ein Ausschluss des Wi-derrufsrechts für bestimmte Arten von Fernabsatzverträgen, welche in § 312 d Abs. 4 BGB normiert sind.

65. Was versteht man unter E-Commerce?

Gem. § 312 e Abs. 1 BGB liegt ein Vertrag im elektronischen Geschäftsverkehr (E-Commerce) als Fernabsatzgeschäft vor, wenn sich der Unternehmer eines Tele- oder Mediendienstes bedient. Die Norm stellt im Unterschied zu den Regelungen des Fern-absatzrechts zum Zweck des Verbraucherschutzes erhöhte Anforderungen an den Unternehmer.

66. Welche entscheidenden Pflichten muss der Unternehmer im elektronischen Ge-schäftsverkehr erfüllen?

Der Unternehmer muss dem Verbraucher die Möglichkeiten der Eingabefehlererken-nung, der verständlichen Informationsmitteilung vor Bestellung, der Zugangsbestäti-gung und des Abrufens und Speicherns der Vertragsbestimmungen zur Verfügung stellen.

§ 5 Allgemeines Leistungsstörungsrecht

1. Was bedeutet Leistungsstörung grundsätzlich und welche sechs Arten sieht das BGB vor?

Man spricht von einer Leistungsstörung in einem Vertragsverhältnis, wenn der gegen-seitige Austausch der Leistungen durch einen außerhalb des Vertrags liegenden Umstand gestört wird (kein geplanter Austausch von Leistung und Gegenleistung). Leistungsstörungen können in Form der Unmöglichkeit der Leistungserbringung, des Verzuges bzw. der Zuspätleistung, der Schlechtleistung, der Sorgfaltspflichtverletzung bei Leistungserbringung, des Verschuldens vor/bei Vertragsschluss (cic) und des Wegfalls der Geschäftsgrundlage vorliegen.

2.   Wann liegt Unmöglichkeit vor und welche Arten werden unterschieden?

Gem. § 275 Abs. 1 BGB liegt Unmöglichkeit vor, wenn die geschuldete Leistung weder von dem Schuldner noch von irgendjemand anderem erbracht werden kann. Grundsätzlich wird zwischen juristischer und tatsächlicher Unmöglichkeit einerseits und zwischen anfänglicher und nachträglicher Unmöglichkeit (Zeitpunkt des Vertragsschlusses) sowie objektiver und subjektiver Unmöglichkeit (Unvermögen des Schuldners) andererseits unterschieden.

3.   Verkäufer Valentin (V) und Käufer Knirschko (K) schließen einen Kaufvertrag gem. § 433 BGB über eine chinesische Ming-Vase. Beim Transport der Vase durch V zerspringt sie in tausend Stücke. K meint, einen Anspruch aus § 433 Abs. 1 S. 1 BGB gegen V zu haben. Hat er Recht?

Ein Anspruch des K gegen V aus § 433 Abs. 1 S. 1 BGB auf Übereignung und Übergabe und Übergabe der chinesischen Ming-Vase macht hier keinen Sinn. Spätestens bei der Zwangsvollstreckung müsste hier festgestellt werden, dass V die Vase gar nicht mehr hat. Damit würde auch eine nach § 894 ZPO fingierte dingliche Einigungserklärung des V ins Leere gehen. Weiterhin könnte der Gerichtsvollzieher die Vase dem V auch nicht nach § 885 ZPO wegnehmen, da die Vase einfach nicht mehr existiert. Damit hat K gegen V keinen Anspruch aus § 433 Abs. 1 S. 1 BGB. Vielmehr ordnet § 275 Abs. 1 – 3 BGB den Ausschluss der Leistungspflicht im Falle der Unmöglichkeit an. Sollte also Unmöglichkeit gegeben sein, erlischt im Falle der nachträglichen Unmöglichkeit der unmögliche Primäranspruch bzw. entsteht im Falle der anfänglichen Unmöglichkeit erst gar nicht. Ob statt des erloschenen Primäranspruches Sekundäransprüche des Gläubigers auf Schadensersatz in Betracht kommen, ist hiervon streng zu unterscheiden. Die Antwort richtet sich nach den §§ 283, 280; 311 a Abs. 2 BGB.

4.   Welche Rechtsfolgen hat die Unmöglichkeit sowohl für den Schuldner als auch für den Gläubiger?

Für alle Formen der Unmöglichkeit wird der Schuldner gem. § 275 Abs. 1 BGB von der Erbringung der Leistung grundsätzlich frei; demgemäß wird auch der Gläubiger gem. § 326 Abs. 1 S. 1 BGB grundsätzlich von der Erbringung der Gegenleistung frei. Der Schuldner muss dann zwar gem. § 275 BGB nicht leisten, doch kann er dem Gläubiger gegenüber zu Ersatzansprüchen verpflichtet sein, wenn er die Unmöglichkeit kannte oder seine Unkenntnis von der Unmöglichkeit zu vertreten hatte (§ 311 a Abs. 2 S. 2 BGB iVm § 276 BGB).

5. Wie unterscheidet sich das positive vom negativen Interesse?

Vom positiven bzw. Erfüllungsinteresse spricht man, wenn der Gläubiger durch den Schuldner so zu stellen ist, wie er bei ordnungsgemäßer Leistung stünde (Schadenersatz statt Leistung). Das negative Interesse (sog. Vertrauensschaden) erfasst alle Nachteile, die durch das Vertrauen auf die Gültigkeit des Rechtsgeschäfts entstanden sind (Hauptanwendungsfall § 122 BGB).

6. Unter welchen Voraussetzungen gerät ein Schuldner in Verzug?

Gem. § 286 Abs. 1 S. 1 BGB gerät der Schuldner in Verzug, wenn die Erbringung der Leistung fällig war und der Gläubiger den Schuldner daraufhin vergeblich mahnte.

7. Kann der Verzug von vornherein ausgeschlossen sein?

Das Vorliegen der Leistungsstörung der Unmöglichkeit schließt den Verzug aus.

8. Was ist eine Mahnung und ist diese unbedingt erforderlich?

Eine Mahnung ist die bestimmte und eindeutige Aufforderung des Gläubigers an den Schuldner, die geschuldete Leistung zu erbringen (Verwendung des Begriffs Mahnung ist nicht erforderlich). Die Mahnung ist ausnahmsweise in den Fällen des § 286 Abs. 2 Nr. 1 - 4 BGB sowie im Handelsrecht bei Vorliegen der Voraussetzungen des § 353 HGB entbehrlich.

9. Wann kann der Schuldner überhaupt nur in Verzug geraten?

Gem. § 286 Abs. 4 BGB muss der Schuldner seinen Verzug zu vertreten haben (Ermittlung nach Maßgabe der §§ 276 - 279 BGB). Ferner stehen Leistungsverweigerungsrechte bzw. Einreden dem Verzug des Schuldners entgegen.

10. Was versteht man unter Gläubigerverzug?

Gem. §§ 293 ff. BGB gerät der Gläubiger in Verzug, indem er die ihm vom Schuldner ordnungsgemäß angebotene Leistung nicht dergestalt annimmt, dass er das grundsätzlich tatsächliche Angebot (§ 294 BGB) nicht entgegennimmt.

11. Welche Rechtsfolgen hat der Gläubigerverzug für den Schuldner?

Gem. § 300 Abs. 1 BGB hat der Schuldner während des Annahmeverzuges des Gläubigers nur leichte Fahrlässigkeit zu vertreten. Bei Gattungsschulden geht mit Eintritt des Gläubigerverzugs die Gefahr des Untergangs der Leistung auf den Gläubiger über (§ 300 Abs. 2 BGB). Gem. § 304 BGB kann der Schuldner die durch den Gläubigerverzug entstandenen zusätzlichen Kosten von diesem ersetzt verlangen.

12. Ernie hat dem Bert einen gebrauchten Pkw verkauft. Ernie liefert zum vereinbarten Zeitpunkt nicht, so dass Bert ein wichtiger Geschäftstermin „durch die Lappen geht". Später wird der Wagen bei einem Brand infolge einer Unachtsamkeit des Ernie zerstört. Hat Bert einen Anspruch auf entgangenen Gewinn?

Zunächst kommen als Anspruchsgrundlage für einen Anspruch des Bert auf Ersatz des entgangenen Gewinns infolge des verpassten Geschäftstermins (§ 252 BGB) die §§ 280 Abs. 1, 2, 286 BGB in Betracht. Dabei setzt Schuldnerverzug voraus, dass Bert gegen Ernie einen wirksamen Anspruch aus § 433 Abs. 1 S. 1 BGB hat. Bis zum Zeitpunkt der Zerstörung des Pkw bestand ein solcher auch, allerdings hat die Zerstörung die Unmöglichkeit und damit das Erlöschen der Leistungspflicht nach § 275 Abs. 1 BGB bewirkt. Wenn wir vom Vorliegen der übrigen Voraussetzungen ausgehen, lag bis zur Zerstörung des Wagens demnach Schuldnerverzug des Ernie mit der Leistungspflicht nach § 433 Abs. 1 S. 1 BGB vor. Bert kann den entgangenen Gewinn daher als durch die Verzögerung entstandenen Schaden geltend machen. Die später eintretende Unmöglichkeit ist für diesen Anspruch unbeachtlich.

13. Für welche Fälle greift § 280 Abs. 1 BGB ein und was ist dabei zu beachten?

Die zentrale Schadensersatznorm des BGB greift in den Fällen der Schlechtleistung und denen der Verletzung von Sorgfaltspflichten ein, wobei sie bei allen Schuldverhältnissen für sog. Mangelfolgeschäden gilt, welche sich nicht an dem Leistungsgegenstand, sondern an weiteren Rechtsgütern zeigen.

14. Bei welchen Schuldverhältnissen ist § 280 Abs. 1 BGB nicht anwendbar?

Wenn ein Schuldverhältnis eigene Gewährleistungsvorschriften hat (z. B. Sachmängelgewährleistung im Kaufrecht), so finden ausschließlich die spezielleren Vorschriften Anwendung.

15. Was versteht man unter Schlechtleistung?

Der Schuldner leistet schlecht, wenn er die geschuldete Leistung nicht wie geschuldet erbringt, seine Leistung also mangelhaft ist.

16. Was versteht man unter Sorgfaltspflichtverletzungen?

Bei Sorgfalts- bzw. Nebenpflichten handelt es sich um Verhaltenspflichten aus dem Schuldvertrag, welche teils gesetzlich fallgruppenartig normiert sind. Schutz und Aufklärungspflichten ergeben sich z. B. aus § 241 Abs. 2 BGB, daneben bestehen auch Leistungstreue-, Mitwirkungs- und sonstige Nebenpflichten.

17. Welche Formen von Verschulden gibt es?

Gem. § 276 Abs. 1 S. 1 BGB werden Vorsatz und Fahrlässigkeit unterschieden.

18. Thomas Ebenso sticht dem Dieter Balken absichtlich mit dem Messer in die Hand. Dieter stirbt an einer Blutvergiftung. Welche Verschuldensart liegt vor?

Im Zusammenhang mit der Körperverletzung hat Thomas vorsätzlich gehandelt. Allerdings hat er den Tod des Dieter fahrlässig verursacht. Denn bei der Anwendung pflichtgemäßer Sorgfalt hätte er sich sagen können und müssen, dass man an einem Messerstich sterben kann.

19. Wonach bestimmt sich das Vertretenmüssen bzw. das Verschulden eines Schuldners?

Gem. § 276 Abs. 1 BGB hat der Schuldner Vorsatz und Fahrlässigkeit zu vertreten. Vorsatz bedeutet das Wissen und Wollen der zum rechtswidrigen Tatbestandserfolg führenden Umstände. Ein fahrlässiges Verschulden ist gem. § 276 Abs. 2 BGB gegeben, wenn dasjenige Maß an im Rechts- und Geschäftsverkehr erforderlichen Sorgfalt außer Acht gelassen wird, welches von dem jeweils Betroffenen in der konkreten Situation erwartet werden kann.

20. Was besagt § 278 BGB?

Danach wird das Handeln eines Dritten als Verschulden des Schuldners diesem zugerechnet, wenn der Dritte Erfüllungsgehilfe ist. Erfüllungsgehilfe ist, wer im Rahmen bestehender Schuldverhältnisse nach den tatsächlichen Gegebenheiten des Einzelfalls mit Wissen und Willen des Schuldners in dessen Pflichtenkreis objektiv tätig wird (relativ weit auszulegen).

21. Eigentümer Eigen (E) beauftragt den Installateur Unding (U) mit einer Reparatur in der Wohnung. Der Installateur schickt seinen Lehrling Lassmastecken (L) vorbei, der aufgrund einer Unachtsamkeit eine Überschwemmung verursacht, wodurch der wertvolle Teppich des E zerstört wird. E fragt nun, ob er gegen U vorgehen kann.

Der E könnte hier gegen U einen Anspruch auf Schadensersatz gem. §§ 634 Nr. 4, 280 Nr. 1 BGB haben. Ein Schuldverhältnis in Form des Werkvertrages ist gem. § 631 BGB gegeben. Die Pflichtverletzung besteht in der Unachtsamkeit und der darauf folgenden Überschwemmung der Wohnung. Fraglich ist, ob U für die Pflichtverletzung des L auch gem. § 276 BGB einstehen muss. Gem. § 276 Abs. 1 S. 1 BGB hat der Schuldner Vorsatz und Fahrlässigkeit zu vertreten. Problematisch ist hier, dass U nicht selbst gehandelt hat, sondern seinen Lehrling L vorbeigeschickt hat. Er könnte jedoch auch für die Unachtsamkeit des L einstehen müssen, sollte es sich bei diesem um einen Erfüllungsgehilfen i. S. d. § 278 BGB handeln. Gem. § 278 BGB hat der Schuldner ein Verschulden der Personen, deren er sich zur Erfüllung seiner Verbindlichkeit bedient, in gleichem Umfang zu vertreten wie eigenes Verschulden. U hat den L vorbeigeschickt, damit dieser die Arbeiten in der Wohnung des E erledigt. Damit ist der L mit dem Willen des U für diesen tätig geworden, er ist dessen Erfüllungsgehilfe i. S. d.

§ 278 BGB. Der L müsste nun die Pflichtverletzung zu verschulden haben. Die Überschwemmung trat durch eine Unachtsamkeit des L ein, dieser hat demnach die im Verkehr erforderliche Sorgfalt außer Acht gelassen, sodass er fahrlässig i. S. d. § 276 Abs. 2 BGB gehandelt hat. Die Fahrlässigkeit des L hat der U gem. § 278 BGB nun wie eigenes Verschulden zu vertreten. Damit besteht im Ergebnis ein Anspruch des E gegen U auf Schadensersatz gem. §§ 634 Nr. 4, 280 Abs. 1 BGB.

22. Welche Rechtsfolgen bzw. Anspruchsziele sind dem Gläubiger bei Schlechtleistung und Sorgfaltspflichtverletzung des Schuldners gegeben?

Der Gläubiger kann sowohl vom Vertrag zurücktreten (entweder nach §§ 346 Abs. 1, 323 iVm 280 Abs. 1 BGB oder §§ 346 Abs. 1, 324, 241 Abs. 2 BGB) als auch Schadensersatz neben und/oder statt der Leistung verlangen (entweder § 280 Abs. 1 als Mangelfolgeschaden bzw. Schadensersatz neben der Leistung oder gem. § 281 oder § 282 jeweils iVm § 280 Abs. 1 und 3 BGB).

23. Was bedeutet großer und kleiner Schadensersatz gem. § 281 Abs. 1 BGB?

Gem. § 281 Abs. 1 S. 2 BGB kann der Gläubiger grundsätzlich nur kleinen Schadensersatz verlangen, was das Behalten der Leistung plus Schadensersatz für Mängel und Folgeschäden beinhaltet. Gem. § 281 Abs. 1 S. 3 BGB kann der Gläubiger großen Schadensersatz verlangen, wenn die Pflichtverletzung nicht unerheblich ist; dann kann der Gläubiger die Leistung zurückgeben und Schadensersatz anstatt der ganzen Leistung verlangen.

24. Was ist die Rechtsnatur der culpa in contrahendo (cic) und was setzt sie voraus?

Gem. § 311 Abs. 2 BGB kann sich der Schuldner auch im Vorfeld des Vertragsschlusses schadensersatzpflichtig machen, wenn entsprechende Sorgfaltspflichten gem. § 241 Abs. 2 BGB ein vorvertragliches Schuldverhältnis begründen. Die zur Ersatzpflicht führenden Fallgruppen sind in § 311 Abs. 2 Nr. 1 - 3 BGB normiert, wobei jeweils ein Verschulden des Schuldners i. S. d. § 280 BGB erforderlich ist. Die Ersatzpflicht kann gem. § 311 Abs. 3 BGB auch für Dritte, welche nicht selbst Vertragspartei werden sollen, im Wege der sog. Dritthaftung erfolgen.

25. Was besagt die Leistungsstörung des Wegfalls der Geschäftsgrundlage gem. § 313 BGB?

Danach kann ein Geschäftspartner die Vertragsanpassung verlangen, wenn sich nach Vertragsschluss schwerwiegende Umstände herausstellen, bei deren Kenntnis die Parteien den Vertrag nicht oder nicht in der gegenwärtigen Form geschlossen hätten (Rücktritt soll vermieden werden, kann aber im Falle des § 313 Abs. 3 S. 1 BGB bei Unzumutbarkeit erfolgen).

26. Ultragut (U) soll für den Blasius (B) ein Haus errichten. Während die Baugrube ausgehoben wird, stellt sich heraus, dass der Boden für die Errichtung eines Hauses nur nach umfangreichen Abstützarbeiten geeignet ist. Dem U entstehen daher jetzt wesentlich höhere Kosten, als bei seiner ursprünglichen Kalkulation für den vereinbarten Festpreis vorgesehen. Er fragt sich, ob er einen Anspruch auf Vertragsanpassung gem. § 313 Abs. 1 BGB hat.

Zunächst einmal ist festzustellen, dass ein solcher Fall der Leistungserschwerung aufgrund unerwartet hoher Kosten für die Leistungserbringung keinen Fall der Unmöglichkeit nach § 275 Abs. 1 – 3 BGB darstellt. Es handelt sich um die sog. wirtschaftliche Unmöglichkeit. An sich scheint § 275 Abs. 2 BGB einschlägig zu sein, doch nach dem ausdrücklichen Willen des Gesetzgebers soll diese Vorschrift nicht auch Fälle der wirtschaftlichen Unmöglichkeit umfassen. Hier ist vielmehr der Anwendungsbereich des § 313 BGB eröffnet. Im vorliegenden Fall hat sich erst nach Vertragsschluss herausgestellt, dass umfangreiche Abstützarbeiten erforderlich sind. Erst jetzt ist dem U tatsächlich ersichtlich, wie hoch seine Kosten ausfallen werden. Die Parteien hatten allerdings ursprünglich einen Festpreis vereinbart, der nun wesentlich unter den tatsächlichen Kosten des U liegt. Hätte U bereits bei Vertragsschluss davon gewusst, hätte er den Vertrag mit B zu einem anderen Festpreis abgeschlossen. Eine solche Kostenbelastung kann dem U auch nicht zugemutet werden. Soweit sind die Voraussetzungen des § 313 Abs. 1 BGB erfüllt. Sollte eine Anpassung für den B nicht schier unzumutbar sein, kann U die Anpassung des Vertrages beanspruchen. Ansonsten kann er vom Vertrag zurücktreten, vgl. § 313 Abs. 3 S. 1 BGB.

§ 6   Beendigung von Schuldverhältnissen

1. Welche fünf elementaren Gründe des Erlöschens schuldrechtlicher Ansprüche kennt das BGB?

Grundsätzlich enden Schuldverhältnisse, wenn die geschuldete Leistung an den Gläubiger bewirkt wird (Erfüllung gem. § 362 Abs. 1 BGB). Darüber hinaus können Parteien die Beendigung von Schuldverhältnissen rechtsgeschäftlich herbeiführen, indem sie einen Aufhebungsvertrag (aus § 311 Abs. 1 BGB) oder einen Erlassvertrag bzw. ein negatives Schuldanerkenntnis (§ 397 Abs. 1 und 2 BGB) vereinbaren. Ferner können Schuldverhältnisse durch Aufrechnung von Seiten einer Partei gem. § 387 BGB oder durch deren Rücktritt, Widerruf oder Kündigung beendet werden.

2. Welcher Voraussetzungen bedarf die Erfüllung im Einzelnen?

Der richtige Schuldner muss dem richtigen Gläubiger die richtige Leistung am richtigen Ort zur richtigen Zeit auf die richtige Art und Weise erbringen.

3. Wonach bestimmt sich der Ort der vom Schuldner zu erbringenden Leistung (Leistungs- bzw. Erfüllungsort)?

Es ist maßgeblich, welche Schuldart die Parteien vereinbart haben, d. h. ob Hol-, Bring-, oder Schickschuld vorliegt. Bei mangelnder Vereinbarung normiert § 269 Abs. 1 BGB eine Holschuld des Schuldners. Die Bringschuld verpflichtet den Schuldner, den Leistungsgegenstand an einen vertraglich vorher bestimmten Ort zu bringen (Leistungsort beim Gläubiger). Bei vereinbarter Schickschuld ist der Schuldner (lediglich) verpflichtet, die Sache an einen ordnungsgemäß ausgesuchten Transporteur zu übergeben, womit der Schuldner erfüllt (Leistungsort beim Schuldner).

4. Was besagt die Typisierung einer Geldschuld als qualifizierte Schickschuld i. S. d. § 270 Abs. 1 und 4 BGB?

Grundsätzlich hat der Schuldner für die Übermittlung des Geldes an den Gläubiger einzustehen, sodass er für den Eingang des Geldes beim Gläubiger trotz Übermittlung an seinem eigenen Wohnort verantwortlich ist.

5. Bastian (B) hat dem Zander (Z) ein auf ein Jahr befristetes Darlehen gegeben. Nach genau einem Jahr zahlt Z das Geld an B zurück. Welche juristische Bedeutung hat dieser Vorgang?

Die Darlehenshingabe verpflichtet den Z gem. § 488 Abs. 1 S. 2 BGB, an D als Darlehensgeber bei Fälligkeit den empfangenen Betrag zurückzuerstatten. Das tat Z, somit beendete er seine Schuldnerstellung. Gem. § 362 Abs. 1 BGB erlischt das Schuldverhältnis, wenn die geschuldete Leistung an den Gläubiger bewirkt wird.

6. B fragt sich, ob eine Erfüllung auch eingetreten wäre, wenn Z das Geld lediglich auf dessen Konto überwiesen hätte.

Durch eine Überweisung auf ein Konto und die entsprechende Bankgutschrift erlangt der Kontoinhaber, hier B, lediglich einen Auszahlungsanspruch gegen seine Bank, vgl. §§ 780, 781 BGB sowie §§ 667, 675 BGB. Hier liegt kein Bewirken der „geschuldeten Leistung" vor, was § 362 Abs. 1 BGB aber gerade voraussetzt. Soll die Bank als Zahlstelle mit der Wirkung angesehen werden, dass der Schuldner auch an sie mit befreiender Wirkung leisten kann, setzt das Einverständnis des Gläubigers voraus (vgl. § 362 Abs. 2 BGB). Damit tritt bei einer Überweisung auf das Konto grundsätzlich keine Erfüllung ein.

7. Wie unterscheidet sich ein relatives von einem absoluten Fixgeschäft?

Im Gegensatz zu einem relativen Fixgeschäft steht und fällt das absolute Fixgeschäft mit der Erbringung der Leistung zum vereinbarten Zeitpunkt, sodass ein Nachholen unmöglich ist.

8. Unter welchen Voraussetzungen kann gegenüber dem Anspruch eines Gläubigers aufgerechnet werden?

Für eine wirksame Aufrechnung gem. § 387 BGB bedarf es zweier gleichartiger und fälliger Forderungen. Die Gegenforderung des Schuldners der Leistung muss gem. § 390 BGB einredefrei sein und er muss eine Aufrechnungserklärung gem. § 388 BGB abgeben.

9. Was ist die Rechtsfolge eines wirksamen Rücktritts gem. § 346 Abs. 1 BGB?

Grundsätzlich sind die erbrachten Leistungen zurückzugewähren und die gezogenen Nutzungen herauszugeben, subsidiär ist Wertersatz zu leisten, wenn die Herausgabe naturgemäß ausgeschlossen ist (Dienstleistung) oder der empfangene Gegenstand verbraucht oder z. B. untergegangen ist.

10. Bei welchen Verträgen spricht man von Kündigung und nicht von Widerruf?

Der Begriff der Kündigung bezieht sich auf die Beendigung von Dauerschuldverhältnissen wie z. B. die Miete, ein Arbeitsverhältnis und die Pacht, für welche spezielle gesetzliche Kündigungsregelungen vorgesehen sind.

§ 7 Beteiligung Dritter am Vertrag

1. Welche vier grundsätzlichen Arten der Beteiligung Dritter am Vertrag kennt das BGB?

Dritte können am Vertrag beteiligt werden, indem diese entweder Neugläubiger oder Neuschuldner werden. Ferner können Dritte bei Vorliegen einer Gesamtschuld einem Gläubiger gegenüber verpflichtet sein, der Gläubiger wiederum kann aus einem mit einem Schuldner geschlossenen Vertrag zugunsten Dritter und mit Schutzwirkung für Dritte diesen gegenüber verpflichtet sein.

2. Was versteht man unter einer Zession?

Gem. § 398 BGB kann eine Forderung eines Gläubigers durch Vertrag mit einem anderen an diesen (Neu-) Gläubiger abgetreten werden, sodass der Schuldner lediglich einen neuen Gläubiger erhält.

3. Wie ist die Rechtslage, wenn ein Schuldner in Unkenntnis des Gläubigerwechsels an den Altgläubiger geleistet hat?

Gem. der Schuldnerschutznorm des § 407 Abs. 1 BGB wird der Schuldner dem neuen Anspruchsinhaber gegenüber frei, wenn er im guten Glauben noch an den Altgläubiger geleistet hat. Im Übrigen kann der Schuldner gem. § 404 BGB sämtliche Einwendungen, die ihm gegen den Altgläubiger zustanden, auch gegenüber dem Neugläubiger erheben.

4. Welche beiden Arten des Schuldnerwechsels kennen Sie?

Schuldübernahme und Schuldbeitritt. Gem. § 414 BGB kann die Schuld von einem Dritten durch Vertrag mit dem Gläubiger übernommen werden, sodass der Dritte den bisherigen Schuldner ersetzt. Im Fall des gesetzlich nicht ausdrücklich geregelten Schuldbeitritts tritt (bloß) ein weiterer Schuldner durch Vertrag mit dem Gläubiger in das Schuldverhältnis ein, sodass die beiden Schuldner anschließend als Gesamtschuldner haften.

5. Was bedeutet das Vorliegen einer Gesamtschuld gem. § 421 BGB?

Eine Gesamtschuld liegt vor, wenn mehrere Personen eine Leistung in der Weise schulden, dass jeder die ganze Leistung zu bewirken verpflichtet ist, der Gläubiger die Leistung aber nur einmal fordern darf, wobei er sich denjenigen Schuldner aussuchen kann, den er in Anspruch nehmen will.

6. Rabiat (R), Brutal (B) und G. Walt (W) verprügeln gemeinsam den Studenten Pech (P). Dieser verlangt nun Ersatz der vollen Krankenhauskosten von W, den er sowieso schon niemals leiden konnte. Außerdem ist W der einzige von den dreien, der Geld hat. W meint nun, er brauche nur für seinen Anteil aufzukommen. Ist das korrekt?

W hat Unrecht. Vielmehr liegt hier ein Fall der sog. Gesamtschuld vor. R, B und W haben gemeinsam an P eine unerlaubte Handlung begangen (§§ 823 Abs. 1, 830 Abs. 1 S. 1 BGB). Dadurch sind sowohl R, B als auch W gem. § 840 Abs. 1 BGB verpflichtet, einzeln für die ganze Leistung aufzukommen. Der Gläubiger ist dementsprechend berechtigt, die Leistung nach seinem Belieben von jedem der Schuldner ganz oder zum Teil zu fordern, vgl. § 421 S. 1 BGB.

7. Worin liegt der Hauptunterschied eines Vertrages zugunsten Dritter gem. § 328 BGB gegenüber eines Vertrages mit Schutzwirkung zugunsten Dritter?

Beide Anspruchsgrundlagen zielen darauf ab, dass ein Dritter einen Anspruch erhält, bzw. im Fall des Vertrages zugunsten Dritter der Schuldner die Leistungen nicht an den Gläubiger erbringen muss. Im Fall des Vertrages mit Schutzwirkung zugunsten Dritter haben diese allerdings keine eigenen vertraglichen Leistungsansprüche, sondern werden unter engen Voraussetzungen in den Schutzbereich eines Vertrages einbezogen, sodass sie im Falle von Vertragspflichtverletzungen einen eigenen Schadensersatzanspruch dennoch geltend machen können.

8. Unter welchen vier Voraussetzungen kann sich der Dritte auf die Schutzwirkung des Vertrages berufen?

Der Dritte darf zunächst keine eigenen vertraglichen Ansprüche gleichen Inhalts haben, er muss mit der vertraglichen Leistung des Schuldners bestimmungsgemäß in Berührung kommen (Leistungsnähe), die Einbeziehung des Dritten in den Schutzbereich des Vertrages muss im Interesse des Gläubigers liegen (Schutzinteresse), und die Einbeziehung des Dritten muss vom Schuldner bei Vertragsschluss erkennbar gewesen sein.

Kapitel 3 Ausgewählte Vertragstypen des Wirtschaftsrechts

§ 8 Schuldverhältnisse aus Beschaffungsverträgen

1. Aus welchen beiden Komponenten besteht die Privatautonomie und wo finden diese jeweils grundsätzlich ihre Grenzen?

Das Prinzip der Vertragsfreiheit besteht aus der Abschluss- und Inhaltsfreiheit, welche die freie Wahl des Vertragspartners bzw. die freie Gestaltung des Vertragsinhalts betreffen. Grundsätzlich wird die Abschlussfreiheit durch Kontrahierungszwänge begrenzt, wofür z. B. der Abschluss einer Kfz-Haftpflichtversicherung ein Beispiel ist. Die Inhaltsfreiheit findet ihre Grenzen grundsätzlich in den zwingenden Gesetzesnormen (nicht dispositiv).

2. Worin liegen Vor- und Nachteile von AGBs und wodurch wirkt das Gesetz letzteren entgegen?

Die Standardisierung bzw. Vorformulierung von Vertragsbedingungen (Allgemeine Geschäftsbedingungen) dient insbesondere größeren Unternehmen zur rationellen Abwicklung von Massengeschäften. Demgegenüber wirkt sich oft nachteilig aus, dass der Verwender zu Lasten des Vertragspartners dispositives Recht abbedingt. Um einen effektiven Verbraucherschutz zu gewährleisten, müssen sich AGBs gem. §§ 305 ff. BGB an u. a. Klauselverboten und Inhaltskontrollnormen messen lassen.

3. Wann nur sind AGBs wirksam in den Vertrag einbezogen?

Gem. § 305 Abs. 2 BGB muss der Verwender spätestens bei Vertragsabschluss auf seine AGBs in geeigneter Weise hinweisen und der Vertragspartner muss nach Kenntnisnahme mit der Geltung einverstanden sein (deutlich sichtbarer Aushang im Ladenlokal ist genauso ausreichend wie das Bereitstellen der AGBs auf der Homepage des Unternehmers).

4. Was ist ein Verpflichtungs-, was ein Verfügungsgeschäft, und bedingen diese beiden Rechtsgeschäfte einander?

Bei einem Verpflichtungsgeschäft gehen die Parteien jeweils schuldrechtliche Pflichten ein (z. B. Kaufvertrag), ein Verfügungsgeschäft ist demgegenüber unmittelbar auf Änderung bzw. Übertragung oder Aufhebung eines bestehenden Rechtes gerichtet (Eigentumsübertragung). Nach dem Abstraktionsprinzip wirkt sich ein Mangel des einen Geschäfts nicht auf das andere aus, um die Sicherheit im Rechtsverkehr zu gewährleisten.

5. Was sind die Hauptleistungspflichten der Parteien bei einem Kaufvertrag gem. § 433 BGB?

Der Verkäufer muss dem Käufer die Sache übergeben und ihm das Eigentum daran verschaffen (§ 433 Abs. 1 BGB), gem. § 433 Abs. 2 BGB muss der Käufer spiegelbildlich dazu dem Verkäufer den Kaufpreis zahlen und die Sache abnehmen (die beiden Pflichten korrelieren jeweils mit den anderen beiden; sog. Synallagma).

6. Was kann Gegenstand eines Kaufvertrags sein?

Es können sowohl Rechte (z. B. Gesellschaftsanteile) und Sachen in jedem Aggregatzustand verkauft werden, wobei grundsätzlich zwischen einem Stück- und einem Gattungskauf unterschieden wird (vgl. § 243 Abs. 1 BGB).

7. Wie definiert man den subjektiven Fehlerbegriff als zentrale Voraussetzung der kaufvertraglichen Sachmängelgewährleistung?

Gem. § 434 Abs. 1 S. 1 BGB ist eine Sache fehlerfrei bzw. frei von Mängeln, wenn die vertraglich vereinbarte Beschaffenheit (Soll-Beschaffenheit) von der wirklichen Beschaffenheit (Ist-Beschaffenheit) nicht abweicht.

8. von Werfen (W) ist Performancekünstler. Er hat sich darauf spezialisiert, auf der Bühne Schrauben herunterzuschlucken. Aus diesem Grunde kauft er in einem Baugeschäft des Bullerjahn (B) 200 Schrauben, die er für seine Darstellung benötigt. Er möchte auf der Bühne 50 Schrauben herunterschlucken. Er fragt daher den B, ob diese Schrauben die Magensäfte verletzen und giftige Stoffe absondern können. B verneint das. W tritt auf. Seine Showeinlage wird mit großem Beifall angenommen. Allerdings wird später festgestellt, dass die von B gekauften Schrauben tatsächlich giftige Metalle im Körper des W freigesetzt haben. Daher muss W ärztlich behandelt werden. Liegt hier ein Sachmangel vor?

Nach dem objektiven Fehlerbegriff läge ein Sachmangel vor, wenn die Schrauben nicht für die übliche Verwendung tauglich sind. Schrauben sind jedoch nicht deshalb als mangelhafte Schrauben anzusehen, weil man sie nicht gefahrlos herunterschlucken kann. Objektiv gesehen wäre ein Sachmangel hier zu verneinen. § 434 Abs. 1 S. 1 BGB spricht jedoch von einem subjektiven Fehlerbegriff. Hiernach ist die Vereinbarung der Parteien entscheidend. Schon im Baugeschäft hatte der W dem B mitgeteilt, wofür er die Schrauben benutzen möchte und ihn ausdrücklich danach gefragt, ob die Schrauben sch zu dem beabsichtigten Verwendungszweck eignen. B hatte ausdrücklich verneint, dass ein Herunterschlucken der Schrauben sich negativ auf die Gesundheit des W auswirken könne. W musste daher unter Zugrundelegung des objektiven Empfängerhorizontes (§§ 133, 157 BGB) die Erklärung des B so verstehen, dass diese auf die

Vereinbarung der von W gewünschten Eigenschaft gerichtet ist. Die Eignung der Schrauben wurde damit zu den Performancezwecken von den Kaufvertragsparteien vereinbart. Sie wiesen diese Eignung allerdings tatsächlich nicht auf, sodass ein Sachmangel i. S. d. § 434 Abs. 1 S. 1 BGB vorliegt.

9. Welche Anforderungen gelten, wenn die Sachbeschaffenheit nicht vereinbart wurde?

Gem. der Auffangnorm des § 434 Abs. 1 S. 2 Nr. 2 BGB ist eine Sache mangelfrei, wenn sie sich für die gewöhnliche Verwendung eignet und eine Beschaffenheit aufweist, die bei Sachen der gleichen Art üblich ist und die der Käufer nach Art der Sache erwarten kann.

10. Nach einer durchzechten Nacht wird Student Sasse (S) vom Hunger geplagt. Glücklicherweise hat die Bäckerei Backdat (B) gerade geöffnet, sodass er sich auf seinem Heimweg noch ein Brötchen kauft. Zu Hause möchte er es verzehren, bemerkt dann aber, dass es von Schimmelpilzen befallen ist. Liegt hier ein Sachmangel vor?

Hier kommt ein Sachmangel gem. § 434 Abs. 1 S. 2 Nr. 2 BGB in Betracht. Hiernach ist eine Sache frei von Sachmängeln, wenn sie sich für die gewöhnliche Verwendung eignet und eine Beschaffenheit aufweist, die bei Sachen der gleichen Art üblich ist und die der Käufer nach der Art der Sache erwarten kann. Der S kann das Brötchen hier nicht ohne nachteilige Gesundheitsfolgen verzehren. Es ist damit nicht zur üblichen Verwendung geeignet. Aufgrund des Schimmelbefalls weist das Brötchen auch eine für Brötchen übliche Beschaffenheit nicht auf. Damit liegt ein Sachmangel gem. § 434 Abs. 1 S. 2 Nr. 2 BGB vor. Hier ist es nicht mehr nötig, das Verhalten der Kaufvertragsparteien als konkludente Beschaffenheitsvereinbarung i. S. d. § 434 Abs. 1 S. 1 BGB – Schimmelfreiheit des Brötchens – bzw. als beiderseits konkludent vorausgesetzten Verwendungszweck i. S. d. § 434 Abs. 1 S. 2 Nr. 1 BGB – Verzehrbarkeit ohne gesundheitliche Nachteile – auszulegen. Ein Sachmangel liegt damit vor.

11. Welche fehlerhaften Umstände stellt das Gesetz dem Sachmangel gleich?

Eine Sache ist auch dann mangelhaft, wenn deren Montage - auch aufgrund einer falschen Montageanleitung - unsachgemäß durchgeführt wurde (§ 434 Abs. 2 BGB) oder der Verkäufer eine andere Sache oder eine zu geringe Menge liefert (§ 434 Abs. 3 BGB).

12. Wann geht die Gefahr des Untergangs der Sache grundsätzlich auf den Käufer und wann ausnahmsweise auf diesen über?

Gem. § 446 BGB geht grundsätzlich mit Übergabe der verkauften Sache die Gefahr des zufälligen Untergangs und der zufälligen Verschlechterung auf den Käufer über. Beim Versendungskauf bzw. einer vereinbarten Schickschuld geht die Gefahr gem. § 447

BGB ausnahmsweise bereits dann auf den Käufer über, wenn der Verkäufer die Sache einem Transporteur übergibt.

13. Welche Rechte hat ein Käufer bei Mängeln und kann er diese alle geltend machen?

Gem. § 437 Nr. 1 iVm § 439 Nr. 1 BGB kann der Käufer Nacherfüllung verlangen, das ist die Beseitigung des Mangels oder die Lieferung einer mangelfreien Sache. Gem. § 437 Nr. 2 BGB kann der Käufer entweder von dem Vertrag zurücktreten oder den Kaufpreis mindern. Gem. § 437 Nr. 3 BGB kann der Käufer entweder Schadensersatz oder den Ersatz vergeblicher Aufwendungen verlangen. Der Käufer kann diese Ansprüche grundsätzlich nebeneinander geltend machen, wobei er sich dann jeweils das Erhaltene anrechnen lassen muss.

14. Was bedeutet die Vorrangigkeit des Nacherfüllungsanspruchs des Käufers?

Der Verkäufer kann im Fall eines Sach- oder Rechtsmangels einen Rücktritt oder eine Minderung des Käufers sowie dessen Ansprüche auf Schadensersatz durch eine ordnungsgemäße Nacherfüllung abwehren, da in all diesen Fällen der Käufer dem Verkäufer zuvor eine angemessene Frist zur Nacherfüllung gesetzt haben muss, die ihm diese gerade ermöglicht.

15. Krom (K) ist begeisterter Formel 1-Fan. Aus diesem Grunde erwirbt er vom Kfz-Händler Hintertür (H) einen neuen Ferrari. Seine Freude wird jedoch jäh getrübt, als er feststellt, dass der Motor aufgrund diverser Mängel nicht richtig funktioniert und ausgetauscht werden müsste. H bietet einen Austausch des Motors an, da er einen Wagen derselben Marke mit hohem Kostenaufwand importieren möchte. K besteht allerdings auf Lieferung eines neuen Ferrari. Hat er ein Recht dazu?

Grundsätzlich hat der Käufer gem. § 439 Abs. 1 BGB ein Wahlrecht, ob er Beseitigung des Mangels oder aber die Lieferung einer mangelfreien Sache verlangen möchte. Allerdings kann der Verkäufer gem. § 439 Abs. 3 S. 1 BGB die vom Käufer gewählte Art der Nacherfüllung verweigern, wenn sie nur mit unverhältnismäßigen Kosten möglich ist. Ob der Aufwand für H unverhältnismäßig i. S. d. § 439 Abs. 3 S. 1 BGB ist, muss im Wege einer einzelfallbezogenen Abwägung entschieden werden. Insbesondere ist hierbei gem. § 439 Abs. 3 S. 2 BGB zu berücksichtigen, ob die andere Art der Nacherfüllung ohne erhebliche Nachteile für den Käufer gewählt werden kann. Hier käme als andere Nacherfüllungsform die Nachbesserung durch Austausch des Motors in Betracht. Es ist hier allerdings zu berücksichtigen, dass gerade bei höherwertigen, vor allem bei Luxusgegenständen, auch eine emotionale Beziehung zur Kaufsache besteht. Durch den Makel eines früheren Mangels würde diese Beziehung gestört. Bei einem komplett auszutauschenden Motor handelt es sich um einen Mangel von einigem Gewicht, sodass dieses Interesse des K als sehr hoch anzusetzen ist. Aus diesem

Grund fällt die einzelfallbezogene Abwägung eindeutig zugunsten des K aus. Die Kosten der Nachlieferung sind aus diesem Grunde nicht unverhältnismäßig i. S. d. § 439 Abs. 3 S. 1 BGB. Dem H steht nach dieser Vorschrift also ein Verweigerungsrecht nicht zu. Somit kann K im Ergebnis von H die Lieferung eines neuen Ferrari verlangen, allerdings gegen Rückgabe des geleisteten Wagens, vgl. §§ 439 Abs. 4, 346 Abs. 1 BGB.

16. Muss der Käufer zunächst Nachbesserung oder kann er gleich Neulieferung verlangen?

Dem Käufer steht bei der Nacherfüllung die Wahl gem. § 439 Abs. 1 BGB zwischen Nachbesserung und Neulieferung frei, wonach gem. § 439 Abs. 2 BGB der Verkäufer dann jeweils alle dazu erforderlichen Aufwendungen tragen muss.

17. Was muss der Käufer beachten, wenn er zurücktreten will?

Unter Voraussetzung eines rechtswirksamen Kaufvertrags, der Einschlägigkeit der Sachmängelgewährleistung und einer erfolgten Rücktrittserklärung muss der Käufer dem Verkäufer grundsätzlich eine angemessene Frist zur Nacherfüllung setzen und die Pflichtverletzung des Verkäufers darf nicht unerheblich sein.

18. Wie unterscheidet sich die Minderung vom Rücktritt und was ist deren Rechtsfolge?

Bis auf die Voraussetzung der Erheblichkeit des Mangels muss auch die Minderung alle Rücktrittsvoraussetzungen erfüllen, sodass dann der Kaufpreis entsprechend dem Minderwert der Sache herabgesetzt wird, vgl. § 441 Abs. 3 S. 1 BGB.

19. Welche Schäden werden vom kaufvertraglichen Schadensersatzanspruch umfasst?

Gem. § 437 Nr. 3 BGB iVm einer Schadensersatznorm werden sowohl Sach- oder Rechtsmangel als auch Mangelfolgeschäden ersetzt (jedoch nur bei zu vertretender Pflichtverletzung des Schuldners).

20. Was sind Aufwendungen?

Aufwendungen sind Vermögensopfer, die im Vertrauen auf den Erhalt der Leistung erbracht worden sind (§ 284 BGB).

21. Wie unterscheiden sich Verwendungen von Aufwendungen?

Verwendungen sind Vermögensaufwendungen, die zumindest auch dem Erhalt, der Verbesserung oder der Wiederherstellung der Sache zugute kommen, wobei gem. § 994 und § 996 zwischen notwendigen und nützlichen Verwendungen unterschieden wird.

22. Welche Verjährungsfrist gilt im Kaufrecht und ab wann bemisst sie sich?

Regelmäßig verjähren Ansprüche nach zwei Jahren ab dem Zeitpunkt der Ablieferung der Sache bzw. bei Grundstücken mit der Übergabe. Bei Arglist des Verkäufers gilt die regelmäßige Verjährungsfrist gem. § 195 BGB von drei Jahren, wobei die Frist gem. § 199 BGB mit dem Schluss des Jahres beginnt, in dem der Anspruch entstanden ist und der Gläubiger von der Arglist des Schuldners Kenntnis erhielt.

23. Was meint der Begriff der Garantie im BGB?

Über den Anspruch aus gesetzlicher Sachmängelgewährleistung hinaus kann sich der Verkäufer gem. §§ 443, 477 BGB noch haftbar machen, wenn er dem Käufer gegenüber eine (separate) Garantieerklärung im Sinne einer zugesicherten Eigenschaft abgegeben hat.

24. Was versteht man unter einem Vorkauf i. S. d. §§ 463 ff. BGB?

Ein Vorkauf ist ein Vorvertrag zum Kaufvertrag, welcher dem Interessenten den Kaufgegenstand sichert, indem er durch Ausübung seines Vorkaufsrechts einen anderweitigen Verkauf verhindern kann.

25. In welchem Verhältnis stehen Kauf auf Probe und Wiederkauf?

Bei einem Probekauf wird der Kaufvertrag unter der aufschiebenden Bedingung der Billigung durch den Käufer geschlossen, demgegenüber kann sich der Verkäufer bei Abschluss eines Kaufvertrages das Recht des Wiederkaufs vorbehalten.

26. Was setzt ein Verbrauchsgüterkauf voraus und welche Schutzbestimmungen enthält dieser?

Gem. § 474 Abs. 1 S. 1 BGB liegt ein Verbrauchsgüterkauf bei einem Kaufvertrag über eine bewegliche Sache zwischen einem Verbraucher als Käufer und einem Unternehmer als Verkäufer vor. Um einen effektiven Verbraucherschutz zu gewährleisten, findet die Gefahrtragungsregel des Versendungskaufs keine Anwendung, die Möglichkeit einer Verjährungsfristverkürzung ist ausgeschlossen, und es besteht eine Beweislastumkehr zugunsten des Verbrauchers dahingehend, dass bei Sachmangelhaftigkeit binnen sechs Monaten vermutet wird, dass die Sache bereits bei Gefahrübergang mangelhaft war.

§ 9   Finanzierungs- und Kreditverträge

1. Welche fünf Arten von Finanzierungsverträgen kennen Sie?

Man unterscheidet zwischen einem Teilzahlungs- oder auch Abzahlungskauf (§§ 501 ff. BGB), einem Finanzierungskauf (Käufer muss Darlehen aufnehmen, welches der

Darlehensgeber nach Vertragsschluss an den Verkäufer auszahlt), einem Leasingvertrag als atypisches Mietverhältnis, dem Factoring als Forderungskaufvertrag und dem Darlehensvertragsrecht (Verbraucher-, Sach- und konventionelles Darlehen, §§ 488 - 498 u. §§ 607 - 609 BGB).

2. Welche Rechtsfolge hat das Unterlassen erforderlicher Angaben beim Ratenkaufvertrag?

Mangelt es den in § 502 Abs. 2 BGB normierten Anforderungen, so ist der Vertrag grundsätzlich nichtig; dessen ungeachtet kann er aber bei Übergabe der Sache oder Erbringung der Leistung gültig werden.

3. Wie viel Parteien und Vertragsverhältnisse beinhaltet ein Finanzierungskauf zumindest?

Bei einem Finanzierungskauf sind drei Parteien, nämlich der Käufer, der Verkäufer und das finanzierende Kreditinstitut als Darlehensgeber beteiligt. Es liegt zumindest ein Kaufvertrag und ein Darlehensvertrag des Käufers mit dem Darlehensgeber vor, welcher durch Zahlung der Darlehensvaluta die Kaufpreisforderung des Verkäufers im Kaufvertrag erfüllt.

4. Was kennzeichnet einen Leasingvertrag grundsätzlich?

Der Leasingnehmer least (mietet) eine Sache des Leasinggebers gegen ein in Raten zu zahlendes Entgelt zum Gebrauch. Der Leasinggeber wiederum hat einen Kaufvertrag über die Leasingsache mit dem Händler oder Hersteller geschlossen, welcher die Leasingsache an den Leasingnehmer ausliefert.

5. Welche Hauptpflichten haben der Leasinggeber und der Leasingnehmer?

Der Leasinggeber muss die Nutzungsmöglichkeit an dem Leasinggut verschaffen, der Leasingnehmer muss die Leasingraten zahlen und bei Vereinbarung die Entrichtung einer Anzahlung leisten.

6. Was kennzeichnet das Operating-Leasing?

Operating-Leasingverträge werden nur über langlebige Wirtschaftsgüter geschlossen, damit sie von mehreren Leasingnehmern verwendet werden können.

7. Worin liegt der Hauptunterschied zwischen Operating- und Finanzierungsleasing?

Beim Operating-Leasing trägt der Leasinggeber das Risiko für die Investition und das der Überalterung, beim Finanzierungsleasing trägt der Leasingnehmer die Gefahr eines Untergangs oder der Verschlechterung des Leasingguts. Ferner werden beim Finanzierungsleasing die Verträge nur über eine mehrjährige Zeit geschlossen und die

Leasingraten sind so kalkuliert, dass entweder durch sie allein oder zusammen mit der Abschlusszahlung der Gewinn des Leasinggebers und die Anschaffungs- und Finanzierungskosten gedeckt werden.

8. Was ist der Vorteil des Finanzierungs- oder sog. echten Leasings?

Der Leasingnehmer kann sämtliche Zinszahlungen sofort als Betriebsausgaben geltend machen, ferner kann er ggf. Gewerbe- und Vermögenssteuer reduzieren, sodass er sich einen Liquiditätsvorteil verschaffen kann.

9. Welche Anforderungen stellt der Gesetzgeber an das Verbraucherfinanzierungs-leasing?

Vor dem Hintergrund der inhaltlichen Teilidentität mit dem Teilzahlungsgeschäft muss ein Finanzierungsleasingvertrag, wenn der Leasingnehmer ein Verbraucher i. S. d. § 13 BGB ist, eine Belehrung über dessen Widerrufsrecht enthalten und es muss ihm die Möglichkeit des Einwendungsdurchgriffs erhalten bleiben (vgl. §§ 500, 358, 359 BGB).

10. Worin unterscheidet sich das Herstellerleasing vom echten Leasing?

Beim Herstellerleasing liegt nicht das typische Dreiecksverhältnis vor, sondern der Hersteller (Händler oder Lieferant) ist selbst Leasinggeber.

11. Was kennzeichnet einen Factoringvertrag und wann liegt ein unechtes Factoring vor?

Durch den Factoringvertrag kauft der Factor gegen Abschlag bestimmte Forderungen eines Kunden gegen Dritte und trägt die Gefahr der Uneinbringlichkeit der Forderung. Dieses sog. Delkredererisiko trägt beim unechten Factoring der Factoringkunde.

12. Schumann (S) ist Inhaber eines Unternehmens. Aufgrund mehrfacher Beschwerden der Nachbarn beschließt nun Lustig (L), endlich seinen Rasen zu mähen. Aus diesem Grund vereinbart er mit Nachbar S, dass dieser ihm einen Rasenmäher entgeltlich zum Gebrauch überlässt. Zu diesem Zweck hat S vereinbarungsgemäß einen bestimmten Rasenmäher bei Praktiker (P) gekauft, den L auch schon mehrfach angesehen und ausprobiert hatte. S und L schließen nun einen Formularvertrag mit folgender Klausel: „Der Leasinggeber zeichnet sich von Gewährleistungsansprüchen des Leasingnehmers frei und tritt stattdessen seine eigenen Ansprüche gegen P ab." Es wurde die Lieferung an L vereinbart, doch auf dem Transport fällt der Rasenmäher vom Lkw und wird vollständig zerstört. L fragt sich nun, ob er trotzdem alle Leasingraten zahlen muss.

Entscheidend ist hier, ob die Pflicht des Leasingnehmers (L) zur Ratenzahlung gem. § 326 Abs. 1 BGB untergegangen ist. Das wäre dann der Fall, wenn der S (noch) die Preisgefahr tragen würde. Im Rahmen der Preisgefahr (Gegenleistungsgefahr) geht es um die Frage, ob der Anspruch auf die Gegenleistung (Zahlung) bestehen bleibt, obwohl Unmöglichkeit der Leistung gegeben ist. Hätte es sich im vorliegenden Fall um einen Mietvertrag gehandelt, würde der Vermieter die Preisgefahr gem. § 535 Abs. 1 BGB bis zum Ende des Mietvertrages tragen. Hier verliert er also den Anspruch auf die Gegenleistung, wenn die Sache untergeht. Hätte es sich dagegen um ein Kaufvertrag gehandelt, würde der Verkäufer die Preisgefahr dagegen nur bis zur Übergabe gem. § 446 Abs. 1 BGB bzw. bis zur Übergabe an eine Transportperson gem. § 447 BGB tragen. Im vorliegenden Fall haben S und L nach dem Leasingvertrag die kaufrechtlichen Gefahrtragungsregeln zur Anwendung gebracht. Fraglich ist jedoch, ob eine solche Regelung auch zulässig ist. Es kommt insbesondere ein Verstoß gegen § 307 BGB in Betracht. Bei einem Leasingvertrag ist es jedoch nach ganz herrschender Meinung gerechtfertigt, den Leasingnehmer (L) hinsichtlich der Gefahrtragung gleich einem Käufer zu behandeln, da er ja mit der Sache auch wie ein Käufer verfahren darf. Aus diesem Grund könnte hier § 447 BGB gelten. Danach wäre die Gefahr mit Übergabe an die Transportperson auf den Leasingnehmer (L) übergegangen. So müsste er alle Raten bezahlen. Allerdings ist fraglich, ob § 447 BGB überhaupt zur Anwendung gelangen kann. Dem Sachverhalt entsprechend soll L hier die Sach- und Preisgefahr wie ein Käufer tragen. Hier handelt es sich jedoch um einen Vertrag zwischen einem Unternehmer (S) und einem Verbraucher. Wird dann auf das Kaufrecht verwiesen, so müssen die Regeln über den Verbrauchsgüterkauf Anwendung finden, vgl. §§ 447 ff. BGB. Dabei ist zu beachten, dass § 474 Abs. 2 BGB die Anwendung von § 447 BGB gerade ausschließt. Der Leasingnehmer (L) muss also gerade nicht die Preisgefahr tragen. Im Ergebnis wird L demnach von seiner Zahlungspflicht frei. Er hat trotz der Klausel im Vertrag nicht die Preisgefahr zu tragen.

13. Welche bedeutsamen Fälle von Darlehensverträgen kennen Sie?

Personaldarlehen (Absicherung durch Darlehensnehmer oder ggf. Bürge), Immobiliardarlehen (Absicherung durch Grundpfandrechte), Lombarddarlehen (Absicherung durch Pfandrechte an beweglichen Sachen), Pachtkredit (nur für landwirtschaftliche Grundstücke), Baudarlehen (Absicherung durch Hypothek oder Grundschuld am zu bebauenden Grundstück), Bauspardarlehen (Gewährung aufgrund Bausparvertrages).

14. Welche Anforderungen muss ein Verbraucherdarlehensvertrag gegenüber einem konventionellen Darlehen erfüllen?

Um den Schutz des Verbrauchers als Darlehensnehmer zu gewährleisten, ist Schriftform erforderlich, wobei Telefaxform sowie elektronische Form gem. § 126 a BGB nicht statthaft ist. Der Darlehensvertrag muss die in § 492 Abs. 1 S. 5 BGB normierten Angaben zwingend enthalten, anderenfalls kann der Vertrag nur dann Rechtswirksamkeit erlangen, wenn der Darlehensnehmer das Darlehen empfängt oder in Anspruch nimmt. Die erforderliche Widerrufsbelehrung ist auch im Fall des Verbraucherdarlehensvertrages unentbehrlich.

15. Welchen zusätzlichen Schutz erhält der Verbraucher bei einem verbundenen Geschäft i. S. d. §§ 358, 359 BGB und wann liegt dieses vor?

Ein verbundener Vertrag liegt vor, wenn ein Verbraucherdarlehensvertrag ganz oder teilweise der Finanzierung eines anderen Vertrages dient und beide Verträge eine wirtschaftliche Einheit bilden, was sich aus Verbrauchersicht danach bestimmt, ob Kreditgeber einerseits und Unternehmer andererseits sich gemeinsam wie eine Vertragspartei gegenüberstehen. Liegen diese Voraussetzungen vor, braucht der Verbraucher nur gegenüber einem der beiden Vertragspartner zu widerrufen und ausnahmsweise führen Wirksamkeitsmängel des einen Vertrages automatisch zur Unwirksamkeit des anderen.

16. Gelten die Grundsätze des verbundenen Geschäfts auch für den Realkreditvertrag?

Auch für Immobiliardarlehensverträge ist der Widerruf möglich, wenn die die wirtschaftliche Einheit bildenden Verträge nach dem 01.08.2002 abgeschlossen worden sind. Überhaupt aber muss der Verbraucherkredit grundpfandrechtlich abgesichert sein, anderenfalls handelt es sich nicht um einen Realkredit i. S. d. VerbrKrG, sodass dieses auch vor dem Stichtag anwendbar bleibt.

17. Was versteht man unter einer für den Sachdarlehensvertrag gem. § 607 Abs. 1 BGB maßgeblichen vertretbaren Sache?

Negativ formuliert sind Sachen dann nicht vertretbar, wenn sie wegen ihrer Eigenart nicht durch eine Sache gleicher Gattung ersetzt werden können, weil sie gebraucht oder allein den individuellen Bedürfnissen des Bestellers angepasst sind.

§ 10 Sicherungsrechte und -geschäfte

1. Welchen Vorteil hat der zwischen Käufer und Verkäufer vereinbarte Eigentumsvorbehalt für beide?

Der Verkäufer sichert sich seinen Kaufpreiszahlungsanspruch, indem das Eigentum erst durch vollständige Zahlung des Kaufpreises durch den Käufer an diesen übergeht. Für den Käufer liegt der Vorteil des Eigentumsvorbehaltes darin, dass er infolge der Besitzübertragung den Kaufgegenstand sofort nutzen kann.

2. Welche Rechtsnatur hat die Anwartschaft?

Das Anwartschaftsrecht stellt eine Vorstufe zum späteren Vollrecht, z. B. dem Eigentum, dar und kann dem Inhaber nicht mehr einseitig gegen seinen Willen entzogen werden. Es ist als sonstiges Recht i. S. d. § 823 Abs. 1 BGB geschützt, kann übertragen, verpfändet und vererbt werden.

3.   Was versteht man unter einem verlängerten und weitergeleiteten Eigentumsvorbehalt?

Im ersten Fall erstreckt sich der Eigentumsvorbehalt nicht nur auf den Vertragsgegenstand, sondern auch auf den Erlös des Käufers durch Weiterveräußerung des Gutes (Abtretung der Forderung des Käufers gegen dessen Kunden an den Verkäufer). Beim weitergeleiteten Eigentumsvorbehalt wird der Käufer verpflichtet, seinerseits die Handelsware nur unter Eigentumsvorbehalt weiterzugeben, sodass der Verkäufer sein Eigentum behält, bis der Kunde des Käufers den Kaufpreis vollständig bezahlt hat.

4.   Was ist das Wesen der Sicherungsübereignung und worin liegt der Vorteil gegenüber der Verpfändung?

Bei der Sicherungsübereignung (§§ 929 S. 1, 930 BGB) lässt sich der Kreditgeber eine bewegliche Sache zur Sicherung seiner Forderung unter Vereinbarung eines Besitzmittlungsverhältnisses (legaldefiniert in § 868 BGB) übereignen, sodass der Schuldner im unmittelbaren Besitz der Sache bleibt. Demgegenüber muss eine Pfandsache an den Gläubiger übergeben werden, außerdem legt die Inpfandgabe die Zahlungsprobleme des Schuldners offen, was dieser regelmäßig vermeiden will.

5.   Welche Rechtsgeschäfte müssen bei Entstehung des Sicherungseigentums im Sinne des Abstraktionsprinzips unterschieden werden?

Der Abschluss des schuldrechtlichen Sicherungsvertrages ist Grundlage des Verfügungsgeschäftes, durch welches der Sicherungsgeber zwar den unmittelbaren Besitz an seiner Sache behält, diese aber dem Sicherungsnehmer übereignet.

6.   Was besagt der sachenrechtliche Bestimmtheitsgrundsatz?

Danach muss die sicherungsübereignete Sache in dem Übereignungsvertrag konkret festgelegt sein, welches regelmäßig durch Erstellung von Inventarlisten und Warenkennzeichnung erfolgt.

7.   Was versteht man unter Fahrnisrecht und Pfandreife?

Unter dem Begriff Fahrnisrecht versteht man das Pfandrecht an beweglichen Sachen und Rechten, welches gem. § 1205 Abs. 1 BGB rechtsgeschäftlich bestellt werden kann. Pfandreife liegt bei Fälligkeit der dem Pfandrecht zugrunde liegenden Forderung vor und berechtigt zur Verwertung der Pfandsache (Pfandschuldner bleibt Eigentümer, Pfandgläubiger kann sich aus der Pfandsache befriedigen).

8. Was versteht man unter einem Zurückbehaltungsrecht und wie ist dieses in prozessualer Hinsicht zu qualifizieren?

Das Zurückbehaltungs- bzw. Leistungsverweigerungsrecht berechtigt den Schuldner, in Fällen gegenseitiger Verträge gem. § 320 BGB oder bei Fälligkeit einer Forderung gegen den Gläubiger gem. § 273 BGB seine eigene Leistung solange zurückzubehalten, bis der Gläubiger die Gegenleistung bewirkt hat. Es obliegt dem Schuldner, sich im Prozess auf sein Zurückbehaltungsrecht zu berufen (Einrede).

9. Worin unterscheidet sich die Sicherungsabtretung von der Sicherungsübereignung?

Bei der Sicherungsabtretung dient nicht das Eigentum an einer Sache zur Sicherung, sondern es wird ein Recht, zumeist eine Forderung, zur Sicherung abgetreten.

10. Was ist ein Bürgschaftsvertrag und wovon ist er abzugrenzen?

Bei einem Bürgschaftsvertrag sichert der Bürge eine ihm fremde Schuld des Hauptschuldners, welche dieser gegenüber einem Gläubiger erfüllen muss. Der Bürge übernimmt weder eine Verbindlichkeit anstelle des Schuldners (Schuldübernahme) noch will er für einen entstehenden Schaden eintreten (Garantievertrag).

11. Wer sind die Parteien des Bürgschaftsvertrags und was versteht man unter der „Akzessorietät" der Bürgschaft?

Die Bürgschaft entsteht durch Vertrag zwischen dem Gläubiger der Hauptschuld und dem Bürgen, wobei die Erklärung des Bürgen schriftlich erfolgen muss. Die erforderliche Akzessorietät der Bürgschaft liegt dann vor, wenn ihre Wirksamkeit von der der Hauptschuld abhängig ist, sodass sich deren Wirksamkeitsmängel auch auf die Bürgschaft auswirken.

12. Klaus (K) ist notorisch pleite. Er braucht nun, um von der Bank Brunsviga (B) einen Kredit ausgezahlt zu bekommen, einen Bürgen. Daher wendet er sich an seine vermögende Tante Käthe und fragt sie, ob sie für ihn bürgen wollte. Tante Käthe, die von ihrem Neffen schon immer sehr angetan war, antwortet: „Das lässt sich machen!" Als sie am Abend mit ihrem Mann Rudi beisammensitzt, macht dieser sie darauf aufmerksam, dass K das Geld nur für seine Freundin benötigen würde. Tante Käthe ist sehr enttäuscht und fragt sich, ob sie denn nun schon Bürge geworden ist.

Nein! Denn die Bürgschaft setzt voraus, dass ein Vertrag zwischen dem Bürgen und dem Gläubiger zustande gekommen ist. Gläubiger ist hier die Bank B. Tante Käthe ist mit der Bank jedoch niemals in Kontakt getreten. Außerdem setzt die Bürgschaft voraus, dass eine Verbindlichkeit (in der Regel handelt es sich um ein Darlehen) besteht, die den sog. Hauptschuldner zur Zahlung an den Gläubiger verpflichtet. Hauptschuldner wäre hier der K gewesen, Gläubiger die Bank B. Ein Vertrag zwischen der

Bank und Klaus ist jedoch noch nicht zustande gekommen. Weiterhin setzt die Bürgschaft voraus, dass eine Verpflichtung des Bürgen besteht, für die Erfüllung dieser Verbindlichkeit des Dritten dem Gläubiger gegenüber einzustehen. Da Tante Käthe jedoch mit der Bank B noch niemals in Kontakt getreten ist, kann eine Verpflichtung für sie so noch nicht bestehen. Daher fehlt es an allen drei Voraussetzungen für eine Bürgschaft. Tante Käthe ist noch nicht Bürge geworden.

13. Was versteht man unter einer selbstschuldnerischen Bürgschaft?

Der Gläubiger soll sich - auch im Wege der Zwangsvollstreckung - zunächst an den Hauptschuldner wenden (Bürge steht Einrede der Vorausklage gem. § 771 BGB zu). Bei der selbstschuldnerischen Bürgschaft wird vereinbart, dass der Bürge auf diese Einrede verzichtet, sodass sich der Gläubiger direkt an den Bürgen wenden und von diesem Zahlung verlangen kann.

14. Worin liegt grundsätzlich die Gefahr der Eingehung einer Bürgschaft?

Der Bürge kann sich regelmäßig nicht von seiner Bürgschaftserklärung befreien, sodass er einerseits vom Gläubiger in Anspruch genommen werden kann, andererseits auch die Gefahr der Durchsetzung des Regressanspruches gegen den Schuldner trägt.

§ 11 Der Werkvertrag

1. Welche Hauptpflichten stehen beim Werkvertrag im Gegenseitigkeitsverhältnis?

Der Unternehmer schuldet einen konkret zu erbringenden Erfolg (§ 631 Abs. 2 BGB), der Besteller ist grundsätzlich zur Abnahme des vertragsmäßig hergestellten Werks verpflichtet (§ 640 Abs. 1 BGB).

2. Welche Rechtsfolgen hat die durch den Besteller erfolgte Abnahme?

Die Vergütung wird fällig, es können Ansprüche auf Mängelbeseitigung in Betracht kommen, wobei dann auch deren Verjährungsfrist beginnt, anderenfalls kann der Besteller seine Gewährleistungsansprüche verlieren, wenn er das Werk trotz Kenntnis eines Mangels vorbehaltlos abnimmt.

3. Rudi (R) hat sein Auto in der Kfz-Werkstatt Unlustig (U) reparieren lassen. Er holt den Wagen ohne Überprüfung der Reparatur am 06.10. ab und fährt noch am gleichen Tag über 250 km. Aufgrund einer chaotischen Buchhaltung erhält Rudi die Rechnung für die Werkleistung von dem Unternehmer U erst drei Wochen später. U führt auf, dass er seit dem 06.10. Zinsen verlangt. Rudi ist sehr verärgert und fragt sich, ob U wirklich einen Anspruch auf Zinszahlung hat.

Grundsätzlich wird die Forderung des Werkunternehmers (U) mit der Abnahme fällig, vgl. § 641 Abs. 1 S. 1 BGB. Unter Fälligkeit ist hier der Zeitpunkt zu verstehen, ab welchem der Gläubiger die Leistung verlangen kann, vgl. § 271 Abs. 1 BGB. Aus dem Verhalten des Rudi kann U auf eine zumindest konkludente Abnahme am 06.10. schließen, da die körperliche Hinnahme des Werkes schon durch das Abholen des Autos durch Rudi erfolgte. Die Billigung des Werkes ergibt sich dann aus der Ingebrauchnahme des Wagens über eine längere Strecke ohne Mängelrügen. Nach überwiegender Ansicht wird auch die Vergütung schon mit dem Zeitpunkt der Abnahme fällig, auch wenn die Rechnungsstellung erst später erfolgt, da die frühzeitige Fälligkeit für den Besteller nicht nur Nachteile, sondern auch Vorteile bringt. Schließlich sei der Zeitpunkt der Fälligkeit auch für den Zeitpunkt des Verjährungsbeginns maßgeblich. Wenn es nun der Werkunternehmer in der Hand hätte, die Fälligkeit erst mit Rechnungslegung herbeizuführen, könnte der Werkunternehmer den Zeitpunkt des Verjährungsbeginns willkürlich hinausschieben. Damit ist die Forderung des U bereits am 06.10. fällig geworden. Ein Anspruch auf Zinszahlung ergibt sich grundsätzlich gem. § 641 Abs. 4 BGB seit dem 06.10. Allerdings ist es unbillig, wenn R noch gar keine Rechnung erhalten hat und damit gar keine Möglichkeit für ihn besteht, die Rechnung zu bezahlen und damit den Zinsen zu entgehen. Aus diesem Grund wird in vorliegenden Fällen eine stillschweigende Abbedingung des § 641 Abs. 4 BGB angenommen. Der Vertrag ist mit Rücksicht auf die Verkehrssitte, § 157 BGB, so auszulegen, dass die Parteien grundsätzlich eine Zahlung vor Rechnungslegung nicht erwarten und daher erst recht auch nicht von einer Zinszahlungspflicht ausgehen. Damit kann U von R nicht seit dem 06.10. Zinsen verlangen.

4. Ist ein Kostenvoranschlag grundsätzlich verbindlich?

Gem. § 650 BGB ist eine Überschreitung des veranschlagten Preises bis zu 15 % zulässig, indes kann die Verbindlichkeit der im Kostenvoranschlag festgehaltenen Summe vereinbart werden.

5. Kann der Unternehmer vom Besteller Kosten des Kostenvoranschlags verlangen?

Diese sind gem. § 632 Abs. 3 BGB im Zweifel nicht zu vergüten, sodass den Unternehmer die Beweislast für die Vereinbarung eines zu vergütenden Kostenvoranschlages trifft.

6. Wann liegt ein mangelfreies Werk vor?

Entsprechend der kaufvertraglichen Sachmängelgewährleistung ist das Werk mangelfrei, wenn es die vereinbarte Beschaffenheit aufweist. Mangelt es einer Vereinbarung, muss sich das Werk für die im Vertrag vorausgesetzte bzw. die gewöhnliche Verwendung eignen und so beschaffen sein, wie es bei Werken dieser Art üblich ist (§ 633 Abs. 2 BGB).

7. Welche Rechte stehen dem Besteller bei Mangelhaftigkeit des Werks zu?

Wie im Kaufvertragsrecht kann der Besteller Nacherfüllung, Schadens- und Aufwendungsersatz sowie Minderung verlangen und vom Vertrag zurücktreten. Darüber hinaus kann er nach Verstreichen einer Nachfrist die Mängelbeseitigung selbst vornehmen und dann die dazu erforderlichen Aufwendungen vom Unternehmer ersetzt verlangen.

8. Welche Verjährungsfristen gelten im Werkvertragsrecht?

Ab Abnahme müssen Mängel bei Werken binnen zwei Jahren geltend gemacht werden und bei Bauwerken binnen fünf Jahren. Diese Fristen gelten auch für die jeweils erforderlichen Planungs- oder Überwachungsleistungen.

9. Worauf erstreckt sich das Werkunternehmerpfandrecht nicht?

Es darf sich nicht um unbewegliche Sachen des Bestellers handeln, die der Unternehmer hergestellt oder ausgebessert hat sowie um Sachen, die im Eigentum eines Dritten stehen.

10. Was ist die Besonderheit des Bauvertrages?

Als Sonderfall des Werkvertrages zwischen dem Bauherrn und Bauhandwerkern wird im Bauvertrag häufig die Geltung der Verdingungsordnung für Bauleistungen vereinbart (VOB), welche zum Teil vom BGB zum Nachteil des Bestellers abweichende Regelungen der Rechtsbeziehungen zwischen ihm und dem Unternehmer enthält.

§ 12 Der Werklieferungsvertrag

1. Was versteht man unter einem Werklieferungsvertrag?

Auf diesen finden als Sonderformen des Werkvertrags gem. § 651 BGB für die Vereinbarungen über die Lieferung neu herzustellender beweglicher Sachen die Regeln des Kaufrechts Anwendung.

§ 13 Der Mietvertrag

1. Warum differenziert der Gesetzgeber nach Mietobjekten und was erfordert der Mietvertragsschluss grundsätzlich?

Aufgrund der besonderen Schutzbedürftigkeit des Mieters von Wohnraum ist die Vertragsfreiheit bei Wohnraummietverträgen stark durch Sonderregelungen im Mietrecht eingeschränkt. Dies gilt nicht für Mietverträge über sonstige Immobilien oder bewegliche Sachen, indessen müssen sich die Parteien stets über das Mietobjekt, die Höhe des Mietzinses und die Vertragsdauer geeinigt haben, wobei die Schriftform des Mietvertrages grundsätzlich nicht erforderlich ist.

2.   Welche Haupt- und Nebenleistungspflichten der Mietparteien stehen sich gegenüber?

Primär hat der Vermieter dem Mieter die zum vertragsgemäßen Gebrauch mangelfreie Mietsache zu überlassen. Daneben hat er den Gebrauch der Mietsache zu erhalten und für die Instandhaltung der Sache zu sorgen. Der Mieter ist primär verpflichtet, dem Vermieter die vereinbarte Miete zu entrichten. Daneben hat er die Pflicht der Mängelrüge, der Duldung baulicher Maßnahmen und der Rückgabe der Mietsache.

3.   Hat der Vermieter Sach- oder Rechtsmängel der Mietsache zu vertreten?

Liegen Mängel bereits bei Überlassung der Mietsache vor, kommt es auf ein Verschulden des Vermieters nicht an. Bei nachträglichem Auftreten oder Verzug des Vermieters entsteht ein Schadensersatzanspruch des Mieters nur bei Verschulden des Vermieters. Demgegenüber tritt zeitunabhängig das Recht des Mieters auf Minderung kraft Gesetzes ein.

4.   Wie stehen sich die Sicherungsrechte des Vermieterpfandes und der Kautionszahlung gegenüber?

Regelmäßig wird zur Sicherung von evtl. später offenen Mietzinsforderungen bei Abschluss des Mietvertrages eine Kautionszahlung vereinbart, da das gesetzliche Vermieterpfandrecht an in den Wohnräumen eingebrachten Sachen des Mieters in der Praxis nicht durchgesetzt werden kann, da diese Sachen sich dann nicht mehr in der Wohnung befinden.

5.   Welche Arten der Beendigung des Mietverhältnisses gibt es?

Befristete Mietverträge enden grundsätzlich durch Zeitablauf, sie können aber auch durch außerordentliche Kündigungen oder einer einvernehmlichen Vertragsaufhebung enden. Unbefristete Mietverträge können durch ordentliche und außerordentliche Kündigung sowie Vereinbarung beendet werden. Der Tod einer Mietpartei oder der Verkauf der Mietsache können das Mietverhältnis nicht beenden, bei Tod des Mieters steht den Erben aber ein außerordentliches Kündigungsrecht zu.

6.   Was gilt es bei der Kündigung von Wohnraummietverhältnissen zu beachten?

Die Kündigung muss schriftlich bis zum 3. Werktag zum Ablauf des übernächsten Monats erfolgen, ferner verlängert sich bloß die Kündigungsfrist des Vermieters nach fünf und acht Jahren nach Überlassung des Wohnraums um drei Monate.

7. Emil (E) hat sein Fahrrad an Fridolin (F) vermietet. Danach verkauft und übereignet er es unter Abtretung des Herausgabeanspruchs an Berta (B). Berta möchte nun das Fahrrad sofort in Gebrauch nehmen und verlangt von F, ihr das Fahrrad herauszugeben. F fragt sich, ob er dazu verpflichtet ist, obwohl doch das Mietverhältnis noch gar nicht abgelaufen ist.

Zunächst könnte B gegen F einen Herausgabeanspruch gem. § 546 BGB haben. E hat B seinen Rückgabeanspruch aus dem Mietverhältnis abgetreten. B kann diesen natürlich geltend machen. Allerdings kann sie ihn nur unter den gleichen Voraussetzungen wie E durchsetzen, insbesondere also erst nach Ablauf des Mietverhältnisses, vgl. § 404 BGB. Außerdem käme ein Herausgabeanspruch der B gegen F gem. § 985 BGB in Betracht. B hat von E das Eigentum an dem Fahrrad erlangt. Ein Anspruch aus § 985 BGB gegen F setzt voraus, dass F Besitzer ist und kein Recht zu Besitz hat. F ist unzweifelhaft Besitzer und hat gegenüber B kein Recht zum Besitz aus dem Mietvertrag, da er nicht mit B, sondern mit E den Mietvertrag geschlossen hat, sodass B nicht Partei des Mietvertrages geworden ist. Allerdings kann E gem. § 986 Abs. 2 BGB alle Einwendungen aus dem Mietverhältnis entgegenhalten, die Sache wurde nämlich gem. § 931 BGB veräußert. Daher kann er B gegenüber geltend machen, dass die Mietzeit noch nicht abgelaufen ist. E kann daher weiterhin die Herausgabe des Fahrrades gegenüber B verweigern.

§ 14 Der Pachtvertrag

1. Worum handelt es sich bei einem Pachtvertrag?

Ein Pachtvertrag ist ein Mietvertrag, der auch über Rechte geschlossen werden kann und der den Pächter zur Fruchtziehung (Erzeugnisse und Erträge) aus dem Pachtobjekt berechtigt.

§ 15 Der Franchisevertrag

1. Was ist die Rechtsnatur eines Franchisevertrages?

Ein Franchisevertrag ist ein gesetzlich nicht normiertes Dauerschuldverhältnis zwischen Unternehmern, welches mit Elementen der Rechtspacht ausgestattet ist und mit solchen des Kaufs, der Miete sowie der Geschäftsbesorgung einhergehen kann. Von Franchising spricht man, wenn der Franchisegeber dem Franchisenehmer für dessen Betriebsführung zur Nutzung gegen Entgelt und Übernahme bestimmter Pflichten Handelswaren oder Marken, Geschäftsform, Vertriebsmethoden und Know-how sowie das Recht überlässt, bestimmte Waren oder Dienstleistungen zu vertreiben.

2.   Welchen Beschränkungen unterliegt das sog. Franchising?

Neben den Verbotsregeln der §§ 134, 138 BGB kann für den Franchisevertrag die wettbewerbsbeschränkende Regelung des § 14 GWB sowie Art. 81 Abs. 1 EGV maßgeblich sein.

§ 16 Der Geschäftsbesorgungsvertrag

1.   Was ist ein Auftrag und worin liegt der Unterschied zum Geschäftsbesorgungsvertrag?

Der Laie bezeichnet regelmäßig einen Dienst- oder Werkvertrag als Auftrag, wobei dieser gem. § 662 BGB die unentgeltliche Besorgung des Geschäfts eines anderen darstellt. Entgeltlichkeit sieht demgegenüber die Geschäftsbesorgung vor, welche gem. § 675 Abs. 1 BGB als selbständige, entgeltliche wirtschaftliche Tätigkeit aus dem Rechtskreis des Geschäftsherrn definiert ist.

2.   Welche gängigen Verträge stellen eine Geschäftsbesorgung dar und wonach bestimmen sich die Leistungspflichten?

Zu den Geschäftsbesorgungsverträgen zählen die verschiedenen Bankvertragsarten, aber auch Baubetreuungs- sowie Anlageberatungs- und Promotions- und Steuer- oder Rechtsberatungsverträge. Die jeweiligen Vertragsvereinbarungen bestimmen dann die Hauptleistungspflichten, darüber hinaus besteht eine Auskunfts- und Rechenschaftspflicht gem. § 666 BGB und die allgemeinen Sorgfaltspflichten.

3.   Welche drei Vertragstypen des Überweisungsrechts sieht das BGB vor?

Bei dem Überweisungsvertrag schuldet die Bank ihrem Kontoinhaber die baldmöglichste Überweisung an einen Begünstigten. Bei einem Zahlungsvertrag schulden zwischengeschaltete Kreditinstitute die Weiterleitung des überwiesenen Geldes. Beim Girovertrag schuldet die Bank die Kontoeröffnung und Kontoführung, im Gegenzug verpflichtet sich der Kunde zur Zahlung der vereinbarten Entgelte (z. B. Kontoführungsgebühr).

4.   Was versteht man unter einem Kreditkartenvertrag?

Auch dieser ist ein Fall der entgeltlichen Geschäftsbesorgung und kommt zwischen dem Kreditkarteninhaber und dem diese ausstellenden Unternehmen zustande. Die Rechtsbeziehung zwischen dem Vertragsunternehmen, welches eine Kreditkarte akzeptiert, und dem Kreditkartenaussteller sind für den Karteninhaber irrelevant.

Kapitel 4 Gesetzliche Schuldverhältnisse

§ 17 Geschäftsführung ohne Auftrag (GoA)

1. Was ist eine Geschäftsführung ohne Auftrag und welche Arten unterscheidet man?

Gem. der Legaldefinition des § 677 BGB liegt eine Geschäftsführung ohne Auftrag vor, wenn jemand ein (objektiv fremdes) Geschäft für einen anderen (in dessen Rechts- und Pflichtenkreis) besorgt, ohne von diesem beauftragt oder sonst dazu berechtigt zu sein. Man unterscheidet einerseits zwischen echter und unechter GoA, andererseits innerhalb der echten GoA zwischen berechtigter und unberechtigter und innerhalb der unechten GoA zwischen irrtümlicher und angemaßter Geschäftsführung.

2. Was beschreiben die Arten inhaltlich?

Der Inhalt der echten GoA ergibt sich aus § 677 Abs. 1 BGB. Die echte GoA ist dann unberechtigt, wenn die Geschäftsführung im Widerspruch zum wirklichen oder mutmaßlichen Willen des Geschäftsherrn steht (§ 678 BGB); durch Genehmigung des Geschäftsherrn kann die unberechtigte nachträglich eine berechtigte GoA werden (§ 683 S. 1, § 681 S. 2 iVm § 670 BGB). Bei der unechten GoA dagegen besorgt der Geschäftsführer ein fremdes Geschäft für sich selbst (§ 687 BGB), wobei er dies irrtümlich tut (Abs. 1) oder sich die Geschäftsführung (vorsätzlich) anmaßt (Abs. 2).

3. Was ist ein sog. „auch fremdes Geschäft"?

Der Geschäftsführer besorgt dann ein auch fremdes Geschäft, wenn dieses auch im eigenen Interessen liegt, das eigene Interesse aber noch hinter dem Fremdinteresse zurücktritt.

4. Was setzt eine echte GoA immer voraus?

Der Geschäftsführer muss das Geschäft mit Fremdgeschäftsführungswillen führen, er muss also den Willen und das Bewusstsein haben, dass er eine Angelegenheit eines anderen erledigt. Ferner ist gem. § 677 BGB ausdrücklich negativ festzustellen, dass kein Auftragsverhältnis zwischen Geschäftsführer und -herr i. S. d. § 662 BGB vorliegt.

5. Wann ist der für die berechtigte GoA grundsätzlich erforderliche Wille des Geschäftsherrn ausnahmsweise entbehrlich?

Gem. § 679 BGB kommt ein der Geschäftsführung entgegenstehender Wille des Geschäftsherrn dann nicht in Betracht, wenn ohne die Geschäftsführung eine im öffentlichen Interesse liegende Pflicht des Geschäftsherrn oder dessen gesetzliche Unterhaltspflicht nicht rechtzeitig erfüllt werden würde.

6.   Welches sind die Rechtsfolgen der echten GoA?

Den Geschäftsführer trifft die Anzeige- und Rechenschaftspflicht (§§ 681, 666 BGB), überhaupt muss er alles durch die Geschäftsführung Erlangte dem Geschäftsherrn gem. §§ 681 S. 2, 667 BGB herausgeben. Bei schuldhafter Pflichtverletzung kann sich der Geschäftsführer gem. §§ 280, 282 BGB schadensersatzpflichtig machen, wobei im Falle des § 680 BGB gewöhnliche Fahrlässigkeit unschädlich ist. Gem. § 678 BGB kann sich der Geschäftsführer im Falle der unberechtigten GoA schadensersatzpflichtig machen, wenn er die unberechtigte GoA erkennen musste. Der Geschäftsherr muss dem Geschäftsführer primär Aufwendungsersatz gem. § 683 S. 1 BGB zahlen. Liegt ein Schadensersatzanspruch des Geschäftsherrn gem. § 678 BGB vor, so muss dieser im Gegenzug gem. § 684 S. 1 BGB alles, was er durch die Geschäftsführung erlangt hat, gem. §§ 812 ff. BGB herausgeben.

7.   Welche Rechtsfolgen hat die unechte GoA?

Im Fall der irrtümlichen GoA bestehen Ansprüche nach Delikts- und Bereicherungsrecht. Im Fall der angemaßten GoA sind gem. § 687 Abs. 2 BGB bestimmte GoA-Regeln anwendbar, daneben kann auch Bereicherungs- und Deliktsrecht Anwendung finden.

8.   Fridolin (F) ist ein Freund des Briefmarkensammlers Buntspecht (B). Er besucht eine Ausstellung für wertvolle Briefmarken. Er entdeckt an einem kleinen Stand die wertvolle Briefmarke „Blaue Mauritius". Er weiß, dass B schon lange auf der Suche nach einer solchen Briefmarke ist und ersteht sie für B. B hat aber inzwischen seine Briefmarkensammlung aufgegeben, weil er erkannt hat, dass seine Nachbarin Carola, von der er sehr angetan ist, kein wirkliches Interesse an Briefmarken hat. Aus diesem Grund beschließt er nun, seine Plattensammlung weiter auszubauen. Daher hat er kein Interesse an der „Blauen Mauritius" und will sie dem F weder abnehmen noch möchte er die dafür aufgewendeten Auslagen ersetzen. F ist entsetzt und verlangt trotz allem, dass B ihm die Briefmarke abnimmt und seine Aufwendungen ersetzt. Zu Recht?

Fridolin hat hier einen Kauf für einen anderen und in dessen Interesse getätigt, ohne jedoch hier zu rechtlich verpflichtet gewesen zu sein. Es handelt sich also um einen Fall der Geschäftsführung ohne Auftrag, vgl. §§ 677 ff. BGB. Grundsätzlich finden hier die Auftragsregeln Anwendung, wobei aber Einschränkungen zu machen sind. Da der Kauf der „Blauen Mauritius" hier allerdings nicht dem wirklichen Willen des B entsprach, kommt ein Aufwendungsersatz gem. §§ 670, 683 BGB nicht in Frage. F kann daher nicht von B verlangen, dass dieser ihm die Briefmarke abnimmt und ihm die dafür aufgewendeten Auslagen ersetzt.

§ 18 Ungerechtfertigte Bereicherung

1. Was ist der Zweck des Bereicherungsrechts gem. §§ 812 ff. BGB?

Danach sollen nicht gerechtfertigte Vermögensverschiebungen ausgeglichen werden, indem die vorausgesetzte Rechtsgrundlosigkeit des Vermögensvorteils zu dessen Rückübertragung führt.

2. Anton (A) hat dem Boris (B) sein Grundstück verkauft. B ist als neuer Eigentümer bereits im Grundbuch eingetragen worden. Nunmehr stellt sich allerdings heraus, dass der Kaufvertrag aus irgendeinem Grund unwirksam ist. A fragt sich, ob er von B etwas verlangen kann.

In Betracht kommt hier ein Anspruch des A gegen B aus ungerechtfertigter Bereicherung gem. § 812 Abs. 1 S. 1, 1. Alt. BGB. Dieser Anspruch ist gerichtet auf Rückübertragung des Eigentums an dem Grundstück. Zunächst müsste B dafür „etwas erlangt" haben. Hier handelt es sich um das Hauseigentum. Dieses Hauseigentum müsste er „durch die Leistung" des A ... Unter Leistung ist die bewusste und zweckgebundene Mehrung fremden Vermögens zu verstehen. A hat dem B hier sein Grundstück übereignet, um den Kaufvertrag mit ihm zu erfüllen. Eine Leistung des A liegt demnach vor. Schließlich müsste diese Leistung „ohne rechtlichen Grund" erfolgt sein. Als Rechtsgrund für die Eigentumsübertragung käme hier ein Kaufvertrag in Betracht, vgl. § 433 Abs. 1 S. 1 BGB. Dieser Vertrag ist allerdings nichtig, sodass A ohne rechtfertigenden Grund an B geleistet hat. Demnach hat A gegen B einen Anspruch aus ungerechtfertigter Bereicherung gem. § 812 Abs. 1 S. 1, 1. Alt. BGB.

3. Wie unterscheidet sich die Leistungs- von der Nichtleistungskondiktion?

Die Leistungskondiktion dient der Rückabwicklung eines fehlgeschlagenen Leistungsverhältnisses zwischen dem Anspruchsteller und dem Gegner und sie ist stets vor der Nichtleistungskondiktion zu prüfen. Die Nichtleistungskondiktion ersetzt Vermögensnachteile, die aufgrund von Verletzungen bestimmter Rechtspositionen bzw. auf sonstige Weise als durch Leistung entstanden sind. Hauptanwendungsfall der Nichtleistungs- ist die Eingriffskondiktion, bei der die Bereicherung durch Eingriff in die Rechtsgüter des Anspruchstellers vorliegt.

4. Welche beiden gemeinsamen Voraussetzungen haben Leistungs- und Nichtleistungskondiktion?

Der Bereicherte muss etwas erlangt haben, dies kann jeder Vermögensvorteil sein (Eigentum, Besitz oder ein Gebrauchsvorteil). Ferner muss die Bereicherung ohne Rechtsgrund erfolgt sein. Das Merkmal „auf dessen Kosten" (des Bereicherungsgläubigers) bezieht sich nur auf die Nichtleistungskondiktion und betrifft dort dessen Vermögensnachteil. Das Merkmal „eines anderen" betrifft nur die Frage, ob eine Leistungskondiktion im Zwei- oder Mehrpersonenverhältnis vorliegt.

5. Was versteht man unter Leistung i. S. d. Bereicherungsrechts?

Leistung ist jede bewusste und zweckgerichtete Vermehrung fremden Vermögens.

6. Welche drei Sonderfälle der Leistungs- und Nichtleistungskondiktion gibt es jeweils?

§ 817 und § 813 BGB stellen wie § 812 Abs. 1 S. 2 BGB einen Sonderfall der Leistungskondiktion dar, wobei letzterer in zwei Alternativen vorliegen kann. Die Nichtleistungskondiktion enthält in § 816 Abs. 1 S. 1 und S. 2 und Abs. 2 BGB drei besondere Fälle.

7. Was ist bei den Sonderfällen des § 816 Abs. 1 einerseits und Abs. 2 BGB andererseits zu beachten?

§ 816 Abs. 1 BGB gewährt einen bereicherungsrechtlichen Anspruch nur im Zweipersonenverhältnis und differenziert zwischen Entgeltlichkeit und Unentgeltlichkeit. § 816 Abs. 2 BGB gewährt demjenigen den bereicherungsrechtlichen Anspruch, der Berechtigter einer von einem Dritten an einen Nichtberechtigten bewirkten Leistung wurde.

8. Welche abgestuften Rechtsfolgen hat der Bereicherungsanspruch?

Primär muss der Schuldner den erlangten Vermögensvorteil sowie ggf. Nutzungen des erlangten Etwas herausgeben. Ausnahmsweise muss der Bereicherte das Surrogat herausgeben, wenn er dieses anstelle des Erlangten erhalten hat. Im Falle der Unmöglichkeit der Herausgabe des Erlangten hat der Schuldner dann gem. § 818 Abs. 2 BGB Wertersatz zu leisten.

9. Bauer Wellmann (W) hat seine Kühe unweit seines Bauernhofs auf einer Weide zum Grasen abgestellt. Die Wiese ist mit einem Weidezaun gesichert. Nachdem die Wiese des W allerdings beinahe vollständig abgegrast ist, durchbrechen die Kühe den Weidezaun und grasen die Wiese des Nachbarn Lange (L) ab. Daraufhin erlangt (L) von W Ersatz. Zu Recht?

Ja. W ist hier auf Kosten des L unberechtigt bereichert, vgl. § 812 Abs. 1 S. 1, 2. Alt. BGB. Ein rechtfertigender Grund kommt nicht in Betracht. Anders wäre es, wenn W die Wiese z. B. von L gepachtet hätte. Das Gras kann hier allerdings nicht mehr herausgegeben werden, sodass W dem L lediglich Wertersatz schuldet, vgl. § 812 Abs. 2 BGB.

§ 19 Unerlaubte Handlungen (Deliktsrecht)

1. Was ist die Funktion des Deliktsrechts?

Die Ansprüche gem. §§ 823 ff. BGB dienen dem Ausgleich von Vermögenseinbußen, die durch rechtswidrige Eingriffe in den Rechtskreis eines anderen entstanden sind, wobei Schadensersatz grundsätzlich nur bei schuldhaftem Handeln geleistet werden muss.

2. Welche zwei alltäglichen Ausnahmen von der Verschuldenshaftung kennen Sie?

Spezialgesetzliche Ausnahmen der sog. Gefährdungshaftung liegen im Falle des Tierhalters gem. § 833 S. 1 BGB und des Kfz-Halters gem. § 7 StVG vor.

3. Welche Voraussetzungen der Schadensersatzpflicht normiert § 823 Abs. 1 BGB?

Der Schadensersatzpflichtige muss das Rechtsgut eines anderen durch eine Handlung schuldhaft und widerrechtlich verletzt haben.

4. Installateur Input (I) soll im Hause des Edelmann (E) ein Gasrohr reparieren. Allerdings stellt er sich hierbei so ungeschickt an, dass eine Gasexplosion das ganze Gebäude zerstört. Daraufhin verlangt E von I Schadensersatz. Zu Recht?

E könnte hier gegen I einen Anspruch auf Schadensersatz aus unerlaubter Handlung gem. § 823 Abs. 1 BGB haben. Die Handlung liegt hier in der unzureichenden Reparatur. Dabei wurde das „Eigentum" des E verletzt. Die Verletzungshandlung war auch ursächlich für die Explosion, denn denkt man sie hinweg, stünde das Gebäude noch. Weiterhin war die Handlung rechtswidrig, da die Einwilligung des E nur hinsichtlich der Reparatur bestand, nicht aber dahingehend, dass I das Haus zerstörte. Weiterhin handelte I schuldhaft, denn ein Installateur muss Explosionen zu vermeiden wissen, vgl. § 276 BGB. Schließlich besteht der Schaden in dem Verlust des Gebäudes. Danach hat E gegen I einen Anspruch auf Schadensersatz aus unerlaubter Handlung gem. § 823 Abs. 1 BGB.

5. Was versteht man unter einem sonstigen Recht i. S. d. § 823 Abs. 1 BGB?

Die dort aufgezählten oder sonstigen schutzfähigen Rechte sind absolute Rechte, d. h. von jedermann zu beachten und unverletzt zu lassen. Dies sind beispielsweise das allgemeine Persönlichkeitsrecht, der Besitz, der Nießbrauch und das Recht am eingerichteten und ausgeübten Gewerbebetrieb. Wichtig ist, dass das Vermögen als solches nicht zu den absoluten Rechten i. S. d. § 823 Abs. 1 BGB zählt.

6. Worin besteht die Verletzungshandlung?

Eine Handlung kann positives Tun (bzw. aktives Handeln des Schädigers) als auch Unterlassen der Erfolgsabwendung sein, wobei dafür eine erforderliche Garantenpflicht (aus Gesetz, Vertrag oder Verkehrssicherungspflicht) vorliegen muss.

7. Was versteht man unter Kausalität, wonach lässt sie sich feststellen und welche beiden Arten gibt es?

Kausalität (oder Ursächlichkeit) bedeutet grundsätzlich, dass ein schädigendes Ereignis einen eingetretenen Schaden verursacht haben muss. Die Kausalität wird abgestuft nach der Äquivalenz- und Adäquanztheorie sowie der Lehre vom Schutzzweck der Norm geprüft. Für die die Äquivalenztheorie bestimmende conditio-sine-qua-non-Formel ist jede Bedingung kausal, die nicht hinweggedacht werden kann, ohne dass der tatbestandliche Erfolg entfiele. Die Adäquanztheorie schränkt (auch noch sehr weit) die Äquivalenztheorie ein, indem die Handlung nur dann kausal ist, wenn sie nicht unter unwahrscheinlichen Umständen geeignet war, den Erfolg herbeizuführen. Bei der bei Zurechnungsproblemen relevanten sog. Lehre vom Schutzzweck der Norm muss ein Zusammenhang zwischen Tatbestand und Erfolg innerhalb des Schutzumfangs der die Haftung begründenden Norm liegen; es wird danach gefragt, ob der entstandene Nachteil zu der vom Schädiger geschaffenen Gefahrenlage zu einem inneren Zusammenhang steht, dabei muss der Schaden gerade durch die Pflichtwidrigkeit der Handlung verursacht worden sein. Das Schadensersatzrecht kennt die haftungsbegründende und haftungsausfüllende Kausalität, für welche die Kausalitätstheorien gleichermaßen gelten. Bei der haftungsbegründenden Kausalität geht es darum, ob das Verhalten des Schädigers zu der eingetretenen Rechtsgutverletzung führte. Die haftungsausfüllende Kausalität ist der Ursachenzusammenhang zwischen der Rechtsgutverletzung und dem entstandenen Schaden.

8. Welche Gründe können regelmäßig das Verhalten des Schädigers rechtfertigen?

Grundsätzlich wird die Rechtswidrigkeit durch die tatbestandsmäßige Verletzungshandlung indiziert (vermutet), dagegen sind aber Rechtfertigungsgründe der Notwehr (§ 227 BGB), des Defensivnotstands (§ 228 BGB), der Selbsthilfe (§ 229 BGB) und des Aggressivnotstands (§ 904 BGB) möglich. Auch die sog. Einwilligung des Rechtsgutinhabers in die Verletzung eines seiner Rechtsgüter stellt grundsätzlich einen Rechtfertigungsgrund dar, so z. B. die Einwilligung in die Körperverletzung beim Boxkampf.

9. Der Arzt Altvater (A) nimmt bei seinem Patienten Pech (P) einen Heileingriff vor, mit Hilfe dessen er Schmerzen im Bein des P für die Zukunft verhindern will. Als Folge des Eingriffs stellen sich bei P Lähmungen ein, die als Nebenfolge der Therapie bekannt, wenn auch selten sind. Daraufhin verlangt P von A Schadensersatz. Zu Recht?

Deliktsrechtlich bleibt der Heileingriff durch A eine Körperverletzung, allerdings kann deren Rechtswidrigkeit ausgeschlossen sein, wenn der Patient in die Behandlung eingewilligt hat. Dafür setzt die rechtfertigende Einwilligung aber voraus, dass der Kranke über die voraussehbaren Nebenfolgen vorher informiert worden ist. Sollte A hier gegen seine Aufklärungspflicht verstoßen haben, haftet er dem P entsprechend.

10. Welche Anforderung stellt das Deliktsrecht an das Verschulden?

Der Schädiger muss gem. § 827 und § 828 BGB delikts- bzw. schuldfähig sein. Danach ist u. a. die Verantwortlichkeit von Kindern unter acht Jahren sowie die von Bewusstlosen oder Geistesgestörten ausgeschlossen.

11. Welche Schadensarten werden grundsätzlich ersetzt und wonach bestimmt sich dies?

Das BGB differenziert zwischen Vermögens- und Nichtvermögens- bzw. immateriellen Schäden, wobei Sach- oder Personenschäden als Vermögensschäden vorrangig gem. § 249 Abs. 1 BGB im Wege der Naturalrestitution, ansonsten gem. § 249 Abs. 2 BGB durch Geldzahlung ersetzt werden. Immaterielle Schäden können gem. § 253 Abs. 2 BGB ersetzt werden.

12. Was versteht man unter einer Schutzgesetzverletzung gem. § 823 Abs. 2 BGB?

Im Unterschied zu § 823 Abs. 1 fordert Abs. 2 anstelle der Rechtsguts- eine Schutzgesetzverletzung, welche bei Verstößen gegen Normen, die nach dem Willen des Gesetzgebers auch dem Schutzes des Einzelnen dienen sollen und nicht im Interesse der Allgemeinheit erlassen wurden, vorliegt.

13. Ladeninhaber Kurzschlus (K) lässt sein Geschäft unter Verstoß gegen das Ladenschlussgesetz an mehreren Tagen in der Woche bis gegen Mitternacht geöffnet. Dadurch kaufen eine große Zahl von Kunden des Konkurrenten Samson (S) bei K, sodass S entsprechende Umsatzrückgänge zu verzeichnen hat. Daher verlangt er von K Ersatz. Hat er Recht?

Das Ladenschlussgesetz stellt ein Schutzgesetz dar, das zum Schutze jedes Betriebsinhabers gegenüber unlauterem Wettbewerb durch Offenhalten erlassen worden ist. Wer nun gegen ein den Schutz eines anderen bezweckendes Gesetz verstoßen hat, ist dem anderen genauso zum Schadensersatz verpflichtet, als wenn er unmittelbar in dessen nach § 823 Abs. 1 BGB geschützte Rechtsgüter eingegriffen hätte, vgl. § 823 Abs. 2 BGB. Daher kann S dem ihn durch den Verstoß des K gegen das Ladenschlussgesetz entstandenen Gewinnausfall als Schaden bei K liquidieren.

14. Was ist beim Verschulden im Falle der sittenwidrigen Schädigung zu beachten und wann liegt diese vor?

Sittenwidrigkeit liegt vor, wenn der Schädiger durch sein Verhalten gegen das Anstandsgefühl aller billig und gerecht Denkenden und die herrschende Sozialmoral verstößt. Ein Schadensersatzanspruch wegen sittenwidriger Schädigung gem. § 826 BGB ist nur dann gegeben, wenn der Schädiger sowohl bezüglich der Verletzungshandlung als auch bezüglich des Schadens vorsätzlich gehandelt hat.

15. Für welchen Fall ist § 831 BGB Anspruchsgrundlage?

Danach macht sich derjenige schadensersatzpflichtig, dessen Verrichtungsgehilfe einen Schaden verursacht hat, wobei es wiederum auf dessen Verschulden nicht ankommt.

16. Wie lautet die Definition des Verrichtungsgehilfen und worin liegt der Unterschied zum Erfüllungsgehilfen?

Verrichtungsgehilfe ist, wer mit Wissen und Wollen des Geschäftsherrn in dessen Interesse weisungsabhängig tätig wird. Demgegenüber braucht der Erfüllungsgehilfe nicht weisungsgebunden sein, er muss aber immer schuldhaft handeln.

17. In welchem Fall muss für den Verrichtungsgehilfen nicht gehaftet werden?

Der Geschäftsherr kann sich exkulpieren, indem er beweisen kann, dass er den Verrichtungsgehilfen ordnungsgemäß ausgewählt und überwacht und bei der Materialbeschaffung und Auftragsüberwachung die im Verkehr erforderliche Sorgfalt beachtet hat.

18. Welchen Schadensersatzansprüchen kann ein Produzent ausgesetzt sein?

Ein Produzent bzw. Hersteller (§ 4 ProdHaftG) kann sich gem. § 823 Abs. 1 BGB verschuldensabhängig sowie gem. der Gefährdungshaftung (§§ 1 ff. ProdHaftG) in verschuldensunabhängiger Weise ersatzpflichtig machen. Die verschuldensabhängige Produzenten- und die Gefährdungshaftung nach ProdHaftG kommen nebeneinander in Betracht.

19. In welchen Fällen kann eine Verletzung der für die Produzentenhaftung erforderlichen Verkehrssicherungspflicht vorliegen?

Der Hersteller muss Organisations-, Konstruktions-, Fabrikations-, Instruktions- und Produktbeobachtungspflichten erfüllen. Demzufolge muss er seinen Betrieb so organisieren, dass das Produkt dem jeweiligen Stand von Technik und Wissenschaft entspricht und eine lückenlose Überwachung des Herstellungsprozesses und sorgfältige Kontrollen gewährleistet sind. Er muss den Kunden über Gebrauch des Produkts und dessen Gefahren aufklären, diesbezüglich das Produkt überwachen und ggf. durch Warnungen oder Rückrufe die Käufer schützen.

20. Welchen Beweis müssen jeweils Verbraucher und Produzent antreten?

Bei der Produzentenhaftung muss der Verbraucher lediglich beweisen, dass das Produkt fehlerhaft ist und sein Schaden durch diesen Fehler entstanden ist. Die Verantwortlichkeit des Herstellers wird vermutet, sodass dieser sich von dieser Vermutung entlasten muss, um eine Haftung zu entgehen (Beweislastumkehr zugunsten des Verbraucherschutzes).

21. Was setzt die Produkthaftung des Produzenten gem. §§ 1 ff. ProdHaftG voraus?

Danach haftet ein Hersteller (§ 4 ProdHaftG), wer ein Produkt (§ 2 ProdHaftG) in den Verkehr gebracht hat, welches mit einem Fehler (§ 3 ProdHaftG) behaftet ist und ein Haftungsausschluss zugunsten des Herstellers nicht eingreift (§ 1 Abs. 2 und Abs. 3 ProdHaftG).

22. Wie ist der Begriff des Herstellers zu verstehen?

Der Begriff der Herstellung wird von der Rechtsprechung eher weit verstanden, sodass gem. § 4 ProdHaftG auch Zulieferer, Quasi-Hersteller und Händler als Hersteller in Betracht kommen.

23. Welcher Schaden ist nach dem ProdHaftG nicht ersatzfähig?

Es kann nur für Folgeschäden, d. h. Personen- und Sachschäden außerhalb des fehlerhaften Produktes, und damit nicht für dessen Mangel gehaftet werden. Ferner muss nur für Sachschäden infolge privaten Ge- bzw. Verbrauchs gehaftet werden. Im Übrigen kann auch auf Grundlage des ProdHaftG Schmerzensgeld beansprucht werden.

Kapitel 5 Grundbegriffe des Sachenrechts

§ 20 Grundprinzipien des Sachenrechts

1. Was ist ein dingliches Recht und in welchem Buch des BGB wird es geregelt?

Das Recht einer Person an einer Sache nennt man dingliches Recht; somit finden sich die Regelungen über bewegliche und unbewegliche Sachen (Immobilien) im Buch des Sachenrechts gem. §§ 854 - 1296 BGB (Drittes Buch des BGB).

2. Was versteht man unter relativen und absoluten Herrschaftsrechten?

Relative Rechte sind Rechtsbeziehungen im Verhältnis bestimmter Personen untereinander (Buch der Schuldverhältnisse), absolute Rechte wirken gegenüber jedermann und können an Personen (Persönlichkeitsrecht, elterliche Sorge) und an Sachen und sonstigen Rechtsgütern (Sachen, Urheber und sonstige Immaterialgüterrechte) bestehen.

3. Welche absoluten Ansprüche gibt es und nach welchem Grundsatz unterscheidet sich das Sachenrecht von dem des Schuldrechts?

Das Sachenrecht gewährt dem Rechtsinhaber den Herausgabeanspruch gem. § 985 BGB, einen Beseitigungs- und Unterlassungsanspruch (§ 1004 BGB), Schadensersatzansprüche gem. §§ 990, 989 BGB (wegen Bösgläubigkeit oder nur nach Rechtshängigkeit) und einen Verwendungsersatzanspruch gem. §§ 994 ff. BGB. Der Grundsatz des Typenzwangs besagt, dass andere Ansprüche nicht gegeben sind und somit das Prinzip der Privatautonomie keine Anwendung findet.

4. Wie lautet die Kurzformel der Definition des Abstraktionsprinzips?

Darunter versteht man die Trennung von schuldrechtlichem Verpflichtungsgeschäft und sachenrechtlichem Verfügungsgeschäft, wonach die Unwirksamkeit des einen Geschäfts nicht automatisch das andere berührt (somit beide Rechtsgeschäfte getrennt voneinander auf ihre Wirksamkeit hin zu untersuchen sind).

§ 21 Eigentum und Besitz

1. Wann spricht man von Eigentum, wann von Besitz?

Eigentum ist gem. § 903 BGB das umfassende Herrschaftsrecht einer Person über eine Sache, das ihr das Recht verleiht, mit der Sache nach Belieben zu verfahren und andere von jeder Einwirkung auszuschließen. Der in § 854 BGB geregelte Besitz bezeichnet nur die Tatsache der Herrschaft über die Sache (welche demzufolge im Eigentum eines anderen stehen kann).

2.   Welche Formen von Eigentum und Besitz sind jeweils zu unterscheiden?

Es ist sowohl Alleineigentum bzw. -besitz als auch Miteigentum bzw. -besitz denkbar. Das Miteigentum ist wiederum hinsichtlich Bruchteils- und Gesamthandseigentum zu unterscheiden. Im ersten Fall steht dem Eigentümer ein Anteil einer Sache zu, über den er frei verfügen kann; beim Gesamthandseigentum ist dies nicht der Fall. Ferner lässt sich der Besitz in unmittelbaren Besitz i. S. d. § 854 BGB und in mittelbaren Besitz gem. § 868 BGB unterscheiden. Für den unmittelbaren Besitz muss neben dem Erfordernis der Ausübung tatsächlicher Sachherrschaft des unmittelbaren Besitzers auch dessen Besitzwillen vorliegen. Für das Vorliegen eines mittelbaren Besitzverhältnisses muss neben den normierten Voraussetzungen der Wille des Besitzmittlers bestehen, für den anderen den Besitz zu mitteln.

3.   Was charakterisiert einen Besitzdiener i. S. d. § 855 BGB?

Die Ausübung der tatsächlichen Sachherrschaft durch den Besitzdiener muss im Rahmen eines weisungsgebundenen, sozialen Abhängigkeitsverhältnisses erfolgen; der Arbeitgeber bleibt dabei alleiniger unmittelbarer Besitzer.

4.   Huber (H) will die Uniform des Polizeibeamten Ploghöft (P) wegnehmen. Darf sich P dagegen zur Wehr setzen?

P ist bezüglich der Uniform nur Besitzdiener in einem öffentlich-rechtlichen Abhängigkeitsverhältnis. Allerdings steht ihm ein entsprechendes Selbsthilferecht zu, vgl. § 860 BGB. Daher darf P sich H gegenüber wehren.

5.   Welche besitzrechtlichen Ansprüche gibt es?

Der Besitzer kann sich des Entzuges seines Besitzes mit Gewalt wehren (sog. Besitzwehr, § 859 Abs. 1 BGB) oder sich seiner beweglichen Sachen bzw. eines Grundstücks wieder bemächtigen (Besitzkehr, § 859 Abs. 2, 3 BGB). Praktisch relevant ist oftmals auch der Herausgabeanspruch des Besitzers gegen den fehlerhaft Besitzenden (§ 861 Abs. 1 BGB).

§ 22 Der Erwerb von Eigentum

1.   Welche Fälle des gesetzlichen Eigentumserwerbs kennen Sie?

Im Erbfall erlangt der Erbe gem. § 1922 ff. BGB gesetzlich Eigentum an dem beweglichen und unbeweglichen Habe des Erblassers. Gem. §§ 937, 900 BGB kann Eigentum an beweglichen Sachen und an Grundstücken im Wege der Ersitzung erworben werden. Gem. §§ 946 ff. BGB ist Eigentumserwerb durch Realakt möglich, indem bewegliche Sachen mit einem Grundstück oder miteinander verbunden oder vermischt werden, sodass Miteigentum oder Alleineigentum entstehen kann.

2. Wonach richtet sich der Anspruch desjenigen, der sein Eigentum gem. §§ 946 ff. BGB verloren hat?

Gem. der Rechtsgrundverweisung des § 951 Abs. 1 BGB kann Entschädigung für den Rechtsverlust geleistet werden, wenn die Voraussetzungen der §§ 812 ff. BGB vorliegen.

3. Welche drei grundsätzlichen Voraussetzungen hat der dingliche Einigungsvertrag gem. § 929 S. 1 BGB?

Es muss eine Einigung über den Eigentumsübergang zwischen dem Eigentümer und dem Erwerber vorliegen. Ferner muss grundsätzlich der Eigentümer die Sache dem Erwerber übergeben (Realakt). Der Veräußerer muss immer verfügungsberechtigt sein. Die Verfügungsbefugnis kann im Falle des § 185 Abs. 1 BGB oder im Rahmen der Stellvertretung vorliegen, wenn der Eigentümer nicht selbst verfügt.

4. Familie Schmidt (S) kauft bei dem Möbelhändler Massegeld (M) eine neue Schrankwand. Sie wird ihr sechs Wochen später geliefert. Wann ist S Eigentümer geworden?

Verpflichtungs- und Verfügungsgeschäft sind hier streng voneinander zu trennen. Der Kauf gem. § 433 BGB (Verpflichtungsgeschäft) führt nur zu einer entsprechenden Lieferpflicht des M. Das Eigentum an beweglichen Sachen erwirbt man erst durch Einigung und Übergabe, vgl. § 929 S. 1 BGB. Der Verkäufer und der Käufer müssen sich beide vertraglich einigen, dass das Eigentum übergehen soll. Weiterhin muss die Sache noch übergeben werden, d. h. der unmittelbare Besitz muss verschafft werden. S ist also erst mit der Lieferung der Schrankwand deren Eigentümerin geworden.

5. Welche Ausnahmen von diesen Grundsätzen gibt es?

Das Erfordernis der eigenhändigen Übergabe durch den Eigentümer kann gem. §§ 929 S. 2, 930 und 931 BGB ersetzt werden. Die Einigung über den Eigentumsübergang mit dem Eigentümer oder einem Verfügungsberechtigten kann nur im Falle des gutgläubigen Eigentumserwerbs gem. § 932 BGB ersetzt werden, wonach nur derjenige Eigentum erwirbt, der nicht wusste, dass der Veräußerer nicht Eigentümer bzw. nicht verfügungsberechtigt war. Schließlich ist der Gutglaubenserwerb gem. §§ 933, 934 BGB auch für zwei Fälle der Übergabesurrogate möglich.

6. Welche Ausnahme schließt den gutgläubigen Eigentumserwerb aus und was ist die Ausnahme von dieser Ausnahme?

Gem. § 935 Abs. 1 BGB ist ein Gutglaubenserwerb ausgeschlossen, wenn die Sache dem Eigentümer ohne oder gegen seinen Willen abhanden gekommen ist. Zugunsten des Geschäftsverkehrsschutzes gilt diese Ausnahme gem. § 935 Abs. 2 BGB nicht bei Geld, Inhaberpapieren oder Sachen, die im Wege öffentlicher Versteigerung veräußert werden.

7.   Welche drei Voraussetzungen hat die Eigentumsübertragung von Grundstücken?

Neben der Einigung der Parteien bezüglich des Eigentumsübergangs (sog. Auflassung gem. § 925 BGB) und der Eintragung der Rechtsänderung in das Grundbuch (§ 873 BGB) muss der Veräußerer auch verfügungsberechtigt sein.

8.   Wie kann sich der Eigentümer eines Grundstücks gegen dessen Verlust infolge Eintragung eines neuen Eigentümers ins Grundbuch wehren?

Sind Eintragungen im Grundbuch unzutreffend, so kann sich der Betroffene mit Hilfe des Eintrags eines Widerspruchs (§ 899 BGB) oder der Grundbuchberichtigung (§ 894 BGB) wehren.

9.   Was ist eine Vormerkung i. S. d. § 883 BGB?

Die Vormerkung ist ein vorläufiges, im Grundbuch eingetragenes Sicherungsmittel, welches den schuldrechtlichen Anspruch auf eine dingliche Rechtsänderung schützt, indem sie materiell nachträglich getroffene Verfügungen über das betroffene Recht dem Vormerkungsberechtigten gegenüber unwirksam sein lässt.

§ 23 Der Schutz des Eigentums

1.   Welche Rechte des Besitzers können dem Herausgabeanspruch des Eigentümers gem. §§ 985, 986 BGB entgegenstehen?

Der Bestand des Rechts zum Besitz richtet sich nach dem zugrundeliegenden Rechtsverhältnis, wobei dingliche und Zurückbehaltungsrechte sowie obligatorische Rechte, die auf vertraglichen oder gesetzlichen schuldrechtlichen Beziehungen zum Eigentümer beruhen oder gegen ihn wirken, in Betracht kommen.

2.   Wann kann ein Eigentümer Beseitigung einer Beeinträchtigung und wann deren Unterlassung verlangen?

Liegt eine Eigentumsbeeinträchtigung in anderer Weise als durch Entziehung oder Vorenthaltung des Besitzes vor, so kann der Eigentümer rechtswidrige und wesentliche Beeinträchtigungen gerichtlich verbieten lassen. Er kann auf Unterlassung klagen, wenn entsprechende künftige Beeinträchtigungen drohen.

Teil 2

Fragen und Antworten zum

Handelsrecht

Kapitel 6 Grundbegriffe des Handelsstandes

§ 24 Allgemeines

1. Ist ein Unternehmer ein Kaufmann i. S. d. § 1 HGB?

Nicht zwangsläufig; dagegen ist jeder Kaufmann zugleich Unternehmer i. S. d. § 14 BGB.

2. Was ist die Funktion des Handelsrechts?

Das Handelsrecht bezweckt die Erleichterung und Beschleunigung des Handelsverkehrs, während der Schutz einzelner Teilnehmer an eben diesem Handelsverkehr zurücktritt, da der Kaufmann gegenüber seinesgleichen als weniger schutzwürdig gilt.

§ 25 Kaufleute

1. Welche Anforderungen stellt das HGB an einen Kaufmann?

Den Kaufmann treffen zahlreiche Pflichten, z. B. die Anmeldung bestimmter Tatsachen oder Einreichung bestimmter Schriftstücke zum Register, die Zeichnung der Unterschrift, die Angabe von Formalia auf allen Geschäftsbriefen und bestimmte Buchführungs- und Rechnungslegungspublizitätspflichten. Das Spektrum der rechtlichen Bedeutung der Kaufmannseigenschaft ist breit, sodass die Bedeutung im Einzelfall auch nicht unterschätzt werden darf.

2. Welche Voraussetzungen muss ein Gewerbe erfüllen?

Es muss sich um eine planmäßig und auf Dauer angelegte, rechtlich selbständige Tätigkeit handeln, welche äußerlich erkennbar auf mindestens einem Markt hervortritt, entgeltlich ist, der eine Gewinnerzielungsabsicht zugrunde liegt und die rechtsgeschäftlichen Charakter hat (damit nicht wissenschaftlicher, künstlerischer, sportlicher oder freiberuflicher Natur ist). Ein Handelsgewerbe im Sinne des § 1 Abs. 2 HGB liegt dann vor, wenn dieses Gewerbe eine bestimmte Mindestbetriebsgröße hat.

3. Anton (A) und Berta (B) unterhalten sich bei einer guten Flasche Brunello di Montalcino darüber, welchen Tätigkeiten sie nachgehen. B betreibt während der drei Monate dauernden Feriensaison eine Würstchenbude in Timmendorfer Strand. A dagegen sammelt Bierflaschen. Von Zeit zu Zeit verkauft er überflüssige Exemplare an andere Sammler. Beide fragen sich, ob sie wohl ein Gewerbe betreiben.

Entscheidend ist in beiden Fällen, ob die Planmäßigkeit gegeben ist. Der Zeitraum, für den die Tätigkeit geplant ist, spielt keine Rolle, solange nur eine Absicht vorhanden ist, fortgesetzt Geschäfte zu schließen. Daher betreibt B ein Gewerbe. Bei A fehlt es dahingegen wohl an der Absicht, regelmäßig Geschäfte zu tätigen. Daher betreibt A kein Gewerbe.

4. Wie stehen sich der Begriff des Unternehmens gem. § 1 Abs. 2 HGB und der des Unternehmers gem. § 14 BGB gegenüber?

Ein Unternehmer bzw. Gewerbetreibender i. S. d. BGB kann auch Freiberufler sein. Dagegen bezieht sich der Unternehmensbegriff des HGB auf den kaufmännischen Gewerbebetrieb.

5. Welche Arten von Kaufleuten sieht das HGB vor und wie prüfen Sie grundsätzlich die Kaufmannseigenschaft eines Beteiligten?

Das HGB sieht in § 1 den Ist-Kaufmann, in §§ 2 und 3 den Kann-Kaufmann und den Form-Kaufmann in § 6 sowie den Schein-Kaufmann gem. § 5 HGB vor. Man prüft in dieser Reihenfolge danach, ob beim Ist-Kaufmann eine Kaufmannseigenschaft kraft Rechtsform, beim Kann-Kaufmann kraft Registerwirkung, beim Form-Kaufmann kraft (materiellen) Handelsgewerbes und beim Schein-Kaufmann kraft Rechtsscheins vorliegt.

6. Was ist für das Vorliegen der Ist-Kaufmannseigenschaft maßgeblich?

Gem. § 1 Abs. 2 HGB ist der Betrieb eines Gewerbes vorausgesetzt, wobei es für das maßgebliche Erfordernis einer kaufmännischen Einrichtung auf das Gesamtbild des Betriebs ankommt, sodass allein der Größenzuschnitt des Unternehmens den Gewerbetreibenden zum Ist-Kaufmann werden lässt (eine Eintragung im Handelsregister ist irrelevant). Relevant ist, dass der Gewerbetreibende die Beweislast dafür trägt, dass sein Unternehmen einen nicht kaufmännischen Zuschnitt aufweist.

7. Was gilt für die Kaufmannseigenschaft bei sog. gemischten Betrieben?

Betreibt z. B. ein Handwerksmeister neben dem Handwerk (kein Handelsgewerbe) im Unternehmen noch einen Warenhandel (gemischter Betrieb), ist unter einer Gesamtbetrachtung maßgeblich, ob für einen wesentlichen Teilbetrieb eine kaufmännische Einrichtung erforderlich ist, damit ein Handelsgewerbe zugleich für den Gesamtbetrieb vorliegt.

8. Was erfordert die Kann-Kaufmannseigenschaft?

Unabhängig von dem Bestehen des Handelsgewerbes i. S. d. § 1 Abs. 2 HGB kann ein Gewerbetreibender konstitutiv durch Eintragung in das Handelsregister zum Kaufmann werden. § 3 HGB hält eine Spezialregelung für den Kann-Kaufmann im Bereich der Land- und Forstwirtschaft bereit.

9. Wobei handelt es sich um einen Formkaufmann?

Grundsätzlich sind Handelsgesellschaften gem. § 6 Abs. 1 HGB Formkaufleute, für Personenhandelsgesellschaften gilt dies nur, wenn ein Gewerbebetrieb oder eine Eintragung im Handelsregister vorliegt. Bei den durch Eintragung im Handelsregister entstehenden Kapitalgesellschaften begründet allein die Rechtsform die Kaufmannseigenschaft.

10. Was setzt die Kaufmannseigenschaft kraft Rechtsscheins voraus?

Die (unrichtige oder richtige) Eintragung im Handelsregister setzt den Rechtsschein für die Kaufmannseigenschaft, sodass der Unternehmer nicht geltend machen kann, einen nicht kaufmännisch eingerichteten Geschäftsbetrieb zu unterhalten. Ferner muss sich die Behandlung als Kaufmann anrechnen lassen, wer wahrheitswidrig als solcher auftritt, wobei ein Verschulden nicht erforderlich ist, der Rechtsschein aber kausal für das geschäftliche Verhalten eines gutgläubigen Dritten gewesen sein muss.

11. Backenheimer (B) ist ein kleiner Winzer. Er möchte groß herauskommen und lässt deshalb auf seinem Briefpapier den Aufdruck „Backenheimer-Wein Import/Export" drucken. Aus Kostengründen lässt er zunächst seine Ehefrau die für die Firma anfallenden Büroarbeiten erledigen. Sie unterzeichnet mit „ppa" (per Prokura). Während einer Weinprobe erfährt er von seinem Freund, dass ein solches Vorgehen auch eine Kaufmannseigenschaft begründen kann. Hat der Freund Recht?

Eigentlich könnte B die Kaufmannseigenschaft nur über § 3 HGB durch konstitutive Eintragung ins Handelsregister erlangen. Allerdings erweckt er den Anschein, ein kaufmännisches Gewerbe gem. § 1 HGB zu betreiben (Briefkopf; Prokura, vgl. §§ 17, 48 ff. HGB). Dieser Rechtsschein kann ihm von einem redlichen Dritten entgegengehalten werden. Damit muss er sich als Scheinkaufmann wie ein Kaufmann behandeln lassen.

§ 26 Das Handelsregister

1. Was ist das Wesen und der Zweck eines Handelsregisters?

Ähnlich dem Grundbuch ist das Handelsregister ein öffentliches Verzeichnis, in welchem sowohl Kaufleute als aber auch deren Zweigniederlassungen eingetragen werden. Es dient der Publizität von Unternehmen und zielt primär auf den Verkehrs-schutz ab, hat aber auch eine Beweis-, Kontroll- und Schutzfunktion hinsichtlich der dort eingetragenen Tatsachen.

2.   Was ist ein Negativattest?

Neben dem Jedermann-Recht auf Einsicht in das Handelsregister (auch Kopien und beglaubigte Abschriften) kann auch in negativer Hinsicht eine Bescheinigung über das Nichtvorhandensein von Eintragungen begehrt werden.

3.   Was gilt es bei der Eintragungsfähigkeit zu beachten?

Das Gesetz regelt dies im Einzelnen, wobei zwischen eintragungsfähigen und anmel-depflichtigen Tatsachen einerseits und lediglich eintragungsfähigen Tatsachen ande-rerseits zu unterscheiden ist. Letztere können, müssen aber nicht eingetragen werden. Demgegenüber können sog. nicht eintragungsfähige Tatsachen noch nicht einmal eingetragen werden.

4.   Wie werden die Akten über die Gewerbebetriebe im Handelsregister angelegt?

Das Handelsregister besteht aus den beiden Abteilungen A (Einzelkaufleute und han-delsrechtliche Personengesellschaften) und B (Kapitalgesellschaften), wobei für jede Firma bei Eintragung ein Sonderband (von jedermann einsehbar) und ein Hauptband (nur bei berechtigtem Interesse) angelegt wird.

5.   Wie können Eintragungen im Handelsregister wirken?

Man unterscheidet zwischen deklaratorischen bzw. (bloß) rechtsbekundenden Eintra-gungen (z. B. Erteilung oder Erlöschen der Prokura) und konstitutiven bzw. rechtsbe-gründenden Eintragungen (z. B. Eintragung einer GmbH oder AG).

6.   Was besagt die Funktion der negativen Publizität des Handelsregisters gem. § 15 HGB?

Danach kann ein Geschäftspartner auf die Unbeachtlichkeit eintragungspflichtiger Tatsachen vertrauen, solange noch keine Eintragung stattgefunden hat. Der Schutz greift ein, wenn die Möglichkeit bestand, dass der Geschäftspartner sein Handeln auf die Registereintragung einrichtete, wobei der zur Eintragung Verpflichtete beweisen muss, dass dem Geschäftspartner die Tatsache bekannt war.

7.   Was besagt die Rosinentheorie in diesem Zusammenhang?

Der Geschäftspartner hat ein Wahlrecht im Sinne einer Meistbegünstigung, was be-deutet, dass er sich auf § 15 HGB berufen kann oder auf dessen Schutz verzichtet und sich stattdessen auf die wirkliche Rechtslage beruft.

8. Was bezweckt die positive Publizität gem. § 15 Abs. 2 HGB?

Diese Funktion knüpft an eine richtig eingetragene und bekannte (eintragungspflich-
tige) Tatsache an, wonach ein Geschäftspartner die Tatsache nach einer Schonfrist von
15 Tagen nach Bekanntmachung gegen sich gelten zu lassen hat (Geschäftspartner
trägt Beweislast dafür, dass die Rechtshandlung innerhalb der Frist vorgenommen
wurde und er dies weder wusste, noch nicht wissen konnte).

9. Wann liegt fahrlässiges Handeln eines Kaufmanns i. S. d. § 15 Abs. 2 HGB vor?

Danach handelt ein Kaufmann grundsätzlich fahrlässig, wenn er sich über den Stand
des Handelsregisters nicht unterrichtet.

10. Unter welchen Voraussetzungen wird der Dritte bei Bekanntmachung falscher
    Tatsachen gem. § 15 Abs. 3 HGB geschützt?

Der Dritte kann sich nur dann auf die bekannt gemachte, falsche Tatsache berufen,
wenn er die Unrichtigkeit nicht kannte (vgl. § 15 Abs. 3 HGB) und im Übrigen der
Betroffene einen richtigen Eintragungsantrag veranlasst hat (Merkmal der Zurechen-
barkeit).

11. Müller (M) bestellt Schmidt (S) zum Prokuristen. Zweieinhalb Jahre später wider-
    ruft er die Prokura. Wie sich im Nachhinein herausstellt, sind weder die Erteilung
    noch der Widerruf der Prokura im Handelsregister eingetragen worden. Kurz
    nach dem Widerruf schließt S in Vertretung des M einen Kaufvertrag mit Zachari-
    as (Z). Dieser verlangt Erfüllung von Müller. Zu Recht?

Z könnte hier einen Erfüllungsanspruch gegen M haben, wenn dieser wirksam
vertreten wurde. Die ursprünglich bestehende Vollmacht für S lag nicht mehr vor,
da die Prokura mit dem Widerruf erloschen ist. Eine nach § 53 Abs. 3 HGB
erforderliche Eintragung hat hier nur deklaratorische Bedeutung. Allerdings könnte
S im Verhältnis zu gutgläubigen Dritten aufgrund der §§ 15 Abs. 1, 53 Abs. 3 HGB
als Prokurist weiter gelten. Hier ist dann problematisch, ob die §§ 15 Abs. 1, 53 Abs.
3 HGB auch anwendbar sind, wenn die Erteilung der Prokura niemals eingetragen
war. Denn mangels Eintragung der Erteilung könnte es am Rechtsschein einer
Prokura fehlen, sodass im Ergebnis ein solcher Rechtsschein auch nicht zerstört
werden müsste. Dem tritt die herrschende Meinung jedoch entgegen. In solchen
Fällen kommt es auf die fehlende Voreintragung der (gem. § 53 Abs. 1 S. 1 HGB
eintragungspflichtigen) Prokuraerteilung nicht an. Denn schließlich kann der
Verkehr auch auf andere Art und Weise von der Erteilung der Prokura Kenntnis
erlangt haben. Dann muss der Rechtsschein durch eine Eintragung des Widerrufs
der Prokura vernichtet werden, § 53 Abs. 3 HGB.

§ 27 Die Handelsfirma

1. Wie wird der Begriff der Firma gem. § 17 Abs. 1 HGB definiert?

Im Unterschied zur umgangssprachlichen Bedeutung der Firma als Unternehmen schlechthin handelt es sich im Rechtssinn um den Geschäftsnamen des Kaufmanns, da die Firma der Name ist, unter dem der Kaufmann Geschäfte abschließt und zeichnet.

2. Welche Firmenarten gibt es?

Der Kaufmann kann die Firma nach seinem Namen benennen (Personenfirma) oder nach dem Gegenstand des Unternehmens (Sachfirma). Er kann auch einen Phantasienamen wählen, wobei wie bei der Sachfirma das Irreführungsverbot gem. § 18 Abs. 2 HGB zu beachten ist.

3. Lutz Hastig (H) möchte einen einzelkaufmännischen Fahrrad-Kurierdienst gründen. Er erwägt folgende Firmennamen und bittet um Auskunft über Art und Statthaftigkeit der Firmenbildung:

   a) „Schnell eKfm. (= eingetragener Kaufmann)"

   b) „Express-Fahrrad-Kurier eKfm."

   c) „Der gelbe Blitz eKfm."

   a) Bei diesem Vorschlag handelt es sich um eine Personenfirma, die zwingend den Familiennamen des Kaufmanns enthalten muss. Außerdem ist der für alle Einzelkaufleute geltende Zusatz „eingetragener Kaufmann" oder eine allgemeinverständliche Abkürzung dieser Bezeichnung hinzuzufügen, vgl. § 19 Abs. 1 Nr. 1 HGB.

   b) Mit diesem Vorschlag soll eine Sachfirma gegründet werden. Eine solche ist dem Gegenstand des Unternehmens entnommen und steht grundsätzlich auch Einzelkaufleuten offen.

   c) Mit dem letzten Vorschlag soll eine Phantasiefirma gegründet werden, die heute ebenso wie die Sachfirma von jedem Kaufmann frei gebildet werden kann, wobei hier allerdings die Grenzen des Irreführungsverbots beachtet werden müssen.

4. Welcher Zulässigkeitsvoraussetzung bedarf es der Firmenbezeichnung noch und wovon ist diese grundsätzlich zu differenzieren?

Die Firma muss Unterscheidungskraft bzw. die Fähigkeit haben, ihren Inhaber von anderen Personen (Unternehmensträgern) zu unterscheiden. Von der Firmenbezeichnung i. S. d. § 17 HGB ist die Geschäftsbezeichnung zu differenzieren, welche geschützte Unternehmenskennzeichen und Werktitel von Nichtkaufleuten betrifft.

5. Beckmann betreibt als Kleingewerbetreibender eine Gastwirtschaft gegenüber dem örtlichen Amtsgericht mit der Bezeichnung „Zur letzten Instanz". Nun hat er gehört, dass diese Bezeichnung unstatthaft ist. Können Sie ihn beruhigen?

Ja. Sicher dürfen Kleingewerbetreibende keine Firma i. S. d. HGB führen. Aber ebenso wie Freiberufler und unternehmenstragende BGB-Gesellschaften haben sie das Recht auf eine Geschäftsbezeichnung, deren Schutz sich nach den §§ 12, 823 Abs. 1 BGB richtet.

6. Wonach werden Unternehmensbezeichnungen geschützt?

Bei beständigem Gebrauch der Bezeichnungen eines Erwerbsgeschäfts ohne amtliche Registrierung kommt diesem Namensfunktion zu, sodass das Namensrecht des § 12 BGB Anwendung findet.

7. Welche Grundsätze der Firmenbildung stellen die Bezeichnung von Unternehmensträgern sicher?

Es sind dies die Grundsätze der Firmenwahrheit, Firmenbeständigkeit, Firmeneinheit, Firmenausschließlichkeit bzw. -unterscheidbarkeit und Firmenöffentlichkeit.

8. Welche Anforderungen stellt der Grundsatz der Firmenwahrheit im Hinblick auf das Irreführungsverbot gem. § 18 Abs. 2 HGB?

Da eine Firma weder in ihrem Kern noch in ihrer Gesamtheit geeignet sein darf, über Art, Umfang oder sonstige Verhältnisse des Unternehmens zu täuschen, darf zum Schutz des Rechtsverkehrs auch eine nicht ganz entfernt liegende Möglichkeit der Irreführung bei einem nicht unbeachtlichen Teil der durch die Firma angesprochenen Verkehrskreise bestehen, wobei Maßstab dafür der auslegungsbedürftige Begriff der Verkehrsauffassung ist.

9. Hinz und Kunz beschließen, eine Gesellschaft zu gründen. Nach anfänglichen Differenzen einigen sie sich auf eine gemeinsame Firma „Katzensprung Immobilien GmbH". Diese Firma melden sie zur Eintragung an. Das Registergericht lehnt das jedoch ab, weil es keinen Gesellschafter mit dem Eigennamen Katzensprung gebe. Hinz und Kunz sind ratlos und bitten Sie um Hilfe. Was antworten Sie?

Für diese Frage ist noch keine eindeutige Antwort gefunden worden. Einige Stimmen vertreten die Ansicht, dass die Firmierung mit dem Namen unternehmensfremder Personen nach der Handelsrechtsreform als statthaft anzusehen ist. Sie führen an, dass der Gesetzgeber § 4 Abs. 1 S. 2 a. F. GmbHG ersatzlos gestrichen hat, dieser hatte die Aufnahme von Nichtgesellschaftern in die GmbH-Firma unterbunden. Andere Stimmen sprechen sich allerdings gegen eine solche Firmierungsmöglichkeit aus. Sie führen an, dass eine solche Firmierung im Verkehr den irreführenden Eindruck hervorrufen könnte, dass der Namensgeber an der GmbH beteiligt sei. Hier läge ein Verstoß gegen § 18 Abs. 2 HGB vor. Die besseren Gründe sprechen auch nach der Liberalisierung des Firmenrechts für die letztgenannte Ansicht.

10. Muss die Firmenbezeichnung auf die Rechtsform oder Kaufmannseigenschaft schließen lassen?

Ja, ein weiterer Ausdruck des Grundsatzes der Firmenwahrheit ist auch die Regelung in § 19 HGB, wonach zumindest die Angabe eines allgemeinverständlichen Kürzels zu erfolgen hat.

11. Welcher Zweck und welcher Maßstab liegt dem Grundsatz der Firmenkontinuität zugrunde?

Der Grundsatz der Firmenbeständigkeit ist der Erhaltung des Markt- bzw. Verkehrswertes des Unternehmens geschuldet und besagt, dass es zur Wahrung der Fortführung einer Firma bei Veränderung des Namens und des Inhabers auf die Beibehaltung des prägenden Teils des Firmenkerns ankommt.

12. Was bedeutet der Grundsatz der Firmeneinheit?

Danach darf der Kaufmann in ein und demselben Handelsgeschäft nur eine Firma haben; mehrere Firmen sind nur zulässig bei organisatorischer Selbständigkeit mehrerer Unternehmen.

13. Welchen Zweck und Maßstab hat der Grundsatz der Firmenausschließlichkeit bzw. -unterscheidbarkeit inne?

Um eine Verwechslungsgefahr von in das Handels- oder Genossenschaftsregister eingetragenen Firmen auszuschließen, muss eine Unterscheidung nach dem Gesamteindruck bzw. dem Klangbild für Auge und Ohr zu früher bestehenden und eingetragenen Firmen möglich sein, indem die Neufirma ggf. individualisierende Zusätze aufnimmt (Prioritätsgrundsatz).

14. Welche Verpflichtung des Kaufmanns liegt dem Grundsatz der Firmenöffentlichkeit zugrunde?

Gem. § 29 HGB hat der Kaufmann die Verpflichtung, seine Firma zum Handelsregister anzumelden und eintragen zu lassen und die Firma auf seinen Geschäftsbriefen aufzuführen (§§ 37 a, 125 a HGB sowie nach den Rechtsformgesetzen).

15. Welche vier Maßnahmen eröffnet § 37 HGB einem Firmeninhaber im Falle des Missbrauchs seiner Firma?

Danach sind Unterlassungsklagen im Falle des Verstoßes gegen das Irreführungsverbot und Unterscheidungsgebot (§§ 18 ff., 30 HGB), bei Verletzung des Namensrechts oder Begründung einer Verwechslungsgefahr gem. §§ 12 BGB, 1 UWG und im Fall der

Verletzung der Firma als eingetragene Marke gem. § 15 MarkenG (auch Schadensersatz) möglich. Ferner weist § 37 Abs. 2 S. 2 HGB auf die Möglichkeit der Schadensersatzklage nach Deliktsrecht hin.

16. Welche drei Arten des Unternehmenserwerbs kennen Sie?

Neben dem in § 22 HGB normierten Unternehmenserwerbs kraft Rechtsgeschäfts oder Rechtsnachfolge und des Hinzutretens in ein Unternehmen als Gesellschafter gem. § 24 HGB sehen die §§ 1, 18, 125 UmwG einen Geschäftserwerb im Wege der Verschmelzung, Spaltung, Vermögensübertragung oder des Formwechsels vor.

17. Ist die Beibehaltung der ursprünglichen Firma im Fall der Änderung des Gesellschafterbestandes gem. § 24 HGB möglich?

Im Fall des Hinzutretens eines neuen Gesellschafters kann die bisherige Firma ungeachtet dieser Veränderung fortgeführt werden, im Fall des Ausscheidens eines Gesellschafters, dessen Name in der Firma enthalten ist, bedarf es hingegen der ausdrücklichen Einwilligung des Gesellschafters oder seiner Erben.

18. Der Inhaber des Reisebüros Ehrlich möchte sein Unternehmen an Beimer verkaufen, der die gut eingeführte Firma „Ehrlich Reisebüro e. K." behalten will. Ist das möglich?

Die Firmenfortführung ist mit ausdrücklicher (zu lesen: unzweideutiger) Einwilligung des bisherigen Inhabers erlaubt, § 22 Abs. 1 HGB. Ein Nachfolgezusatz (z. B. „Ehrlich Reisebüro, Inh. Beimer e. K.) ist gestattet, aber nach dem eindeutigen Gesetzeswortlaut nicht unbedingt erforderlich.

19. S. vorheriger Fall. Wie beurteilen Sie die Lage, wenn Ehrlich als stolzer Inhaber eines juristischen Doktortitels unter „Dr. Ehrlich Reisebüro e. K." firmierte?

Hier ändert sich die Beurteilung. Denn führt ein nicht promovierter Kaufmann eine Doktorfirma fort, so hat er die Irreführung durch einen Nachfolgezusatz zu beseitigen (z. B. Dr. Ehrlich Reisebüro Nachfolger e. K.). In solchen Fällen stößt der Grundsatz der Firmenbeständigkeit an die Grenze des firmenrechtlichen Irreführungsverbots.

20. Nehmen Sie an, Manfred Schwarz (S) ist im Streit mit seinen Mitgesellschaftern aus der „Manfred Schwarz Baustoffe GmbH" ausgeschieden. Kann S verhindern, dass die GmbH unter der bisherigen Firma fortgeführt wird?

Nein. Auf den ersten Blick scheint § 24 Abs. 2 HGB dem S ein Recht zu geben, die Fortführung der bisherigen Firma zu untersagen. Das Einwilligungserfordernis gilt jedoch heute nach allgemeiner Auffassung nicht auch bei der GmbH. Früher wurde als Argument angeführt, dass bei Kapitalgesellschaften anders als bei Personengesellschaften keine rechtliche Notwendigkeit bestand, den Namen eines Gesellschafters in die Firma aufzunehmen. Heute wird angeführt, dass im Zusammenhang mit § 24 Abs. 2 HGB eine teleologische Reduktion vorzunehmen sei, das die Behandlung namensgebender OHG- und GmbH-Gesellschafter nur noch typisierend haltbar sei.

21. In welchen Ausnahmefällen werden nachträgliche Änderungen der übernommenen Firma als zulässig angesehen?

Nach BGH-Rechtsprechung ist dies ausnahmsweise statthaft, wenn die Änderungen im Interesse der Allgemeinheit notwendig oder wünschenswert sind (Umbenennung des Firmensitzes oder Sitzverlegung z. B.) oder wenn sich die Verhältnisse inzwischen geändert haben und deshalb eine Änderung der Firma vom Standpunkt des Firmeninhabers bei objektiver Beurteilung ein sachlich gerechtfertigtes Anliegen ist (vorbehaltlich des Irreführungsverbots).

22. Welche Pflicht trifft die Gesellschafter im Falle der Auflösung des Unternehmens?

Die Gesellschafter sind verpflichtet, alles zu unterlassen, was die bestmögliche Verwertung des Gesellschaftsvermögens zu beeinträchtigen in der Lage ist.

23. Theo Tiger und Bernhard Bär betreiben gemeinsam eine Tierhandlung unter der Firma „Tiger & Bär OHG". Tiger fühlt sich nun zu alt für das Geschäft und möchte aus der OHG ausscheiden. Kann Bär das Handelsgeschäft allein fortführen?

Hier muss der irreführende Rechtsformzusatz durch einen Nachfolgevermerk neutralisiert werden. Die Rechtsprechung wendet bei dem Ausscheiden eines Gesellschafters aus einer zweigliedrigen Gesellschaft § 24 Abs. 2 HGB an. Damit hängt das Recht zur Firmenfortführung nur dann von der Einwilligung des Ausscheidenden ab, wenn gerade sein Name in der Firma enthalten ist.

24. Welcher Nachteil steht der Möglichkeit der Fortführung der bisherigen Firma gem. § 25 Abs. 1 HGB gegenüber?

Danach muss ein Erwerber die Gefahr der Haftung für Verbindlichkeiten im früheren Unternehmen tragen, wenn er ein unter Lebenden erworbenes Handelsgeschäft unter der bisherigen Firma mit oder ohne Beifügung eines das Nachfolgeverhältnis andeutenden Zusatzes fortführt (Haftungserstreckungsnorm auf Basis des Grundsatzes der Firmenkontinuität).

25. Wonach ist der Begriff des Erwerbs eines Handelsgeschäfts i. S. d. § 25 Abs. 1 HGB zu qualifizieren?

Es können einzelne, verkehrswesentliche Vermögensbestandteile oder Betätigungsfelder erworben werden, wobei jede Unternehmensübertragung und -überlassung (z. B. Kauf, Schenkung, Nießbrauch und Pacht) möglich ist, solange ein tatsächlicher Erwerb vorliegt.

26. Wirkt sich ein Mangel des Übernahmevertrages auf die Haftungserstreckungsnorm aus?

Da einzig der tatsächliche Erwerb relevant ist, sind Mängel im Übernahmevertrag und in den einzelnen Verfügungsgeschäften für die Anwendbarkeit des § 25 Abs. 1 S. 1 HGB ohne Relevanz.

27. Welche beiden Voraussetzungen hat diese Erwerberhaftung?

Der Erwerber muss sowohl die bisherige Firma (rein tatsächlich) als auch das Handelsgeschäft fortführen, wofür der Weiterbetrieb des wesentlichen Kerns ausreicht (weit auszulegen).

28. Welche Rechtsfolgen sieht § 25 Abs. 1 HGB vor?

§ 25 Abs. 1 S. 1 ordnet eine Haftung des Erwerbers für die früheren Verbindlichkeiten des Veräußerers an, gem. § 25 Abs. 1 S. 2 gehen die Forderungen, die dem Veräußerer gegen Schuldner zustanden, auf den Erwerber über.

29. Liegt eine Haftung des Erwerbers anstatt des Veräußerers vor und was umfasst die Haftung?

Die Haftungserstreckungsnorm des § 25 Abs. 1 S. 1 HGB stellt einen gesetzlich geregelten Fall des Schuldbeitritts dar, sodass der Erwerber gemeinsam mit dem Veräußerer für die im Geschäftsbetrieb begründeten Verbindlichkeiten haftet. Gegenüber außenstehenden Gläubigern haftet der Erwerber mit seinem gesamten privaten Vermögen und nicht etwa nur mit dem erworbenen Handelsgeschäft.

30. Kerner übernimmt das Blumenfachgeschäft des Pilawa und führt es unter der bisherigen Firma „Moselspitz Blumengeschäft, Jens Pilawa" weiter. Nach einiger Zeit wird er von einem Geschäftsgläubiger wegen einer Forderung aus der Zeit vor der Geschäftsübernahme in Anspruch genommen. Im Prozess stellt sich heraus, dass Kerner die alte Firma zu Unrecht führt, da Pilawa nicht in die Fortführung der Firma eingewilligt hat. Ist dieser Einwand erheblich?

Nein. Im Zusammenhang mit § 25 Abs. 1 S. 1 HGB ist nicht entscheidend, ob der Veräußerer der Firmenfortführung zugestimmt hat. Vielmehr liegt hier ein Fall der gesetzlichen kumulativen Schuldübernahme vor. Nach einer Ansicht wäre zu erwägen, ob bei unrechtmäßiger Firmenfortführung der Übernehmer nach den Grundsätzen des Rechtsscheines zu behandeln ist, demnach nur gutgläubigen Dritten gegenüber haftet. Mehr spricht wohl für die Ansicht, nach der der Übernehmer allen Dritten, unabhängig von deren Kenntnis, einstehen muss. Hierfür spricht schon der Sinn des § 25 Abs. 1 HGB, nämlich größtmöglichen Gläubigerschutz zu erreichen.

31. Unter welcher Voraussetzung nur wird der Erwerber Gläubiger der ursprünglich dem Veräußerer zustehenden Forderungen?

Dies gilt gem. § 25 Abs. 1 S. 2 HGB nur, wenn der bisherige Inhaber oder seine Erben in die Fortführung der Firma eingewilligt hatten.

32. Können Erwerber und Gläubiger im Innenverhältnis einen Haftungsausschluss vereinbaren?

Ja, dies ist für außenstehende Gläubiger grundsätzlich belanglos, es sei denn, die einem Dritten gegenüber wirksame abweichende Vereinbarung ist in das Handelsregister eingetragen und bekannt gemacht oder von dem Erwerber oder von dem Veräußerer dem Dritten mitgeteilt worden.

33. Auf welche Art ist ein Ausschluss der Haftung des Veräußerers noch möglich?

Gem. der Ausschlussfrist des § 26 HGB tritt die Einwendung der Enthaftung zugunsten des früheren Inhabers in Kraft, wenn die Forderung nicht binnen fünf Jahren fällig geworden war und verfolgt wurde.

34. Wonach richtet sich die Haftung des Erwerbers des Handelsgeschäfts durch Erbfall?

Je nachdem, ob sich der Erwerber dafür entscheidet, das Handelsgeschäft nebst Firma fortzuführen oder nicht, haftet er entweder unbeschränkt und unbeschränkbar oder es kann ein Haftungsausschluss im Handelsregister eingetragen und bekannt gemacht werden oder die Fortführung des Handelsgeschäfts gem. § 27 Abs. 2 HGB ganz eingestellt werden.

35. Welche Rechtsfolge hat der Eintritt in das Geschäft eines Einzelkaufmanns von Seiten eines Gesellschafters oder Kommanditisten?

Die Rechtsfolge des § 28 Abs. 1 S. 1 HGB ist ein gesetzlicher Schuldbeitritt, wonach eine Haftung der durch den Eintritt eines neuen Gesellschafters neu gegründeten OHG/KG für alle im Betrieb begründeten Verbindlichkeiten neben dem früheren Geschäftsinhaber vorliegt.

36. Ist § 28 HGB anwendbar, wenn es sich bei dem Unternehmen, dem ein Gesellschafter hinzutritt, um eine Personengesellschaft handelt?

Nein, es muss sich um ein Einzelunternehmen handeln; den Eintritt bzw. Erwerb einer OHG bzw. KG regeln die §§ 130 bzw. 173 HGB.

37. Kann sich die neu gegründete Gesellschaft von der Haftung befreien?

Nach Maßgabe des § 28 Abs. 2 HGB ist ein Ausschluss der Haftung durch Eintragung in das Handelsregister und Bekanntmachung oder aber durch eine individuelle Mitteilung möglich, eine Haftungsausschlussvereinbarung zwischen hinzutretendem Gesellschafter und früherem Einzelunternehmer greift aber nicht zu Lasten außenstehender Gläubiger (Ausgleichspflicht nur im Innenverhältnis).

§ 28 Die Hilfspersonen des Kaufmanns

1. Welche Arten und Typbeispiele der Hilfspersonen des Kaufmanns kennen Sie?

Eine Einteilung in unselbständige und selbständige Hilfspersonen ist zweckmäßig. Letztere können Handelsvertreter, Handelsmakler, Kommissionäre, Vertragshändler oder Franchisenehmer sein. Unselbständige Hilfspersonen sind alle Handlungsgehilfen und Handlungslehrlinge sowie mit Laden-, Handlungsvollmacht oder auch Prokura ausgestattete Personen.

2. Worum handelt es sich bei einer im Handelsbetrieb erteilten Generalvollmacht?

Bei der insbesondere in größeren Unternehmen verbreiteten Generalvollmacht handelt es sich rechtlich um eine besonders weit reichende Form der Vollmacht nach den Stellvertretungsregeln des BGB und damit nicht um eine Handlungsvollmacht gem. §§ 54 ff. HGB.

3. Was ist eine Prokura, was setzt ihre Rechtswirksamkeit voraus?

Als rechtsgeschäftliche Vollmacht ermächtigt die Prokura zu allen Arten von gerichtlichen und außergerichtlichen Geschäften und Rechtshandlungen, die der Betrieb eines Handelsgewerbes mit sich bringt (§ 49 Abs. 1 HGB). Die Erteilung der Prokura muss ausdrücklich erfolgen (bloß einseitige Willenserklärung) und von dem Inhaber des Handelsgeschäfts zur Eintragung in das Handelsregister angemeldet werden.

4. Kann die Prokura nur natürlichen Personen erteilt werden?

Ja, da nach den Vorstellungen des Gesetzes die Erteilung der Prokura auf einem besonderen persönlichen Vertrauensverhältnis zwischen dem Prinzipal und dem Prokuristen beruht. Der bei juristischen Personen einhergehende Wechsel des Vertretungsorgans und damit des Entscheidungsträgers würde der Prokura als Fürsorgeverhältnis zuwiderlaufen.

5. Was kennzeichnet eine Gesamtprokura?

Gem. § 48 Abs. 2 HGB kann die Erteilung einer Prokura an mehrere Personen gemeinschaftlich erfolgen (Gesamtprokura), sodass materiell kein Unterschied zur Einzelprokura besteht. Im Fall der gemischten Gesamtprokura kann die Vertretungsbefugnis eines Prokuristen aber auch von der Mitwirkung eines organschaftlichen Vertreters der Gesellschaft abhängig gemacht werden.

6. Welchen Beschränkungen unterliegt der Umfang der Prokura?

Die materiell weit reichende Prokura bedarf bei Grundstücksgeschäften der Spezialermächtigung, ferner sind Privat- und Prinzipalgeschäfte (z. B. Bilanzunterzeichnung, Erteilung der Prokura, Insolvenzantrag, Firmenänderungen) sowie solche Geschäfte ausgeschlossen, die nicht dem Unternehmen dienen (z. B. Einstellung/Veräußerung des Unternehmens).

7. Die Leipziger Bank C (Werbemotto: „Vertrauen ist der Anfang vom Ende") verlangt vom Einzelunternehmer Ullrich (U) Rückzahlung eines Darlehens in Höhe von 50.000 €, welches der Prokurist Paul (P) des U im Namen des U in Anspruch genommen hat. U verweigert nun die Rückzahlung, da er dem P die Aufnahme von Krediten untersagt hat und die Bank wusste, dass der U gewöhnlich keinen Kredit in diesem Rahmen in Anspruch nimmt. Außerdem hat der P den gesamten Betrag seinem Privatkonto bei der gleichen Bank gutschreiben lassen. Die Bank wendet sich an Sie, was raten Sie ihr?

Zunächst könnte ein Rückzahlungsanspruch der C gegen U aus dem Darlehensvertrag nach Maßgabe des § 607 Abs. 1 BGB bestehen. Dann müsste ein Vertrag zwischen C und U geschlossen worden sein. Hier hat jedoch P eine eigene Willenserklärung im Namen des U abgegeben, vgl. § 164 Abs. 1 S. 2 BGB. Die Vertretungsmacht ergibt sich in vorliegenden Fällen aus § 49 Abs. 1 HGB, da die Aufnahme von Krediten zu den Geschäften gehört, die der Betrieb eines Handelsgewerbes gewöhnlich mit sich bringt. Eine Beschränkung der Vertretungsmacht entfaltet keine Wirkung gegenüber Dritten, vgl. § 50 Abs. 1 HGB. Im Ergebnis ist festzuhalten, dass grundsätzlich eine wirksame Stellvertretung des U vorliegt. Allerdings könnten hier die Regeln über den Missbrauch der Vertretungsmacht greifen. Aber diese Regeln sind im Interesse des Rechtsverkehrs zu modifizieren. Bei der Prokura und den anderen Vertretungsregeln des HGB mit gesetzlich festgelegtem Umfang ist im Gegensatz zu den normalen Fällen des Missbrauchs der Vertretungsmacht ein bewusstes Handeln des Vertreters zum Nachteil des Vertretenen erforderlich. Nach einer Ansicht in der Literatur wird darüber hinaus verlangt, dass der Vertragspartner den Missbrauch wirklich erkennt. Ein bloßes Erkennenmüssen soll, wie im allgemeinen Zivilrecht, nicht genügen. Nach h. M. jedoch genügt es, wenn der Missbrauch grob fahrlässig verkannt wird. Davon ist im vorliegenden Fall wohl auszugehen. Hinsichtlich der Rechtsfolge besteht Uneinigkeit. Vordergründig geht es darum, ob C sich nach § 242 BGB nicht auf die Vertretungsmacht des P berufen kann oder in entsprechender Anwendung der §§ 177 ff. BGB die Vertretungsmacht ganz entfällt. Die überwiegende Literatur vertritt die Ansicht, dass die §§ 177 ff. BGB eine genauere und flexiblere Festlegung der Rechtsfolgen des Missbrauchs der Vertretungsmacht ermöglichen. Nach § 177 BGB ist das Geschäft daher schwebend unwirksam. Mit der Verweigerung der Genehmigung wird das Geschäft dann endgültig unwirksam. Der Vorteil besteht darin, dass der Vertretene die Möglichkeit der Genehmigung hat. Dagegen wendet der BGH § 242 BGB an. Trifft den U am Missbrauch eine Mitverantwortung (etwa weil er den P nicht ordentlich überwacht hat), dann wendet der BGH den Rechtsgedanken des § 254 BGB entsprechend an, der seinerseits nur eine Ausprägung des Gedankens von Treu und Glauben sei. Nach dieser Ansicht bestimmt sich der Anspruch der C nach dem Grad des Mitverschuldens des U i. S. v. § 254 BGB, sodass C ggf. nur einen Teilanspruch gegen U hat.

8. Auf welche Arten kann eine Prokura enden?

Die Prokura ist grundsätzlich jederzeit widerruflich (Vergütungsanspruch bleibt unberührt), davon unabhängig endet sie z. B. bei Umwandlung in eine Personengesellschaft, deren Auflösung, dem Verlust der Kaufmannseigenschaft des Prinzipals und bei Einstellung oder Veräußerung des Handelsgeschäfts.

9. Friedrich (F) ist Prokurist in der Althäuser GmbH. Nachdem die Zusammenarbeit zuvor tadellos funktionierte, überwirft er sich später mit beiden Geschäftsführern der GmbH. Nach einigen Wochen kommt es sogar zu emotional aufgeladenen Meinungsverschiedenheiten mit der Folge, dass der Geschäftsführer Heinrich (H) die Prokura widerruft. Beim Abendessen bespricht F die Vorkommnisse des Tages mit seiner Frau. Er fragt sich, ob die Prokura tatsächlich einfach so widerrufen sei und ob damit auch sein Dienstverhältnis beendet sei. Was sagen Sie?

Die Prokura ist nach § 52 Abs. 1 HGB jederzeit widerruflich, ohne auf das der Erteilung zugrunde liegende Rechtsverhältnis Rücksicht nehmen zu müssen. Trotz § 46 Nr. 7 GmbHG ist der Geschäftsführer der GmbH befugt, eine Prokura selbständig zu widerrufen, und zwar auch im Innenverhältnis. Sollte zuvor eine Vereinbarung mit dem Prokuristen getroffen worden sein, die diese Befugnis ausschließt, so ist diese wirkungslos. Schon allein aufgrund des Umfangs der Prokura und der Unbeschränkbarkeit der Vertretungsmacht ermöglicht § 52 Abs. 1 HGB einen jederzeitigen Vertrauensentzug. Ob auch das schuldrechtliche Dienstverhältnis mit dem Widerruf der Prokura beendet ist, ist keineswegs sicher, denn die abstrakte Vertretungsbefugnis eines Prokuristen und sein schuldrechtlicher Anstellungsvertrag verlaufen nicht notwendig parallel. Grundsätzlich bedarf es des Vorliegens eines wichtigen Kündigungsgrundes i. S. d. § 626 BGB, wobei nur für den Einzelfall festgestellt werden kann, ob der Entzug der Prokura einen solchen darstellt. Sollten lediglich Meinungsverschiedenheiten über die Zweckmäßigkeit gewisser Geschäfte im Raum stehen, wird das regelmäßig keine Kündigung des Dienstverhältnisses aus wichtigem Grund tragen.

10. S. vorheriger Fall, allerdings wird die Prokura hier nicht widerrufen, sondern F kündigt seinen Anstellungsvertrag mit der GmbH. Die Geschäftsführer vergessen, die Prokura ausdrücklich zu widerrufen. Ist F noch Prokurist der GmbH?

Nein, denn die Prokura ist nur im Rahmen ihrer Entstehungsgrundlage vom zugrunde liegenden Rechtsverhältnis abstrakt zu betrachten. Sollte das Grundverhältnis erlöschen, erlischt automatisch auch die Prokura, vgl. § 168 Abs. 1 BGB. Aufgrund des mangelnden Widerrufs kann sich die GmbH allerdings gutgläubigen Dritten gegenüber nach §§ 15 Abs. 1, 53 Abs. 3 HGB nicht auf das Erlöschen der Prokura berufen, solange es nicht im Handelsregister eingetragen ist.

11. Sieht das HGB eine persönliche Haftung des Prokuristen vor?

Nein, die persönliche Haftung ist nur dann nicht ausgeschlossen, wenn ein Missbrauch der Vertretungsmacht vorliegt oder aber eine entsprechende Erklärung des Prokuristen auch als eine die persönliche Haftung begründende Erklärung auszulegen wäre (Vertragspartner trägt Beweislast).

12. Was steht hinter dem Kürzel „i. V." oder „i. A." und worin liegt der Unterschied zur Prokura?

Neben seinem Namen weist sich dadurch ein Handlungsbevollmächtigter aus, welcher den Inhaber nur zu branchenüblichen und nicht gewöhnlichen Geschäften berechtigt. Die Handlungsvollmacht berechtigt als Minus der Prokura nicht zur Darlehensaufnahme, Prozessführung und z. B. der Eingehung von Wechselverbindlichkeiten; sie ist eine nicht eintragungsfähige Tatsache.

13. Welche Unterarten der Handlungsvollmacht beinhaltet § 54 Abs. 1 HGB?

Die Handlungsvollmacht kann ausnahmsweise auch als „Generalvollmacht" erteilt werden, sodass sie auch für alle gewöhnlichen Rechtsgeschäfte gilt. Im Wege der Spezial- und Gattungsvollmacht können entweder nur bestimmte Geschäfte vorgenommen werden oder nur eine bestimmte Art gewöhnlicher und branchenüblicher Geschäfte, z. B. Abteilung Verkauf.

14. Wozu ermächtigt die Ladenvollmacht gem. § 56 HGB nicht?

Die Regelung ist nicht analog auf einen Ankauf anzuwenden, sodass der Ladenbevollmächtigte nur zu Verkäufen und Empfangnahmen ermächtigt ist.

15. Ist die Erteilung der Ladenvollmacht erforderlich?

Nein, wenn ein Kaufmann eine Person in seinem Laden beschäftigt, so gilt eine gesetzliche Vermutung der Vollmacht, welche der Geschäftsherr nur gem. § 54 Abs. 3 HGB widerlegen kann.

16. Frau Feldbach (F) macht einen Ausflug nach Kiel. Dabei entdeckt sie, dass ihr Lieblings-Lederwarenhändler Wolf (W) auch hier ein Ladengeschäft betreibt. F sucht schon lange nach einer passenden Handtasche für ihr neues Abendkleid und wird dabei von der 17-jährigen Angestellten Erika (E) bedient. F wird auch nach kürzer Zeit fündig und wählt eine Handtasche aus, deren Preis E auf 1.200 € beziffert. Über dieses günstige Angebot entzückt, zahlt F den Kaufpreis sofort und strebt nach kurzer Zeit mit Handtasche und Kassenzettel dem Ausgang zu. Der hinzutretende W bemerkt, dass die Handtasche nach seinen eigenen Unterlagen eigentlich 2.200 € kosten sollte. Bevor er jedoch die F auf das Malheur anspricht, macht er sich Gedanken, ob vielleicht doch ein wirksamer Kaufvertrag zwischen F und ihm zustande gekommen ist und er sich daher nicht mit Erfolg auf ein Versehen der E berufen kann. Zu welchem Ergebnis wird er bei seinen Überlegungen kommen?

Ein wirksamer Kaufvertrag ist zustande gekommen. Die Ladenangestellte E ist gem. § 56 HGB ermächtigt, im Laden Verkäufe namens und mit Wirkung für und gegen den Geschäftsinhaber abzuschließen. Die Minderjährigkeit ist hierbei ohne Belang, da auch ein beschränkt Geschäftsfähiger Stellvertreter sein kann und nur der Geschäftsinhaber verpflichtet wird, vgl. § 165 BGB. Die Handtasche ist demnach für 1.200 € an F verkauft worden. Auf das Versehen der E kann sich W nicht mit Erfolg berufen. Der W kann zwar durchaus die Willensmängel seiner Ladenangestellten anführen (vgl. § 166 Abs. 1 BGB), doch bei E liegt lediglich ein unbeachtlicher Motivirrtum vor, der von § 119 Abs. 1 BGB nicht erfasst wird. Dem W ist daher zu raten, die F nicht auf das Malheur anzusprechen, um in Zukunft auch weiterhin mit ihr Geschäfte machen zu können.

17. Welche Voraussetzungen hat ein Handlungsgehilfe zu erfüllen?

Nach der Legaldefinition des § 59 S. 1 HGB ist Handlungsgehilfe, wer in einem Handelsgewerbe zur Leistung kaufmännischer Dienste gegen Entgelt angestellt ist.

18. Welcher Arbeitnehmerpflicht trägt das Wettbewerbsverbot für den Handlungsgehilfen Rechnung?

Das Verbot, ohne Einwilligung des Prinzipals weder ein Handelsgewerbe zu betreiben noch in diesem Handelszweige für eigene oder fremde Rechnung Geschäfte zu machen, folgt der arbeitsrechtlichen Treuepflicht des Arbeitnehmers, seinem Arbeitgeber keinen Wettbewerb zu machen.

19. Warum ist eine Abgrenzung des Handlungsgehilfen zu selbständigen Hilfspersonen praxisrelevant?

Da der Handlungsgehilfe die dem Ortsgebrauch entsprechende Vergütung beanspruchen kann, wird dessen Status oftmals von selbständigen Hilfspersonen herangezogen, um auf diese Weise diese Vergütung im Nachhinein beanspruchen zu können.

20. Wie wird die Rechtsbeziehung zwischen dem Prinzipal und dem Handelsvertreter regelmäßig ausgestaltet?

Die Grundlagen für die Tätigkeit des Handelsvertreters werden regelmäßig in einem entsprechenden Handelsvertretervertrag geregelt, wobei sich die Bestimmungen an den §§ 84 - 92 c HGB zu richten haben.

21. Ist ein Handelsvertreter Kaufmann welche elementaren Charakteristika müssen vorliegen?

Der Handelsvertreter ist Kaufmann i. S. d. § 1 HGB und muss als selbständig tätiger Gewerbetreibender ständig mit einer Vermittlungstätigkeit für einen anderen betraut sein und für diesen in fremdem Namen und für fremde Rechnung handeln.

22. Wonach bemisst sich die Frage, ob ein Handelsvertreter als Arbeitnehmer einzustufen ist (und somit das günstige Arbeitsrecht greift)?

Im Wesentlichen kommt es gem. § 84 Abs. 1 S. 2 HGB auf das Merkmal der Selbständigkeit an, für welches ausschlaggebend die Beurteilung der freien Gestaltung der Tätigkeit sowie der Arbeitszeit und des Arbeitspensums ist.

23. Für welche Personengruppe gilt die Besonderheit der Anwendbarkeit des Arbeitsrechts?

Sog. selbständige Einfirmenvertreter, welche ausschließlich für ein Unternehmen tätig sind und deren Verdienst monatlich bis zu 1.000 € beträgt, sind gem. § 92 a HGB Arbeitnehmer hinsichtlich des einzuhaltenden Rechtswegs (keine Erstreckung auf das materielle Arbeitsrecht).

24. Für wen wird der Handelsvertreter tätig und welche Pflichten treffen ihn?

Insbesondere § 86 Abs. 1 HGB zeigt, dass der Handelsvertreter ausschließlich die Interessen seines Unternehmers wahrnimmt und damit nicht unparteiisch zwischen diesem und dem von ihm vermittelten Kunden steht. Neben dieser Verpflichtung zur einseitigen Interessenwahrnehmung und der allgemeinen Tätigkeitspflicht und der Benachrichtigungspflicht hinsichtlich eines Geschäftsabschlusses hat der Handelsvertreter eine Auskunfts- und Rechenschaftspflicht gem. § 666 BGB, eine Geheimniswahrungspflicht gem. § 90 HGB und er muss das Wettbewerbsverbot gem. § 90 a HGB beachten.

25. Ist ein Wettbewerbsverbot nach Beendigung des Vertragsverhältnisses zulässig?

Ja, obwohl der Handelsvertreter nach Vertragsende grundsätzlich keiner Wettbewerbsbeschränkung unterliegt, kann verabredet werden, dass der Handelsvertreter für längstens zwei Jahre nach Beendigung des Vertragsverhältnisses dem Unternehmer keine Konkurrenz macht.

26. Welches Recht kann ein Handelsvertreter geltend machen, wenn er strittige Provisionsansprüche durchsetzen will?

Der Handelsvertreter kann, um die ihm erteilte Provisionsabrechnung nachvollziehen zu können, von dem Unternehmer einen Buchauszug über alle Geschäfte verlangen, für die ihm nach § 87 HGB Provision gebührt. Möglich ist auch die Einreichung einer

Stufenklage auf Buchauszug gem. § 254 ZPO und Erteilung einer eidesstattlichen Versicherung über die Richtigkeit und Vollständigkeit.

27. Fleißig (F) ist als Handelsvertreter für den Computerhersteller Apfel AG tätig. In letzter Zeit hat er allerdings im Rahmen seiner Vermittlungstätigkeit kein glückliches Händchen. So glaubt er zunächst, einen Großauftrag mit der B-Bank abgeschlossen zu haben, die Apfel AG schlägt diesen jedoch aus, weil sie deren Geschäftsgebaren missbilligt. Hinzu kommt noch, dass ein bereits abgeschlossener Vertrag mit der Pleite GmbH „platzt", nachdem über deren Vermögen das Insolvenzverfahren eröffnet wird. So langsam fragt sich F, ob er denn für die angesprochenen Aufträge Provisionsansprüche geltend machen kann.

Im Zusammenhang mit dem ersten Geschäft kann F keine Provisionsansprüche geltend machen. Eine Provisionspflicht besteht nämlich nur für abgeschlossene Geschäfte. Dabei ist unerheblich, dass die Apfel AG den ihr angetragenen Vertragsschluss ausgeschlagen hat. Dem Unternehmer steht es dem Handelsvertreter gegenüber grundsätzlich frei, die vermittelten Geschäfte abzulehnen. Hierbei bestehen Ausnahmen nur in sehr engen Grenzen unter dem Gesichtspunkt von Treu und Glauben. Eine Ausnahmemöglichkeit kommt hier allerdings nicht in Betracht. Bezüglich des zweiten Vertrages stehen dem F Provisionsansprüche zu einem Bruchteil zu. Gem. § 87 a Abs. 2 HGB entfällt der Provisionsanspruch, wenn feststeht, dass der Dritte das vermittelte Geschäft endgültig nicht erfüllt. Gerade bei Insolvenz des Dritten ist Teil(nicht)erfüllung anzunehmen. Nun berechnet sich die Provision nach der Insolvenzquote, auch, wenn der Unternehmer diese nicht eingefordert hat.

28. Was ist unter Buchauszug konkret zu verstehen?

Der Unternehmer hat alle Angaben über die vermittelten Geschäfte und ihre Ausführung in einem Buch aufzunehmen, wobei dieses aus allen dem Unternehmer verfügbaren schriftlichen Unterlagen über die vermittelten Geschäfte zusammenzustellen ist.

29. Welche Arten von Provisionsansprüchen können dem Handelsvertreter zustehen und was bedeuten sie im Detail?

Die Zahlung der bedeutsamen Abschlussprovision gem. § 87 Abs. 1 S. 1 HGB setzt mindestens ein mitursächliches Tätigwerden des Handelsvertreters für den zwischen dem Kunden und dem Unternehmen abgeschlossenen Geschäft voraus. Eine Überhangprovision wird für ein Geschäft fällig, das erst nach Beendigung des Vertragsverhältnisses abgeschlossen wird. Eine Delkredereprovision kann anfallen, wenn sich der Handelsvertreter in seinem Vertrag verpflichtet hat, für die Erfüllung der Verbindlichkeit des Kunden einzustehen. Eine Inkassoprovision kann der Handelsvertreter für die von ihm auftragsgemäß eingezogenen Beträge beanspruchen, um sein Haftungsrisiko im Zusammenhang mit dem Umgang mit Fremdgeldern auszugleichen.

30. F lässt sich nicht entmutigen. Bei einem nachbarschaftlichen Plausch schildert er seinem Nachbarn (N) die Vorzüge eines neuen Schreibcomputers. N ist auch schon fast zum Kauf entschlossen, allerdings muss er von dem Vertragsschluss wieder Abstand nehmen, da er in finanzielle Schwierigkeiten gerät. Kurz darauf macht er aber eine Erbschaft, sodass er sich direkt an die Apfel AG wendet und von ihr den von F vorgeführten Schreibcomputer kauft. Später erfährt F davon und fragt sich, ob er denn hier auch eine Provision verlangen kann. Was sagen Sie?

F kann die Provision verlangen. Der Handelsvertreter hat einen Anspruch auf Provision für alle abgeschlossenen Geschäfte, die auf seine Tätigkeit „zurückzuführen" sind, vgl. § 87 Abs. 1 HGB. Es ist ohne Belang, dass die Bemühungen von F zunächst erfolglos waren und der Vertragsschluss später unmittelbar mit der Apfel AG erfolgte, da eine Mitursächlichkeit ausreicht. Für Nachbestellungen und Folgeaufträge sehen § 87 Abs. 3 S. 1 Fall 2, Abs. 2 HGB Auflockerungen des Kausalitätserfordernisses vor.

31. Gerät eine widerspruchslose Hinnahme unrichtiger Provisionszahlungen dem Handelsvertreter zum Nachteil?

Nein, mit einer widerspruchslosen Hinnahme der Abrechnungen ist noch kein irgendwie geartetes stillschweigend erklärtes Einverständnis oder aber ein Verzicht auf weitere Provisionen zu sehen.

32. Auf welche Weise kann ein Handelsvertretervertrag beendet werden?

Durch Ablauf der dienstvertraglichen Laufzeit, durch Aufhebungsvertrag, durch den Tod des Handelsvertreters, durch Insolvenz des Unternehmers gem. §§ 115, 116 InsO und durch ordentliche oder außerordentliche Kündigung gem. §§ 89, 89 a HGB.

33. Welcher Vertragspartei kann eine außerordentliche Kündigung aus wichtigem Grund zum Nachteil geraten?

Derjenige Partner kann zum Schadensersatz verpflichtet sein, der ein solches Verhalten zu vertreten hat, welches die Kündigung veranlasste.

34. Was versteht man unter einem Ausgleichsanspruch des Handelsvertreters?

Der Ausgleichsanspruch ist eine zusätzliche Vergütung für während der Vertragsdauer geleistete, indessen noch nicht abgegoltene Dienste; dazu ist das kumulative Vorliegen der Voraussetzungen des § 89 b Abs. 1 Ziff. 1 - 3 HGB erforderlich.

35. Was ist bei der Berechnung des Ausgleichsanspruchs zu beachten?

Zur Berechnung entstandener Provisionsverluste muss der Handelsvertreter auf den Umsatz mit Neukunden, welche auch Mehrfachkunden sind, abstellen (bezogen auf das letzte Vertragsjahr), sodass eine Prognose erforderlich ist, wie viel Prozent des Umsatzes mit Mehrfachkunden erzielt werden. Im Übrigen ist für die Berechnung des Ausgleichsanspruchs unter Berücksichtigung aller Umstände der Billigkeit auf die Bruttoprovision abzustellen.

36. Schulze (S) war bis zu seinem Tod als Vertreter der Fa. Kranich tätig. Seine Witwe und Alleinerbin verlangt nun Zahlung eines angemessenen Ausgleichs nach § 89 b HGB. Hat sie einen solchen Anspruch?

Ja. Zunächst war streitig, ob der Ausgleichsanspruch auch beim Tod des Handelsvertreters den Erben zusteht. Dieser Streit ist nun aber zugunsten der Erben geklärt. § 89 b Abs. 1 Nr. 2 HGB verlangt zwar, dass der Handelsvertreter „infolge" der Beendigung des Vertragsverhältnisses Ansprüche auf Provisionen verliert, die er bei Fortsetzung desselben hätte. Hieraus lässt sich jedoch nicht schließen, dass ein Ausgleichsanspruch auch das Weiterleben des Vertreters voraussetzt, weil nur so eine Fortsetzung des Vertragsverhältnisses möglich sei. Vielmehr handelt es sich hier um eine gesetzliche Fiktion, die auch auf den Fall des Todes des Vertreters anwendbar ist. Außerdem spricht § 89 b HGB nur von der Beendigung des Vertragsverhältnisses als Anspruchsvoraussetzung. Sollte hierin eine Beschränkung auf den Fall der Kündigung gesehen werden, so hätte der Gesetzgeber dies ausdrücklich klarstellen können.

37. Worin unterscheidet sich ein Handelsmakler vom Handelsvertreter?

Im Gegensatz zum Handelsvertreter ist der Handelsmakler nicht ständig mit der Vermittlung von Verträgen betraut und er steht sowohl seinem Kunden als auch dem Unternehmer unparteiisch gegenüber. Neben dem Abgrenzungskriterium des Gesamtbildes der Ausgestaltung des Vertragsverhältnisses des Vermittlers zu seinem Auftraggeber ist jedenfalls maßgeblich, dass der Handelsmakler niemals ständig mit dem Abschluss einer unbestimmten Anzahl von Verträgen betraut sein kann.

38. Welche Geschäfte führt ein Kommissionär?

Ein Kommissionär übernimmt gewerbsmäßig den Kauf oder Verkauf von Waren oder Wertpapieren für Rechnung eines anderen (des Kommittenten) in eigenem Namen, vgl. § 383 Abs. 1 HGB.

39. Kann ein Kommissionär andere Kommissionsgeschäfte als einen Kauf oder Verkauf übernehmen?

Der Kommissionär kann im Wege der Geschäftsbesorgungskommission auch andere Geschäfte übernehmen, so z. B. bei dem Kommissionsverlag oder der Inkassokommission. Ferner kann auch ein Kaufmann, der nicht Kommissionär ist, im Wege der Gelegenheitskommission gelegentlich Kommissionsgeschäfte übernehmen.

40. Wem gegenüber steht der Kommissionär im vertraglichen Außenverhältnis?

Der Kommissionär schließt mit einem Dritten einen Ausführungsvertrag im Außenverhältnis, dessen Geschäftsergebnisse kraft des Kommissionsvertrages (Innenverhältnis) an den Kommittenten zu übertragen sind.

41. Welche Pflichten muss der Kommissionär beachten?

Der Kommissionär ist dem Kommittenten gegenüber weisungsbefolgungs- und re-
chenschafts- und herausgabepflichtig. Überhaupt hat er das Kommissionsgeschäft
sorgfältig auszuführen und für den Verlust oder die Beschädigung des Kommissions-
gutes einzustehen.

42. Wie ist die Weisungsgebundenheit und die wirtschaftliche Abhängigkeit des
    Kommissionärs rechtlich zu qualifizieren?

Diese die Rechtsstellung eines Arbeitnehmers begründenden Merkmale sprechen
gleichwohl nicht gegen die Rechtsstellung des Kommissionärs als selbständigen Gewerbetreibenden. Entscheidend ist stets, welche Gestaltungsspielräume dem Kommissionär noch verbleiben und ob seine persönliche Abhängigkeit das für ein Arbeitsverhältnis typische Maß erreicht.

43. Was kennzeichnet den gesetzlich nicht geregelten Vertragshändlervertrag?

Kraft dessen unterliegt der Vertrieb bestimmter, im Vertrag geregelter Waren einem
langfristigen Rahmenvertrag, wobei der Vertragshändler als Kaufmann gem. § 1 HGB
Geschäfte im eigenen Namen und auf eigene Rechnung abschließt.

44. Welches Charakteristikum teilen sich Vertragshändlervertrag und Franchising als
    dessen Ausprägung?

Regelmäßig erhalten sowohl der Vertragshändler als auch der Franchisenehmer für ein
bestimmtes, ihnen zugewiesenes Gebiet ein Alleinvertriebsrecht.

45. Was ist das prägende, für den Vertragshändler nicht geltende Charakteristikum
    des Franchisevertrages?

Es ist die Abhängigkeit des Franchisenehmers vom Know-how und den Weisungen
des Franchisegebers.

46. Welche Rechtsgebiete berührt ein Franchisevertrag regelmäßig?

Die rechtliche Behandlung des Franchising gestaltet sich regelmäßig schwierig, da
neben der Einschlägigkeit von zivil- und handelsrechtlichen Normen arbeits- und
wettbewerbs- und kartellrechtliche Probleme bestehen.

47. Was ist die Kernaussage der zum Franchiserecht getroffenen Entscheidung „Apol-
    lo-Optik"?

Danach ist der Franchisegeber zur Weitergabe sämtlicher Einkaufsvorteile, die er in
Rahmenvereinbarungen mit Lieferanten ausgehandelt hat, an den Kunden verpflichtet, wenn er sich in einem Vertrag mit dem Franchisenehmer verpflichtet hat, Vorteile
zur Erreichung optimaler Geschäftserfolge an die Franchisenehmer weiterzugeben.

Kapitel 7   Die Handelsgeschäfte

§ 29 Allgemeine Regelungen

1. Was versteht man unter einem Handelsgeschäft gem. § 343 HGB im Unterschied zu § 25 HGB?

Mit dem Begriff des Handelsgeschäfts sind Geschäftsabschlüsse gemeint und nicht etwa das Unternehmen wie in § 25 HGB.

2. Worauf bezieht sich die in § 344 Abs. 1 HGB normierte Vermutung?

Danach gelten die von einem Kaufmann vorgenommenen Rechtsgeschäfte im Zweifel als zum Betrieb seines Handelsgewerbes gehörig.

3. Was versteht man unter einem Gentlemen's Agreement oder einem Letter of intent?

Regelmäßig sind dies Erklärungen ohne Verpflichtungscharakter, wobei es jedoch auf die Formulierung und Auslegung im konkreten Einzelfall ankommt.

4. Was versteht man unter einem Side Letter?

Dabei handelt es sich um schuldrechtliche Nebenabreden zu dem eigentlichen Hauptvertrag, die in einem Schreiben von dem einen an den anderen Vertragspartner enthalten sind und von der empfangenen Seite angenommen/bestätigt werden.

5. Welches Recht ist anwendbar, wenn nur einer der beiden Vertragspartner als Kaufmann beteiligt ist?

Gem. § 345 HGB sind auf ein Rechtsgeschäft, das für einen der beiden Teile ein Handelsgeschäft ist, die Vorschriften über Handelsgeschäfte für beide Teile gleichermaßen anzuwenden, soweit nicht Ausnahmevorschriften eingreifen. Die damit verbundenen Regelungen über z. B. Zinshöhe, Kontokorrent, Zeit und Art der Leistung und dem Gutglaubenschutz finden bei diesem einseitigen Handelsgeschäft ggf. auch zu Lasten eines Nichtkaufmanns Anwendung.

6. Was ist die Rechtsnatur und -wirkung eines Handelsbrauches?

Handelsbräuche sind gewohnheitsrechtlich entstandene, verpflichtende Regeln, die auf einer gleichmäßigen, einheitlichen und freiwilligen Übung der beteiligten Kreise für vergleichbare Geschäftsvorfälle über einen angemessenen Zeitraum hinweg beruhen und denen eine einheitliche Auffassung der Beteiligten zugrunde liegt. Sie gelten normativ, also auch ohne Kenntnis oder Unterwerfungswillen der Parteien, sodass der Einwand, der Brauch sei unbekannt, irrelevant ist.

7.   Welche drei Voraussetzungen muss ein Handelsbrauch erfüllen?

Es muss eine tatsächliche Übung des Handelsbrauchs stattgefunden haben und die tatsächliche Übung muss sachlich begrenzt sein und sich durchgesetzt haben.

8.   Worum handelt es sich bei Incoterms und was ist ihr Zweck?

International commercial terms oder international standardisierte Handelsklauseln vereinfachen den auf klare, genormte Rechtsverhältnisse bedachten Kaufhandel im internationalen Verkehr.

9.   Was sind Trade Terms?

Dabei handelt es sich um nationale, genormte Vertragsformeln, welche in der Form aufeinander abgestimmt, aber inhaltlich nicht vereinheitlicht sind (ungeeignet für den internationalen Verkehr).

10.   Was ist unter dem Trade Term „Lieferung vorbehalten" zu verstehen?

Diese Klausel soll im Falle der Unmöglichkeit bei Gattungsschulden nur von der Lieferpflicht nach erfolgloser, zumutbarer Anstrengung zur Beschaffung der Ware befreien; es handelt sich um keinen Freibrief zum Rücktritt vom Vertrag.

11.   Was versteht man unter einem kaufmännischen Bestätigungsschreiben?

Das kaufmännische Bestätigungsschreiben hält nach vertraglichen Vorverhandlungen, die tatsächlich oder vermeintlich erfolgreich waren, den bereits (formlos) zustande gekommenen Vertrag gegenüber dem anderen Teil schriftlich fest und hat damit Beweisfunktion.

12.   Was ist die Funktion der Auftragsbestätigung?

Mit der Auftragsbestätigung nimmt der Kaufmann ein ihm unterbreitetes Angebot („Auftrag") an und beendet damit regelmäßig die Vorverhandlungen durch Vertragsabschluss.

13.   Welche Rechtsfolge zieht ein Schweigen auf ein kaufmännisches Bestätigungsschreiben nach sich?

Der Vertrag ist dann nach Maßgabe des Bestätigungsschreibens als zustande gekommen anzusehen, auch wenn tatsächlich gar keine Übereinstimmung bestanden hat.

14. Ernie (E) und Bert (B) sind Kaufleute und führen Verhandlungen über einen Kaufvertrag. E selbst ist ein viel beschäftigter Mann, sodass die Verhandlungen auf seiner Seite durch den Vertreter Krümel (K) geführt werden. Leider hat K hier kein glückliches Händchen bewiesen, sodass der Kaufvertrag eher zuungunsten des E ausgehandelt worden ist. Um die zukünftige Zusammenarbeit nicht zu gefährden, informiert K den E bewusst unzutreffend, um seine Verhandlungsfehler zu verdecken. E verfasst daraufhin gutgläubig ein unzutreffendes kaufmännisches Bestätigungsschreiben und sendet es dem B zu. B reagiert nicht. Ist ein Vertrag mit dem Inhalt des kaufmännischen Bestätigungsschreibens zustande gekommen?

Vom Vorliegen der Voraussetzungen für ein kaufmännisches Bestätigungsschreiben ist hier unproblematisch auszugehen. Danach würde das Schweigen des B dazu führen, dass ein Vertrag mit dem Inhalt des kaufmännischen Bestätigungsschreibens zustande gekommen wäre. Allerdings ist fraglich, ob die Wirkungen des kaufmännischen Bestätigungsschreibens durch die Arglist des K ausgeschlossen sind. Zu beachten ist hier insbesondere, dass die Wirkungen eines kaufmännischen Bestätigungsschreibens nicht eintreten, wenn der Absender nicht schutzwürdig ist, was dann der Fall ist, wenn der Absender das Schreiben bewusst unrichtig formuliert, weil er beispielsweise hofft, die vorgenommene Änderung werde übersehen. Es muss sich also um einen Fall der Arglist handeln. Vorliegend war K Vertreter, während E nicht arglistig war. Das Wissen eines Vertreters wird grundsätzlich nach § 166 Abs. 1 BGB zugerechnet. Sicher gilt das, wenn das kaufmännische Bestätigungsschreiben auch von dem Vertreter abgefasst wird. Hier wurde es jedoch von E selbst abgefasst. Fraglich ist nun, ob in diesem Fall nicht § 166 Abs. 1 BGB analog gilt. Die h. M. bejaht diese Frage grundsätzlich, denn § 166 Abs. 1 BGB weist das Vertreterhandeln dem Gefahrenbereich des Vertretenen zu. Somit ist § 166 Abs. 1 BGB entsprechend anwendbar, auch wenn der Vertreter bei der Abgabe der Willenserklärung selbst nicht mehr beteiligt ist. Damit ist der Vertrag nicht mit dem Inhalt des kaufmännischen Bestätigungsschreibens zustande gekommen.

15. Unterliegt auch ein Nichtkaufmann diesem Handelsbrauch?

Ja, wenn es sich bei dem Empfänger des Bestätigungsschreibens um jemanden handelt, der - einem Kaufmann ähnlich - am Geschäftsleben teilnimmt und von ihm erwartet werden kann, dass er nach kaufmännischer Sitte verfährt (z. B. Rechtsanwalt, Architekt, Immobilienmakler).

16. Wann ist das Schweigen auf ein Bestätigungsschreiben ausnahmsweise unschädlich?

Das Schreiben muss zeitlich unverzüglich auf die letzten Vorverhandlungen erfolgen, wobei (bloß) wenige Tage zwischen Vertragsverhandlung und Datum des Schreibens unschädlich sind. Ferner ist das Schweigen unschädlich bzw. ein Widerspruch des Empfängers des Schreibens entbehrlich, wenn dessen Inhalt sich so erheblich von dem

Verhandlungsergebnis entfernt, dass der Absender mit dem Einverständnis des Empfängers redlicherweise nicht mehr rechnen konnte und durfte.

17. Kann der Empfänger eines kaufmännischen Bestätigungsschreibens dessen Wirkung durch Widerspruch beseitigen?

Ja, der Widerspruch des Bestätigungsschreibens muss aber wie dessen Absendung unverzüglich erfolgen.

18. Gerät einem Kaufmann sein Schweigen auf einen Antrag zum Nachteil?

Ja, gem. § 362 Abs. 1 S. 1 HGB gilt das Schweigen des Kaufmanns als Annahme des Antrags eines Geschäftspartners. Allerdings gilt die Regelung nur für Kaufleute, deren Gewerbebetrieb die Besorgung von Geschäften für andere mit sich bringt (vorzugsweise Handelsvertreter und -makler, Unternehmensberater).

19. Gerät diese Regelung nur Geschäftsbesorgungskaufleuten zum Nachteil?

Nein, § 362 Abs. 1 S. 2 HGB sieht eine entsprechende Regelung für jeden Kaufmann vor, wenn diesem ein Antrag von jemandem zugeht, dem er sich zur Geschäftsbesorgung (wie nun angetragen) erboten hat.

20. Innerhalb welcher Frist verjähren die Forderungen von Kaufleuten wegen Warenlieferungen oder Geschäftsbesorgungen?

Gem. § 195 BGB innerhalb von drei Jahren, beginnend mit dem Schluss des Jahres, in dem der Anspruch entstanden ist.

21. Was versteht man unter einem Kontokorrent?

Es handelt sich um eine laufende Rechnung aus einer Geschäftsverbindung zwischen einem Kaufmann und einer anderen Person, durch die eine Mehrheit von gegenseitigen Ansprüchen durch Verrechnung auf eine Geldschuld zurückgeführt wird. Ferner muss vereinbart sein, dass die gegenseitigen Geldansprüche verrechnet werden und in bestimmten Perioden, mindestens einmal jährlich, so abgerechnet werden, dass ein Saldo festgestellt wird.

22. Was sind die Rechtsfolgen eines derartigen Kontokorrents?

Die in das Kontokorrent fallenden Einzelansprüche können nicht gesondert geltend gemacht, auch nicht gepfändet werden, dürfen ferner nicht abgetreten und gesondert erfüllt werden; sie sind gestundet. Die gegenseitigen Einzelansprüche werden ersetzt durch den Anspruch auf den Saldo, welcher mitgeteilt wird und rechtlich als Antrag auf Abschluss eines Schuldanerkenntnisvertrages anzusehen ist.

23. Worin unterscheidet sich das kaufmännische Zurückbehaltungsrecht gem. § 371 Abs. 1 S. 1 HGB von den zivilrechtlichen Zurückbehaltungsrechten?

Wenn zwei Kaufleute ein Handelsgeschäft getätigt haben und einem eine fällige Geldforderung daraus zusteht, ist er berechtigt, sich an dem erlangten Besitz an beweglichen Gegenständen der Gegenseite zu befriedigen. Das Zivilrecht sieht diese Verwertungsbefugnis bei Zurückbehaltungsrechten nicht vor.

§ 30 Der Handelskauf

1. Wann liegt ein Handelskauf im Sinne des Gesetzes vor?

§ 381 HGB geht von einem Handelskauf aus, wenn der Gegenstand eines von einem Kaufmann abgeschlossenen Kaufgeschäfts entweder Waren und/oder Wertpapier sind.

2. Wonach richtet sich das Zustandekommen eines Handelskaufvertrages?

Dies richtet sich nach den allgemeinen Regeln in den §§ 145 ff., 433 BGB, wobei die §§ 373 ff. HGB ergänzende Bestimmungen über den Annahmeverzug, den Bestimmungs- und Fixhandelskauf sowie die Untersuchungs- und Rügepflicht treffen.

3. Welche Möglichkeiten hat der Verkäufer, wenn der Käufer die Waren nicht abholt bzw. in Annahmeverzug gerät?

Der Verkäufer kann die Ware auf Gefahr und Kosten des Käufers in einem öffentlichen Lagerhaus oder in sonstiger sicherer Weise hinterlegen oder die Ware nach vorhergehender Anhörung öffentlich versteigern.

4. Tiger (T) und Bär (B) sind Kaufleute. T verkauft B eine Ladung Forellen zum Preis von 20.000 €. Er bietet dem B die Ware in Annahmeverzug begründender Weise an, ohne dass dieser sie annimmt. Daraufhin lässt T ohne Androhung öffentlich versteigern, wobei 15.000 € erzielt werden. Einige Zeit später verlangt B Lieferung der Ladung Forellen, T erklärt die Aufrechnung und fordert noch 5.000 €. Um die Freundschaft nicht vollkommen zu gefährden, bitten sie Rechtsanwalt Ente (E) festzustellen, ob B tatsächlich noch einen Anspruch auf die Lieferung der Forellen hat, und ob vielleicht nicht für T ein Anspruch auf 5.000 € besteht. Zu welchem Ergebnis wird E kommen?

Zunächst einmal ist der Anspruch auf Lieferung der Forellen des B gegen T entstanden, weil ein Kaufvertrag geschlossen wurde. Hier könnte allerdings gem. § 362 BGB Erfüllung eingetreten sein. Dabei ist zu beachten, dass eine erfüllende Leistung an B nicht direkt erfolgte, allerdings könnte die Erfüllungswirkung auf § 362 BGB iVm § 373 Abs. 2, 3 HGB beruhen. Zumindest liegt ein einseitiger Handelskauf vor, vgl. §§ 1

Abs. 1, 2, 343, 344 HGB. Außerdem war B in Annahmeverzug, vgl. § 293 BGB. Auch war dieser noch nicht beendet. Aufgrund der Verderblichkeit der Waren und dem damit drohenden Wertverlust konnte eine Androhung entfallen, § 373 Abs. 2 S. 2 HGB. Die Veräußerung i. S. d. § 373 Abs. 2 HGB erfolgte gem. § 373 Abs. 3 HGB für Rechnung des Käufers und führt damit zur Erfüllung, § 362 BGB. Im Ergebnis ist damit der Anspruch des B auf Lieferung der Forellen gegen T erloschen.

Ursprünglich war ein Anspruch des T gegen B in Höhe von 20.000 € entstanden. Allerdings könnte dieser gem. §§ 387, 389 BGB erlöschen sein. Hierfür müssten sich zunächst zwei gleichartige Ansprüche zeitgleich gegenübergestanden haben. Der Selbsthilfeverkauf erfolgte auf Rechnung des B, vgl. § 373 Abs. 3 HGB, sodass er einen Anspruch auf Erstattung der 15.000 € gem. § 667 BGB hat. Mit diesem Anspruch konnte auch aufgerechnet werden, sodass T tatsächlich nur noch einen Anspruch in Höhe von 5.000 € hat.

Nicht zu vergessen ist, dass neben diesem Anspruch noch Ansprüche aus § 304 BGB und aus § 670 BGB in Betracht kommen, falls T Versteigerungskosten gehabt hat.

5. Was kennzeichnet einen Spezifikationshandelskauf?

Wenn es dem Käufer einer beweglichen Sache vorbehalten bleibt, in einem Kaufvertrag die nähere Bestimmung über Form, Maß o. ä. Verhältnisse zu bestimmen, spricht man von einem Bestimmungs- oder Spezifikationshandelskauf.

6. Welche Rechte stehen dem Verkäufer zu, wenn der Käufer die ihn verpflichtende Bestimmung nicht vornimmt?

Der Verkäufer kann die Kaufsache selbst bestimmen, Schadensersatz statt der Leistung verlangen oder vom Vertrag zurücktreten.

7. Worin unterscheidet sich der Fixhandelskauf gem. § 376 HGB von der zivilrechtlichen Regelung des Fixgeschäfts?

Das Handelsrecht verschärft die Rechtsfolge zu Lasten des Schuldners, indem der Gläubiger entweder vom Vertrag zurücktreten kann oder dann, wenn den Schuldner ein Verschulden trifft, überdies Schadensersatz wegen Nichterfüllung verlangen kann, ohne dass eine Nachfrist gesetzt werden müsste. Allerdings kann er auch nur dann Erfüllung beanspruchen, wenn er sofort nach dem Zeitablauf oder der Frist dem Schuldner anzeigt, dass er dennoch auf Erfüllung besteht.

8. Welche Anforderungen stellt das Gewährleistungsrecht der Untersuchungs- und Rügepflicht gem. § 377 HGB?

Es muss sich um einen beiderseitigen Handelskauf über Waren und/oder Wertpapiere handeln, welche durch den Verkäufer abgeliefert worden und die mangelhaft sind und infolge dessen unverzüglich untersucht und gerügt wurde.

9. Was sind Waren i. S. d. HGB?

Der Begriff der Waren ist, wie dies die §§ 375, 381 Abs. 2 HGB belegen, mit beweglichen Sachen gem. § 90 BGB gleichzusetzen.

10. Was ist die Rechtsfolge der unterlassenen Mangelanzeige?

Die Ware gilt dann als vom Käufer genehmigt, es sei denn, dass es sich um einen Mangel handelt, der bei der Untersuchung nicht erkennbar war. Im Falle eines später auftretenden Mangels muss die Anzeige dann unverzüglich nach der Entdeckung gemacht werden, anderenfalls gilt die Ware auch in Ansehung dieses Mangels als genehmigt.

11. Bohlen (B) betreibt ein Tonstudio. Aus diesem Grund hat er von Anders (A) ungefüllte Batterien bestellt. A liefert jedoch aus Versehen gefüllte Batterien, die wegen unzureichender Verpackung nach Ablieferung in Brand geraten und dann auch noch das Mischpult des B in Mitleidenschaft ziehen. In all der Aufregung vergisst B, die vertragswidrige Lieferung zu rügen. Er wendet sich an Sie mit der Frage, ob ihm hinsichtlich der Batterien gleichwohl noch Gewährleistungsansprüche zustehen und ob er sich wenigstens hinsichtlich der Schäden am Mischpult bei A schadlos halten kann. Was werden Sie ihm antworten?

Hinsichtlich der Batterien stehen ihm keine Gewährleistungsansprüche mehr zu. Durch die Verletzung der Rügeobliegenheit werden dem Käufer nicht nur die Gewährleistungsrechte genommen, vielmehr kann er aus dem Qualitätsmangel keinerlei Rechte mehr herleiten, auch nicht aus § 119 Abs. 2 BGB, aus Unmöglichkeit oder § 280 Abs. 1 BGB. Bezüglich der Schäden am Mischpult kann er sich an A wenden. Zwar sind gem. § 377 Abs. 2 und 3 HGB grundsätzlich auch Ansprüche aus § 280 Abs. 1 BGB (positive Vertragsverletzung) ausgeschlossen. Das soll jedoch nur hinsichtlich solcher Schäden gelten, die auf dem Sachmangel beruhen. Die Schadensersatzpflicht beruht hier jedoch nicht auf einer fehlerhaften Lieferung, sondern ist in erster Linie auf die Verletzung weiterer Nebenpflichten zurückzuführen. Denn hier bestand die Pflicht zur Verpackung gefüllter Batterien und zur Anbringung warnender Hinweise. Ansprüche aus § 280 Abs. 1 BGB sind insoweit nicht ausgeschlossen.

12. Welchen Sinn hat diese Regelung?

Damit soll die Sicherheit und Schnelligkeit des Handelsverkehrs gefördert werden.

13. Wie ist das Tatbestandsmerkmal der Ablieferung auszulegen?

Zugunsten des Warenkäufers relativ weit, indem dazu die Verbringung in den Machtbereich des Käufers ausreicht, sodass er die Möglichkeit der Untersuchung hat (Ankunft der Ware nicht zwingend erforderlich).

14. Welche Termini sieht das Handelsrecht für die inhaltlich auf das Kaufvertrags-
    recht rekurrierenden Warenmängel vor?

Neben dem auch im Handelsrecht anzutreffenden Falschlieferungsmangel bzw. Aliud
werden Sach- bzw. Warenmängel begrifflich in Qualitäts- und Quantitätsmängel unterschieden.

15. Wonach richtet sich die den Verkäuferbelangen dienende Reichweite der Untersu-
    chungspflicht des Käufers?

Die Frage, ob ein Käufer seiner Untersuchungspflicht unverzüglich nachgekommen
ist, richtet sich nach der Art der Ware (z. B. Verderblichkeit), der Branchenüblichkeit
und der finanziellen und technischen Zumutbarkeit.

16. Wann spricht man von offenen und wann von verdeckten Mängeln?

Ein offener Mangel liegt vor, wenn er bei gehöriger Untersuchung nach objektiven
Maßstäben allein schon bei der Untersuchung hätte aufgedeckt werden können. Ein
verdeckter Mangel ist nicht sogleich erkennbar, sondern zeigt sich erst später und ist
in diesem Fall unverzüglich nach der Entdeckung anzuzeigen.

17. Was erfordert die Mängelrüge in formeller und materieller Hinsicht?

Die Rüge ist zwar formfrei möglich (per Telefon, Telefax oder E-Mail) und muss rechtzeitig abgesendet werden, eine Manifestation zu Beweiszwecken sollte aber erfolgen.
Der Käufer muss den Verkäufer konkret über Art und Umfang der Mängel informieren, sodass dieser Beanstandungen prüfen kann, diese abstellen und ihn selbst gleichzeitig gegen ein Nachschieben anderer Beanstandungen schützen kann.

18. In welchen Fällen ist die Untersuchungs- und Rügepflicht des Käufers entbehr-
    lich?

Neben dem Fall des arglistigen Verschweigens des Mangels durch den Verkäufer kann
die Käuferpflicht vertraglich abbedungen werden, beispielsweise regelmäßig bei Just-
in-time-Käufen.

19. Worin besteht die Rechtsfolge einer unterlassenen Rüge bei Zuviel- und Zuwe-
    niglieferung?

Der Käufer hat die zuviel gelieferte Menge zu bezahlen und darf sie nicht zurückwei-
sen, im Fall der Minderlieferung hat der Käufer den vereinbarten Preis zu zahlen,
ohne eine Nachlieferung der Mengendifferenz beanspruchen zu können.

20. Wirkt sich die den Käufer belastende Genehmigungsfiktion auf den vereinbarten,
    ursprünglichen Preis aus?

Grundsätzlich bleibt es beim Vertragsinhalt auch hinsichtlich des ursprünglichen Preises, obwohl die qualitative und quantitative Abweichung gravierend ist.

21. Bedarf der Unternehmenskauf besonderer Formalien?

Obwohl besondere Formvorschriften im Rahmen eines Unternehmenskaufs nicht bestehen, so bedarf die Veräußerung einer Gesamtheit von Rechten, Forderungen, Sachen und Grundstücken natürlich der notariellen Beurkundung. Dieses Formerfordernis ist auch dann gegeben, wenn sich ein Unternehmensverkäufer verpflichtet, sein gegenwärtiges Vermögen oder einen Bruchteil seines gegenwärtigen Vermögens zu übertragen.

22. Welches Stichwort charakterisiert den Unternehmenskauf?

Da das Unternehmen selbst keine Sache ist, spricht man vom Inbegriff von Rechts- und Sachgesamtheiten.

23. Was versteht man unter einem Asset Deal und Share Deal?

Ein Asset Deal wird geschlossen, wenn Gegenstand des Kaufvertrags einzelne Wirtschaftsgüter sind, die das Unternehmen oder aber einen selbständigen Unternehmensteil ausmachen. Bei einem Share Deal wird das Unternehmen im Wege der entgeltlichen Übertragung der Anteilsrechte durch die Gesellschafter übertragen.

24. Was ist der Zweck und Inhalt der Due Diligence-Prüfung?

Um dem Käuferinteresse am Überblick der Rechtsverhältnisse des zu veräußernden Unternehmens nachzukommen, werden alle für den Erwerb relevanten Rechtsverhältnisse des Zielunternehmens umfassend einer gehörigen Sorgfaltsprüfung unterzogen

25. An welche Norm knüpft die Mängelgewährleistung im Rahmen eines Unternehmenskaufvertrages an?

Die Rechtskaufnorm des § 453 BGB findet auf Unternehmenskäufe Anwendung.

26. Worum handelt es sich bei dem CISG?

Es ist das anglistische Kürzel des Übereinkommens der Vereinten Nationen über Verträge über den internationalen Warenkauf.

27. Unter welchen Voraussetzungen findet das UN-Kaufrecht Anwendung?

Es muss ein Kauf- oder Werklieferungsvertrag über Waren vorliegt und die Vertragsparteien müssen ihre Niederlassung in verschiedenen Staaten haben, wobei mindestens eine Vertragspartei ihre Niederlassung in einem Vertragsstaat des Abkommens haben muss. Im Übrigen darf die Anwendung des CISG nicht ausgeschlossen und der Vertrag muss nach dem 01.01.1991 abgeschlossen worden sein.

28. Gilt das UN-Kaufrecht nur zwischen Kaufleuten?

Nein, es ist irrelevant, ob die Vertragsparteien Kaufleute oder Nichtkaufleute sind oder der Vertrag handelsrechtlicher oder bürgerlich-rechtlicher Art ist.

29. Worauf erstreckt sich die Regelung des UN-Kaufrechts?

Es wird ausschließlich der Abschluss des Kaufvertrages und die aus ihm erwachsenden Rechte und Pflichten der Vertragsparteien geregelt, sodass sich Regelungen über die Vertragsgültigkeit oder einzelner Vertragsbestimmungen nach nationalem Recht richten.

30. Welchen erheblichen Unterschied im Bereich der Mängelgewährleistung hat das UN-Kaufrecht gegenüber des deutschen Rechts?

Das UN-Kaufrecht differenziert nicht zwischen Schlechtlieferung und Falschlieferung, sodass ein Aliud regelmäßig eine (wenn auch mangelhafte) Lieferung darstellt.

§ 31 Fracht-, Speditions- und Lagergeschäft

1. Welche Parteien sind an einem Frachtgeschäft beteiligt?

Vertragspartner eines Frachtvertrages sind der Absender des Frachtgutes und der Frachtführer, welcher im Gegensatz zum Absender Kaufmann sein muss und die Beförderung von Gut (nicht Personen) gewerbsmäßig übernimmt. Da regelmäßig eine dritte Person als Warenempfänger in Betracht kommt, handelt es sich bei dem Frachtvertrag um einen Vertrag zugunsten Dritter i. S. d. §§ 328 ff. BGB.

2. Wer erteilt den Frachtbrief und worum handelt es sich dabei?

Der Frachtführer kann vom Absender die Ausstellung eines Frachtbriefs verlangen, welcher die in § 408 HGB normierten Angaben enthalten kann und der als Nachweis für den Abschluss und Inhalt des Frachtvertrages sowie für die Übernahme des Gutes durch den Frachtführer gilt. Die Ausstellung erfolgt in drei Originalausfertigungen, welche vom Absender unterzeichnet werden.

3. Welche Haftung sieht das HGB für den Absender vor?

Der Absender haftet dem Frachtführer verschuldensunabhängig für Schäden und Aufwendungen, die durch ungenügende Verpackung oder Kennzeichnung, Unrichtigkeit oder Unvollständigkeit der Angaben im Frachtbrief, durch unterlassene Mitteilung über die Gefährlichkeit von Gütern und dem Fehlen, der Unvollständigkeit oder Unrichtigkeit von Urkunden oder Auskünften verursacht werden. Zugunsten des Absenders ist dessen Haftung beschränkt, wobei eine Betragsgrenze von 8,33 Rechnungseinheiten pro kg Rohgewicht maßgeblich ist.

4. Welchem Haftungsumfang unterliegt der Frachtführer?

Der Frachtführer haftet verschuldensabhängig für diejenigen Schäden, die durch den Verlust oder die Beschädigung des Gutes in der Zeit von der Übernahme zur Beförderung bis zur Ablieferung oder aber durch die Überschreitung der Lieferfrist entstanden sind. Gelingt dem Frachtführer der Nachweis, dass der Schaden auch bei Anwendung größter Sorgfalt nicht hätte vermieden werden können, so entfällt seine Haftung. Ferner enthält § 427 HGB weitere besondere Haftungsausschlussgründe des Frachtführers.

5.   Welche Rechte stehen dem Dritten bzw. dem Empfänger der Ware zu?

Neben seinem Recht auf Ablieferung des Gutes gem. § 421 Abs. 1 HGB kann er danach Schadensersatz im Wege gesetzlich angeordneter Drittschadensliquidation verlangen.

6.   Käpt'n Blaubart (B) ist als Binnenschiffer tätig. Eines Tages wird er von Hagemann (H) beauftragt, 20 Tonnen Salz rheinabwärts von Heilbronn nach Bonn zu befördern und sie dort an Flott (F) zu übergeben. F meint, er habe selbst schon gegen B einen Anspruch auf Ablieferung des Salzes. Hat er Recht?

Ja, F hat einen eigenen Anspruch auf Ablieferung des Salzes. Nach Ankunft des Gutes an der Ablieferungsstelle ist er berechtigt, das Salz gegen Erfüllung der Verpflichtungen aus dem Frachtvertrag von B herauszuverlangen, vgl. § 421 Abs. 1 S. 1 HGB. Der Frachtvertrag ist kraft Gesetzes als Vertrag zugunsten Dritter i. S. d. § 328 BGB ausgestaltet. F muss jedoch bei Empfang des Gutes die noch unbeglichene Fracht entrichten, vgl. § 421 Abs. 2 S. 1 HGB.

7.   Worin liegt der maßgebliche Unterschied zwischen einem Frachtführer und einem Spediteur?

Letzterer besorgt die Versendung des Gutes, sodass er im Unterschied zum Frachtführer regelmäßig nicht selbst die Beförderung des Gutes vornimmt.

8.   Welche Rechtsnatur hat der Speditionsvertrag daher?

Er ist ein handelsrechtlicher Sonderfall des Geschäftsbesorgungsvertrages, bei dem die Versendung dem Geschäftsherrn obliegt, ihm aber durch den das Geschäft besorgenden Spediteur abgenommen wird.

9.   Welche Pflichten hat der Spediteur zu erfüllen?

Neben der Bestimmung des Beförderungsmittels und -weges hat er die den Transport ausführenden Unternehmer auszuwählen und entsprechende Fracht- bzw. Lagerverträge abzuschließen und etwaige Informationen dem Versender zu erteilen.

10.   Welche Pflichten treffen dagegen den Versender?

Er muss das Gut verpacken und kennzeichnen und Urkunden zur Verfügung stellen sowie alle Auskünfte erteilen, deren der Spediteur zur Erfüllung seiner Pflichten bedarf (Gefahrgut).

11. Wofür haftet der Spediteur?

Er haftet für diejenigen Schäden, welche bei Verlust oder Beschädigung des in seiner Obhut befindlichen Gutes entstehen sowie im Falle der Pflichtverletzung gem. § 454 HGB, z. B., indem er den Frachtführer nicht ordnungsgemäß ausgewählt hat oder die Lieferfrist überschritten worden ist.

12. Worin unterscheidet sich das Lagergeschäft von der Aufbewahrung?

Das Lagergeschäft ist ein Aufbewahrungsvertrag, der gewerblich geschlossen wird, sodass folglich der Lagerhalter Kaufmann zu sein hat?

13. Was ist die Funktion der Erteilung des Lagescheins durch den Lagerhalter?

Er begründet die widerlegliche Vermutung, dass das Lagergut und seine Verpackung in Bezug auf den äußerlichen Zustand sowie auf Anzahl, Zeichen und Nummern der Packstücke, wie im Lagerschein beschrieben, übernommen worden sind. Der Lagerhalter ist nur gegen Rückgabe eines erteilten Lagerscheins verpflichtet, das Gut auszuliefern bzw. herauszugeben.

14. Muss der Lagerhalter das Gut in seinem Machtbereich einlagern?

Nein, er hat aber auch in diesem Fall für Verlust oder Beschädigungen des Gutes zu haften.

15. In Bezug auf welches Recht sind die Ansprüche des Lagerhalters und des Vermieters gleich?

Beide haben ein entsprechendes Pfandrecht an den eingebrachten Sachen.

Teil 3

Fragen und Antworten zum

Gesellschaftsrecht

Kapitel 8   Allgemeine Grundlagen

§ 32 Unternehmensarten, Bestimmungsfaktoren, Grundbegriffe

1. Was ist unter einer Gesellschaft zu verstehen?

Gesellschaften sind Personenzusammenschlüsse, die einen gemeinsamen Zweck verfolgen und einen privatrechtlichen, rechtsgeschäftlichen Hintergrund haben. Eine Gesellschaft kann sowohl in Form einer Personen(handels-)gesellschaft als auch einer Körperschaft/Vereinigung bestehen.

2. Wann liegt dagegen ein Unternehmen vor?

Der Unternehmensbegriff ist weitergehend zu verstehen und umfasst die zum Zwecke seiner Tätigkeit gewidmeten Sachen und Rechte sowie sonstige wirtschaftliche Werte, z. B. Unternehmensgeheimnisse, Goodwill, Erfahrungen, Know-how etc. Er ist jeweils dem Willen und Zweck des Gesetzes und der Norm nach zu bestimmen, die diesen Begriff verwenden.

3. Nennen Sie die drei Unternehmensformen im Privatrecht!

Kaufmännisches Einzelunternehmen; Gesellschaft; Stiftung.

4. Was ist eine Personen(handels-)gesellschaft?

Auch bei einer solchen Gesellschaft liegt eine unter Umständen auf Dauer angelegte Verbindung von Personen zu einem bestimmten gemeinsamen Zweck vor. Die Verbindung kann unter einem Gesellschaftsnamen geführt werden. Zu beachten ist insbesondere, dass eine solche Gesellschaft lediglich teilrechtsfähig ist.

5. Nennen Sie Beispiele für eine solche Gesellschaft!

Gesellschaft bürgerlichen Rechts (GbR); Offene Handelsgesellschaft (OHG); Kommanditgesellschaft (KG); stille Gesellschaft (stG); Europäische Wirtschaftliche Interessenvereinigung (EWIV); Partnerschaftsgesellschaft (PartG).

6. Erläutern Sie den Begriff der Körperschaft! In welche verschiedenen Unternehmensformen kann sie unterteilt werden?

Eine Körperschaft ist eine rechtsfähige Gesellschaft, die von einem etwaigen Mitgliederbestand bzw. Mitgliederwechsel unabhängig ist. Sie kann unterteilt werden in den rechts- bzw. nicht rechtsfähigen Verein, die Kapitalgesellschaft sowie die Genossenschaft.

7. Welche Unternehmensformen gehören zu den Kapitalgesellschaften?

Gesellschaft mit beschränkter Haftung (GmbH); Aktiengesellschaft (AG); Kommanditgesellschaft auf Aktien (KGaA).

8. Nennen Sie Fälle, in denen bei der Bildung einer Gesellschaft ein sog. Rechtsformenzwang vorgesehen ist!

➤ Kreditinstitute dürfen nur als Gesellschaft, nicht als Einzelkaufmann ausgestaltet sein (vgl. § 2 a KWG);

➤ Apotheken, soweit diese Gesellschaften sind, dürfen nur als GbR oder OHG ausgestaltet sein (vgl. § 8 Apothekengesetz);

➤ Wirtschaftsprüfungsgesellschaften dürfen nur als Handelsgesellschaften, nicht als GbR ausgestaltet sein (vgl. § 27 Wirtschaftsprüferordnung – WPO);

➤ Kapitalanlagegesellschaften dürfen nur als AG oder GmbH ausgestaltet sein (vgl. § 1 Abs. 2 KAGG);

➤ Hypothekenbanken und Schiffspfandbriefbanken nur als AG oder KGaA (vgl. § 2 Abs. 1 Hypothekenbankengesetz bzw. § 2 Abs. 1 Schiffsbankengesetz);

➤ Private Bausparkassen dürfen nur als AG ausgestaltet sein (vgl. § 2 Abs. 1 Bausparkassengesetz);

➤ Lebens-, Unfall-, Haftpflicht-, Feuer- sowie Hagelversicherungen dürfen nur als AG oder VVaG ausgestaltet sein (vgl. 7 Versicherungsaufsichtsgesetz – VAG).

9. Nennen Sie die verschiedenen Bestimmungsfaktoren, die bei der Wahl der Gesellschaftsform eine Rolle spielen können!

➤ Haftungsverhältnisse der Gesellschafter

➤ Mitbestimmung/Fremdbestimmung

➤ Organisationsgewalt (Geschäftsführung und Vertretung)

➤ Kapitalaufbringung

➤ Steuer- und Kostenbelastung

➤ sonstige Faktoren

10. Inwieweit spielen die Haftungsverhältnisse der Gesellschafter bei der Wahl der Gesellschaftsform eine Rolle?

Die Gesellschafter können sowohl unbeschränkt als auch beschränkt haften. Eine unbeschränkte Haftung der Gesellschafter kommt sowohl bei der GbR als auch bei der OHG in Betracht. Bei allen anderen Rechtsformen ist eine Beschränkung der Haftung auf die juristische Person möglich, sodass der Gesellschafter lediglich seine Einlage verliert.

11. Nennen Sie sonstige Faktoren, die bei der Wahl der Gesellschaftsform eine Rolle spielen sollten!

➢ Firmengebung

➢ Gewinn- und Verlustabsprachen

➢ Publizitätserfordernisse

➢ Kontrollmöglichkeiten

12. Welche Punkte werden normalerweise in einem Gesellschaftsvertrag geregelt?

➢ Firma, Gesellschaftssitz

➢ Unternehmensgegenstand

➢ Geschäftsanteile, Einlagen und Haftung der Gesellschafter

➢ Gewinn- und Verlustverteilung

➢ Geschäftsführung und Vertretung

➢ Wettbewerbsverbote

➢ Geschäftsjahr und Jahresabschluss

➢ Gesellschafterversammlung und –beschlüsse

➢ Informations- und Kontrollrechte

➢ Beendigung der Gesellschaft und Eintritt von Gesellschaftern

➢ Erbfolge

➢ Abschließende Regelungen (Vertragsänderung, Gerichtsstand etc.)

13. Was ist unter einer einaktigen, was unter einer mehraktigen Gründung zu verstehen?

Bei einer einaktigen Gründung wird lediglich ein Gesellschaftsvertrag abgeschlossen. Bei einer mehraktigen Gründung tritt zumindest ein weiterer Gründungsakt hinzu, wobei es sich um Eintragung in das Handelsregister oder Geschäftsaufnahme handeln kann.

14. Was ist in diesem Zusammenhang bei der Gründung einer OHG und KG insbesondere zu beachten?

Wichtig ist, dass bei der OHG und KG zwischen dem sog. Innen- bzw. Außenverhältnis zu unterscheiden ist. Für das Innenverhältnis genügt bereits der Abschluss eines Gesellschaftsvertrages, allerdings ist das für das Außenverhältnis nicht der Fall. Hier ist die OHG/KG erst dann entstanden, wenn die Eintragung im Handelsregister erfolgt und bekannt gemacht worden ist oder aber wenn die Gesellschaft den Betrieb eines Handelsgewerbes aufgenommen hat (§§ 105, 123, 161 Abs. 2 HGB). Hierfür genügt in aller Regel auch schon die Unterzeichnung eines Vertrages durch einen der (vertretungsberechtigen) Gesellschafter.

15. Was verstehen Sie unter Innen- und Außenverhältnis sowie unter Geschäftsführung und Vertretung?

Unter Innenverhältnis sind die Gesamtheit der Beziehungen der Gesellschafter untereinander zu verstehen. Es wird durch den Gesellschaftsvertrag und durch einschlägige gesetzliche Bestimmungen ausgefüllt. Das Außenverhältnis umschreibt die Gesamtheit der Rechtsbeziehungen zu außenstehenden Dritten. Der Begriff Geschäftsführung umfasst die Befugnisse, die der Geschäftsführer im Innenverhältnis hat. Unter Vertretung sind die Befugnisse des Gesellschafters gegenüber außenstehenden Dritten zu verstehen, die ihn berechtigen, die Gesellschaft wirksam zu vertreten.

16. Welche Voraussetzungen bestehen für die Lehre von der fehlerhaften Gesellschaft? Welche Folgen treten bei Vorliegen der Voraussetzungen ein?

Die Voraussetzungen sind:

➤ Fehlerhafter Gesellschaftsvertrag

➤ Invollzugsetzung der Gesellschaft

➤ Fehlen vorrangiger Schutzinteressen

Liegen diese Voraussetzungen vor, wird die Gesellschaft sowohl nach innen als auch nach außen hin als wirksam angesehen. Die Gesellschafter haben hier ein in die Zukunft wirkendes Recht für eine (außerordentliche) Kündigung oder die Möglichkeit der Auflösungsklage (§ 133 HGB).

Kapitel 9 Personenhandelsgesell-
schaften

§ 33 Die Gesellschaft bürgerlichen Rechts (GbR)

1. Benennen Sie die charakteristischen Merkmale einer GbR!

Bei der GbR handelt es sich um die Grundform der Personengesellschaft. Sie liegt
unter folgenden Voraussetzungen vor:

➢ Gesellschaftsvertrag
➢ zwischen mindestens zwei Personen
➢ zu einem gemeinsamen, von der Rechtsordnung nicht missbilligten, beliebigen
  Zweck
➢ vertragliche Verpflichtung zur Förderung des Gesellschaftszwecks
➢ keinerlei Haftungsbeschränkung der Gesellschafter
➢ kein Vorliegen eines Handelsgewerbes

2. Was ist ein Handelsgewerbe?

Ein Handelsgewerbe ist jede selbständige, planmäßige, auf gewisse Dauer angelegte
und offen ausgeübte wirtschaftliche – nicht freiberufliche, künstlerische oder wissenschaftliche – Geschäftstätigkeit, die mit dem Ziel betrieben wird, laufende Einnahmen
aus dem Angebot entgeltlicher Leistungen am Markt zu erzielen. Grundsätzlich handelt es sich bei jedem Gewerbebetrieb um ein Handelsgewerbe, vgl. § 1 Abs. 2 HGB,
allerdings üben die Angehörigen freier Berufe keine gewerbliche Tätigkeit aus. Sie
können mithin niemals Kaufmann sein.

3. Wie ist das Handelsgewerbe von einer freiberuflichen Tätigkeit abzugrenzen?

Die Abgrenzung der beiden Begriffe ist umstritten. Nach einer Ansicht liegt ein Handelsgewerbe vor, soweit Tätigkeiten ausgeübt werden, die überwiegend mittels kaufmännischer oder technischer Kenntnisse und Fertigkeiten auf Gewinnerzielung gerichtet sind. Handelt es sich dagegen vorwiegend um Tätigkeiten wissenschaftlicher
oder künstlerischer Art, liegt nach dieser Ansicht kein Handelsgewerbe vor. Nach
einer anderen Ansicht ist auf die Verkehrsanschauung zurückzugreifen. Hiernach ist
entscheidend, welches konkrete Berufsbild gegeben ist. Allerdings ist die Verkehrsanschauung im Einzelfall unklar. Nach einer weiteren Ansicht liegt grundsätzlich ein
Handelsgewerbe vor, nur die traditionell kammergebundenen und ihnen berufsrecht-
lich gleichgestellten Berufe sollen hiernach nicht erfasst sein.

4. Wie kommt der Gesellschaftsvertrag zustande?

Der Vertragsschluss folgt den allgemeinen Regeln für Willenserklärungen bzw. Verträge. Er kann grundsätzlich formfrei abgeschlossen werden, außer ein Gesellschafter hat sich bei der Gründung der Gesellschaft oder aber im Falle seines späteren Beitritts zur Erbringung eines Grundstücks verpflichtet. Dann ist der Gesellschaftsvertrag beurkundungsbedürftig. Allerdings wird der Vertrag in der Regel trotz allem formfrei abgeschlossen, denn eine schriftliche Fixierung empfiehlt sich schon aus Gründen der Beweissicherung bzw. auch vor dem Hintergrund steuerrechtlicher Regelungen.

5. Wonach bestimmt sich der Umfang der Vertretungsmacht?

Der Umfang bestimmt sich durch den Gesellschaftsvertrag, da es eine gesetzliche Vertretung der übrigen Gesellschafter durch einen von ihnen nicht gibt. Eine rechtsgeschäftliche Vertretungsmacht (Vollmacht) ist dagegen durchaus möglich. Fehlt hierfür eine ausdrückliche vertragliche Regelung, knüpft das Gesetz diese an die einem Gesellschafter übertragene Geschäftsführungsbefugnis an.

6. Wonach bestimmt sich, welchem Gesellschafter einer GbR die Geschäftsführungsbefugnis zufällt?

In erster Linie sind hier die Regelungen im Gesellschaftsvertrag entscheidend. Erst wenn hier keine Regelung zu finden ist, bestimmt sich die Geschäftsführungsbefugnis nach den gesetzlichen Regelungen in §§ 709 – 713 BGB. Es ist möglich, allen Gesellschaftern der GbR Alleingeschäftsführungsbefugnis zu übertragen, eine solche Befugnis kann aber auch nur einem Gesellschafter zugesprochen werden. Schließlich ist es möglich, dass mehrere Gesellschafter nur gemeinsam handeln dürfen (Gesamtgeschäftsführungsbefugnis) oder aber in bestimmten Fällen eine Stimmenmehrheit erforderlich sein soll (Mehrheitsgeschäftsführung). Sollten vertragliche Regelungen fehlen, gilt der im Gesetz vorgesehene Grundsatz der Gesamtgeschäftsführung, § 709 Abs. 1 BGB, wonach die Führung der Geschäfte der Gesellschaft den Gesellschaftern gemeinschaftlich zusteht, sodass für jedes Geschäft die Zustimmung aller Gesellschafter erforderlich ist.

7. Was ist unter dem Prinzip der Selbstorganschaft zu verstehen?

Im Ergebnis verbietet das Prinzip der Selbstorganschaft, sämtliche Gesellschafter von der Geschäftsführung/Vertretung auszuschließen und diese auf einen Dritten zu übertragen. Die GbR hat also durchaus die Möglichkeit, andere Regelungen im Zusammenhang mit der Geschäftsführung zu treffen, allerdings nur soweit, wie die Gesellschafter selbst die organschaftliche Geschäftsführungs- und Vertretungsbefugnis behalten.

8. Beschreiben Sie die verschiedenen Gesellschafterrechte!

Entscheidend ist auch hier wieder, ob entsprechende Regelungen im Gesellschaftsvertrag vorliegen. Ist das nicht der Fall, kann der Gesellschafter u. a. eine Beteiligung am

Gewinn/Verlust beanspruchen, wobei hier eine Beteiligung nach Kopfteilen und nicht nach Kapitalteilen erfolgt, außer, es ist eine andere Regelung getroffen worden, vgl. § 722 Abs. 1 BGB. Außerdem haben die Gesellschafter gem. § 716 BGB ein Kontrollrecht, wenn sie nicht der Geschäftsführung angehören. Hiernach besteht ein Anspruch auf Einsichtnahme in die Geschäftsbücher und die Papiere der Gesellschaft und auf eine Anfertigung einer Übersicht über den Stand des Gesellschaftsvermögens.

9.   Nennen Sie die verschiedenen Pflichten der Gesellschafter!

Zunächst haben die Gesellschafter die Pflicht, den Gesellschaftszweck zu fördern. Hiernach haben die Gesellschafter ihre Beiträge zu leisten. Daneben besteht die gesetzlich nicht geregelte Treuepflicht des einzelnen Gesellschafters. Hierunter fällt die Verpflichtung, sich jeglichen Wettbewerbs, der der Gesellschaft und damit der Erreichung des gemeinsamen Zwecks zuwiderlaufen könnte, zu enthalten.

10.   Was versteht man unter Beitrag, was unter Einlage?

Der Gesellschafter ist zunächst verpflichtet, einen Beitrag zu leisten, vgl. § 705 BGB. Ist der Beitrag geleistet, spricht man von Einlage.

11.   In der südniedersächsischen Universitätsstadt G beschließen drei junge Ärzte, eine Praxisgemeinschaft zu gründen. Einer stellt hierbei sein bisheriges Röntgenlabor mietweise zur Verfügung. Ein anderer übernimmt alle anfallenden Verwaltungsarbeiten. Ist eine derartige Regelung mit § 706 BGB vereinbar?

Ja, denn § 706 BGB kann abbedungen werden. Zwar kann der Beitrag eines Gesellschafters in der Leistung von Diensten bestehen, vgl. § 706 Abs. 3 BGB. Die Leistung kann aber auch in dem Abschluss eines Miet- oder Pachtvertrages mit der GbR liegen. Der Vermögensgegenstand wird dann nur zur Benutzung eingebracht, vgl. § 732 BGB.

12.   Was ist unter dem sog. zweckgebundenen Sondervermögen (Gesamthandsvermögen) zu verstehen?

Das Vermögen der GbR steht nur allen Gesellschaftern gemeinschaftlich zu, sodass eine Verfügung darüber nur gesamthänderisch möglich ist, vgl. § 719 BGB.

13.   Was ist Rechtsfähigkeit? Kann auch eine GbR rechtsfähig sein?

Rechtsfähigkeit ist die Fähigkeit, Träger von Rechten und Pflichten zu sein. Nicht nur natürliche, sondern auch juristische Personen können Rechtsfähigkeit erlangen. Während der GbR ursprünglich die Rechtsfähigkeit abgesprochen wurde, kann sie nach neuerer Rechtsprechung des BGH jedoch als Gesamthandsgemeinschaft ihrer Gesellschafter im Rechtsverkehr grundsätzlich jede Rechtsposition einnehmen. Soweit sie in diesem Rahmen eigene Rechte und Pflichten begründet, ist sie rechtsfähig, vgl. § 14 Abs. 2 BGB. Sie kann also u. a. Scheckverbindlichkeiten und Wechselverbindlichkeiten eingehen. Sie kann Mitglied einer juristischen Person, Gesellschafterin einer anderen GbR, Kommanditistin bzw. Komplementärin einer Kommanditgesellschaft sein. Im Arbeitsgerichtsprozess ist sie aktiv und passiv parteifähig. Allerdings ist die GbR nicht grundbuchfähig, sodass sie nicht unter ihrem Namen als Eigentümerin eines Grundstücks in das Grundbuch eingetragen werden kann.

14. Die Gesellschafter einer GbR haften persönlich als Gesamtschuldner. Was bedeutet das?

Bei einer gesamtschuldnerischen Haftung kann jeder der Gesellschafter von dem Gläubiger bis zur vollen Höhe der jeweiligen Gesellschaftsschuld in Anspruch genommen werden. Dieser Gesellschafter kann sich zum Zwecke des Ausgleichs im Innenverhältnis an die übrigen Gesellschafter wenden, da insoweit die Forderung des Gesellschaftsgläubigers kraft Gesetzes auf ihn übergegangen ist (cessio legis, vgl. § 426 BGB). Zu beachten ist insbesondere, dass die Haftung der Gesellschafter sich nicht nur auf deren Gesellschaftsvermögen beschränkt, sondern sich auch auf ihr Privatvermögen in unbeschränkter Höhe bezieht.

15. Haftet die GbR auch für deliktisches Handeln ihrer geschäftsführenden Gesellschafter?

Nach Ansicht des BGH muss sich die GbR auch deliktisches Handeln ihrer geschäftsführenden Gesellschafter gem. § 31 BGB analog zurechnen lassen. Auch hier haften die Gesellschafter wieder persönlich und als Gesamtschuldner.

16. Hans Glück (H) ist begeisterter Inlineskater. Er bereitet sich gewissenhaft auf seinen jährlichen Urlaub vor, den er damit verbringt, lange und anspruchsvolle Touren auf den Rollen zu unternehmen. In einem kleinen Sportartikelgeschäft der Gebr. Pech lässt er sich die Rollen der Inliner völlig neu einstellen, um auch auf anspruchsvollen Strecken sicher zu sein. Leider hatte Xaver Pech die Rollen falsch angebracht. Daher kam es während einer rasanten Abfahrt zu einem Sturz, weil sich eine Rolle des rechten Schuhs gelöst hatte. Nun verlangt H von den Gebr. Pech ein angemessenes Schmerzensgeld. Insbesondere Manfred Pech weigert sich, für die Fehler seines Bruders aufzukommen. Hat er Recht?

Im vorliegenden Fall geht es um die Haftung einer BGB-Gesellschaft für unerlaubte Handlungen eines Gesellschafters anlässlich seiner Geschäftsführung. Hierbei ist strikt zwischen der Begründung einer Gesellschaftsschuld und einer sich daraus entwickelnden Gesellschafterhaftung zu unterscheiden. Zunächst ist Voraussetzung für die Haftung der GbR, dass das Fehlverhalten des Xaver ihr auch zugerechnet werden kann. Als Zurechnungsnorm scheidet zunächst § 831 BGB für die Gesellschaft aus, denn die Geschäftsführer sind nicht weisungsgebunden, sondern habe eine organschaftliche Stellung inne. Es kommt lediglich eine Analogie zu § 31 BGB in Betracht. Diese wurde früher zwar überwiegend abgelehnt, weil es an einer verselbständigten

Organisation der Gesellschaft fehle. Heute ist diese Ansicht aber weit überholt. Gerade im Hinblick auf gesetzliche Schuldverhältnisse muss das Auftreten eines Gesellschafters im Rechts- und Geschäftsverkehr den unmittelbaren Zugriff des Gläubigers auf das Gesellschaftsvermögen nach sich ziehen. Weiterhin haftet Xaver als unmittelbarer Verursacher persönlich, vgl. § 823 Abs. 1 BGB. Eine persönliche Haftung des Manfred Pech lässt sich deliktsrechtlich nicht begründen, da hier § 831 BGB wieder ausscheidet. Eine persönliche Haftung ist lediglich unter gesellschaftsrechtlichen Gesichtspunkten gerechtfertigt. Denn bei erwerbswirtschaftlichen Zusammenschlüssen ist die Mitverantwortung für die gemeinsame Organisation eine tragfähige Grundlage für die Haftung aus unerlaubter Handlung. Schließlich kann jemand, der die Vorteile des Zusammenschlusses gewinnbringend nutzen will, sich nicht für die damit verbundenen Risiken freistellen lassen.

17. Nach Ansicht des BGH haftet ein neu eintretender Gesellschafter auch für vor seinem Eintritt begründete Verbindlichkeiten der Gesellschaft grundsätzlich persönlich und als Gesamtschuldner mit den Altgesellschaftern zusammen. Warum ist das so?

Eine solche Haftung entspricht grundsätzlich dem Wesen der Personengesellschaft und ihren Haftungsverhältnissen. Es existiert gerade kein eigenes Haftungskapital, das zugunsten der Gesellschaftsgläubiger gebunden und garantiert wäre. Die Gesellschafter haben jederzeit die Möglichkeit, uneingeschränkt und sanktionslos auf das Gesellschaftsvermögen zuzugreifen. Schließlich ist die persönliche Haftung auch die alleinige Grundlage für die Wertschätzung und Kreditwürdigkeit der Gesellschaft.

18. Was ist haftungsrechtlich zu beachten, wenn sich jemand nach außen hin wie ein Gesellschafter der GbR verhält, tatsächlich jedoch kein Gesellschafter der GbR ist?

Hat jemand den Eindruck erweckt, Gesellschafter einer GbR zu sein, haftet er auch entsprechend.

19. Was ist ein geschlossener Immobilienfond? Beschreiben Sie die Haftung der einzelnen Gesellschafter, die sich nach Änderung der Rechtsprechung des BGH ergibt!

Bei geschlossenen Immobilienfonds handelt es sich um Kapitalanlagegesellschaften als Initiatoren, die bereits im Voraus mit einem feststehenden Investitionsvolumen ausgestattet sind. Ihr Zweck ist es, ein oder mehrere Immobilienobjekte zu errichten, zu erwerben oder zu verwalten. Diese Kapitalanlagegesellschaft wird mit einem festen Kreis von Anlegern geschlossen, sobald das Eigenkapital platziert ist. Nach Änderung der Rechtsprechung des BGH haften neu eintretende Gesellschafter einer solchen GbR auch für bereits vor dem Eintritt bestehende Verbindlichkeiten der Gesellschaft persönlich und unbeschränkt. Üblicherweise haben die Gesellschafter einer solchen Gesellschaft jedoch ihre Haftung bereits im Gesellschaftsvertrag beschränkt. Aus Gründen des Vertrauensschutzes dürfen sie sich auch nach der Veränderung der Rechtsprechung des BGH noch auf diese Haftungsbeschränkung berufen, soweit es sich um Verträge aus der Zeit vor der Rechtsprechungsänderung handelt und die Haftungsbeschränkung dem Vertragspartner mindestens erkennbar war. Handelt es sich dagegen um Verträge, die erst nach der Änderung der Rechtsprechung abgeschlossen worden sind, wird eine Ausnahme von der Rechtsprechung des BGH vorgenommen, indem die persönliche Haftung der Anlagegesellschafter auch durch wirksam in den Vertrag einbezogene Vereinbarungen eingeschränkt oder ausgeschlossen werden kann.

20. Beschreiben Sie die Folgen bei Ausscheiden eines Gesellschafters aus der GbR, wenn für einen solchen Fall im Gesellschaftsvertrag der Fortbestand der GbR vereinbart wurde!

Zunächst einmal wächst der Anteil am Gesellschaftsvermögen des ausscheidenden Gesellschafters den übrigen Gesellschaftern zu. Diese müssen ihm im Gegenzug dazu alle Gegenstände zurückgeben, die er der Gesellschaft zur Benutzung überlassen hat. Außerdem müssen sie ihn von den gemeinschaftlichen Schulden befreien und ihm dasjenige zahlen, was er bei der Auseinandersetzung erhalten würde, wenn die Gesellschaft zur Zeit seines Ausscheidens aufgelöst worden wäre, § 738 Abs. 1 S. 1 BGB. Den ausscheidenden Gesellschafter trifft eine sog. Nachhaftung gem. §§ 736 Abs. 2 BGB, 160 HGB. Hiernach hat er für die bis zu seinem Austritt begründeten Verbindlichkeiten einzustehen, wenn sie vor Ablauf von fünf Jahren nach seinem Ausscheiden fällig und daraus Ansprüche gegen ihn gerichtlich geltend gemacht sind.

21. Nennen Sie verschiedene Beendigungsgründe einer GbR!

➢ Kündigung durch Gesellschafter (§ 723 BGB)

➢ Kündigung durch Pfändungspfandgläubiger (§ 725 BGB)

➢ Auflösung wegen Erreichens oder Unmöglichwerdens des Zwecks (§ 726 BGB)

➢ Auflösung durch Tod eines Gesellschafters (§ 727 BGB)

➢ Auflösung durch Insolvenz eines Gesellschafters (§ 728 BGB)

➢ Auflösungsbeschluss durch die Gesellschafter

➢ Zeitablauf

➢ Reduzierung der Gesellschafterzahl auf 1

22. Die Bauarbeiter Ted (T) und Ede (E) besuchen nach Feierabend häufig die Kneipe des K. Nach ca. eineinhalb Monaten schlägt dieser ihnen vor, gemeinsam im Lotto zu spielen. Jeder der drei möchte sich mit 2,10 € wöchentlich beteiligen. Dabei übernimmt es K, bei der Lottostelle in seinem Haus wöchentlich für 6,30 € einen Tippschein zu erwerben und auszufüllen. Die für sie verauslagten Beträge erstatten T und E dem K bei deren Besuchen in dessen Kneipe entweder vor der Ziehung, manchmal aber auch erst kurz danach. Über ca. sieben Monate spielen die

drei ohne Erfolg. Aufgrund der einsetzenden Wintermonate verliert T seine An-
stellung auf der Baustelle, wodurch er in finanzielle Nöte gerät. Außerdem erscheint er nicht mehr in der Kneipe. Ca. sechs Wochen später, seitdem T nicht
mehr in der Kneipe war, fällt ein Gewinn von 3 Mio. € an. T erfährt davon, schickt
noch am selben Tag dem K, der wie bisher einen Tippschein erworben hat, die
restlichen 12,60 € und verlangt von ihm ein Drittel des Gewinns. K ist verunsi-
chert und meint, eigentlich stünde der Gewinn lediglich ihm und E zu. Er fragt
Sie, ob T evtl. Erfolg mit dem Herausgabeverlangen haben könnte. Was werden
Sie ihm antworten?

T kann erfolgreich von K die Herausgabe eines Drittels des Gewinnes verlangen. T, E
und K haben eine Gesellschaft i. S. d. § 705 BGB abgeschlossen, indem sie die Überein-
kunft trafen, gemeinsam im Lotto zu spielen. In vielen solcher Fällen spricht die Lebenserfahrung dafür, dass sich die Mitspieler einer Lottogemeinschaft nicht zu einer
regelmäßigen Zahlung der Spieleinsätze verpflichten wollen. Hier geht die Rechtsprechung vom Vorliegen einer schlichten „Tippgemeinschaft" aus, bei der lediglich ein
rein schuldrechtliches Gewinnteilungsabkommen besteht. Präziser dürfte es hier jedoch sein, von einer „Ad-hoc-BGB-Gesellschaft" zu sprechen, bei der sich die Spieler
mit der Zahlung des Einsatzes nur für das jeweilige Spiel zur Erreichung eines gemeinsamen Zwecks verpflichten. Im vorliegenden Fall sprechen jedoch besondere
Umstände dafür, dass T, E und K sich zur regelmäßigen Zahlung eines wöchentlichen
Beitrages von 2,10 € verpflichten wollten. K erwirbt nämlich einen einzigen Lotto-
schein für alle gemeinsam, außerdem legt er jeweils das Geld vor, indem er den vereinbarten Einsatz bei der Lottoannahmestelle einzahlt. Darauf hätte er sich niemals
eingelassen, wenn eine derartige Verpflichtung nicht Inhalt ihrer Vereinbarung gewesen wäre, K also nicht hätte erwarten können, seine Auslagen regelmäßig erstattet zu
sehen. Zu beachten ist aber, dass T als BGB-Gesellschafter nicht den Gewinnvertei-
lungsanspruch der §§ 721, 722 BGB gegen die Gesamthand geltend machen kann, da
die 3 Mio. € nicht Gewinn der Gesellschaft geworden sind. Denn nach der konkreten
Ausgestaltung des Gesellschaftsvertrages ist davon auszugehen, dass K nicht im Namen der Gesellschaft, sondern im eigenen Namen jeweils wöchentlich den Tippschein
erwerben sollte. Damit handelt es sich nicht um einen Normalfall der GbR, sondern
um eine abweichende sog. Innengesellschaft. Diese kann kein Gesamthandsvermögen
haben, weil die Begründung von Gesellschaftsvermögen eine Vertretung der Gesamthand nach außen voraussetzt. Vorliegend kann jedoch T gegenüber K einen schuldrechtlichen Anspruch auf Auszahlung seines Anteils auf der Grundlage des Gesellschaftsvertrages geltend machen. Hier kann davon ausgegangen werden, dass T, E
und K eine von § 721 BGB abweichende sofortige Gewinnausschüttung vereinbart
haben. T war durchaus zum Zeitpunkt des Lottogewinns noch Mitglied der Gesellschaft. Die bloße Nichtzahlung kann nach der Lebenserfahrung keine Kündigung
durch T gem. §§ 723 Abs. 1, 736 BGB darstellen. Andererseits ist eine Kündigung auch
nicht von E oder K erklärt worden. Dass K vielmehr in der gleichen Weise wie bisher
einen Tippschein erwarb und ausfüllte zeigt, dass es an einer objektiven, äußerlich

erkennbaren Konkretisierung des etwaigen Willens von E und K fehlte, die alte Gesellschaft zu beenden und eine neue zu gründen, die nur aus ihnen als Mitgliedern bestände.

23. Beschreiben Sie das Auseinandersetzungsverfahren nach der Auflösung der GbR!

Zunächst sind diejenigen Gegenstände den Gesellschaftern zurückzugewähren, die in die Gesellschaft eingebracht worden sind. Weiterhin müssen etwa bestehende Gesellschaftsschulden ausgeglichen werden, bestehende Einlagen können/sollen zurückerstattet werden. Sollte danach noch ein Gesellschaftsvermögen vorhanden sein, wird dieses unter den verbleibenden Gesellschaftern aufgeteilt. Für die dem Gesellschafter gegen die gesamte Hand oder gegen Mitgesellschafter zustehenden Ansprüche besteht eine sog. Durchsetzungssperre. Die Gesellschaft kann allerdings weiterhin Ansprüche gegen einzelne Gesellschafter geltend machen.

§ 34 Die Offene Handelsgesellschaft (OHG)

1. Aus welchen gesetzlichen Regelungen ergeben sich die kennzeichnenden Merkmale einer OHG? Nennen Sie diese!

Die kennzeichnenden Merkmale ergeben sich aus den §§ 105, 106 HGB. Sie lauten:

➢ Gesellschaftsvertrag

➢ Betreiben eines Handelsgewerbes

➢ Gemeinschaftliche Firma

➢ Unbeschränkte Gesellschafterhaftung

➢ Anmeldungspflicht zum Handelsregister

2. Handelt es sich bei der OHG um eine juristische Person?

Eine OHG ist keine juristische Person, obwohl sie selbständige Trägerin von Rechten und Pflichten ist, vgl. § 124 Abs. 1 HGB. Bei einer OHG handelt es sich um eine sog. Gesamthand. Darunter ist ein Sondervermögen der Gesamthänder (Gesellschafter mit der Fähigkeit der selbständigen Trägerschaft) zu verstehen.

3. Wann tritt die Wirksamkeit der OHG im Verhältnis zu Dritten ein?

Die Gesellschaft wird spätestens mit Eintragung in das Handelsregister wirksam, § 123 Abs. 1 HGB. Sollte die OHG ihre Geschäfte bereits vorher einvernehmlich aufgenommen haben, kann dieser Wirksamkeitszeitpunkt vorverlegt werden. Allerdings müssen zur Aufnahme dieser Geschäfte alle Gesellschafter zugestimmt haben. Liegt ein solches Einverständnis aller Gesellschafter nicht vor, so wird dadurch die Rechtsfolge „Entstehung der OHG" nicht ausgelöst.

4.   Wie und wo erfolgt die Eintragung der OHG in das Handelsregister?

Die OHG ist bei dem Gericht zur Eintragung anzumelden, in dessen Bezirk sie ihren Sitz hat. Die Anmeldung erfolgt durch alle Gesellschafter. Sie ist in öffentlich beglaubigter Form vorzunehmen, § 12 HGB. Die OHG wird in Abteilung A des Handelsregisters eingetragen.

5.   Wonach bestimmt sich das Rechtsverhältnis der Gesellschafter untereinander?

In erster Linie bestimmt sich das Rechtsverhältnis nach dem Gesellschaftsvertrag. Sind hier einzelne Rechte und Pflichten nicht ausdrücklich niedergelegt, können sie durch Auslegung ermittelt werden. Hilft auch eine Auslegung des Gesellschaftsvertrags nicht weiter, muss auf die Bestimmungen der §§ 110 – 122 HGB und ergänzend auf §§ 705 ff. BGB zurückgegriffen werden.

6.   Adalbert, Bertram und Caesar sind Gesellschafter einer OHG. Nach dem Gesellschaftsvertrag ist Adalbert allein geschäftsführungs- und vertretungsberechtigt. Nun macht er gegen seinen Mitgesellschafter Caesar ein rückständiges Monatsgehalt sowie ihm entstandene Reisekosten geltend. Dieser wendet ein, als Mitgesellschafter hafte er lediglich den Gesellschaftsgläubigern. Hat er Recht?

Caesar hat Recht. Adalbert hat zwar einen Anspruch auf Ersatz von Aufwendungen gem. § 110 Abs. 1 HGB. Weiterhin kann er entsprechend dem Gesellschaftsvertrag ein Geschäftsführergehalt fordern – Sozialverpflichtungen. Solche Ansprüche eines Gesellschafters gegen seine eigene Gesellschaft müssen allerdings zunächst gegen die Gesellschaft selbst und ihr Vermögen geltend gemacht werden. Das bedeutet, dass der Gesellschafter zunächst versuchen muss, sich entgegen § 128 HGB aus dem Gesellschaftsvermögen zu befriedigen. Ist das nicht möglich, kommt eine unmittelbare Inanspruchnahme der Mitgesellschafter in Betracht.

7.   Was ist Einzelgeschäftsführungsbefugnis, was Gesamtgeschäftsführungsbefugnis? Welcher Grundsatz gilt bei der OHG?

Besteht Einzelgeschäftsführungsbefugnis, sind alle Gesellschafter zur Führung der Geschäfte der Gesellschaft berechtigt und verpflichtet. Dieser Grundsatz gilt auch für die OHG, vgl. § 114 Abs. 1 HGB. Die Gesellschafter können allerdings auch im Gesellschaftsvertrag die Gesamtgeschäftsführungsbefugnis vereinbaren. Dann können die zur Geschäftsführung befugten Gesellschafter nur zusammen handeln, sodass für jedes Geschäft die Zustimmung aller Geschäftsführer notwendig ist. Ausnahmsweise gilt das nicht, wenn Gefahr im Verzug ist.

8.   Die Geschäftsführungsbefugnis erstreckt sich auf alle Handlungen, die der gewöhnliche Betrieb des Handelsgewerbes der Gesellschaft mit sich bringt. Wann sind Geschäfte gewöhnlich, wann sind sie außergewöhnlich? Was gilt im letzteren Fall?

Gewöhnlich sind solche Geschäfte, die in einem Handelsgewerbe, das die OHG im entsprechenden Fall betreibt, normalerweise vorkommen können. Außergewöhnliche Geschäfte sind z. B.:

➤ Bauausführung auf dem Geschäftsgrundstück

➤ Ersteigerung von Grundstücken

➤ Einrichtung von Zweigniederlassungen

➤ Aufnahme von stillen Gesellschaftern

In diesem Fall ist ein Beschluss sämtlicher Gesellschafter erforderlich.

9. Kann einem Gesellschafter die Geschäftsführungsbefugnis wieder entzogen werden?

Ja, das ist auf Antrag der übrigen Gesellschafter durch gerichtliche Entscheidung möglich, § 117 HGB. Vorausgesetzt wird hierfür das Vorliegen eines wichtigen Grundes. Dieser ist gegeben, wenn die Beibehaltung der ursprünglichen Geschäftsform den übrigen Geschäftsführern nicht mehr zumutbar ist. Hierfür muss eine umfassende Interessenabwägung vorgenommen werden, wobei alle Umstände besonders berücksichtigt werden müssen.

10. Für bestimmte Maßnahmen kann sowohl der Gesellschaftsvertrag als auch das HGB die Beschlussfassung vorsehen. Nennen Sie Beispielsfälle, in denen ein solcher Gesellschafterbeschluss notwendig ist!

➤ Abänderung des Gesellschaftsvertrages

➤ Außergewöhnliche Geschäfte i. S. d. § 116 Abs. 2 HGB

➤ Geltendmachung von Gewinnherausgabe- bzw. Schadensersatzansprüchen gem. §§ 113 Abs. 1, 112 HGB gegen einen Gesellschafter

➤ Auflösung der OHG gem. § 131 Abs. 1 Ziff. 2 HGB

➤ Bestellung und Abberufung von Liquidatoren, §§ 146 Abs. 1, 147 HGB

➤ Bestellung und Abberufung des Abschlussprüfers, § 318 Abs. 1 HGB

In diesen Fällen ist grundsätzlich die Zustimmung aller mitwirkungsberechtigten Gesellschafter notwendig, vgl. § 119 HGB.

11. Was gehört zum Gesellschaftsvermögen der OHG?

Das Gesellschaftsvermögen wird aus den Beiträgen der Gesellschafter und den für die Gesellschaft erworbenen Gegenständen als „gemeinschaftliches Vermögen der Gesellschafter" gebildet, § 718 Abs. 1 BGB. Im Allgemeinen kann kein Gesellschafter Teilung des Gesellschaftsvermögens fordern, da es gesamthänderisch gebunden ist. Auf der einen Seite kann das Gesellschaftsvermögen Vermögensrechte aller Art umfassen, auf der anderen Seite gehören dazu auch gewerbliche Schutzrechte. Die Gesellschafter besitzen keinen Anteil an einzelnen Vermögensgegenständen, sondern haben nur einen Gesellschaftsanteil insgesamt.

12. Nennen Sie verschiedene Rechte und Pflichten des einzelnen Gesellschafters!

Rechte des Gesellschafters:

➢ Aufwendungsersatz, § 110 HGB

➢ Kontrollrecht der Gesellschafter gem. § 118 HGB

➢ Beteiligung am Gewinn und Verlust gem. §§ 120, 121 HGB

➢ Entnahmen bis zum Betrag von 4 % des für das letzte Geschäftsjahr festgestellten Kapitalanteils gem. § 122 HGB

➢ Vergütungsanspruch für Geschäftsführung

Pflichten des Gesellschafters:

➢ Die Zahlung seiner Beiträge

➢ Einhaltung des Wettbewerbsverbotes, § 112 Abs. 1 HGB

13. Was ist unter Einzelvertretungsmacht, was unter Gesamtvertretungsmacht zu verstehen? Welcher Grundsatz gilt bei der OHG?

Bei der Einzelvertretungsmacht ist jeder Gesellschafter zur Vertretung der Gesellschaft ermächtigt, wenn er nicht durch Gesellschaftsvertrag von der Vertretung ausgeschlossen ist. Dieser Grundsatz gilt für die OHG, § 125 Abs. 1 HGB. Beim Grundsatz der Gesamtvertretung sind alle oder mehrere Gesellschafter nur in Gemeinschaft zur Vertretung der Gesellschaft ermächtigt. Diesen Grundsatz können die Gesellschafter durchaus im Gesellschaftsvertrag vereinbaren, § 125 Abs. 2 S. 1 HGB. Wichtig ist, dass die Vertretungsverhältnisse ordnungsgemäß im Handelsregister eingetragen und bekannt gemacht worden sind, ansonsten greift der Grundsatz der negativen Publizität des Handelsregisters (§ 15 Abs. 1 HGB).

14. Käpt'n Blaubär und Hein schließen einen Gesellschaftsvertrag ab. Blaubär soll hierbei von der Vertretung ausgeschlossen sein und Hein die Firma nur gemeinsam mit dem Prokuristen Stupido vertreten dürfen. Ist eine solche Regelung zulässig?

Nein. Gem. § 125 Abs. 3 S. 1 HGB ist zwar eine sog. unechte Gesamtvertretung möglich. Hierdurch ist die Vertretungsmacht durch die Mitwirkung eines Prokuristen beschränkt. So etwas kommt jedoch nur insoweit in Betracht, als immer eine Vertretung der Gesellschaft allein durch die Gesellschafter möglich sein muss. Die Vertretungsbefugnis des allein vertretungsberechtigten Gesellschafters kann nach außen nicht soweit beschränkt werden, dass er an die Mitwirkung eines Dritten, und sei es auch nur des eigenen Prokuristen, gebunden ist.

15. Was versteht man unter Grundlagengeschäften? Sind diese auch von der Vertretungsmacht der Gesellschafter umfasst?

Grundlagengeschäfte sind solche Geschäfte, die das innere Verhältnis der Gesellschaft zueinander betreffen. Als Grundlagengeschäfte kommen in Betracht:

➤ Entziehung der Geschäftsführungs- und Vertretungsmacht

➤ Änderung des Gesellschaftsvertrages

➤ Aufnahme von neuen Gesellschaftern

➤ Ausschließung eines Gesellschafters

➤ Veräußerung des Handelsgeschäfts, jedenfalls mit Firma

➤ Übertragung des gesamten Gesellschaftsvermögens

16. Beschreiben Sie die Haftung der Gesellschafter für die Verbindlichkeiten der Gesellschaft!

Die Gesellschafter haften als Gesamtschuldner persönlich, unbeschränkt, unmittelbar, primär und auf die gesamte Forderung. Der Gläubiger kann sich aussuchen, welchen Gesellschafter er zuerst in Anspruch nimmt, er muss nicht zuerst die OHG in Anspruch genommen haben. Auch im Innenverhältnis haften die Gesellschafter als Gesamtschuldner, d. h., dass der Gesellschafter, der einen Anspruch des Gläubigers befriedigt hat, einen Anspruch auf Ausgleich gegen die übrigen Gesellschafter bzw. die Gesellschaft hat.

17. Nennen Sie gesetzliche Auflösungsgründe einer OHG! Wo sind diese geregelt?

Die Auflösungsgründe sind in § 131 Abs. 1 HGB geregelt:

➤ Ablauf der Zeit, für welche die OHG eingegangen ist,

➤ Beschluss der Gesellschafter

➤ Eröffnung des Insolvenzverfahrens über das Vermögen der Gesellschaft

➤ Gerichtliche Entscheidung

18. Die Gesellschafter der Schabernack & Co. Elektro OHG haben im Gesellschaftsvertrag vereinbart, dass die OHG nur unter Einhaltung einer dreijährigen Kündigungsfrist gekündigt werden kann. Von den Geschäftspraktiken der Gesellschafter angewidert, beendet die Lebensgefährtin des Gesellschafters Max deren persönliche Beziehung. Daher wird Max über Nacht zu einem haltlosen Trinker und Verschwender. Können nun die übrigen Gesellschafter das gesellschaftliche Dauerschuldverhältnis aus wichtigem Grund mittels einfacher Kündigung auflösen?

Nein! Die Auflösung der OHG bedeutet für die Beteiligten eine einschneidende Maßnahme, außerdem besteht über die Frage des wichtigen Grundes häufig Streit. Aus diesem Grund verlangt das Gesetz im Interesse der Rechtssicherheit eine gerichtliche Entscheidung durch Gestaltungsurteil. Erst wenn dieses Urteil in Rechtskraft erwächst, ist die Gesellschaft aufgelöst, vgl. § 133 HGB. Ob das Verhalten des Max einen wichtigen Grund i. S. d. § 133 Abs. 1 HGB darstellt, hängt wiederum von den Umständen des Einzelfalles ab. Außerdem ist zu beachten, dass nach ständiger Rechtsprechung die Auflösung der Gesellschaft ebenso wie ein Ausschluss nach § 140 HGB das äußerste Mittel darstellt, das nur angewandt werden darf, wenn auf eine andere Weise eine zufriedenstellende Regelung nicht erzielt werden kann. Vorliegend wäre in etwa zu prüfen, ob nicht eine Entziehung der Geschäftsführungsbefugnis und der Vertretungsmacht des Max ausreichen würde, die Interessen der übrigen Gesellschafter und des Unternehmens zu schützen.

§ 35 Die Kommanditgesellschaft (KG)

1. Nennen Sie die fünf typischen Merkmale der KG, die sich aus § 161 Abs. 1 HGB ergeben!

- ➤ Gesellschaftsvertrag
- ➤ Handelsgewerbe unter gemeinschaftlicher Firma
- ➤ Gesamthänderische Vermögensbindung
- ➤ Beschränkte Haftung des Kommanditisten auf die Vermögenseinlage
- ➤ Unbeschränkte Haftung des Komplementärs

2. Eine KG muss mindestens einen Komplementär und mindestens einen Kommanditisten aufweisen. Erläutern Sie diese Begriffe und nennen Sie die Rechte und Pflichten, die sich aus der jeweiligen Stellung ergeben!

Ein Komplementär ist ein persönlich haftender und geschäftsführender Gesellschafter. Er ist berechtigt, die Gesellschaft zu vertreten, §§ 161, 125 – 127 HGB. Er ist der organschaftliche Vertreter der KG und unterliegt dem Wettbewerbsverbot und hat Entnahmerechte. Ein Kommanditist ist ein nur beschränkt haftender Gesellschafter, er haftet nur in Höhe seiner Vermögenseinlage. Er unterliegt weder einem Wettbewerbsverbot, noch ist er an der Geschäftsführung der KG beteiligt. Allerdings hat er bei außergewöhnlichen Geschäften ein Widerspruchsrecht, § 164 S. 1 HGB. Hinzu kommt, dass er an Gewinn und Verlust der Gesellschaft beteiligt ist.

3. Wer kann Komplementär, wer kann Kommanditist einer KG sein?

Komplementär kann jeder sein, auch eine juristische Person. Kommanditist kann jeder sein, der auch Gesellschafter einer OHG werden kann. Nach neuerer Rechtsprechung des BGH kann auch eine GbR Komplementär oder Kommanditistin einer KG sein. In einem solchen Fall sind im Handelsregister neben der BGB-Gesellschaft selbst die ihr zum Zeitpunkt des Beitritts angehörenden Gesellschafter einzutragen.

4. Die Gesellschafter der Müller und Schmidt KG haben in ihrem Gesellschaftsvertrag folgende Regelung vorgesehen: Der bisher persönlich haftende Gesellschafter Manfred Müller kann im Alter von 65 Jahren und muss mit seinem 70. Geburtstag Kommanditist werden. Stefan Müller, Sohn des Manfred Müller, hat im Alter von 30 Jahren das Recht, seine Kommanditistenstellung in eine Komplementärstellung umzuwandeln mit allen sich daraus gesetzlich ergebenden Rechten und Pflichten. Als die entsprechenden Zeitpunkt näher rücken, fragen sich Müller und Schmidt, ob die Vereinbarungen zulässig sind.

Solche Vereinbarungen im Gesellschaftsvertrag sind zulässig. Die Komplementär- und Kommanditistenstellung sind austauschbar. Wer einmal Komplementär ist, kann Kommanditist werden und umgekehrt. Sieht der Gesellschaftsvertrag derartige Veränderungen vor, dann bedarf es hierzu nicht mehr der Einzelzustimmung der übrigen Teilhaber. Auch verstößt eine Verpflichtung zur Abgabe der Geschäftsführung und überhaupt der Komplementärstellung nicht gegen Art. 12 GG oder § 138 BGB. Es ist insbesondere sachlich angemessen, der jüngeren Generation mit neuen Ideen und eigenen Ansichten Raum zu geben. Schon im Voraus kann sich ein Gesellschafter wirksam selbst dazu verpflichten. Im Außenverhältnis hängt die Wirkung des Gesellschafterwechsels dann teilweise von entsprechenden Verlautbarungen im Handelsregister oder im Geschäftsverkehr ab.

5. Gem. § 171 Abs. 1 HGB haftet der Kommanditist grundsätzlich bis zur Höhe seiner Einlage unmittelbar. Nennen Sie ein Fall, in dem ein Kommanditist ebenso wie ein Komplementär haftet!

Sollte die KG bereits vor der Eintragung in das Handelsregister ihre Geschäfte aufgenommen haben, haftet der Kommanditist unter Umständen wie ein Komplementär für die bis zur Eintragung begründeten Verbindlichkeiten der Gesellschaft, wobei er dem Geschäftsbeginn zugestimmt haben muss und dem Gläubiger nicht bekannt war, dass es sich nur um einen Kommanditisten handelt. Eine solche unbeschränkte Kommanditistenhaftung kommt allerdings nur dann in Betracht, wenn ein Handelsgewerbe i. S. d. § 1 Abs. 2 HGB betrieben wird.

Ein Kommanditist kann auch in eine bereits bestehende Handelsgesellschaft eintreten. Eine unbeschränkte Haftung kommt dann für die in der Zeit zwischen seinem Eintritt und dessen Eintragung in das Handelsregister begründeten Verbindlichkeiten der Gesellschaft in Betracht.

Schließlich kann sich der Kommanditist neben seiner Haftung gem. § 171 HGB auch durch ein anderweitiges Rechtsgeschäft neben der Gesellschaft persönlich verpflichten, z. B. aus einem Schuldbeitritt, einem Garantieversprechen oder aber einer Bürgschaft. Wird er aus diesem Rechtsgeschäft in Anspruch genommen, hat er gegen die

Gesellschaft einen Erstattungsanspruch, § 110 HGB, der sich gegen die Mitgesellschafter richtet.

6.   Inwieweit handelt ein Kommanditist auch nach Ausscheiden aus der Gesellschaft weiter?

Nach der Eintragung des Ausscheidens haftet der Ausgeschiedene nur noch für Altverbindlichkeiten, d. h. für solche Verbindlichkeiten, die im Zeitpunkt der Eintragung des Ausscheidens bereits entstanden oder aber im Entstehungsansatz angelegt waren.

§ 36 Die stille Gesellschaft

1.   Wann liegt eine typisch stille Gesellschaft, wann liegt eine atypisch stille Gesellschaft vor?

Eine typisch stille Gesellschaft liegt vor, wenn der Stille gem. §§ 231, 232 HGB am Gewinn und Verlust des Handelsgeschäfts teilnimmt. Eine atypisch stille Gesellschaft liegt dagegen vor, wenn dem Stillen weitergehende Rechte eingeräumt werden.

2.   Wonach bestimmt sich, welche Art der stillen Gesellschaft vorliegt?

Zunächst ist festzustellen, ob im Gesellschaftsvertrag eine ausdrückliche Regelung über diese Frage getroffen worden ist. Wenn das nicht der Fall ist, ist anhand des Gesellschaftsvertrages auszulegen, ob und inwieweit Kriterien vorliegen, die für eine atypisch stille Gesellschaft und damit für eine Mitunternehmerschaft sprechen.

3.   Nennen Sie Kriterien, die für eine atypisch stille Gesellschaft sprechen würden!

➢   Übernahme bestimmter Risiken

➢   Wertveränderungen am Gesellschaftsvermögen fließen dem Stillen zu

➢   Kontrollrechte des Stillen gem. § 233 HGB gehen über die gesetzliche Konzeption hinaus

➢   Einräumung von Geschäftsführungsbefugnissen

➢   Einräumung von Rechten wie ein Kommanditist bei einer KG

4.   Wer kann stiller Gesellschafter sein?

Sowohl der Kaufmann als auch der Nichtkaufmann können stiller Gesellschafter sein. Ebenso ist das möglich für eine Handelsgesellschaft, eine Unternehmensbeteiligungsgesellschaft, eine GbR oder eine Erbengemeinschaft.

5. Obliegt auch dem stillen Gesellschafter die Befugnis zur Geschäftsführung?

Aus § 230 Abs. 2 HGB wird abgeleitet, dass ausschließlich der Inhaber zur Geschäftsführung berechtigt und verpflichtet ist. Allerdings ist er dem Stillen zur Führung des Handelsgeschäfts für gemeinsame Rechnung verpflichtet. Für Fragen, die die wesentlichen Grundlagen des Gewerbebetriebs betreffen, ist die Zustimmung des Stillen erforderlich. Das Wesentliche des stillen Gesellschaftsvertrages ist es aber, dass der stille Gesellschafter von der Geschäftsführung ausgeschlossen ist. Aus diesem Grund hat das Gesetz bestimmte Kontrollrechte in § 233 HGB vorgesehen.

6. Pohlen (P) führt ein Plattengeschäft. Anders schießt 50.000 € in das Geschäft des P ein, wofür er ein Drittel des jährlichen Gewinnes erhalten soll. Eine Verlustbeteiligung ist nicht geregelt. Allerdings hat Pohlen zu bestimmten Geschäftshandlungen die Zustimmung des Anders einzuholen. Im Übrigen soll dieser jederzeit Einsicht in die Bücher und Papiere oder sonstige Aufklärung über den Geschäftsverlauf verlangen dürfen. Die beiden vereinbaren zudem, dass eine Abtretung der Ansprüche des Anders an Dritte ausgeschlossen wird. Vielmehr wird ihm das Recht eingeräumt, als Kommanditist in das Geschäft aufgenommen zu werden. Sie einigen sich auf eine Laufzeit des Vertrages über fünf Jahre, die sich mangels Kündigung um jeweils weitere drei Jahre verlängern soll. Anders fragt sich, ob ihm irgendwelche Ansprüche zustehen.

Die vorliegende Vereinbarung weist die signifikanten Merkmale einer stillen Gesellschaft auf. Anders stehen hier Informationsrechte zu, die noch über das in § 233 Abs. 1 HGB festgelegte Maß hinausgehen. Sie sind vielmehr den in Abs. 3 der Vorschrift bei Vorliegen wichtiger Gründe vorgesehenen Aufklärungsrechten angeglichen. Die Vereinbarung, dass Pohlen zu bestimmten Geschäftshandlungen die Zustimmung des Anders benötigt, entspricht der Interessenlage bei einer stillen Gesellschaft, wobei es ausnahmsweise auch im normalen Darlehensverhältnis denkbar sein kann (vgl. § 399 BGB). Entscheidend ist im Sachverhalt allerdings die mögliche Aufnahme des Anders als Kommanditisten. Mangels entgegenstehender Abrede ist Anders als stiller Gesellschafter auch am Verlust beteiligt. Die Höhe der Beteiligung ist hier nicht nach § 231 Abs. 1 HGB zu beurteilen, da der Vertrag einen Gewinnanteil, wenn auch nicht den Verlustanteil regelt. Hier gilt vielmehr § 722 Abs. 2 BGB, wonach Anders am Verlust in gleicher Höhe wie am Gewinn beteiligt sein soll. Deshalb braucht er intern nicht mehr als ein Drittel des Verlustes zu tragen.

7. Nennen Sie verschiedene Pflichten des Stillen!

Die wohl wichtigste Pflicht des Stillen liegt darin, eine Vermögenseinlage zu erbringen. Ist die Übernahme des Verlustes im Gesellschaftsvertrag nicht ausgeschlossen worden, nimmt der stille Gesellschafter an dem Verlust nur bis zum Betrag seiner eingezahlten oder ggf. rückständigen Einlage teil.

8. Hat der stille Gesellschafter ein Wettbewerbsverbot zu beachten?

Der stille Gesellschafter unterliegt zumindest nicht dem Wettbewerbsverbot gem. §§ 112, 113 HGB. Auch aus der Treuepflicht kann ein solches Wettbewerbsverbot nicht unmittelbar abgeleitet werden. Doch ist daraus zu entnehmen, dass ihm gewisse Beschränkungen aufzuerlegen sind, sodass er ein bestimmtes gewonnenes Know-how auf keinen Fall zum Nachteil des Handelsgewerbes des Inhabers ausnutzen darf.

9. Besteht eine Haftung des stillen Gesellschafters gegenüber Geschäftsgläubigern?

Der Stille haftet grundsätzlich nicht aufgrund seiner Gesellschafterstellung. Eine Haftung kommt nur aus einer anderweitigen rechtlichen Verpflichtung in Betracht.

10. Der Gesellschaftsvertrag einer stillen Gesellschaft kann außerordentlich aus einem wichtigen Grund gekündigt werden, vgl. §§ 234 Abs. 1 HGB, 723, 314 BGB. Nennen Sie Beispiele für solche wichtigen Gründe!

➤ Änderung der Grundlagen oder der Rechtsform des Unternehmens ohne Zustimmung des Stillen

➤ Einstellung oder nachhaltige Unrentabilität des Geschäftsbetriebes

➤ Vermögensverfall bei dem Inhaber des Handelsgeschäfts

➤ Zweckwidrige Verwendung der Einlage

➤ Verletzung der Beitragspflicht durch den Stillen

➤ Drohende Umqualifizierung der Einlage in Kapitalersatz

11. Nennen Sie Gründe für die Beendigung einer stillen Gesellschaft!

➤ Zeitablauf

➤ Eintritt einer vereinbarten auflösenden Bedingung

➤ Tod des Inhabers

➤ Eröffnung des Insolvenzverfahrens

➤ Kündigungsmöglichkeit, vgl. § 234 HGB.

§ 37 Misch- und Sonderformen von OHG/KG

1. Wer kann Angehöriger einer Partnerschaftsgesellschaft sein?

Grundsätzlich ist es nur Angehörigen der freien Berufe möglich, eine Partnerschaftsgesellschaft zu gründen. Es muss sich um natürliche Personen handeln, vgl. § 1 Abs. 1 PartGG.

2.   Erklären Sie kurz, was eine Europäische Wirtschaftliche Interessenvereinigung ist!

Hierbei handelt es sich um eine neue supranationale Gesellschaftsform, die in ihrer Struktur der OHG ähnelt. Allerdings sind die Geschäftsführer ähnlichen Regeln unterworfen wie die Geschäftsführer einer GmbH. Sie bietet sich insbesondere für Freiberufler an und erleichtert deren grenzüberschreitende Tätigkeit.

3.   Was ist das Besondere einer GmbH & Co. KG?

Bei dieser Gesellschaft handelt es sich um eine Kommanditgesellschaft, wobei die persönlich haftende Gesellschafterin eine GmbH ist.

4.   Was spricht für die Gründung einer GmbH & Co. KG? Nennen Sie verschiedene Vorteile dieser Gesellschaftsform!

Zunächst wurde die Gesellschaftsform aus steuerlichen Motiven entwickelt, heute steht dagegen die Typenverbindung von Kapitalgesellschaft und Personenhandelsgesellschaft im Vordergrund. Vorteile der GmbH & Co. KG:

➤   Möglichkeit der Haftungsbeschränkung

➤   Dritt- bzw. Fremdorganschaft

➤   Lösung des Nachfolgeproblems und Vermeidung der Unternehmensperpetuierung

➤   Leichtere Kapitalbeschaffung durch besseren Zugang zum Finanz- und Kapitalmarkt

➤   Beherrschung ohne Kapitalmehrheit

➤   Entnahmerecht in der KG auch ohne Gewinnerwirtschaftung

5.   Was versteht man unter einer personen- und beteiligungsgleichen GmbH & Co. KG?

Hierbei sind Gesellschafter der GmbH einerseits und die Kommanditisten der KG andererseits identisch und haben regelmäßig auch dieselben Beteiligungsquoten in GmbH und KG. Es handelt sich hierbei um die in der Praxis am häufigsten vertretene Art der GmbH & Co. KG.

6.   Welcher Grund besteht für den Firmenzusatz „GmbH & Co."?

Dieser Firmenzusatz soll warnenden Charakter haben, da die Firma der KG keine natürliche Person als Komplementärin hat. Ansonsten könnte der Eindruck entstehen, dass zusätzliche Haftungssubjekte vorhanden sind.

7.   Wem obliegt die Geschäftsführung bei einer GmbH & Co. KG?

Bei einer KG sind die Kommanditisten gem. § 164 HGB grundsätzlich von der Geschäftsführung ausgeschlossen. Die Geschäftsführung für die GmbH & Co. KG unterfällt der Komplementär-GmbH. Die wesentliche Aufgabe des Geschäftsführers der GmbH besteht folglich darin, die Geschäfte der KG zu führen. Es besteht ein Dienstvertrag zur GmbH, aus diesem haftet er jedoch auch gegenüber der KG. Eine Haftung des Geschäftsführers gegenüber Dritten besteht dagegen grundsätzlich nicht.

8.   Was versteht man unter einer Publikumsgesellschaft?

Hierunter ist keine konkrete Gesellschaftsform zu verstehen, vielmehr handelt es sich um einen Pauschalbegriff. In der Regel handelt es sich um eine GmbH & Co. KG, die zur Kapitalansammlung eine unbestimmte Anzahl rein kapitalistisch orientierter Kommanditisten als Anlagegesellschafter aufnehmen soll.

9.   Erklären Sie den Begriff der Prospekthaftung!

Die Prospekthaftung basiert auf dem typisierten Vertrauen des Anlegers auf die Richtigkeit und Vollständigkeit der von den Prospektverantwortlichen gemachten Angaben. Eine Haftung besteht für alle Vertriebsangaben, egal, in welcher Form, es muss sich nicht um einen eigentlichen Prospekt handeln. Verantwortlich für den Prospekt sind zum einen die Herausgeber und zum anderen die für die Prospekterstellung verantwortlichen Personen, wie die Gründungsgesellschafter, die Beiratsmitglieder einer Publikumsgesellschaft und ggf. auch eine Bank, vorausgesetzt, sie ist Treuhandkommanditistin einer Publikums-KG und Mitherausgeberin des Prospektes. Schließlich haftet auch diejenige Person, die eine Garantenstellung aufgrund ihrer besonderen beruflichen und wirtschaftlichen Stellung oder aufgrund ihrer Sachkunde einnimmt.

Kapitel 10 Kapitalgesellschaften, Genossenschaft und Umwandlung

§ 38 Gesellschaft mit beschränkter Haftung (GmbH)

1. Nennen Sie die wesentlichen Merkmale einer GmbH!

- Juristische Person (vgl. § 13 Abs. 1 GmbHG)
- Kapitalgesellschaft (vgl. § 3 Abs. 1 Ziff. 3, 4, 5 Abs. 1, 14, 30 Abs. 1 GmbHG)
- Gesellschaftsvermögen in Höhe des jeweiligen Stammkapitals
- Drittorganschaft
- Geschäftsführung (und ggf. Aufsichtsrat) müssen nicht notwendigerweise aus den Gesellschaftern bestehen
- Handelsgesellschaft und Formkaufmann (vgl. § 13 Abs. 3 GmbHG iVm § 6 Abs. 1 HGB)
- Haftungsausschluss (vgl. § 13 Abs. 2 GmbHG)

2. Woraus besteht das Stammkapital einer GmbH?

Das Stammkapital bildet die Summe der von den einzelnen Gesellschaftern zu erbringenden Stammeinlagen (Geschäftsanteil).

3. Beschreiben Sie kurz die Haftung der Gesellschafter einer GmbH!

Die Gesellschaft haftet ihren Gläubigern grundsätzlich nur mit dem eigenen Gesellschaftsvermögen. Die Gesellschafter selbst haften grundsätzlich nicht persönlich für die Verbindlichkeiten der Gesellschaft.

4. Nennen Sie die einzelnen Phasen der Gründung der GmbH!

- Vorgründungsgesellschaft
- Abschluss des Gesellschaftsvertrages, Bestellung des Geschäftsführers und Aufbringung des Stammkapitals
- Vor-GmbH
- Anmeldung der Eintragung zum Handelsregister
- Eintragung der GmbH in das Handelsregister

5. Was ist eine Vorgründungsgesellschaft?

Hierbei handelt es sich um einen vorbereitenden Zusammenschluss der Gründer durch einen notariell zu beurkundenden Gründungsvorvertrag oder aber durch einen formlos abgeschlossenen Vorgründungsvertrag. In diesem wird vereinbart, dass die beteiligten Vertragspartner auf die spätere Errichtung der GmbH fördernd einwirken. In der Regel handelt es sich hier um eine GbR. Sollte es sich bei dem Gegenstand der vorbereitenden Geschäfte um ein Handelsgewerbe handeln, entsteht ggf. eine OHG, wenn die Gründer bereits vor der notariellen Beurkundung und Eintragung des GmbH-Vertrages in das Handelsregister die Geschäftstätigkeit aufnehmen sollten.

6. Nennen Sie die Mindestbestandteile eines GmbH-Vertrages!

Vgl. § 3 GmbHG:

➢ Firma

➢ Sitz der Gesellschaft

➢ Unternehmensgegenstand

➢ Betrag des Stammkapitals

➢ Stammeinlage

7. Gibt es nähere Anforderungen, was das Stammkapital bzw. die Stammeinlage betrifft?

Gem. § 5 GmbHG muss das Stammkapital mindestens 25.000 €, die Stammeinlage jedes Gesellschafters mindestens 100 € betragen. Hinzu kommt, dass der Betrag der Stammeinlage in € durch 50 teilbar sein muss, vgl. § 5 Abs. 3 S. 1, 2 GmbHG.

8. Nennen Sie die näheren Anforderungen, die an einen Geschäftsführer einer GmbH zu stellen sind!

Zunächst gilt der Grundsatz der Fremd- oder Drittorganschaft, vgl. § 6 Abs. 3 S. 1 GmbHG, d. h., der Geschäftsführer muss nicht Gesellschafter der GmbH sein. Es muss sich um eine unbeschränkt geschäftsfähige Person handeln, die nicht in einer Insolvenzstraftat vorbestraft oder mit einem Berufsverbot belegt ist, vgl. § 6 Abs. 2 GmbHG.

9. Was versteht man unter einer Vor-GmbH?

Es handelt sich um einen korporationsrechtlichen Zusammenschluss der Gründungsgesellschafter der GmbH nach Abschluss des notariell beurkundeten Gesellschaftsvertrages und vor Eintragung der GmbH in das Handelsregister. Es handelt sich hierbei nicht um eine GmbH, vgl. § 11 GmbHG.

10. Handelt es sich bei der Vor-GmbH um eine GmbH?

Die Vor-GmbH stellt keine GmbH dar, vgl. § 11 GmbHG. Es handelt sich um eine Gesellschaft eigener Art. Allerdings werden neben den Bestimmungen des Gesellschaftsvertrages die einschlägigen Vorschriften des GmbHG entsprechend angewendet, soweit diese nicht gerade die Rechtsfähigkeit voraussetzen oder sonst mit der Beschränkung auf das Gründungsstadium nicht vereinbar wären.

11. Was ist eine unechte Vorgesellschaft?

Eine unechte Vorgesellschaft ist gegeben, wenn die Eintragung der GmbH scheitern sollte oder aber von den Gründern nach Beurkundung des Vertrages aufgegeben wird.

12. Was versteht man unter Verlustdeckungshaftung?

Mit diesem vom BGH entwickelten Prinzip soll die Frage der Haftung der Vorgesellschafter beantwortet werden. Die Gesellschafter der Vor-GmbH haften gegenüber der Gesellschaft nur im Verhältnis ihrer übernommenen Einlagen. Zu beachten ist, dass das Prinzip nur anwendbar sein soll, wenn die Vor-GmbH ihre bereits aufgenommene Geschäftstätigkeit beendet und die Vorgesellschaft sofort abgewickelt wird. Steht das Scheitern jedoch fest, und führen die Gesellschafter die Geschäfte über den Zeitpunkt hinaus fort, haben die Gründer für sämtliche Verbindlichkeiten der Vorgesellschaft, auch für die bis zum Scheitern entstandenen, nach personengesellschaftsrechtlichen Grundsätzen einzustehen.

13. Max und Moritz errichten die Max & Moritz GmbH. Beide leisten auch eine Geldeinlage, die bei Max in der Höhe von 200.000 € und bei Moritz in Höhe von 100.000 € besteht. Auch zahlen sie die Einlagen sogleich ein. Die GmbH soll durch den Geschäftsführer Schneider vertreten werden, der bereits ohne eine entsprechende Bevollmächtigung in der Satzung und ohne Wissen der Gesellschafter mit den Geschäften beginnt. Sein Handeln ist allerdings nicht von Erfolg gekrönt. Am 06.06.2004 wird die GmbH eingetragen. Zu diesem Zeitpunkt stehen den Forderungen des Lieferanten Müller in Höhe von 100.000 € lediglich liquide Mittel in Höhe von 30.000 € und Waren im Wert von 190.000 € gegenüber. Müller fragt sich, ob er von der GmbH 100.000 € verlangen kann. Max und Moritz fragen sich, ob die GmbH Ansprüche gegen sie als Gesellschafter geltend machen kann.

Im Zusammenhang mit dem Anspruch des Müller gegen die GmbH ist zunächst fraglich, ob Schneider die Vor-GmbH wirksam vertreten hat, sodass ein Vertrag zwischen dieser und Müller zustande gekommen ist. Die Rechtsprechung geht hier von einer organschaftlichen Vertretungsmacht des Geschäftsführers einer Vor-GmbH aus, die durch den Gründungszweck auf gründungsnotwendige Geschäfte beschränkt ist. Im Rahmen anderer Geschäfte bedürfen sie der Zustimmung der Gesellschafter, die allerdings auch konkludent erteilt werden kann (beispielsweise durch das Einbringen eines weiterzuführenden Handelsgeschäfts). Nach anderer Ansicht haben die Geschäftsführer bereits im Gründungsstadium eine umfassende Vertretungsmacht nach § 37 Abs. 2 GmbHG. Diese Ansicht ist auch durchaus überzeugender, schließlich muss das Risiko, das ein Geschäftsführer, wie im vorliegenden Fall, weisungswidrige Geschäfte abschließt, von den Gesellschaftern beherrscht werden. Damit war Schneider als Geschäftsführer vertretungsberechtigt, sodass Müller durch den Vertragsschluss einen Anspruch gegen die Vor-GmbH erworben hatte. Diese Vor-GmbH wurde mit Eintragung zur GmbH. Im Ergebnis hat Schneider damit gegen die Max und Moritz GmbH einen Anspruch auf Zahlung von 100.000 €. Im Zusammenhang mit den Ansprüchen der GmbH gegen die Gesellschafter kommt die Vorbelastungshaftung in der eingetragenen GmbH in Betracht. Hierbei handelt es sich um richterrechtliche Rechtsfortbildung. Die Gesellschafter einer GmbH haften hiernach für jede durch die Geschäftstätigkeit der Vor-GmbH verursachte Unterbilanz, um die Unversehrtheit, also die volle Deckung des Stammkapitals im Eintragungszeitpunkt, sicherzustellen. Das Vermögen ist danach so aufzufüllen, bis es die Schulden der Stichtagsbilanz um die Stammkapitalziffer übersteigt. Sollte der Gesellschaftsvertrag allerdings vorsehen, dass die Gründungskosten insbesondere für Beurkundung und Eintragung in Anlehnung an § 9 a GmbHG die Gesellschaft trägt, ist das zulässig. Bei der Vorbelastungshaftung handelt es sich um eine sog. anteilige Innenhaftung, was bedeutet, dass die Gesellschafter nur gegenüber der GmbH und nur als Teilschuldner haften, vgl. § 420 BGB. Entscheidend ist hier das Verhältnis ihrer Geschäftsanteile. Fällt ein Gesellschafter aus, müssen die anderen den fehlenden Betrag gem. § 24 Abs. 2 GmbHG anteilig aufbringen. Damit steht der GmbH hier im Ergebnis ein Anspruch aus Vorbelastungshaftung gegen Max in Höhe von 120.000 € und gegen Moritz in Höhe von 60.000 € zu.

14. Was ist ein GmbH-Mantel?

Bei einem GmbH-Mantel existiert die juristische Person (GmbH) als solche schon, sie verfolgt jedoch zunächst keinen bestimmten Zweck und nimmt in keiner Weise am Geschäftsverkehr teil, sondern verwaltet nur eigenes Vermögen.

15. Was ist eine „auf Vorrat gegründete GmbH"?

Bei einer solchen GmbH möchten die Gründer die GmbH zunächst nur errichten. Zu einem späteren Zeitpunkt soll sie dann einen Unternehmensgegenstand erhalten, um dann am Geschäftsverkehr teilzunehmen.

16. Im Handelsregister ist die Heinrich GmbH mit dem Unternehmensgegenstand „Vertrieb von Haushaltswaren" eingetragen. In Wirklichkeit steht aber nicht fest, welche Verwendung die Gesellschaft wirklich finden soll. Kann Gesellschafter B die Auflösung der GmbH erreichen?

Das ist durchaus möglich. § 75 Abs. 1 GmbHG gewährt dem Gesellschafter nämlich die Möglichkeit, bei Nichtigkeit der Bestimmungen über den Unternehmensgegenstand Nichtigkeitsklage gegen die Gesellschaft zu erheben. Das ist anders als bei Mängeln der Anmeldung (§§ 8, 7 Abs. 1 und 3 GmbHG) und der Form der Errichtung, die durch die Eintragung geheilt werden können. Außerdem wird das Registergericht selbst in einem solchen Falle nach §§ 144 Abs. 1 S. 2, 144 a Abs. 1, 2, 4 FGG von Amts wegen gegen die Gesellschaft vorgehen. Die Gesellschaft wird dann gem. §§ 77, 65 ff. GmbHG abgewickelt, wenn sie in einem der genannten Verfahren aufgelöst wird. Bei der Heinrich GmbH handelt es sich um eine verdeckte Mantelgründung. Der Unternehmensgegenstand verstößt gegen § 3 Abs. 1 Nr. 2 GmbHG, sodass er gem. § 134 BGB nichtig ist. Für den B besteht nunmehr die Möglichkeit, entweder bei dem zuständigen Registergericht das Verfahren nach § 144 FGG anzuregen oder aber selbst Klage gegen die Gesellschaft nach § 75 Abs. 1 GmbHG zu erheben.

17. Welche Wirkung hat die Eintragung in das Handelsregister auf die GmbH?

Erst mit der Eintragung in das Handelsregister entsteht die GmbH, wobei die Bekanntmachung für die Entstehung der GmbH nicht erforderlich ist, § 10 Abs. 3 GmbHG. Eine GmbH wird in die Abteilung B des Handelsregisters eingetragen.

18. Grundsätzlich haftet die GmbH nur mit ihrem Gesellschaftsvermögen, § 13 Abs. 2 GmbHG. Sind Fallgestaltungen denkbar, in denen der Gesellschafter selbst persönlich haftet?

Eine persönliche Haftung des Gesellschafters kann sich aus verschiedenen Regelungen im GmbHG ergeben. Weiterhin kann sich der Gesellschafter selbst besonders verpflichtet haben, so kann er eine Schuldmitübernahme, eine Patronatserklärung, ein Garantieversprechen oder eine Bürgschaftserklärung abgegeben haben. Auch im Falle des Missbrauchs der Rechtsform der GmbH kommt eine persönliche Haftung der Gesellschafter in Betracht.

19. Was ist unter dem umgekehrten Haftungsdurchgriff zu verstehen?

Nach dem umgekehrten Haftungsdurchgriff soll die Gesellschaft für (persönliche) Schulden des Gesellschafters haften. Diese Haftungskonstellation ist allerdings abzulehnen, da das Vermögen der GmbH ausschließlich für die Gläubiger reserviert ist und eine Haftung für die Schulden des Gesellschafters mit den Kapitalerhaltungsvorschriften des GmbHG nicht vereinbar ist.

20. Wonach bestimmt sich der Geschäftsanteil eines Gesellschafters? Kann darüber frei verfügt werden?

Der Geschäftsanteil bestimmt sich nach der im Gesellschaftsvertrag übernommenen Stammeinlage, § 14 GmbHG. Über ihn kann grundsätzlich frei verfügt werden, außer im Gesellschaftsvertrag ist die Abtretung an weitere Voraussetzungen geknüpft. Außerdem kann der Geschäftsanteil übertragen, belastet oder inhaltlich abgeändert werden. Zu beachten ist, dass die Abtretung des Geschäftsanteils eines in notarieller Form abgeschlossenen Vertrages bedarf.

21. Max und Moritz gründen eine GmbH. Der Unternehmensgegenstand soll in der Veräußerung von Möbeln bestehen. In der Satzung wird vereinbart, dass das Stammkapital 25.000 € beträgt. Als Einlage hat Max seinen Möbelwagen im Wert von 21.000 € einzubringen und 3.000 € zu zahlen. Moritz soll 6.000 € zahlen. Wie hoch sind nun die Geschäftsanteile von Max und Moritz?

Die beiden Gesellschafter haben hier auf Aufgeld von 20 % ihrer Stammeinlage vereinbart. Sie haben jeweils Geschäftsanteile von 20.000 € und 5.000 €. Die Stimmrechte und Anteile am Bilanzgewinn (oder Jahresüberschuss) und der Liquidationserlös teilen sich deshalb im Zweifel im Verhältnis 4:1 auf, vgl. §§ 29 Abs. 3, 47 Abs. 2, 72 GmbHG.

22. Was versteht man unter Kaduzierung?

Dieser Begriff beschreibt eine gesetzliche Möglichkeit, den Geschäftsanteil eines Gesellschafters einzuziehen. Hierunter wird der Ausschluss eines Gesellschafters aus der Gesellschaft verstanden, indem der Geschäftsanteil zum Zwecke der Verwertung durch die Gesellschaft und unter Verlust etwaig geleisteter Einlagen eingezogen wird. Die Kaduzierung ist in den zwingenden Vorschriften der §§ 21 – 24 GmbHG geregelt. Ein Verzicht im Gesellschaftsvertrag auf diese Möglichkeit ist nicht zulässig, weil diese Vorschriften die Kapitalaufbringung sicherstellen sollen. Die Kaduzierung erfolgt aufgrund einer verzögerten oder nicht erfolgten Einzahlung der Stammeinlage durch den Gesellschafter.

23. Was versteht man unter Amortisation?

Hierbei handelt es sich um eine weitere Möglichkeit der Einziehung eines Geschäftsanteils eines Gesellschafters. Der Einziehungsgrund muss hierbei im Gesellschaftsvertrag zugelassen werden. Folgende Gründe kommen in Betracht:

➢ Pfändung eines Geschäftsanteils

➢ Insolvenz eines Gesellschafters

➢ Die Vererbung des Anteils an familienfremde Personen bei einer Familiengesellschaft

➢ Der Verlust bestimmter Eigenschaften eines Gesellschafters

➢ Das Erreichen eines bestimmten Alters

➢ Das Ausscheiden als Kommanditist bei der GmbH & Co. KG

➢ Der Verstoß gegen ein Wettbewerbsverbot

24. Nennen Sie verschiedene Gesellschafterrechte!

➢ Anspruch auf den erzielten Reingewinn

➢ Stimmrecht in der Gesellschafterversammlung (§ 74 GmbHG)

> ➢ Auskunfts- und Einsichtsrechte (§ 51 a GmbHG)
> ➢ Minderheitenrechte (vgl. § 50 GmbHG)
> ➢ etwaige, in der Satzung vorgesehene Sonderrechte

25. Ist es möglich, den Gesellschafter von der in § 5 GmbHG festgesetzten Verpflichtung zur Erbringung der Einlage zu befreien?

Nein, eine solche Befreiung ist nicht möglich, § 19 Abs. 2 GmbHG. Entscheidend ist hier der Gläubigerschutz. Bei der Frage, ob der Gesellschaftsvertrag eine Befreiung von § 19 Abs. 2 GmbHG durch einen Umgehungstatbestand vorsieht, ist die Regelung in § 19 Abs. 2 GmbHG weit auszulegen.

26. Wie ist die Haftungsbeschränkung innerhalb der GmbH zu rechtfertigen?

Grundsatz der Kapitalaufbringung; Grundsatz der Kapitalerhaltung

27. Was versteht man unter einer sog. Unterbilanz?

Eine Unterbilanz liegt vor, wenn der Betrag des Stammkapitals nicht durch das Gesellschaftsvermögen gedeckt ist oder durch eine Zahlung absinken würde.

28. § 30 GmbHG beschreibt ein sog. Auszahlungsverbot. Gegen wen richtet sich diese Vorschrift?

§ 30 GmbHG umfasst zunächst Zahlungen an die Gesellschafter und die Geschäftsführer. Nicht umfasst sind dagegen die Prokuristen oder sonstigen Mitarbeiter der GmbH. Im Falle eines Verstoßes gegen § 30 Abs. 1 GmbHG besteht ein Rückerstattungsanspruch gem. § 31 Abs. 1 GmbHG.

29. Was versteht man unter sog. Ausfallhaftung des § 31 Abs. 3 GmbHG?

Ist ein Gesellschafter nicht in der Lage, dem Rückerstattungsanspruch gem. § 31 Abs. 1 GmbHG nachzukommen, haften die übrigen Gesellschafter „nach dem Verhältnis ihrer Geschäftsanteile für den zu erstattenden Betrag."

30. Was versteht man unter eigenkapitalersetzenden Gesellschafterdarlehen?

Zunächst spricht man von einem eigenkapitalersetzenden Gesellschafterdarlehen, wenn ein Gesellschafter der GmbH ein Darlehen gewährt hat, in welchem ordentliche Kaufleute Eigenkapital zugeführt hätten (Krise der Gesellschaft). Außerdem kommen sog. Drittdarlehen in Betracht; dies sind Kredite von dritten Personen an die GmbH, die dann von Gesellschaftern im Wege der Bürgschaft oder anderweitiger Kreditsicherheiten gesichert werden. Aus Gründen des Gläubigerschutzes kann der Gesellschafter den Anspruch auf Rückgewähr des Darlehens im Insolvenzverfahren nur als sog. nachrangiger Insolvenzgläubiger geltend machen, § 32 a GmbHG.

31. Besteht eine gesetzliche Nachschusspflicht?

Eine gesetzliche Nachschusspflicht besteht nicht. Die Satzung der GmbH kann jedoch Nachschusspflichten vorsehen, vgl. § 26 Abs. 1 GmbHG. Eine solche Nachschusspflicht kann unbeschränkt oder in der Höhe beschränkt sein, vgl. §§ 27, 28 GmbHG.

32. Aus welchen Organen besteht die GmbH?

Geschäftsführer und Gesellschafterversammlung

33. Wie wird der Geschäftsführer bestellt? Nennen Sie seine Aufgaben!

Der Geschäftsführer kann bereits im Gesellschaftsvertrag bestellt werden, vgl. § 6 Abs. 3 GmbHG. Außerdem ist eine Bestellung durch Beschluss der Gesellschafterversammlung gem. § 46 Ziff. 5 GmbHG möglich. Seine Aufgabe besteht darin, die Gesellschaft gerichtlich und außergerichtlich zu vertreten, § 35 Abs. 1 GmbHG. Die GmbH wird durch die in ihrem Namen von dem/den Geschäftsführer/n vorgenommenen Rechtsgeschäfte berechtigt und verpflichtet. Weiterhin trifft den/die Geschäftsführer die in §§ 41 ff. GmbHG vorgesehenen Buchführungs- und Bilanzierungspflichten. Schließlich hat der Geschäftsführer jederzeit die Liquidität zu beobachten. Sollte die GmbH den Zustand der Insolvenzreife erreicht haben, hat der Geschäftsführer spätestens drei Wochen nach Eintritt der Insolvenzreife die Eröffnung des Insolvenzverfahrens zu beantragen, vgl. § 64 Abs. 1 GmbHG.

34. Welche Auswirkungen hat § 181 BGB auf die Tätigkeiten des Geschäftsführers einer GmbH?

§ 181 BGB stellt das sog. Verbot des Selbstkontrahierens dar. Nach dieser Norm darf der Geschäftsführer einer GmbH grundsätzlich nicht als Vertreter der Gesellschaft mit sich selbst oder als Vertreter eines anderen Rechtsgeschäfte abschließen. Ausnahmen sind möglich, sie müssen dann durch den Gesellschaftsvertrag oder durch Beschluss der Gesellschafter zugelassen worden sein, wobei eine generelle Befreiung von § 181 BGB in das Handelsregister einzutragen ist.

35. Der Geschäftsführer hat in den Angelegenheiten der Gesellschaft die Sorgfalt eines ordentlichen Geschäftsmannes anzuwenden. Nennen Sie verschiedene Pflichtverstöße des Geschäftsführers, die eine Schadensersatzpflicht gegen ihn begründen können!

➤ Falschangaben im Zusammenhang mit der Anmeldung der GmbH, § 9 a GmbHG

➤ Den §§ 30, 43 Abs. 3 GmbHG zuwiderlaufende Zahlungen aus dem zur Erhaltung des Stammkapitals erforderlichen Vermögen der Gesellschaft

➤ Verstoß gegen die Verpflichtung zur Insolvenzanmeldung, § 64 GmbHG

➤ Verstoß gegen die Abgabenpflicht gem. § 69, 34 Abgabenordnung

> Verstoß gegen die Verpflichtung zur Abführung von Arbeitnehmeranteilen zur Sozialversicherung, §§ 823 Abs. 2 BGB, 266 a StGB

36. Beschreiben Sie die Verteilung der Darlegungs- und Beweislast im Falle eines Rechtsstreits um Schadensersatzansprüche der GmbH gegen ihren Geschäftsführer!

Die GmbH hat darzulegen und ggf. zu beweisen, dass und inwieweit ihr durch ein Verhalten des Geschäftsführers in dessen Pflichtenkreis ein Schaden erwachsen ist, wobei ihr die Erleichterung des § 287 ZPO zugute kommt. Dagegen muss der Geschäftsführer darlegen und beweisen, dass er seinen Sorgfaltspflichten gem. § 43 Abs. 1 GmbHG nachgekommen ist oder ihn kein Verschulden trifft oder dass der Schaden auch bei pflichtgemäßem Alternativverhalten eingetreten wäre.

37. Wann kommt ggf. eine Haftung des Geschäftsführers gegenüber dritten Personen in Betracht?

Der Geschäftsführer hat im Rahmen von Vertragsverhandlungen in besonderem Maße persönliches Vertrauen in Anspruch genommen.

Der Geschäftsführer ist persönlich stark an dem Abschluss des Vertrages interessiert, weil er einen eigenen Nutzen erstrebt.

38. Redlich ist Geschäftsführer der Sonnenschein GmbH. Die beiden Gesellschafterinnen Thelma und Luise beschließen, das Image des Unternehmens zu verbessern und wollen daher einen Porsche mit allen Extras anschaffen, obwohl die Gesellschaft unmittelbar vor der Überschuldung steht. Muss sich Redlich dem Wunsch der Gesellschafterinnen beugen? Besteht für ihn ein Haftungsrisiko?

Unter betriebswirtschaftlichen Gesichtspunkten erscheint eine Weisung zum Kauf des Porsches eigentlich unvernünftig. Redlich muss sich allerdings dem wirksamen Beschluss der Gesellschafterinnen beugen. Er haftet nicht aus § 43 Abs. 1 GmbHG, soweit er diese auf seine Bedenken hinweist.

39. S. vorheriger Fall. Kurz danach beschließen die Gesellschafterinnen, den Porsche an eine Gesellschafterin zu einem Drittel des Wertes zu verkaufen, obwohl damit das Eigenkapital unter das Stammkapital sinken würde. Auch hier stellt sich Redlich wieder die gleichen Fragen.

Ein solches Vorgehen stellt eine das Eigenkapital in unzulässiger Weise schmälernde Handlung dar, vgl. §§ 30 Abs. 1, 31 Abs. 1 GmbHG. Der Beschluss ist an sich zwar wirksam, Redlich muss jedoch aufgrund überwiegender Drittinteressen (Gläubigerschutzwirkung) die Ausführung verweigern, bis die Gesellschaft über genügend Eigenkapital verfügt. Sollte er das nicht tun, kommt eine Haftung nach § 43 Abs. 3 GmbHG in Betracht.

40. Vorgenannte Gesellschaft hat wieder einmal Liquiditätsprobleme. Um dieses Problem zu lösen, weisen die Gesellschafterinnen Redlich an, die Beiträge zur Sozialversicherung vorerst nicht abzuführen. Muss er dem Folge leisten? Hat er ein Haftungsrisiko?

Der Geschäftsführer hat grundsätzlich keine Folge zu leisten, soweit der Beschluss der Gesellschafter gegen das Gesetz verstößt, sittenwidrig ist oder wenn er sich bei Ausführung der Weisung selbst einer Haftung aussetzen oder strafbar machen würde. Damit sind sowohl ein Drittinteresse (§ 43 Abs. 1 und 3 GmbHG) als auch das Eigeninteresse des Geschäftsführers (§ 43 Abs. 2 GmbHG) beachtlich. Schließlich haftet der Geschäftsführer persönlich für Pflichtverletzungen gem. § 43 Abs. 2 GmbHG und § 823 Abs. 2 BGB iVm mit einem Schutzgesetz. Hier kommen insbesondere Verstöße gegen öffentlich-rechtliche Pflichten in Betracht (beispielsweise Nichtabführung der Arbeitnehmeranteile der Sozialversicherungsbeiträge, § 823 Abs. 2 BGB iVm § 28 e SGB IV oder § 266 a StGB).

41. Was ist die Gesellschafterversammlung? Nennen Sie ihre Aufgaben!

Bei der Gesellschafterversammlung handelt es sich um das oberste Willensbildungsorgan der GmbH. In ihr werden die Gesellschafter zusammengefasst. Die Aufgaben ergeben sich aus § 46 GmbHG:

➢ Feststellung des Jahresabschlusses und die Verwendung des Ergebnisses

➢ Einforderung von Einzahlungen auf die Stammeinlagen

➢ Rückzahlung von Nachschüssen

➢ Teilung sowie die Einziehung von Geschäftsanteilen

➢ Bestellung/Abberufung von Geschäftsführern und Entlastung derselben

➢ Maßregeln zur Prüfung und Überwachung der Geschäftsführung

➢ Bestellung von Prokuristen und Handlungsbevollmächtigten

➢ Geltendmachung von Ersatzansprüchen gegen Geschäftsführer oder Gesellschafter

➢ Vertretung der Gesellschaft in Prozessen, welche sie gegen die Geschäftsführer zu führen hat

42. Durch welches Mittel kann die Gesellschafterversammlung Entscheidungen treffen?

In der Gesellschafterversammlung werden Beschlüsse gefasst. Erforderlich ist in der Regel die einfache Kapitalmehrheit der abgegebenen Stimmen, es sei denn, dass der Gesellschaftsvertrag oder das Gesetz etwas anderes vorsehen. Jede 50 € eines Geschäftsanteils gewähren eine Stimme, vgl. § 47 Abs. 2 GmbHG, wobei auch diese Regelung durch den Gesellschaftsvertrag wieder abbedungen werden kann.

43. Bei der GmbH ist die Errichtung eines Aufsichtsrats in der Regel lediglich fakultativer Natur. Nur in Ausnahmefällen ist sie obligatorisch. Nennen Sie diese!

Gem. § 77 BetrVG von 1952 (GmbH hat mehr als 500 Arbeitnehmer), Montanmitbestimmungsgesetz vom 21.03.1951 (Unternehmen hat in der Regel mehr als 1000 Arbeitnehmer), Mitbestimmungsgesetz 1976 (GmbH beschäftigt in der Regel mehr als 2000 Arbeitnehmer).

44. Nennen Sie Auflösungsgründe einer GmbH!

Die Auflösungsgründe einer GmbH ergeben sich aus § 60 Abs. 1 GmbHG:

➢ Ablauf der im Gesellschaftsvertrag bestimmten Zeit

➢ Beschluss der Gesellschafter mit einer Mehrheit von ¾ der abgegebenen Stimmen (wenn nicht der Gesellschaftsvertrag etwas anderes bestimmt)

➢ durch gerichtliches Urteil oder durch Entscheidung des Verwaltungsgerichts oder der Verwaltungsbehörde

➢ Eröffnung des Insolvenzverfahrens

➢ mit der Rechtskraft des Beschlusses, durch den die Eröffnung des Insolvenzverfahrens mangels Masse abgelehnt worden ist

➢ mit der Rechtskraft einer Verfügung des Registergerichts, durch welche gem. §§ 144 a, 144 b FGG ein Mangel des Gesellschaftsvertrages oder die Nichteinhaltung der Verpflichtung gem. § 19 Abs. 4 GmbHG festgestellt worden ist

➢ Löschung der Gesellschaft wegen Vermögenslosigkeit nach § 141 a FGG

Weitere Aufhebungsgründe können sich aus dem Gesellschaftsvertrag ergeben.

§ 39 Die Aktiengesellschaft (AG)

1. In letzter Zeit ist das Recht der AG gesetzlich wesentlich erneuert worden. Nennen Sie einige dieser gesetzlichen Neuerungen auf nationaler Basis!

Zunächst wurde durch das Gesetz zur Namensaktie und zur Erleichterung der Stimmrechtsausübung (NaStraG) das Recht der Namensaktie reformiert. Außerdem wurden Änderungen im Bereich der Durchführungsbestimmungen für Hauptversammlungen und im Bereich der Nachgründung vorgenommen. Durch das Wertpapiererwerbs- und Übernahmegesetz (WPÜG) wurde eine Verknüpfung zwischen Aktienrecht und Kapitalmarktrecht vorgenommen. Mit Hilfe des Transparenz- und Publizitätsgesetzes (TransPuG) wurde in § 161 AktG der Deutsche Corporate Governance Codex normiert. Schließlich wurde das bisher bereits geltende Spruchverfahrensgesetz (SpruchG) durch das Spruchverfahrensneuordnungsgesetz geändert.

2. Nennen Sie Beispiele, in denen sich das Spruchverfahrensgesetz auf gerichtliche Verfahren auswirkt!

➤ Bei der Bestimmung des Ausgleichs für außenstehende Aktionäre und der Abfindung solcher Aktionäre bei Beherrschungs- und Gewinnabführungsverträgen (§§ 304, 305 AktG),

➤ bei der Bestimmung der Abfindung von ausgeschiedenen Aktionären bei der Eingliederung von Aktiengesellschaften (§ 320 b AktG),

➤ bei der Bestimmung der Barabfindung von Minderheitsaktionären, deren Aktien durch Beschluss der Hauptversammlung auf den Hauptaktionär übertragen worden sind (§§ 327 a ff. AktG),

➤ bei der Bestimmung der Zuzahlung von Anteilsinhabern oder der Barabfindung von Anteilsinhabern anlässlich der Umwandlung von Rechtsträgern (§§ 15, 34, 176 ff., 196, 212 UmwG).

3. Was verstehen Sie unter der Societas Europaea (SE)?

Hierbei handelt es sich um eine neue Gesellschaftsform nach europäischem Gemeinschaftsrecht. Sie ist mit Wirkung zum 08.10.2004 eingeführt worden. Bei der Societas Europaea besteht eine Wahlfreiheit im Zusammenhang mit dem Leitungssystem, d. h., die Gesellschaft kann sich für eine Trennung von Vorstand und Aufsichtsrat entscheiden (dualistisches Modell nach deutschem Vorbild) oder ein monistisches Modell wählen (angelsächsisches und romanisches Recht).

4. In dem Gesetz zur Unternehmensintegrität und Modernisierung des Anfechtungsrechts (UMAG) geht es um die Haftung der Organe (Vorstand, Aufsichtsrat) und die Anfechtungsklage in der Hauptversammlung. Nennen Sie zunächst den Grund für die Schaffung eines solchen Gesetzes!

Durch das UMAG sollen Minderheitsrechte erheblich ausgedehnt werden, indem das Minderheiten-Quorum deutlich herabgesetzt wird, sodass es im Ergebnis zu einer Erleichterung der Klagedurchsetzung durch eine Aktionärsminderheit kommen wird.

5. Unter welchen Voraussetzungen soll das Gericht eine solche Haftungsklage der Aktionärsminderheit gegen die Organe der Gesellschaft zulassen?

➤ Die antragstellenden Aktionäre halten die Aktien schon länger als sie Kenntnis von den behaupteten Pflichtverstößen haben,

➤ sie haben die Gesellschaft vergeblich aufgefordert, selbst Klage zu erheben

➤ sie haben Tatsachen glaubhaft gemacht, die den Verdacht rechtfertigen, dass der Gesellschaft durch Unredlichkeit oder grobe Pflichtverletzung ein Schaden entstanden ist,

➤ es stehen keine gewichtigen Gründe des Gesellschaftswohls entgegen.

6. Nennen Sie die wesentlichen Strukturmerkmale einer AG!

➢ Korporativer Charakter

➢ Rechtspersönlichkeit

➢ Keine Haftung der Aktionäre

➢ Existenz eines in Aktien zerlegten Grundkapitals

➢ Kaufmannseigenschaft

7. Wann liegt eine börsennotierte, wann eine nicht börsennotierte AG vor?

Bei einer börsennotierten AG sind deren Aktien zu einem Markt zugelassen, der von einer staatlich anerkannten Stelle geregelt und überwacht wird, regelmäßig stattfindet und für das Publikum mittelbar oder unmittelbar zugänglich ist. Das ist bei einer nicht börsennotierten AG nicht der Fall, allerdings sieht das Gesetz hier bestimmte Handlungsspielräume vor.

8. In welchem Bereich ist die AG als Rechtsform in der Regel vorzufinden?

Die AG stellt gerade für Großunternehmen aus dem Bereich Handel und Industrie eine Kapitalsammelstelle dar. Allerdings ist auch eine sog. „kleine AG" (Einmanngründung) zulässig, vgl. § 2 AktG.

9. Die beiden Rechtsanwälte Edel und Stark haben sich überlegt, sich unter der Bezeichnung „Reines-Recht Rechtsanwalts AG" zwecks gemeinsamer Berufsausübung zu einer Aktiengesellschaft zusammenzuschließen. Nun hält das Registergericht den Firmennamen nicht für eintragungsfähig. Mit Recht?

Nein. Auch Aktiengesellschaften haben die Möglichkeit, eine Phantasiefirma zu wählen. Ebenso gilt dies für einen Phantasiezusatz zu einer Sachfirma. Auch § 59 k BRAO, wonach die Firma einer Rechtsanwalts-GmbH den Namen wenigstens eines Gesellschafters enthalten muss, besagt nichts Gegenteiliges. Denn eine entsprechende Regelung für die Rechtsanwalts-AG fehlt gerade und eine analoge Anwendung scheidet aus.

10. Der Begriff der Aktie wird vom Gesetz in dreifacher Hinsicht gebraucht. Nennen Sie die drei Verwendungsmöglichkeiten für den Aktienbegriff!

➢ Mitgliedschaft des Aktionärs in einer AG (Beteiligungsquote), vgl. § 8 Abs. 5, § 12 AktG

➢ Anteil an dem in der Satzung bezeichneten Grundkapital (§ 1 Abs. 2 AktG)

➢ Wertpapier, welches grundsätzlich als Inhaberpapier ausgegeben und nach Maßgabe der §§ 929 ff. BGB übereignet wird (§§ 10, 24 AktG)

11. Nennen Sie die verschiedenen Ausgestaltungen der Rechtsform der AG mit Rücksicht auf die Zerlegung des Grundkapitals in Aktien!

> Publikums-AG: eine Vielzahl von Aktionären halten das breit gestreute Kapital (z. B. Deutsche Post AG, Deutsche Telekom AG oder VW AG)

> Familien-AG: die Aktien befinden sich regelmäßig in der Hand einer Familie

> majorisierte AG: das Aktienkapital befindet sich mehrheitlich bei einem Großaktionär oder aber einer Aktionärsgruppe

> Einmann-AG: Sämtliche Aktien befinden sich in den Händen einer Person (vgl. §§ 42, 2 AktG)

12. Warum sind die in den §§ 23 - 53 AktG festgehaltenen Regelungen über die Gründung der AG als zwingend anzusehen?

Warnfunktion (Schutz der Gründer); Formenstrenge (Rechtssicherheit)

13. Welche verschiedenen Arten der Gründung einer AG kennen Sie?

Zum einen wird die einfache von der qualifizierten Gründen unterschieden. Außerdem kann es sich um eine gesetzliche Gründung und eine sog. Nachgründung handeln.

14. Die einfache Gründung einer AG ist der Regelfall und vollzieht sich in sieben Stufen. Nennen Sie diese Stufen!

> Erste Stufe: Feststellung der Satzung (notarielle Beurkundung des Gesellschaftsvertrages)

> Zweite Stufe: Übernahme der Aktien und Aufbringung des Grundkapitals

> Dritte Stufe: Bestellung der Organe

> Vierte Stufe: Leistung der Einlagen

> Fünfte Stufe: Gründungsbericht und Prüfung

> Sechste Stufe: Anmeldung zum Handelsregister

> Siebte Stufe: Eintragung der AG

15. Welches sind die zwingenden Bestandteile, die der notariell zu beurkundende Gesellschaftsvertrag beinhalten muss?

> Die Gründer,

> bei Nennbetragsaktien: der Nennbetrag, bei Stückaktien: die Zahl,

> der Ausgabebetrag,

> wenn mehrere Aktiengattungen bestehen: die verschiedenen Gattungen der Aktien, die jeder Gründer übernimmt.

16. Welche Bestandteile sind darüber hinaus im Rahmen der aktienrechtlichen Satzung festzulegen?

➤ Die Firma und der Sitz der Gesellschaft (§§ 4, 5 AktG),

➤ der Unternehmensgegenstand,

➤ die Höhe des Grundkapitals (§§ 6, 7 AktG),

➤ die Zerlegung des Grundkapitals entweder in Nennbetragsaktien oder in Stückaktien, ggf. Nennbeträge, Zahl und ggf. Gattung der Aktien (vgl. §§ 8 - 11 AktG),

➤ Inhaber- oder Namensaktien (vgl. §§ 10, 24 AktG),

➤ die Zahl der Vorstandsmitglieder (vgl. §§ 76 ff. AktG),

➤ die Form der Bekanntmachung (vgl. § 25 AktG).

17. Was versteht man unter einer qualifizierten Gründung einer AG?

Zum einen ist es möglich, dass bestimmten Aktionären oder dritten Personen Sondervorteile eingeräumt werden, die dann in der Satzung unter Bezeichnung des Berechtigten festgesetzt werden, vgl. § 26 AktG. Außerdem ist es möglich, die Erbringung von Sacheinlagen zu gestatten, vgl. § 27 AktG.

18. Nennen Sie Beispiele für eine gesetzliche Gründung einer AG!

➤ Deutsche Telekom AG (Nachfolgeunternehmen der Deutschen Bundespost)

➤ Deutsche Post AG

➤ Deutsche Postbank AG

➤ Deutsche Bahn AG

19. Handelt es sich bei der Nachgründung wirklich um eine Gründung im eigentlichen Sinne?

Nein, die Nachgründung stellt keine solche Gründung dar. Vielmehr handelt es sich um schuldrechtliche Geschäfte, die nur wegen ihrer Gefährdungslage ähnlich wie eine Gründung behandelt werden, wobei es auf den Typus dieses Geschäftes nicht ankommt. Solche Verträge sind nur durch Zustimmung der Hauptversammlung und durch Eintragung in das Handelsregister wirksam, um eine Umgehung der für eine qualifizierte Gründung maßgeblichen Vorschriften zu vermeiden.

20. Nennen Sie die verschiedenen Arten von Aktien, die das AktG kennt!

➤ Inhaberaktie

➤ Namensaktie, vinkulierte Namensaktie

➤ Vorzugsaktie

➤ Stammaktie

➢ Nennbetragsaktie

➢ Stückaktie

21. Wie wird die Inhaberaktie, wie die Namensaktie übertragen?

Die Inhaberaktie wird wie eine bewegliche Sache nach §§ 929 ff. BGB im Wege der Einigung und Übergabe übereignet. Eine solche Übereignung ist auch grundsätzlich bei der Namensaktie möglich. Ist die Übertragung jedoch an die Zustimmung der AG gebunden, handelt es sich um eine vinkulierte Namensaktie. Neben dieser Übereignungsvariante besteht noch die Möglichkeit, die Namensaktie durch Indossament zu übertragen.

22. Was versteht man unter sog. „jungen Aktien"?

Sollte eine AG als Unternehmen frisches Kapital benötigen, können Kapitalerhöhungen nach Maßgabe der §§ 182 ff. AktG stattfinden und auf diesem Wege neue Aktien ausgegeben werden. Diese Aktien werden dann als „junge Aktien" bezeichnet.

23. Nennen Sie die verschiedenen Rechte eines Aktionärs!

➢ Anspruch auf die sog. Dividende (Gewinnbeteiligung)

➢ Bezugsrecht im Rahmen von Kapitalerhöhungen

➢ Anspruch auf Beteiligung am sog. Liquidationserlös

➢ Recht zur Teilnahme an der Hauptversammlung

➢ Stimmrecht während der Hauptversammlung (gilt nicht für Inhaber von Vorzugsaktien ohne Stimmrecht)

➢ Anspruch auf Auskunft gegenüber dem Vorstand über bestimmte Angelegenheiten der Gesellschaft

➢ Aktionäre, deren Anteile zusammen den 20. Teil des Grundkapitals erreichen, können eine Hauptversammlung einberufen.

24. Worin besteht die Pflicht des Aktionärs?

Der Aktionär ist zur Leistung der Einlage verpflichtet.

25. Aus wie viel Personen besteht der Vorstand einer AG?

Der Vorstand kann grundsätzlich aus einer oder mehreren Personen bestehen. Handelt es sich jedoch um eine Gesellschaft mit einem Grundkapital von mehr als 3 Mio. €, muss der Vorstand aus mindestens zwei Personen bestehen, es sei denn, die Satzung bestimmt etwas anderes.

26. Nennen Sie die Aufgaben des Vorstands einer AG!

Der Vorstand leitet die Gesellschaft unter eigener Verantwortung, er hat Leitungsfunktion. Er vertritt die Gesellschaft gerichtlich und außergerichtlich und grundsätzlich im

Außenverhältnis auch unbeschränkt, vgl. §§ 76, 77, 78, 82 AktG. Weiterhin gehört zum Aufgabenkreis eines Vorstandes

> Vorbereitung und Ausführung von Hauptversammlungsbeschlüssen, § 83 AktG,

> Berichtspflicht an den Aufsichtsrat, § 90 AktG,

> Organisation und Führung der Handelsbücher, §§ 91 AktG, 238 ff., 264 ff., 290 HGB,

> Pflichten bei Verlust, Überschuldung oder Zahlungsunfähigkeit, § 92 AktG,

> Einberufung der Hauptversammlung und Bekanntmachung der Tagesordnung, §§ 121, 124 AktG.

27. Aus wie vielen Mitgliedern besteht der Aufsichtsrat einer AG? Wie und für wie lange wird er bestellt?

Aus § 95 S. 4 AktG ergibt sich, dass der Aufsichtsrat der AG mindestens aus drei und höchstens aus 21 Mitgliedern besteht, wobei die Anzahl durch drei teilbar sein muss. Zunächst wird das Aufsichtsratsmitglied durch die Hauptversammlung bestellt. Die Tätigkeit endet spätestens mit Beendigung der Hauptversammlung, die über die Entlastung für das vierte Geschäftsjahr nach dem Beginn der Amtszeit beschließt, vgl. §§ 101, 102 AktG.

28. Nennen Sie verschiedene Pflichten des Aufsichtsrats!

> Bestellung und Abberufung des Vorstands gem. § 84 AktG

> Überwachung des Vorstandes gem. § 111 AktG, insbesondere Informationsrecht und Prüfung der Bücher und spezieller Sachverhalte (in diesem Zusammenhang hat der Aufsichtsrat die Pflicht, das Bestehen etwaiger Schadensersatzansprüche der AG gegenüber den Vorstandsmitgliedern eigenverantwortlich zu prüfen)

> Zustimmungspflicht in Bezug auf Geschäfte, die er sich vorbehalten hat, vgl. § 111 Abs. 4 S. 2 AktG

> Vertretung der AG gegenüber den Vorstandsmitgliedern, vgl. §§ 112, 89 AktG

> Sorgfaltspflichten gem. §§ 116, 93 AktG

> Prüfung und Feststellung des Jahresabschlusses gem. §§ 170 - 172 AktG

29. Was versteht man unter der Hauptversammlung?

Bei der Hauptversammlung handelt es sich zunächst um ein Organ der AG. Weiterhin stellt sie das Forum dar, durch das die Gesamtheit der Aktionäre und auch der einzelne Aktionär ihre bzw. seine Rechte ausübt.

30. Hans ist als Inhaber von 200 Namensaktien einer Versicherungs-AG auch im Aktienregister eingetragen. Er überträgt die Aktien auf Erich, indem er sie ordnungsgemäß indossiert und diesem übergibt. Allerdings wird Erich im Aktienre-

gister nicht aufgenommen. Die beiden fragen sich nun, ob Erich Eigentümer der Aktienurkunden geworden ist, ob dieser an der Hauptversammlung der Versicherungs-AG teilnehmen kann und wie er seine Eintragung in das Aktienregister erwirken kann. Was antworten Sie?

Erich ist Eigentümer der Aktienurkunden geworden, denn die Eintragung im Aktienregister ist nicht Wirksamkeitsvoraussetzung für den Erwerb einer Namensaktie. An der Hauptversammlung kann er allerdings nicht teilnehmen, da im Verhältnis zur Gesellschaft immer noch Hans als Aktionär gilt, vgl. § 67 Abs. 2 AktG. Eine Eintragung des Erich in das Aktienregister ist möglich, indem Veräußerer oder Erwerber der Gesellschaft mitteilen und nachweisen, dass die Namensaktie übergegangen ist, § 67 Abs. 3 AktG. Erst dann hat Erich einen einklagbaren Anspruch auf Eintragung in das Aktienregister gegen die Gesellschaft. Aus § 67 Abs. 1 AktG ergeben sich die einzutragenden Daten. Zu beachten ist, dass bei der in der Praxis häufigen Übertragung durch die depotführenden Kreditinstitute unter Beteiligung der Wertpapiersammelbank die Mitteilung im Wege automatischer Dateneinspeisung erfolgt, auf deren Richtigkeit die Gesellschaft dann grundsätzlich auch vertrauen darf.

31. Nennen Sie den gesetzlich festgelegten Aufgabenkreis der Hauptversammlung!

Der gesetzlich festgelegte Aufgabenkreis ergibt sich aus § 119 AktG, danach beschließt die Hauptversammlung über

> die Bestellung und Abberufung der Mitglieder des Aufsichtsrates, §§ 103, 101 AktG,

> die Verwendung des Bilanzgewinns, § 174 AktG,

> die Entlastung der Mitglieder des Vorstands und des Aufsichtsrates, § 120 AktG,

> die Bestellung eines Abschlussprüfers,

> Satzungsänderungen,

> Maßnahmen der Kapitalbeschaffung und der Kapitalherabsetzung,

> die Bestellung von Prüfern zur Prüfung von Vorgängen bei der Gründung oder der Geschäftsführung,

> die Auflösung der Gesellschaft,

> den Abschluss von Unternehmensverträgen gem. § 293 AktG,

> die Maßnahmen im Rahmen einer Verschmelzung gem. §§ 13, 65 UmwG.

32. Wie erfolgt die Auszählung der Stimmen im Rahmen eines Hauptversammlungsbeschlusses?

Die Auszählung der Stimmen erfolgt mit Hilfe der Subtraktionsmethode. Hiernach werden nur die Stimmenthaltungen und die Nein-Stimmen gezählt und von der Zahl der präsenten Teilnehmer abgezogen.

33. In der Hauptversammlung der Rabe Maschinenfabrik AG, in der über die Entlastung des Vorstandes beraten wird, verlangt Aktionär Strebsam Auskunft über einen in Taiwan getätigten Kauf von Spezialschrauben. Wunschgemäß erteilt der Vorstandsvorsitzende Auskunft über den Inhalt und den geringen Umfang des Geschäftsabschlusses. Strebsam ist von diesen Ausführungen nicht überzeugt und zweifelt die Richtigkeit der Angaben an. Er verlangt Einsicht in die Vertragsurkunde. Kann er das?

Im Gegensatz zum Gesellschafter einer GmbH hat ein Aktionär kein Recht auf Einsicht in Gesellschaftsunterlagen und Anfertigung von Kopien (§ 51 a Abs. 1 GmbHG). Ihm bleibt lediglich die Möglichkeit, in der Hauptversammlung vom Vorstand eine mündliche Auskunft zu verlangen, vgl. § 131 Abs. 1 AktG. Ein Recht auf Verlesung einer Urkunde besteht lediglich in zwei Sonderfällen. Zum einen dann, wenn es sich um Verträge handelt, die für die Entwicklung der Gesellschaft von lebenswichtiger Bedeutung sind. Allerdings muss hier die Verlesung nach den konkreten Umständen des Falles technisch durchführbar sein. Entscheidend ist hier das Unternehmen bzw. dessen innere Struktur. Zum anderen kommt ein Recht auf Verlesung einer Urkunde in Betracht bei Vorgängen von nicht lebenswichtiger Bedeutung, wenn Anhaltspunkte dafür bestehen, dass bei ihrer inhaltlichen Wiedergabe etwas Wesentliches verschwiegen worden ist. Strebsam verlangt hier Auskunft bezüglich eines in Taiwan getätigten Kaufes von Spezialschrauben. Hierbei handelt es sich um einen Kauf geringeren Umfangs. Bei dem Kauf einer kleineren Menge von Einzelteilen handelt es sich nicht um einen Vorgang von lebenswichtiger Bedeutung, sondern lediglich um einen normalen Geschäftsabschluss, dessen wesentlicher Inhalt auch mitgeteilt wurde. Dem Sachverhalt sind keine konkreten Verdachtsmomente zu entnehmen, die darauf hindeuten, dass Wesentliches verschwiegen worden ist. Dann wird dem Aktionär zugemutet, darauf zu vertrauen, dass die Strafandrohung des § 400 Abs. 1 Nr. 1 AktG den Vorstand zu einer wahren Aussage motiviert. Strebsam hat damit keinen Anspruch auf persönliche Einsichtnahme oder Verlesung der Vertragsurkunde. Er muss vielmehr den Ausführungen des Vorstandsvorsitzenden glauben oder die Einleitung einer Sonderprüfung anstreben.

34. Nennen Sie verschiedene Möglichkeiten der Kapitalbeschaffung!

➢ Kapitalerhöhung durch Zuführungen aus Gesellschaftsmitteln, vgl. § 207 AktG

➢ ordentliche/bedingte Kapitalerhöhung

➢ genehmigtes Kapital, § 202 AktG

➢ Kapitalherabsetzung

35. Was verstehen Sie unter einer ordentlichen, was unter einer bedingten Kapitalerhöhung?

Eine ordentliche Kapitalerhöhung liegt vor, wenn neue Aktien gegen Zahlung eines entsprechenden Preises ausgegeben werden, vgl. §§ 182 ff. AktG. Von einer bedingten

Kapitalerhöhung wird gesprochen, wenn von einem durch die AG eingeräumten Umtausch oder Bezugsrecht in eng begrenzten Fällen Gebrauch gemacht wird, vgl. § 192 AktG.

36. Erläutern Sie den Begriff des genehmigten Kapitals!

Es besteht die Möglichkeit, dass die Satzung den Vorstand für höchstens fünf Jahre nach Eintragung der Gesellschaft ermächtigt, das Grundkapital bis zu einem bestimmten Nennbetrag (genehmigtes Kapital) durch Ausgabe neuer Aktien gegen Einlagen zu erhöhen.

37. Was ist ein Zeichnungsvorvertrag?

Bei einer Kapitalerhöhung werden für den Kapitalerhöhungsbetrag Aktien (junge Aktien) ausgegeben. Da sich das Unternehmen nicht sicher sein kann, wie erfolgreich die Platzierung der jungen Aktien am Markt verläuft, besteht die Möglichkeit, sog. Zeichnungsvorverträge abzuschließen. Mit Abschluss eines solchen Vorvertrags verpflichtet sich der Anleger zur späteren Zeichnung.

38. Nennen Sie die wesentlichen Eigenschaften einer Kommanditgesellschaft auf Aktien (KGaA)!

Eine KGaA besteht zumindest aus einem Gesellschafter, der den Gesellschaftsgläubigern unbeschränkt haftet (persönlich haftender Gesellschafter). Die weiteren Gesellschafter sind an dem in Aktien zerlegten Grundkapital beteiligt, ohne persönlich für die Verbindlichkeiten der Gesellschaft zu haften (Kommanditaktionäre), vgl. § 278 Abs. 1 AktG. Der persönlich haftende Gesellschafter nimmt hierbei die Vorstandsaufgaben wahr, vgl. § 283 AktG.

39. Was verstehen Sie unter verbundenen Unternehmen?

Hierbei handelt es sich um rechtlich selbständige Unternehmen, die im Verhältnis zueinander im Mehrheitsbesitz stehende Unternehmen und mit Mehrheit beteiligte Unternehmen, abhängige und beherrschende Unternehmen, Konzernunternehmen, wechselseitig beteiligte Unternehmen oder Vertragsteile eines Unternehmensvertrags sind.

§ 40 Die Genossenschaft (Gen)

1. Nennen Sie die wesentlichen Eigenschaften einer Genossenschaft!

➤ Nicht geschlossene Mitgliederzahl

➤ Förderung des Erwerbs oder der Wirtschaft ihrer Mitglieder mittels gemeinschaftlichen Geschäftsbetriebes

➤ Juristische Person (Trägerin von Rechten und Pflichten)

➤ Kaufmann

2. Nennen Sie die verschiedenen Erscheinungsformen einer Genossenschaft!

Die Erscheinungsformen ergeben sich aus § 1 Abs. 1 GenG:

➤ Vorschuss und Kreditvereine

➤ Rohstoffvereine

➤ Vereine zum gemeinschaftlichen Verkauf landwirtschaftlicher oder gewerblicher Erzeugnisse (Absatzgenossenschaften, Magazinvereine)

➤ Vereine zur Herstellung von Gegenständen und zum Verkauf derselben auf gemeinschaftliche Rechnung (Produktivgenossenschaften)

➤ Vereine zum gemeinschaftlichen Einkauf von Lebens- oder Wirtschaftsbedürfnissen im Großen und Ablass im Kleinen (Konsumvereine)

➤ Vereine zur Beschaffung von Gegenständen des landwirtschaftlichen oder gewerblichen Betriebes und zur Benutzung derselben auf gemeinschaftliche Rechnung

➤ Vereine zur Herstellung von Wohnungen

§ 41 Umwandlungsrecht

1. Nennen Sie die verschiedenen Möglichkeiten, mit denen ein Rechtsträger mit Sitz im Inland umgewandelt werden kann!

➤ Verschmelzung

➤ Spaltung (Aufspaltung, Abspaltung, Ausgliederung)

➤ Vermögensübertragung

➤ Formwechsel

Teil 4

Fragen und Antworten zum

gewerblichen Rechtsschutz

und Urheberrecht

Kapitel 11 Wettbewerbsrecht

§ 42 Wesen des Wettbewerbsrechts

1. Nennen Sie die drei großen Aufgaben, die das Wettbewerbsrecht zu bewältigen hat!

Hierbei handelt es sich um die sog. Schutzzwecktrias:

➢ Schutz des Verbrauchers vor Irreführung

➢ Bekämpfung unlauterer Wettbewerbshandlungen

➢ Sicherung eines freien und leistungsfähigen Wettbewerbs

2. Wie erfolgt eine Abgrenzung des lauteren von dem unlauteren Wettbewerb?

Entscheidend ist, wie der vernünftige Durchschnittsmensch das Wettbewerbsverhalten beurteilt. Außerdem kommt es darauf an, wie das Verhalten von der Mehrheit oder zumindest vom Durchschnitt der in Frage kommenden Personengruppe empfunden wird.

3. Nennen Sie die verschiedenen Ziele, die das Kartellrecht verfolgt!

Auf der ökonomischen Seite soll ein marktwirtschaftlich-wettbewerbliches Wirtschaftssystem in Form einer Konkurrenzwirtschaft geschaffen werden. Dagegen soll in gesellschaftspolitischer Hinsicht eine freiheitliche Ordnung für alle Marktteilnehmer geschaffen werden.

§ 43 Quellen des Wettbewerbsrechts und Neufassung des UWG

1. Nennen Sie die Ziele, die mit der im Juli 2004 in Kraft getretenen Neufassung des UWG verbunden sind!

Zunächst soll es zu einer Erhöhung der Wettbewerbsfähigkeit der deutschen Wirtschaft kommen. Weiterhin soll der Schutz des Verbrauchers vor unlauteren Wettbewerbshandlungen gestärkt werden.

2. Nennen Sie die Schwerpunkte des reformierten Gesetzes gegen den unlauteren Wettbewerb!

> ➤ Ausdrückliche Berücksichtigung von Verbraucherinteressen
> ➤ Ersatzloses Entfallen der Reglementierungen über die sog. Sonderveranstaltungen
> ➤ Der Werbung mit verschleierten Preisnachlässen soll entgegengewirkt werden
> ➤ Gewinnabschöpfungsanspruch
> ➤ Allgemeines Vertragsauflösungsrecht/individueller Schadensersatzanspruch der Verbraucher
> ➤ Aufhebung nicht bedeutsamer ordnungsrechtlicher Tatbestände

§ 44 Anwendungsbereich und Begriffsdefinitionen im UWG

1. Warum wird der in § 1 UWG a. F. bisher verwendete Begriff der „guten Sitten" durch den Begriff der „Unlauterkeit" UWG n. F. ersetzt? Definieren Sie den Begriff „unlauter"!

Der Begriff der „guten Sitten" hat den Wettbewerber unnötig mit dem Makel der Unsittlichkeit belastet. Es kommt nun zu einer Harmonisierung mit dem Gemeinschaftsrecht, da auch dieses den Begriff der Unlauterkeit in vielen Vorschriften verwendet. Als unlauter werden all diejenigen Handlungen bezeichnet, die den anständigen Gepflogenheiten in Handel, Gewerbe, Handwerk oder selbständiger beruflicher Tätigkeit zuwiderlaufen.

2. Was verstehen Sie unter einer Wettbewerbshandlung i. S. d. neu gefassten § 2 UWG?

Der Begriff der Wettbewerbshandlung umfasst die eigene Absatzförderung, außerdem das Handeln von Personen, die den Wettbewerb eines fremden Unternehmens fördern wollen und schließlich Handlungen im Nachfragewettbewerb. Erfasst werden auch Unternehmer mit Monopolstellung, da ein konkretes Wettbewerbsverhältnis nicht vorliegen muss.

3. Was wird konkret unter dem Begriff des „Marktteilnehmers" des neu gefassten § 2 UWG zu verstehen sein?

Hierunter fallen sowohl die Mitbewerber als auch die Verbraucher sowie die sonstigen Marktteilnehmer. Hierbei handelt es sich um all diejenigen Marktteilnehmer, die weder Mitbewerber noch Verbraucher sind.

4. Ein sog. „Mitbewerber" i. S. d. neu gefassten § 2 UWG liegt vor, wenn ein konkretes Wettbewerbsverhältnis gegeben ist. Wann liegt ein solches vor?

Es muss eine Wechselbeziehung zwischen den Vorteilen, die jemand durch eine Maßnahme für sein Unternehmen oder das eines Dritten zu erreichen sucht und den

Nachteilen, die ein anderer dadurch erleidet, bestehen. Durch diese Wechselbeziehung muss der eigene Wettbewerb gefördert und der fremde Wettbewerb beeinträchtigt werden können. Ein entscheidendes Indiz wird sein, dass die Unternehmen einen gleichen Abnehmerkreis bzw. Lieferantenkreis haben.

§ 45 Die wettbewerbsrechtliche Generalklausel des § 3 UWG und Beispiele des § 4 UWG

1. Was spricht dafür, dass in § 3 UWG ein bloß allgemein gehaltenes Verbot des unlauteren Wettbewerbs („Generalklausel") festgeschrieben wird?

➤ Der Gesetzgeber kann nicht alle denkbaren Fällen unlauteren Handelns im Einzelnen regeln.

➤ Möglichkeit des Rechtsanwenders, neuartige Maßnahmen sachgerecht zu beurteilen.

➤ Möglichkeit, auf wandelnde Anschauung und Wertmaßstäbe in der Gesellschaft eingehen zu können.

2. Nennen Sie die einen wettbewerbsrechtlichen Anspruch begründenden Tatbestandsmerkmale, die sich unmittelbar aus § 3 UWG ergeben!

➤ Wettbewerbshandlung

➤ zum Nachteil eines bestimmten Personenkreises

➤ nicht unerhebliche Wettbewerbsbeeinträchtigung

➤ Unlauterkeit

3. Das Haribo-Konfekt

Seit 1953 stellt die Fa. Haribo gepresste Lakritze mit einer bissfesten Konsistenz her. Diese Lakritzstückchen vertreibt sie unter der Bezeichnung „Lakritzkonfekt". Katjes brachte 1982 ein weiches Schaumzuckerstück mit Lakritzüberzug auf den Markt, welches sie ebenfalls „Lakritzkonfekt" nannte. Daraufhin klagte Haribo auf Unterlassung. Bei dem Begriff „Lakritzkonfekt" handele es sich um einen von ihr am Markt durchgesetzten Gattungsbegriff, mit dem der Verbraucher eine bissfeste Süßigkeit verbinde. Der Verbraucher werde deshalb in die Irre geführt, wenn der Name „Lakritzkonfekt" von Katjes für ein Weichprodukt verwendet werde. Hat die Fa. Haribo Recht?

Das ist durchaus möglich, wird aber von § 5 UWG nicht verboten. Um festzustellen, ob eine Werbeangabe irreführend ist, muss die Situation aus der Sicht der Verkehrskreise beurteilt werden, an die sie sich wendet. Daher kann es durchaus sein, dass eine objektiv wahre Angabe trotzdem irreführend ist, während eine objektiv unwahre Angabe (sofern sie richtig „verstanden" wird) nicht irreführend sein muss. Im vorliegenden Fall liegt die schwierige Konstellation des Bedeutungswandels eines Begriffs vor. Sicher war der Begriff „Lakritzkonfekt" für das Weichprodukt von Katjes objektiv der richtige Begriff. Allerdings verband ein nicht unerheblicher Teil der Verbraucher mit dem Begriff „Lakritzkonfekt" inzwischen die Vorstellung von gepresstem Lakritz, wie das Landgericht festgestellt hatte. Problematisch war hier, dass es bei dieser beachtlichen Minderheit der Verbraucher über den Begriff „Lakritzkonfekt" zur Irreführung kommen kann, während es bei der Mehrheit der Verbraucher zu solchen Irreführungen nicht kommt. Die Anerkennung des Begriffs „Lakritzkonfekt" als Gattungsbegriff für Presslakritz würde in Bezug auf diese Mehrheit zu einer Verengung wettbewerblicher Handlungsmöglichkeiten für Neuanbieter führen (hier: Katjes). Erforderlich ist nun im Rahmen des § 5 UWG, eine Abwägung der Interessen der Wettbewerber unter Berücksichtigung der Interessen der Allgemeinheit an der Freiheit des Wettbewerbs vorzunehmen. Die Versorgung der Verbraucher wird optimiert durch einen funktionsfähigen Wettbewerb, daher erkennt der BGH zu Recht einen wirklichen Bedeutungswandel eines bestehenden Gattungsbegriffs erst dann an, wenn mindestens die Mehrheit der Nachfrager diesen Bedeutungswandel nachvollzogen hat, wenn sich also das Produkt selbst im Leistungswettbewerb am Markt als Gattung durchgesetzt hat.

4. In § 1 UWG a. F. wurde das Tatbestandsmerkmal „Handeln im geschäftlichen Verkehr" verwendet. Auch in Zukunft wird sich die Rechtsprechung an diesem Tatbestandsmerkmal orientieren, um festzustellen, ob ein marktbezogenes Verhalten eines Unternehmers vorliegt und damit der Maßstab des Lauterkeitsrechts anzulegen ist. Was sollte mit diesem Tatbestandsmerkmal zum Ausdruck gebracht werden?

Rein privat bezogene Tätigkeiten sollen vom UWG nicht erfasst werden, d. h., es bezieht sich allein auf den geschäftlichen oder wirtschaftlichen Wettbewerb. Vom geschäftlichen Verkehr wird jede Tätigkeit erfasst, die irgendwie der Förderung eines beliebigen Geschäftszwecks dient. Hierbei kann es sich auch um einen fremden Geschäftszweck handeln. Entscheidend ist, ob eine selbständige, wirtschaftliche Zwecke verfolgende Tätigkeit vorliegt, in der eine Teilnahme am Erwerbsleben zum Ausdruck kommt.

5. Welche Intention wird mit der Formulierung „zum Nachteil" verfolgt?

Entscheidend soll sein, ob die Wettbewerbsmaßnahmen tatsächlich geeignet sind, zu einer Beeinträchtigung geschützter Interessen der Marktteilnehmer zu führen.

6. Nennen Sie die Voraussetzungen, die vorliegen müssen, damit das Tatbestandsmerkmal „Nachteile für einen bestimmten Personenkreis" bejaht werden kann.

In objektiver Hinsicht ist ein konkretes Wettbewerbsverhältnis erforderlich, auf der subjektiven Seite muss eine Wettbewerbsförderungsabsicht vorliegen.

7. Wann liegt eine Verfälschung des Wettbewerbs vor?

Entscheidend ist es, inwieweit das wettbewerbswidrige Verhalten Auswirkungen auf das Marktgeschehen hat. Es muss eine nach objektiven und subjektiven Momenten unter Berücksichtigung aller Umstände des Einzelfalls zu treffende Wertung vorgenommen werden. Hierbei sind die Art und Schwere des Verstoßes, die zu erwartenden Auswirkungen auf den Wettbewerb sowie der Schutzzweck des Wettbewerbsrechts einzubeziehen.

8. In § 4 UWG werden mit Hilfe von verschiedenen Beispielstatbestände typische Unlauterkeitshandlungen aufgezählt. Warum hat der Gesetzgeber sich dazu entschlossen, § 4 UWG aufzunehmen?

Bei § 3 UWG handelt es sich lediglich um eine Generalklausel. Der Gesetzgeber möchte mit Hilfe des § 4 UWG diese Generalklausel präzisieren und dadurch eine größtmögliche Transparenz schaffen. § 4 UWG hat allerdings keinen abschließenden Charakter. Eine Entscheidung soll auch hier wieder für den jeweiligen Einzelfall getroffen werden, die Wettbewerbshandlung muss tatsächlich geeignet sein, die im Einzelnen genannten Merkmale zu erfüllen, wobei es unerheblich ist, ob es zu einer tatsächlichen Beeinträchtigung gekommen ist.

9. Nennen Sie die in § 4 UWG aufgezählten Beispielstatbestände!

➢   Beeinträchtigung der Entscheidungsfreiheit

➢   Ausnutzung der Unerfahrenheit (insbes. bei Kindern oder Jugendlichen), Leichtgläubigkeit, Angst oder einer Zwangslage

➢   Schleichwerbung

➢   Verkaufsförderungsmaßnahmen

➢   Transparenzgebot bei Preisausschreiben und Gewinnspielen

➢   Koppelung von Waren/Dienstleistungen

➢   Geschäftsehrverletzung

➢   Tatsachenbehauptungen

➢   wettbewerbsrechtlicher Leistungsschutz

➢   individuelle Mitbewerberbehinderung

➢   Rechtsbruch

10. Welche Handlungen sollen von § 4 Ziff. 1 UWG (Beeinträchtigung der Entscheidungsfreiheit) erfasst sein?

Erfasst werden sollen Handlungen in Form der Ausübung von Druck oder in Form der sonstigen unangemessen unsachlichen Beeinflussung.

11. Welche Personengruppe soll mit § 4 Ziff. 2 UWG insbesondere geschützt werden?

Besonders schutzbedürftige Verbraucherkreise in diesem Sinne stellen Kinder und Jugendliche, aber auch sprach- und geschäftsungewandte Mitbürger dar.

12. Nennen Sie Beispiele für Verkaufsförderungsmaßnahmen! Warum sollen gerade diese unlauter i. S. d. § 4 Ziff. 4 UWG sein?

Als Verkaufsförderungsmaßnahmen werden beispielsweise Preisnachlässe, Zugaben und Wettbewerbsgeschenke angesehen. Diese haben eine so hohe Kundenattraktivität, dass sie mit einer nicht unerheblichen Missbrauchsgefahr verbunden sind.

13. Was ist Schmähkritik, die insbesondere vom Anwendungsbereich des § 4 Ziff. 7 UWG erfasst sein wird?

Mit dieser Kritik wird der Mitbewerber pauschal und ohne erkennbaren sachlichen Bezug abgewertet.

14. Welche Fallgruppen sollen durch den in § 4 Ziff. 9 UWG festgeschriebenen wettbewerbsrechtlichen Leistungsschutz erfasst werden?

➢ Fälle der vermeidbaren Herkunftstäuschung

➢ Fälle der sog. Rufausbeutung/Rufbeeinträchtigung

➢ Fälle der unredlichen Kenntniserlangung

15. Um die Wettbewerbswidrigkeit bisher zu bejahen, war es nötig, dass das Tatbestandsmerkmal der „Sittenwidrigkeit" i. S. d. § 1 UWG a. F. erfüllt war. Wie wurde das Tatbestandsmerkmal der „guten Sitten" definiert?

Der Maßstab für den Begriff der guten Sitten wurde aus dem herrschenden Volksbewusstsein entnommen, entscheidend war das „Anstandsgefühl aller gerecht und billig Denkenden". In der Praxis war eine solche Definition allerdings wenig förderlich, sodass in der Regel eine Würdigung des Gesamtcharakters des Verhaltes nach seinem konkreten Anlass, seinem Zweck, den eingesetzten Mitteln, seinen Begleitumständen und Auswirkungen vorgenommen wurde.

16. Telefonwerbung

Ende der 60er Jahre ließ ein Verleger einer Tageszeitung durch eine Werbeagentur per Telefonbuch Abonnenten werben. Während eines Telefonanrufes wurde den Kunden ein kostenloses Probeabonnement mit der Möglichkeit des späteren Bezuges angeboten. Der Verleger einer anderen Tageszeitung des gleichen Raumes klagte nach § 1 UWG a. F. auf Unterlassung dieser Telefonanrufe, da sie gegen die guten Sitten verstießen. Die zuständige Werbeagentur verwies jedoch darauf, die angegriffene Werbeart sei zeitgemäß. Schließlich sei die Belästigung der Verbraucher auch durch andere Werbemethoden zum Teil viel stärker (Fernsehen oder Postwurfsendungen). Außerdem muss sich derjenige, der sich einen Telefonanschluss zulegt, auch damit abfinden, dass er sein Haus damit der großen Welt geöffnet hat. Überzeugt Sie das?

Diese Argumente haben den BGH nicht überzeugt. Nach seiner Ansicht liegt ein Verstoß gegen die guten Sitten im Wettbewerb bereits dann vor, wenn die in Rede stehende wettbewerbliche Maßnahme von der Allgemeinheit missbilligt und für untragbar angesehen werde. Nicht nur wolle § 1 UWG a. F. die Mitbewerber vor unlauterem Wettbewerb schützen, sondern auch die Allgemeinheit sollte vor Auswüchsen des Wettbewerbs bewahrt werden. Hier sei der Schutz der Individualsphäre gegenüber dem wirtschaftlichen Gewinnstreben Dritter abzuwägen. Der BGH hob in diesem Rahmen hervor, dass der Inhaber eines Telefonanschlusses weder sich noch sein Haus unbeschränkt der großen Welt öffne, sondern nur Personen, bei denen nach allgemeiner Anschauung ein anerkennenswertes Bedürfnis für die Benutzung des Telefons zum Zwecke der Ansprache des Anschlussinhabers bejaht werden könne. Außerdem sei nach Ansicht des BGH zu berücksichtigen, dass eine Werbemethode auch dann unlauter sei, wenn sie den Keim zu einem immer weiteren Umsichgreifen in sich trage. Damit führe sie zu einer Verwilderung der Werbesitten, weil die Mitwettbewerber aus Wettbewerbsgründen gezwungen werden, diese Wettbewerbsmethode nachzuahmen. In Bezug auf Telefonwerbung sei das besonders wichtig, weil eine Vielzahl von Gewerbezweigen diese wirtschaftlich nicht besonders aufwendige Methode in Anspruch nehmen könnte.

17. Nennen Sie die von der Rechtsprechung des BGH im Zusammenhang mit § 1 UWG a. F. bzw. dem Begriff der Sittenwidrigkeit entwickelten Fallgruppen!

➢ Kundenfang

➢ Behinderung

➢ Ausbeutung

➢ Rechtsbruch

➢ Marktstörung

18. Nennen Sie die verschiedenen Modalitäten, durch die ein wettbewerbswidriger Kundenfang herbeigeführt werden kann!

➢ Irreführende Praktiken

➢ Schleichwerbung

➢ Nötigung

➢ Belästigung

➢ Übertriebenes Anlocken

➢ aleatorische Anreize

➢ Gefühls- und Vertrauensausnutzung

➢ Ausnutzung der Unerfahrenheit

➢ Laienwerbung

19. Schneeballsystem

Die Kaffeefirma A begann im November 1950 mit einer Verkaufsaktion für Kaffee nach dem Schneeballsystem. Durch Postwurfsendungen bot sie ein Pfund Kaffee zum Preis von 9,00 € = 18,00 DM (entsprach dem damals üblichen Ladenpreis) an und offerierte dieses Pfund Kaffee kostenlos, sofern im Gegenzug fünf weitere Kunden geworben würden. Auch diesen wurde dann wieder das gleiche Versprechen gemacht usw. Sollte man keine Kunden werben, so bekam man den Kaffee für 9,00 € = 18,00 DM plus 1,80 € = 3,60 DM Nachnahme. Sollte man jedoch neue Kunden geworben haben, so wurden pro Kunde 1,80 € = 3,60 DM vergütet, sodass der Kaffee im Ergebnis immer billiger wurde. Daraufhin klagte eine andere Kaffeefirma auf Unterlassung. Es läge ein Fall des sog. Kundenfangs vor, das Schneeballsystem stelle nicht eine bloße Kundenwerbung dar. Nach Ansicht der Fa. A sei der Kaffee im Laden nicht teurer und die versprochene Vergütung entspräche der Werbetätigkeit. Was sagen Sie?

Schon vom Reichsgericht wurden jegliche Arten des Schneeballsystems als unlautere Werbemethoden verboten. Auch hier hat der BGH die Unlauterkeit bejaht. Im Vordergrund stand, dass das Schneeballsystem schon aus mathematischen Gründen über eine längere Zeit nicht durchführbar sei, da schließlich jeder potentielle Kunde nach kurzer Zeit zugleich Werbender ist. Die Verbraucher wurden auf diese Systemschwäche nicht hingewiesen, was unlauter sei. Außerdem verleihe ein solches System aufgrund seines Spiel- bzw. Lotteriecharakters dazu, Waren zu erwerben, die man nicht braucht. Hierbei handelt es sich um eine unlautere Methode i. S. d. psychologischen Kaufzwanges. Besonders pfiffige Unternehmen haben immer wieder Variationen erfunden, mit denen es gelang, der Strafbarkeit nach den §§ 263, 286 Abs. 2 StGB oder nach § 4 UWG a. F. zu entgehen. Daher hatte der Gesetzgeber am 01.08.1986 in § 6 c UWG a. F. die Strafbarkeit der sog. progressiven Kundenwerbung eingeführt.

20. Was versteht man unter dem Stichwort „irreführende Praktiken"?

➢ Vornahme falscher Selbstanpreisung

➢ Werbung mit Lockvogelangeboten

➢ Anlockung mit falschen Hinweisen

➢ Hervorrufung von Missdeutungen

➢ Vortäuschung von Einkaufsvorteilen

➢ Vortäuschung unterschiedlicher Qualitäten oder Erfolgsgarantien

➢ Nichtvornahme einer erforderlichen Widerrufsbelehrung

21. Nennen Sie verschiedene Maßnahmen, die als Mittel eines psychischen Drucks qualifiziert werden können!

➢ Belästigung

➢ Überrumpelung

➢ automatische Verkoppelung

➢ Aufzwingen des Geschäftspartners

➢ „Anzapfen"

22. Was versteht man unter „Anreißen"?

Hierbei wird der Kunde durch aufdringliche Werbung belästigt (z. B. Direktwerbung, Straßenwerbung, Spamming, unaufgeforderte Telefon-, E-Mail-Werbung etc.).

23. Wann ist das übertriebene Anlocken (Kundenbestechung) als wettbewerbswidrig anzusehen? Nennen Sie Beispiele!

Dem Kunden wird eine unentgeltliche Zuwendung (Werbegeschenk) in Aussicht gestellt, die ihn wegen der starken Reizwirkung in einem solchen Maß zum Abschluss eines entgeltlichen Vertrages unsachlich beeinflusst, dass er sich nicht nach seiner Vorstellung über die Preiswürdigkeit und Güte der konkurrierenden Waren entschließt, sondern vornehmlich danach, wie er in den Genuss des Werbegeschenks kommen kann. Beispiele:

➢ Verknüpfung des Verteilens von Werbegeschenken mit dem Betreten des Geschenks des Gewerbetreibenden

➢ kostenlose oder verbilligte Kundenbeförderung unter dem Aspekt des psychologischen Kaufzwangs

24. Verschiedene Maßnahmen, wie beispielsweise sog. Koppelungsangebote, Wertreklamen, unentgeltliche Abgaben von Waren/Dienstleistungen, Gratiszeitungen etc. werden nicht schon an sich als unlauter i. S. d. § 3 UWG angesehen. Unter welcher Voraussetzung stellen Sie allerdings ein wettbewerbswidriges Verhalten dar?

Entscheidend ist immer, wie die Umstände des Einzelfalls zu bewerten sind.

25. Erläutern Sie den Begriff der „aleatorischen Anreize"!

Hierunter sind Einsatzmittel zu verstehen, durch die die Spiellust ausgenutzt wird. Aber auch hier muss wieder der Hintergrund des jeweiligen Einzelfalles ausgeleuchtet werden, es müssen stets zusätzliche Umstände vorliegen, die den Unlauterkeitsvorwurf rechtfertigen. Im Zusammenhang mit dem Einsatz aleatorischer Reize liegt eine Unlauterkeit erst dann vor, wenn die freie Willensentschließung der angesprochenen Verkehrskreise so nachhaltig beeinflusst ist, dass ein Kaufentschluss nicht mehr durch sachliche Gesichtspunkte, sondern durch das Streben nach der Gewinnchance bestimmt wird.

26. Wann ist die Wettbewerbswidrigkeit im Zusammenhang mit der Fallgruppe der Gefühls- und Vertrauensausnutzung zu bejahen?

Vorausgesetzt wird, dass ein sachlicher Zusammenhang zwischen dem in der Werbung angesprochenen sozialen Engagement und der beworbenen Sache/Dienstleistung nicht besteht, wenn also zielbewusst und planmäßig an die soziale Hilfsbereitschaft appelliert wird, um diese im eigenen wirtschaftlichen Interesse als entscheidende Kaufmotivation auszunutzen.

27. Welche Personengruppe soll insbesondere durch die Fallgruppe der Ausnutzung der Unerfahrenheit geschützt werden?

Durch diese Fallgruppe sollen in erster Linie Kinder und Jugendliche geschützt werden. Gerade diese Personengruppe soll nicht aus geschäftlicher Unkenntnis oder geschäftlicher Unsicherheit übertölpelt werden können.

28. Nennen Sie verschiedene Modalitäten, die eine Behinderung und damit eine Unlauterkeit gem. § 3 UWG darstellen können!

➤ Absatz-, Werbe-, Lizenz- und Bezugsbehinderung

➤ Betriebsstörung

➤ Preisunterbietung

➤ Boykott

➤ Diskriminierung

➤ Geschäftsehrverletzung und Anschwärzung

29. Sicher ist Ihnen bekannt, dass die Fa. Benetton mit den Mitteln der Schockwerbung in den Jahren 1994/95 sehr stark auf sich aufmerksam gemacht hat. Es ging u. a. um die Abbildung einer ölverschmutzten Ente, die auf einem Ölteppich schwimmt. Hier hat eine Zentrale zur Bekämpfung des unlauteren Wettbewerbs auf Unterlassung geklagt. Sie führte an, dass Benetton lediglich beabsichtige, dass der Name der Firma in aller Munde sei. Diese Werbung widerspreche dem Leitbild des Leistungswettbewerbs. Gleichsam schwinge das Unternehmen sich zum weltweiten Umweltschützer auf, ohne dass sie tatsächlich in irgendeiner Weise zum Umweltschutz beitrage. Wie hat der BGH entschieden?

Der BGH stellte fest, dass solche Werbung eines Unternehmens, welches mit der Darstellung schweren Leids der Kreatur auf sich aufmerksam macht, gegen die guten Sitten im Wettbewerb verstößt, weil sie das Gefühl des Mitleids des Verbrauchers anspricht, das werbende Unternehmen als gleichermaßen betroffen darstellt und somit eine Solidarisierung der Einstellung solchermaßen berührter Verbraucher mit dem Namen und zugleich der Geschäftstätigkeit dieses Unternehmens herbeiführt. Für solche Presseunternehmen, die diese Werbung veröffentlichen, begründet sich mit diesem Verhalten die Gefahr, weitere solche Werbeanzeigen zu veröffentlichen und damit den sittenwidrigen Wettbewerb zu fördern. Dies gilt selbstverständlich auch für die Werbung von Benetton, in der schwer arbeitende Kleinkinder der Dritten Welt beim Hausbau gezeigt wurden.

30. Wann liegt eine Behinderung in diesem Sinne vor?

Der Wettbewerber muss durch eine Maßnahme zu erreichen versuchen, dass der Mitbewerber seine Leistung auf dem Markt nicht oder nicht mehr zur Geltung bringen kann und deshalb die Marktpartner auf der Marktgegenseite einen echten, auf ihren freien Willen beruhenden Leistungsvergleich nicht mehr vornehmen können.

31. Was verstehen Sie unter sog. „Meta-Tagging"?

Hierbei handelt es sich um eine besondere Form des Behinderungsmechanismus, der mit dem Medium des Internets bewerkstelligt wird. Suchmaschinennutzer werden auf die eigene Website abgelenkt, indem das Suchergebnis mit Hilfe von Meta-Tags manipuliert wird. Eine Absatzbehinderung liegt indes jedoch nur vor, sollte der Internetuser allein aufgrund dieser Vorkommnisse seine Kaufentscheidung abändern.

32. Wann liegt sog. Domain-Grabbing vor?

Hier wird zunächst eine Domain registriert, ohne Bezug zu einem Produkt oder Gewerbe zu haben. Der alleinige Zweck besteht darin, die Domain für einen Internetauftritt eines Kunden freizuhalten. Wird diese Blockade zu Lasten eines Marken- bzw. Titelinhabers vorgenommen, liegt ein sog. Domain-Grabbing vor. Diejenige Person, die die Registrierung vorgenommen hat, hat in Wirklichkeit kein eigenes Nutzungsinteresse daran! Subjektiv gesehen muss eine schikanöse vorsätzliche sittenwidrige Schädigungsabsicht vorliegen, die auf die Verwertung der Domain als Handelsware gerichtet ist.

33. Nennen Sie die verschiedenen Maßnahmen, durch die der Behinderungstatbestand Betriebsstörung verwirklicht werden kann!

➢ Warnungen
➢ Sperre durch Markenerwerb
➢ Kontrollvereitelung
➢ Störung des Arbeits- und Betriebsfriedens

34. Wann ist die Preisunterbietung als wettbewerbswidriges Verhalten anzusehen?

Zunächst ist zu unterscheiden zwischen preisgebundenen und nicht preisgebundenen Waren/Dienstleistungen. Das Preisbildungsverhalten ist dann als wettbewerbswidrig einzustufen, wenn ein Gewerbetreibender ständig seine Waren/Dienstleistungen zu Verlustpreisen am Markt anbietet, um gerade auf diese Weise ganz konkrete Wettbewerber vom Markt zu verdrängen oder aber zu vernichten.

35. Nennen Sie die drei Personen, die an einem Boykott mindestens beteiligt sein müssen!

> Verrufer/Boykottierer: er fordert einen anderen zur Sperre auf

> Adressat

> Boykottierter

36. Wann ist der Tatbestand der Ausbeutung erfüllt?

Das Ziel des Ausbeutens ist es, sich fremde Leistungen zunutze zu machen. Das ist wettbewerbsrechtlich gesehen zunächst nicht zu beanstanden, erst wenn das Stadium der sklavischen Nachahmung erreicht wird, kann ein wettbewerbswidriges Verhalten gegeben sein. Unter sklavischer Nachahmung ist die systematische Verwertung fremder Leistungen für die eigene Gewinnerzielung zu verstehen.

37. Nennen Sie die beiden Modalitäten, die für die Fallgruppe des Rechtsbruchs in Betracht kommen!

> Verletzung außervertraglicher Bindungen

> Verletzung vertraglicher Bindungen

38. Spalt-Tabletten

Ein Drogist verkaufte Anfang der 50er Jahre Spalt-Tabletten. Der Apothekerverband wies darauf hin, dass Spalt-Tabletten nach § 1 der Arzneimittelverordnung (AMVO) apothekenpflichtig seien. Der Verkauf in einer Drogerie sei unlauter. Trifft das zu?

Nach Ansicht des BGH liegt ein Verstoß gegen § 1 UWG a. F. vor, wenn ein Drogist unter Zuwiderhandlung gegen die AMVO apothekenpflichtige Arzneimittel an Verbraucher abgebe. Nicht jede Verletzung eines Gesetzes stelle eine Sittenwidrigkeit i. S. d. § 1 UWG a. F. dar. Allerdings würden hier Vorschriften verletzt, die aus Gründen der Volksgesundheit erlassen worden seien. Das widerspreche in der Regel den Anschauungen des verständigen Durchschnittsgewerbetreibenden. Die AMVO verfolgt in der Hauptsache einen gesundheitspolitischen Zweck. Ein Verstoß dagegen ziehe ebenfalls einen Verstoß gegen eine Regelung des Wettbewerbs nach sich.

39. Wann wird von einer Verletzung sog. wertbezogener und wann von einer Verletzung sog. wertneutraler Vorschriften gesprochen?

Damit eine Vorschrift als wertbezogen angesehen werden kann, muss sie sittlich fundiert sein. Das bedeutet, dass sie Ausdruck einer sittlichen Grundanschauung ist oder dem Schutz eines für die Allgemeinheit besonders wichtigen Gutes dient. Eine Vorschrift ist wertneutral, wenn sie lediglich der ordnenden Zweckmäßigkeit dient, allerdings weder einem sittlichen Gebot Geltung verschaffen noch dem Schutz besonders wichtiger Gemeinschaftsgüter oder allgemeiner Interessen dienen soll.

40. Führt eine Verletzung einer dieser Vorschriftsarten allein schon zur Unlauterkeit der Wettbewerbshandlung?

Bei einer Missachtung wertbezogener Normen liegt an sich schon ein Widerspruch zu dem sittlich-rechtlichen Empfinden der Allgemeinheit vor, sodass ohne zusätzliche Kriterien von einer Unlauterkeit gesprochen werden kann. Dagegen führt die Verletzung einer wertneutralen Vorschrift nicht automatisch zu einem Wettbewerbsverstoß. Vielmehr muss dem Verletzer hier ein bewusstes und planmäßiges Vorgehen nachgewiesen werden können, was zu einem Wettbewerbsvorsprung auf Seiten des Verletzers führt.

41. Bei der Aufteilung in werbezogene und wertneutrale Normen handelt es sich um eine tradierte Auffassung. Nennen Sie verschiedene Entscheidungen des BGH, die Zweifel an dieser tradierten Auffassung rechtfertigen!

➢ Abgasemissionen-Entscheidung

➢ Vielfachabmahner-Entscheidung

➢ Sportwetten-Entscheidung

➢ Elektroarbeiten-Entscheidung

42. Wann liegt ein wettbewerbswidriges Verleiten zum Vertragsbruch vor?

Hierbei bewegt ein Wettbewerber einen anderen Mitbewerber oder eine dritte Person bewusst zu Zwecken des Wettbewerbs zum Vertragsbruch.

43. Ist auch das bloße Ausnutzen fremden Vertragsbruchs schon als wettbewerbswidrig anzusehen?

Das bloße Ausnutzen fremden Vertragsbruchs an sich ist nicht wettbewerbswidrig, hier müssen wieder besondere Umstände hinzutreten.

44. Bei der Marktstörung handelt es sich schließlich um die letzte Fallgruppe einer Unlauterkeit gem. § 3 UWG. Wann liegt eine solche Marktstörung vor?

Eine solche Marktstörung kann bejaht werden, wenn eine nicht leistungsgerechte Wettbewerbsmaßnahme geeignet ist, durch die Beseitigung der Freiheit von Angebot und Nachfrage den Bestand des Wettbewerbs zu gefährden und die Mitbewerber zu verdrängen.

45. Nennen Sie verschiedene Einzelfälle der Fallgruppe der Marktstörung!

➢ Massenverteilung von Originalware

➢ Umsonstlieferung von Presseerzeugnissen

➢ bestimmte Preiskampfmethoden

➢ Ausbeutungsmissbrauch (Ausnutzung einer wirtschaftlichen Machtstellung)

46. Ein Fachverband beschließt, eine Fachzeitschrift auf Kosten des Verbandes gratis zu verteilen. Liegt hierbei ein Verstoß gegen § 3 UWG vor?

Nein, entscheidend ist allerdings, ob die beteiligten Kreise (Leser, Verleger, Inserenten) das System der Gratisverteilung als marktgerecht ansehen und von ihm keine Marktverwilderung zu befürchten ist.

47. Nennen Sie die verschiedenen Rechtsfolgen, die sich durch die in § 3 UWG vermittelten Ansprüche ergeben können!

➢ Unterlassungsansprüche

➢ Beseitigungsansprüche

➢ Vernichtung von Gegenständen

➢ Widerrufsansprüche

➢ Schadensersatzansprüche

➢ Auskunfts- und Rechnungslegungsansprüche

➢ Vertragsstrafenansprüche

➢ Kostenerstattungsansprüche

➢ Abwehr von Ansprüchen im Wege der negativen Feststellungsklage

➢ Gewinnabschöpfungsanspruch

48. § 10 UWG soll den neu eingeführten Gewinnabschöpfungsanspruch erfassen. Dadurch soll den Durchsetzungsdefiziten bei den sog. Streuschäden entgegengewirkt werden. Was versteht man unter Streuschäden?

In Fällen dieser Art wird eine Vielzahl von Abnehmern durch wettbewerbswidriges Verhalten geschädigt, die Schadenshöhe ist im Einzelnen jedoch gering. Der Schaden bleibt beim Einzelnen häufig im Bagatellbereich, sodass er regelmäßig von einer Rechtsverfolgung absieht, da der Aufwand und die Kosten hierfür in keinem Verhältnis zu seinem Schaden stehen. Der Zuwiderhandelnde kann dann häufig den Gewinn erhalten, den er bis zum Erlass einer einstweiligen Verfügung auf Unterlassung erzielt hatte.

49. In welchem Verhältnis steht der Gewinnabschöpfunganspruch zu den individuellen Ersatzansprüchen?

Dieses Verhältnis soll durch die Vorschrift des § 10 Abs. 2 UWG geregelt werden. Individuelle Schadensersatzansprüche sind hiernach vorrangig zu befriedigen.

50. Wem steht der abgeschöpfte Gewinn zu?

Gem. § 10 Abs. 1 und 4 UWG kommt der abgeschöpfte Gewinn letztlich dem Bundeshaushalt zu.

§ 46 Besondere Tatbestände des Wettbewerbs- rechts

1. Was ist unter vergleichender Werbung zu verstehen?

Bei vergleichender Werbung handelt es sich gem. § 6 Abs. 1 UWG um Werbung, bei der unmittelbar oder mittelbar ein Mitbewerber oder die von einem Mitbewerber angebotenen Waren oder Dienstleistungen erkennbar gemacht werden. Es muss ein für den Verkehr erkennbarer Bezug zwischen mindestens zwei Wettbewerbern, zwischen deren Waren oder Dienstleistungen bzw. ihren Tätigkeiten oder sonstigen Verhältnissen hergestellt werden.

2. Wer gilt insbesondere als Mitbewerber in diesem Sinne?

Hierbei handelt es sich um Wettbewerber, die in einem tatsächlichen oder doch potentiellen Wettbewerbsverhältnis zum werbenden Unternehmen stehen. Aus der Sicht der angesprochenen Verkehrskreise müssen die angebotenen Waren oder Dienstleistungen austauschbar sein, was insbesondere bei Konkurrenzunternehmen oder Konkurrenzangeboten der Fall ist.

3. Vergleichende Werbung ist nur in bestimmten Fällen unlauter i. S. d. § 3 UWG. Nennen Sie die verschiedenen Fälle!

➤ Der Vergleich bezieht sich nicht auf Waren oder Dienstleistungen für den gleichen Bedarf oder dieselbe Zweckbestimmung (§ 6 Abs. 2 Ziff. 1).

➤ Der Vergleich ist nicht objektiv auf eine oder mehrere wesentliche, relevante, nachprüfbare und typische Eigenschaften oder den Preis dieser Waren oder Dienstleistungen bezogen (§ 6 Abs. 2 Ziff. 2).

➤ Der Vergleich führt im geschäftlichen Verkehr zu Verwechslungen zwischen dem Werbenden und einem Mitbewerber oder zwischen den von diesen angebotenen Waren oder Dienstleistungen oder den von ihnen verwendeten Kennzeichen (§ 6 Abs. 2 Ziff. 3).

➤ Der Vergleich nutzt die Wertschätzung des von einem Mitbewerber verwendeten Kennzeichens in unlauterer Weise aus oder beeinträchtigt diese (§ 6 Abs. 2 Ziff. 4).

➤ Der Vergleich setzt die Waren, Dienstleistungen, Tätigkeiten oder persönlichen oder geschäftlichen Verhältnisse eines Mitbewerbers herabs oder verunglimpft diese (§ 6 Abs. 2 Ziff. 5).

➤ Der Vergleich stellt eine Ware oder Dienstleistung als Imitation oder Nachahmung einer unter einem geschützten Kennzeichen vertriebenen Ware oder Dienstleistung dar (§ 6 Abs. 2 Ziff. 6).

4. Wie erklären Sie sich, dass vergleichende Werbung im Grundsatz zulässig sein soll?

Durch vergleichende Werbung sollen die Vorteile der verschiedenen vergleichbaren Erzeugnisse objektiv herausgestellt werden, sodass der Wettbewerb dadurch zwischen den Anbietern von Waren und Dienstleistungen im Interesse der Verbraucher gefördert wird.

5. § 5 UWG enthält ein Irreführungsverbot im Zusammenhang mit geschäftlichen Verhältnissen. Was versteht man unter geschäftlichen Verhältnissen?

Hierunter ist insbesondere die Beschaffenheit, der Ursprung, die Herstellung oder die Preisbemessung einzelner Waren oder gewerblichen Leistungen oder des gesamten Angebotes, Preislisten, die Art des Bezugs oder die Bezugsquelle von Waren, der Besitz von Auszeichnungen, der Anlass oder der Zweck des Verkaufs oder die Menge der Vorräte zu verstehen.

6. Inwieweit kann im Verschweigen einer Tatsache eine irreführende Angabe gesehen werden?

Eine irreführende Angabe wurde von der Rechtsprechung zur bisherigen Fassung des UWG angenommen, wenn für den Werbenden eine Aufklärungspflicht besteht. Zwar kann aus dem Wettbewerb selbst eine solche Verpflichtung nicht ohne weiteres angenommen werden, da eine Offenlegung aller Eigenschaften einer Ware oder Leistungen vom Verkehr nicht erwartet werden kann. Ist das Verschweigen einer Tatsache jedoch geeignet, das Publikum in relevanter Weise irrezuführen, also seine Entschließung zu beeinflussen, liegt eine solche Aufklärungspflicht vor.

7. Wann wird bei einer Werbung mit einer Preissenkung eine Irreführung vermutet?

Eine solche Vermutung ist stets dann berechtigt, wenn zuvor sog. Mondpreise gefordert wurden, um kurz darauf mit einer Preissenkung werben zu können. Der ursprüngliche Preis wurde nur für eine sehr kurze Zeit gefordert, worin die Irreführung zu sehen ist, wobei auch im Einzelfall eine andere Bewertung denkbar ist.

8. Wann wird bei einer fehlenden Vorratsmenge von einer Irreführung gesprochen?

§ 5 Abs. 5 S. 2 UWG stellt die widerlegliche Vermutung auf, dass ein angemessener Warenvorrat dann nicht gegeben ist, wenn der Vorrat nicht die Nachfrage von zwei Tagen deckt. Auch hier ist im Einzelfall wieder eine andere Bewertung denkbar.

9. Ist die Behauptung einer Spitzen- oder Alleinstellung zulässig?

Mit einer solchen Behauptung ist stets die Gefahr einer Irreführung des Verkehrs verbunden, sodass sie nur zulässig ist, wenn die Werbebehauptung wahr ist, der Werbende einen deutlichen Vorsprung gegenüber seinen Mitbewerbern vorzuweisen hat und dieser Vorsprung die Aussicht auf eine gewisse Stetigkeit bietet.

10. Wann kann von einer zulässigen unverbindlichen Preisempfehlung gesprochen werden?

Eine solche liegt nur dann vor, wenn sie in der Erwartung ausgesprochen wird, dass der empfohlene Preis dem von der Mehrheit der Empfehlungsempfänger voraussichtlich geforderten Preis entsprechen wird.

11. Wann stellen Handlungen unzumutbare Belästigungen dar?

Sie müssen bereits wegen der Art und Weise unabhängig von ihrem Inhalt als Belästigung empfunden werden, wobei die Belästigung regelmäßig darin besteht, dass die Wettbewerbshandlung den Empfängern aufgedrängt wird.

12. § 7 Abs. 2 Ziff. 1 UWG normiert den Grundsatz, dass eine Werbung dann als unzumutbare Belästigung anzusehen ist, wenn erkennbar ist, dass der Empfänger diese Werbung nicht wünscht. Nennen Sie ein typisches Beispiel für diesen Tatbestand!

Der Empfänger hat durch einen Aufkleber an seinem Briefkasten hinreichend deutlich zum Ausdruck gebracht, dass er eine bestimmte Werbung nicht wünscht.

13. § 7 Abs. 2 Ziff. 2 UWG erfasst den Tatbestand der sog. individuellen Telefonwerbung, wonach die Werbung gegenüber Privatpersonen durch unerbetene telefonische Anrufe grundsätzlich als wettbewerbswidrig qualifiziert wird, außer sie hat zuvor ausdrücklich ihre Einwilligung erklärt. Nennen Sie den Grund für eine solche Regelung!

Der Anschlussinhaber wird durch einen solchen Anruf erheblich in seiner Individualsphäre beeinträchtigt. Er ist gezwungen, das Gespräch zunächst anzunehmen und wegen der Ungewissheit über den Zweck des Anrufs zumeist genötigt, sich auf das Gespräch einzulassen. Der Anschlussinhaber kann sich gegen das Eindringen in seine Privatsphäre nicht von vornherein wehren.

14. Was ist unter Insolvenzware zu verstehen?

Hierbei handelt es sich um Ware, die bei der Masseversilberung veräußert wird, nicht um Ware, die irgendwann einmal Teil einer Insolvenzmasse war. Stammt die Ware tatsächlich nicht aus einer Insolvenzmasse, liegt eine Irreführung vor.

15. Wann ist es zulässig, gegenüber dem Letztverbraucher anzugeben, Hersteller oder Großhändler zu sein?

➢ Diese Eigenschaft liegt tatsächlich vor, und

➢ es wird ausschließlich an den letzten Verbraucher verkauft, oder

➢ es wird an den letzten Verbraucher zu den seinen Wiederverkäufern oder gewerblichen Verbrauchern eingeräumten Preisen verkauft, oder

> es wird unmissverständlich darauf hingewiesen, dass die Preise beim Verkauf an den letzten Verbraucher höher liegen als beim Verkauf an Wiederverkäufer oder gewerbliche Verbraucher oder dies sonst für den letzten Verbraucher offenkundig ist.

16. Zwischen welchen Personen vollzieht sich der Kaufscheinhandel?

Der Einzelhändler (Kaufscheinhändler) gibt auf der Grundlage einer Vereinbarung mit einem Hersteller/Großhändler (Vertragslieferant) sog. Kaufscheine (Einkaufsausweise) an Letztverbraucher ab. Diese Personen dadurch die Möglichkeit, bestimmte Waren, insbesondere Verbrauchsgüter, unmittelbar vom Vertragslieferanten zu beziehen.

17. Was versteht man unter dem Tatbestand der sog. Anschwärzung?

Hierbei stellt jemand über das Erwerbsgeschäft eines anderen, über die Person des Inhabers oder Leiters des Geschäfts, über die Waren oder gewerblichen Leistungen eines anderen Tatsachenbehauptungen auf oder verbreitet solche, die geeignet sind, den Betrieb des Geschäfts oder den Kredit des Inhabers zu schädigen.

18. Erläutern Sie den sog. Geheimnisverrat!

Ein Angestellter, Arbeiter oder Lehrling eines Geschäftsbetriebs verrät ein Geschäfts- oder Betriebsgeheimnis.

19. Nennen Sie Rabatte, die auch nach dem Wegfall von Rabattgesetz und Zugabe- verordnung unzulässig sind!

> Zufalls- oder Glücksrabatte

> Gewährung von Nachlässen auf preisgebundene Produkte (z. B. Zeitschriften oder Bücher)

> Ankündigung von Rabatten für bestimmte Käufergruppen, wobei der Rabatt dann doch tatsächlich jedem Kunden gewährt wird

§ 47 Die gerichtliche Durchsetzung wettbewerbs- rechtlicher Ansprüche

1. Was verstehen Sie unter einer wettbewerbsrechtlichen Störerhaftung? Nennen Sie die Voraussetzungen!

Nach ständiger Rechtsprechung des BGH beschränkt sich das Wettbewerbsrecht nicht auf die Person des Verletzers und die des Verletzten, vielmehr ist es auch möglich, dass eine dritte Person in der Weise beteiligt ist, dass diese unter wettbewerbsrechtlichen Aspekten als Störer haftet. Voraussetzung ist hier, dass ein Dritter einen Wettbewerbsverstoß tatsächlich begangen hat und der Störer an diesem Wettbewerbsverstoß mitgewirkt hat. Wenn schon ein solcher Wettbewerbsverstoß nicht vorliegt, scheidet auch eine Störerhaftung aus.

2. Was verstehen Sie unter einer Abmahnung?

Hierbei handelt es sich um eine mit einer entsprechenden Unterlassungs(verpflichtungs)erklärung verbundene außergerichtliche Aufforderung, das wettbewerbswidrige Verhalten künftig zu unterlassen. Grundsätzlich sollte vor Einleitung eines gerichtlichen Verfahrens eine Abmahnung ausgesprochen werden.

3. Ein Autohändler wird von einem seriösen Verbraucherverband unter Zuhilfenahme eines Rechtsanwaltes erfolgreich abgemahnt. Nun möchte der Verbraucherverband den Autohändler auf Ersatz der Rechtsanwaltskosten in Anspruch nehmen. Dieser erkundigt sich bei Ihnen, warum er diese erstatten soll, davon finde er kein Wort im UWG. Was antworten Sie?

Er muss trotz allem zahlen. Zwar ist der Anspruch im UWG nicht geregelt, inzwischen aber durch die Neuregelung des § 13 Abs. 5 UWG zumindest inzident auch vom Gesetzgeber anerkannt. Der Anspruch wurde von der Rechtsprechung entwickelt und zwar in Analogie zu den §§ 1004, 683 BGB. Eine dogmatische Begründung wurde unter Mithilfe des Anführens des Gesichtspunktes geliefert, die Abmahnung erspare auch dem Abgemahnten die (höheren) Prozesskosten. Diese Konstruktion wurde von der Literatur nahezu einhellig kritisiert. Durch den neuen § 13 Abs. 5 UWG dürften die Diskussionen jedoch zum Verstummen gelangt sein. Zu beachten ist allerdings, dass immer nur solche Aufwendungen erstattungsfähig waren, die auch erforderlich sind, wozu vor allem in einfach gelagerteren Fällen keineswegs die Kosten eines Rechtsanwaltes gehören müssen.

4. Erläutern Sie die sog. „Pearl-Harbor-Methode"!

Der Gläubiger kann grundsätzlich vor oder aber zeitgleich mit der Abmahnung eine einstweilige Verfügung erwirken, da die vorgerichtliche Abmahnung keine vom Gesetz normierte Zulässigkeitsvoraussetzung für die gerichtliche Geltendmachung eines wettbewerbsrechtlichen Unterlassungsanspruchs darstellt. Hat der Schuldner auf die Abmahnung nicht reagiert und gibt er keine strafbewehrte Unterlassungserklärung ab, kann ihm anschließend die einstweilige Verfügung zugestellt werden.

5. Was verstehen Sie unter Fällen der sog. leichten Flüchtigkeit? Liegt in diesem Fall Unzumutbarkeit und damit Entbehrlichkeit der Abmahnung vor?

Der Verletzer hat bei einer vorherigen Abmahnung die Möglichkeit, den Anspruch des Verletzten auf Vernichtung der Ware zu unterlaufen, indem er zur Vermeidung wirtschaftlicher Nachteile etwaige wettbewerbsrechtlich befangene oder mit anderen

Schutzrechten behaftete Ware beiseite schafft und damit den Anspruch des Verletzten auf Vernichtung der Ware unterläuft. Dies allein genügt nicht, um eine Unzumutbarkeit und damit Entbehrlichkeit der Abmahnung anzunehmen. Entscheidend sind auch hier wieder die Umstände des Einzelfalls.

6.   Wer trägt die Beweislast für den Nichtzugang einer Abmahnungserklärung?

Diese Beweislast trifft grundsätzlich den Schuldner (entgegen den ansonsten üblichen Regeln über den Zugang von Willenserklärungen). So trägt das Verlustrisiko eines Schreibens auf dem Postweg grundsätzlich der wettbewerbsrechtliche Verletzer.

7.   Nennen Sie die Handlungsalternativen, die sich für den Abgemahnten nach Erhalt einer Abmahnung ergeben!

Zunächst kann der Abgemahnte fristgerecht reagieren, dann hat er keine Veranlassung zur Klageerhebung bzw. Einleitung eines Verfahrens auf Erlass einer einstweiligen Verfügung gegeben. Die Vermutung einer Wiederholungsgefahr ist ausgeräumt.

Reagiert er dagegen nicht fristgerecht oder gibt er nur eine unzureichende strafbewehrte Unterlassungserklärung ab, hat er zur Einleitung eines Klage- bzw. einstweiligen Verfügungsverfahrens Anlass gegeben.

8.   Wird die einstweilige Verfügung von Amts wegen an den Verfügungsbeklagten zugestellt?

Nein, sie wird dem Verfügungskläger zum Zwecke der Zustellung im sog. Parteibetrieb übergeben. Der Verfügungskläger muss selbst für die Zustellung im Parteibetrieb sorgen, indem er sie einem Gerichtsvollzieher, verbunden mit einem Zustellungsauftrag, übergibt oder indem er eine Zustellung von Anwalt zu Anwalt veranlasst.

9.   Wird durch den Antrag auf Erlass einer einstweiligen Verfügung die Verjährungsfrist unterbrochen?

Nein, hier ist insbesondere zu beachten, dass die Verjährungsfrist im Rahmen des Wettbewerbsrechts gem. § 11 Abs. 1 UWG lediglich sechs Monate beträgt. Sie beginnt mit Kenntnisnahme durch den Verletzten/Geschädigten. Liegt eine solche Kenntnisnahme nicht vor, beträgt die Verjährungsfrist drei Jahre. Der Verfügungskläger muss also zusätzliche Schritte zur Unterbrechung der Verjährung einleiten.

10. Was verstehen Sie unter einer sog. Schutzschrift?

Der Empfänger einer Abmahnung muss grundsätzlich damit rechnen, dass der Abmahner eine einstweilige Verfügung erwirkt. Um den Erlass einer solchen zu verhindern oder zumindest die Anberaumung eines mündlichen Verhandlungstermins zu erreichen, kann der Verletzer eine sog. Schutzschrift an das zuständige Gericht einreichen. Hiermit verschafft er sich bei Gericht frühzeitig rechtliches Gehör, sodass das Gericht seine Ausführungen zur Kenntnis nehmen kann.

11. Was versteht man unter einer Abschlusserklärung?

Der Wettbewerbsstörer erkennt die (vorläufige) einstweilige Verfügung als endgültig an, sodass eine endgültige Befriedung stattfindet. Gibt der Störer eine solche Erklärung nicht ab, gibt er Anlass für eine Klage im Hauptsacheverfahren.

12. Erläutern Sie das Verhältnis von Klageverfahren und einstweiliger Verfügung!

Dem Klageverfahren kommt im Gegensatz zum Verfahren auf Erlass einer einstweiligen Anordnung nur eine untergeordnete Bedeutung zu. Wettbewerbssachen sind stets von besonderer Bedeutung und Eilbedürftigkeit. Das Gesetz stellt in § 12 Abs. 2 UWG eine Vermutung der Dringlichkeit auf, sodass der für die Einleitung eines einstweiligen Verfügungsverfahrens eigentlich erforderliche Verfügungsgrund in Form der Dringlichkeit nicht gesondert dargestellt zu werden braucht.

§ 48 Aspekte des Internationalen Wettbewerbsrechts

1. Um festzustellen, welches Recht anwendbar ist, muss an das allgemeine Deliktsstatut bei unerlaubten Handlungen angeknüpft werden. Beschreiben Sie, welches Recht hiernach anwendbar sein wird!

Ansprüche aus unerlaubter Handlung unterliegen stets dem Recht des Staates, in dem der Ersatzpflichtige die Handlung begangen hat, Art. 40 Abs. 1 S. 1 EGBGB. Der Verletzte selbst kann aber verlangen, dass anstelle des Rechts des Handlungsortes das des Erfolgsortes angewendet wird, Art. 40 Abs. 1 S. 2 EGBGB. Besteht jedoch mit dem Recht eines anderen Staates eine wesentlich engere Verknüpfung, soll das Recht dieses Staates anwendbar sein, Art. 41 Abs. 1 EGBGB.

2. Was sind marktbezogene, was betriebsbezogene Handlungen?

Als marktbezogene Handlungen sind solche anzusehen, die sich erst indirekt, d. h. über den Markt gegenüber einem bestimmten Unternehmen auswirken. Dagegen liegen betriebsbezogene Handlungen vor, wenn sich ein Wettbewerber unmittelbar und ohne Umweg über Abnehmer oder Lieferanten gegen ein betroffenes Unternehmen direkt wendet.

3. Wo liegt bei marktbezogenen Handlungen der Handlungs- und wo der Erfolgsort?

Der Handlungsort liegt hier an dem Ort, an dem auf die Marktgegenseite eingewirkt wird, d. h. dort, wo die wettbewerblichen Interessen der Mitbewerber aufeinandertreffen. Auch der Erfolgsort liegt an dem Ort, an welchem die Einwirkung stattfindet, sodass sich sowohl Handlungs- und Erfolgsort am Ort der wettbewerblichen Interessenkollision befinden.

4. Wo befindet sich bei der betriebsbezogenen Handlung der Handlungs-, wo der Erfolgsort?

Als Handlungsort wird hier der Ort bezeichnet, von dem die betriebsbezogene Wettbewerbshandlung ausgeht. Der Erfolgsort befindet sich am Sitz des angegriffenen Unternehmens.

5. Nennen Sie die beiden Fallkonstellationen, die eine Ausnahme vom Marktortprinzip begründen!

Konstellation 1: Der Wettbewerb spielt sich auf einem Auslandsmarkt ausschließlich zwischen Inländern ab, sodass der BGH bei nicht marktbezogenen Wettbewerbshandlungen grundsätzlich an das gemeinsame Heimatrecht anknüpft.

Konstellation 2: Art. 40 Abs. 2 EGBGB ist auch stets dann einschlägig, wenn eine betriebsbezogene Wettbewerbshandlung vorliegt.

6. Was sind sog. Multi-State-Wettbewerbshandlungen („Streuhandlungen")? Welches Recht ist hier anwendbar?

Hierbei handelt es sich um Wettbewerbshandlungen, die zugleich mehrere Begehungsorte haben und damit die Rechtssysteme verschiedener Länder gleichzeitig berühren. Hier gilt vom Grundsatz her das Marktortprinzip, sodass das Recht aller Länder anwendbar ist, in denen die Wettbewerbshandlungen auf die jeweilige Marktgegenseite einwirken.

7. Wo befindet sich bei marktbezogenen Wettbewerbshandlungen im Internet der Handlungs- bzw. Erfolgsort?

Beide Orte sollen sich dort befinden, wo durch den Abruf der Informationen auf die Marktgegenseite eingewirkt wird. Hierbei handelt es sich nur um einen Ort, an dem die Abrufbarkeit der Website spürbar auf die Marktgegenseite einwirken kann, eine bloße Möglichkeit der Abrufbarkeit der Website genügt nicht. Unter Umständen sind dann sämtliche Wettbewerbsordnungen derjenigen Staaten zu berücksichtigen, in denen eine Einwirkung auf die Marktgegenseiten zu erwarten ist.

8. Gem. Art. 14 EGV hat die Europäische Gemeinschaft zur Verwirklichung des Binnenmarktes die „erforderlichen Maßnahmen" zu treffen. Nennen Sie die verschiedenen Rechtsgrundlagen, die mit diesem Ziel im Zusammenhang stehen!

Zunächst regeln Art. 28 und 29 EGV mengenmäßige Einfuhr- und Ausfuhrbeschränkungen. In Art. 30 EGV werden bestimmte Ausnahmetatbestände festgeschrieben. Außerdem sind in Art. 81 ff. EGV bestimmte Wettbewerbsregeln vorgesehen.

9. Nennen Sie die Voraussetzungen, unter denen auf der Grundlage der Rechtsprechung des EuGH eine verbotene Diskriminierung von Wirtschaftsteilnehmern anderer EG-Mitgliedstaaten i. S. d. Art. 30 EGV nicht vorliegen wird!

Eine solche Diskriminierung liegt nicht vor, wenn

➤ eine wettbewerbsrechtliche Regelung vorliegt, die den Warenverkehr zwischen den Mitgliedstaaten der EG mittelbar oder unmittelbar berührt,

➤ bestimmte Verkaufsmodalitäten beschränkt oder verboten werden,

➤ die Bestimmungen für alle inländischen betroffenen Wirtschaftsteilnehmer gelten und

➤ die inländischen Bestimmungen in gleicher Weise inländische wie ausländische Wirtschaftsteilnehmer betreffen.

Kapitel 12 Kennzeichen- und Markenrecht, Patent-, Gebrauchsmuster-, Geschmacksmuster- und Sortenschutz- sowie Halbleiterschutzrecht, Urheberrecht

§ 49 Kennzeichen- und Markenrecht

1.   Nennen Sie die Funktionen, die mit einer Marke verbunden sein können!

Kennzeichnungs-, Unterscheidungs-, Garantie- und Werbefunktion.

2.   Wird durch das Markengesetz lediglich die „Marke" geregelt?

Nein, das Markengesetz regelt vielmehr das Recht der sog. Kennzeichen. Hierbei handelt es sich um den im Markengesetz verwendeten Oberbegriff (vgl. § 1 MarkenG). Die eigentliche Marke stellt einen Unterfall des Kennzeichens dar.

3.   Wer kann Inhaber einer eingetragenen und angemeldeten Marke sein?

Inhaber können sowohl natürliche als auch juristische Personen sein. Auch für Personenhandelsgesellschaften besteht nach § 7 Ziff. 3 MarkenG diese Möglichkeit, sofern sie fähig sind, Rechte zu erwerben und Verbindlichkeiten einzugehen. Einer GbR wurde dagegen bisher die Fähigkeit abgesprochen, Inhaberin einer Marke sein zu können.

4.   Gibt es eine Definition für den Begriff der Marke?

Eine gesetzliche Definition für den Begriff der „Marke" existiert nicht. Allerdings wird in § 3 MarkenG geregelt, welche Zeichen als Marken geschützt werden können.

5.   Sind Hör-, Geruchs-, Farbmarken markenfähig?

Bei einer Hörmarke handelt es sich um ein Zeichen, das vom Gehör wahrgenommen werden kann, ohne Sprache zu sein. Wenn sie grafisch darstellbar sind, sind sie nach

§ 3 Abs. 1 MarkenG als schutzfähige Marken anerkannt. Das wird in der Regel der Fall sein. Auch Geruchsmarken sollen markenfähig sein, wenn sie grafisch darstellbar sind. Zurzeit wird davon ausgegangen, dass das nicht möglich ist. Die Markenfähigkeit der Farbmarke ist durch den EuGH bestätigt worden.

6. Nennen Sie die verschiedenen Arten der Marke, je nach der Entstehung des Markenschutzes!

Registermarke: Durch Eintragung existent geworden

Benutzungsmarke: Durch Benutzung im geschäftlichen Verkehr existent geworden

Notorietätsmarke: Erschaffbar durch notorische Bekanntheit

7. Was verstehen Sie unter Unternehmenskennzeichen, was unter Werktiteln?

Bei Unternehmenskennzeichen handelt es sich um Zeichen, die im geschäftlichen Verkehr als Name, als Firma oder als besondere Bezeichnung eines Geschäftsbetriebs oder eines Unternehmens benutzt werden, § 5 Abs. 2 S. 1 MarkenG. Als Wertitel sind hingegen die Namen oder besonderen Bezeichnungen von Druckschriften, Filmwerken, Tonwerken, Bühnenwerken oder sonstigen vergleichbaren Werken zu verstehen, § 5 Abs. 3 MarkenG.

8. Sind diese beiden Arten der geschäftlichen Bezeichnungen schutzfähig?

Werktitel sind grundsätzlich nicht schutzfähig, da sie nicht hinreichend unterscheidbar sind, außerdem existiert ein Freihaltebedürfnis derartiger Begrifflichkeiten. Nur in Ausnahmefällen kann von einer Schutzfähigkeit ausgegangen werden, wenn sich dieser Werktitel bei den angesprochenen Verkehrskreisen durchgesetzt hat.

9. Was sind geografische Herkunftsangaben?

Hierbei handelt es sich um die Namen von Orten, Gegenden, Gebieten oder Ländern sowie sonstiger Angaben oder Zeichen, die im geschäftlichen Verkehr zur Kennzeichnung der geografischen Herkunft von Waren oder Dienstleistungen benutzt werden, § 126 Abs. 1 MarkenG.

10. § 8 MarkenG bestimmt das sog. absolute Schutzhindernis? Was bedeutet das?

Wenn ein solches (absolutes Schutzhindernis) besteht, ist eine Eintragung des Kennzeichens in das Markenregister ausgeschlossen. Schon bei der Anmeldung wird von Amts wegen geprüft, ob ein derartiges absolutes Schutzhindernis besteht.

11. Wann entsteht der Markenschutz kraft Eintragung (Registermarke)?

Erst durch die Eintragung eines Zeichens als Marke in das vom Deutschen Patent- und Markenamt geführte Register entsteht der Markenschutz, § 4 Ziff. 1 MarkenG. Obwohl der Markenschutz hiernach erst mit Eintragung des Zeichens als Marke entsteht, bestimmt sich die Antwort der Frage der Markenpriorität (Zeitrang) nach dem Anmeldedatum (Anmeldepriorität), vgl. § 6 Abs. 2 1. Alt. MarkenG. Sobald eine Marke zur Eintragung angemeldet worden ist, entsteht ein sog. Markenanwartschaftsrecht.

12. Wann entsteht bei der Benutzungsmarke der Markenschutz?

Zunächst muss das Kennzeichen natürlich die Markenfähigkeit i. S. d. § 3 MarkenG besitzen. An die Stelle der Eintragung des Kennzeichens in das Register tritt bei dieser Benutzungsmarke dann die Verkehrsgeltung.

13. Erläutern Sie den Begriff der Notorietät!

Hierunter ist die Allbekanntheit einer Marke im Verkehr zu verstehen, wobei eine bloße Amtsbekanntheit, etwa des Deutschen Patent- und Markenamts, nicht genügt. Erforderlich ist eine allgemeine Kenntnis von der Marke als eines produktidentifizierenden Unterscheidungszeichens innerhalb der beteiligten Verkehrskreise im Inland.

14. Was ist das Ausschließlichkeitsrecht? Besteht dieses uneingeschränkt?

Das Ausschließlichkeitsrecht entsteht, sobald das Kennzeichen im Wege des § 4 MarkenG Markenschutz erlangt hat, vgl. §§ 14 Abs. 1, 15 MarkenG. Es besteht nicht uneingeschränkt, sondern nur insoweit wie kein relatives Schutzhindernis i. S. d. § 9 MarkenG besteht.

15. Was wird durch § 9 MarkenG geregelt?

Hierbei handelt es sich um die zentrale Vorschrift für relative Schutzhindernisse! Gegenstand dieser Regelung ist das Bestehen einer angemeldeten/eingetragenen Marke mit älteren Zeitrang. In § 9 MarkenG wird nun geregelt, unter welchen Voraussetzungen sich der Inhaber einer prioritätsälteren angemeldeten/eingetragenen Marke gegenüber einer prioritätsjüngeren angemeldeten/eingetragenen Marke durchsetzen kann. So besteht die Möglichkeit, dass der Inhaber der prioritätsälteren Marke für sich den Identitätsschutz, den Verwechslungsschutz oder den Bekanntheitsschutz in Anspruch nehmen kann. Sind die Voraussetzungen der Vorschriften jeweils gegeben, muss der Inhaber der prioritätsjüngeren Marke diese löschen.

16. Nennen Sie den Regelungsgegenstand des § 14 Abs. 2 MarkenG!

Er regelt die Markenkollisionen als Markenrechtsverletzungen. Durch diese Norm soll die Marke ihre Funktion erfüllen können (Gewährleistung der Herkunft der Ware gegenüber dem Verbraucher). Eine Nutzungsverbietung kommt schon gar nicht in Betracht, wenn die Beeinträchtigung des Markeninhabers unter allen denkbaren Gesichtspunkten ausscheidet.

17. Grenzen Sie den Begriff der markenmäßigen Nutzung von dem der beschreibenden Verwendung ab!

Von einer markenmäßigen Nutzung spricht man, wenn ein bestimmtes, markenrechtlich geschütztes Kennzeichen (für eine Ware/Dienstleistung) hervorgehoben und mit einem eigenen Produkt des Verletzers in Verbindung gebracht wird. Dagegen liegt eine bloße beschreibende Verwendung vor, wenn zum Zeitpunkt der Verletzungshandlung nahezu alle beteiligten Verkehrskreise mit dem maßgeblichen Begriff nur noch ein Hinweis auf die Produktgattung und nicht mehr einen Hinweis auf den Hersteller sehen. Auszugehen ist hierbei von der Sicht eines durchschnittlich informierten, aufmerksamen und verständigen Durchschnittsverbrauchers.

18. Nennen Sie die drei Beurteilungselemente zur Bestimmung der Verwechslungsgefahr!

➢ Identität/Ähnlichkeit der in Frage stehenden Waren

➢ Identität/Ähnlichkeit der Marken,

➢ Kennzeichnungskraft der Klagemarke

19. Erläutern Sie die sog. Wechselwirkungslehre!

Hierbei besteht zwischen den einzelnen, die Verwechslungsgefahr bestimmenden Faktoren eine Wechselbeziehung in der Art, dass der Ähnlichkeitsgrad umso geringer sein kann, je größer die Kennzeichnungskraft und/oder die Waren- oder Dienstleistungsnähe ist, während umgekehrt ein höherer Ähnlichkeitsgrad erforderlich ist, wenn die Kennzeichnungskraft der Klagemarke nur schwach und/oder der Waren- bzw. Dienstleistungsabstand erheblich ist.

20. Nennen Sie die maßgeblichen Faktoren, die eine Verwechslungsgefahr zweier Zeichen begründen können!

Entscheidend soll nach Ansicht des BGH grundsätzlich der Gesamteindruck sein. Zunächst ist davon auszugehen, dass die Marke markenrechtlich so zu schützen ist, wie sie eingetragen ist. Eine Ähnlichkeit mit einer anderen Marke kann nur in deren konkreter Verwendung festgestellt werden. Entscheidend ist das Zusammenwirken bzw. die Wechselwirkung zwischen der Kennzeichnungskraft und Bekanntheit der Marke des Anspruchstellers, der Ähnlichkeit der Waren oder Dienstleistungen und der Ähnlichkeit der Zeichen.

21. Sollte die Markenrechtsverletzung vorsätzlich oder fahrlässig begangen worden sein, besteht gem. § 14 Abs. 6 MarkenG ein Schadensersatzanspruch des Markeninhabers. Nennen Sie die Berechnungsmethoden, auf deren Grundlagen der Schaden realisiert werden kann!

> Berechnung des konkreten Schadens unter Einbeziehung des entgangenen Gewinns und ggf. Geldentschädigung, wenn und soweit die Herstellung des früheren Zustands nicht möglich ist.

> Berechnung einer angemessenen Lizenzgebühr.

> Berechnung in Gestalt des vom Verletzer durch den Eingriff erzielten Gewinns.

Außerdem ist es möglich, einen sog. Marktverwirrungsschaden geltend zu machen, der durch gerichtliche Schätzung gem. § 287 ZPO ermittelt wird.

22. Nennen Sie die verschiedenen Rechte, die dem Inhaber des verletzten Markenrechts zustehen!

> Unterlassungsanspruch gem. § 14 Abs. 5 MarkenG

> Schadensersatzanspruch gem. § 14 Abs. 6 MarkenG

> Auskunftsanspruch gem. § 19 MarkenG

> Löschungsanspruch, vgl. §§ 9 Abs. 1, 51 MarkenG

23. Warum ist es möglich, einen Auskunftsanspruch gem. § 19 MarkenG geltend zu machen?

Der Inhaber des verletzten Markenrechts hat zwar grundsätzlich die Möglichkeit, den vom Verletzer erhaltenen Gewinn zu verlangen, wenn er aber nicht in der Lage ist, den Verletzer zu Angaben über die Höhe des erzielten Gewinns zu veranlassen, ist ein solcher Schadensersatzanspruch für ihn nutzlos. Unter den Voraussetzungen des § 19 MarkenG kann der Markenrechtsinhaber regelmäßig Auskunft über die Art, den Zeitpunkt und den Umfang der Rechtsverletzungen vom Verletzer beanspruchen.

24. Besteht der Schutz durch das MarkenG unbegrenzt?

Nein, das Gesetz regelt in §§ 20 - 26 MarkenG zahlreiche Schranken im Zusammenhang mit dem Schutz des Markeninhabers.

25. Wann verjähren markenrechtliche Ansprüche?

Die Verjährung markenrechtlicher Ansprüche ist in § 20 MarkenG geregelt, der in S. 1 MarkenG auf die entsprechenden Bestimmungen des BGB verweist. Im Wesentlichen besteht eine Verjährungsfrist von drei Jahren, wobei diese erst ab dem Zeitpunkt der Kenntnisnahme von der Markenverletzung und der Person des Verletzers zu laufen beginnt. Wichtig ist, dass die Einrede der Verjährung im gerichtlichen Verfahren ausdrücklich erhoben werden muss.

26. Erläutern Sie die besondere markenrechtliche Verwirkung nach Maßgabe des § 21 MarkenG!

Hat der Markeninhaber die Benutzung der Marke während eines Zeitraums von fünf aufeinander folgenden Jahren in Kenntnis der Benutzung geduldet, kann er die Benutzung einer eingetragenen Marke mit jüngerem Zeitraum nicht mehr untersagen. Eine Ausnahme besteht, wenn die Anmeldung der prioritätsjüngeren Marke bösgläubig vorgenommen worden ist.

27. Besteht neben der besonderen markenrechtlichen Verwirkung auch die Möglichkeit der „normalen" zivilrechtlichen Verwirkung?

Ja, die allgemeinen Grundsätze über die Verwirkung sind anwendbar, vgl. § 21 Abs. 4 MarkenG. Der Verletzer kann den Einwand der Verwirkung gem. § 242 BGB dann erheben, wenn die Rechtsverfolgung so spät einsetzt, dass der Verletzer aufgrund des Verhaltens des Berechtigten annehmen durfte, dieser erlaube oder dulde die Benutzung der Bezeichnung. Aus diesem Grunde verstößt die verspätete Rechtsverfolgung gegen Treu und Glauben, wobei auch hier wieder alle sonstigen Umstände des konkreten Einzelfalles gewürdigt werden müssen.

28. Wann ist eine prioritätsjüngere eingetragene Marke bestandskräftig? Welche Rechtsfolgen ergeben sich daraus?

Eine solche Marke ist bestandskräftig, wenn ein Antrag auf Löschung der Eintragung der prioritätsjüngeren Marke zurückgewiesen worden ist oder aber zurückzuweisen wäre, § 22 Abs. 1 Ziff. 1, 2 MarkenG. Dem Inhaber der prioritätsälteren Marke stehen dann keine Nutzungsuntersagungs- oder anderweitige kennzeichenrechtliche Ansprüche zu. Entsprechendes gilt auch umgekehrt.

29. Was ist die sog. Erschöpfung? Benennen Sie ihre Rechtsfolge!

Der Erschöpfungsgrundsatz ist in § 24 MarkenG geregelt. Eine sog. Erschöpfung tritt ein, wenn der Rechtsinhaber Waren unter Verwendung von Marken bzw. Zeichenrechten in den Verkehr bringt. Der Kennzeicheninhaber hat aufgrund seines Kennzeichenrechts dann nicht mehr das Recht, einem Dritten die Benutzung der Marke oder der geschäftlichen Bezeichnung für die markierten Waren zu untersagen. Im Ergebnis steht dem Markeninhaber nur das Erstvertriebsrecht zu.

30. Inwieweit normiert § 26 MarkenG einen Benutzungszwang?

Sollte eine Marke innerhalb der letzten fünf Jahre vor der Geltendmachung des Anspruchs für die Ware oder Dienstleistung, auf die sich der Inhaber der Marke zur Begründung seines Anspruchs beruft, nicht benutzt worden sein, kann der Markeninhaber keine kennzeichenrechtlichen Ansprüche mehr geltend machen (§ 25 Abs. 1 MarkenG). § 26 MarkenG legt also fest, dass die eingetragene Marke auch zu benutzen ist. Allerdings muss es sich um eine ernsthafte Benutzung handeln, d. h. sie muss in wirtschaftlich sinnvoller Weise und nicht nur aus Gründen des Rechtserhalts erfolgen.

31. Wann ist im Zusammenhang mit der Geltung des MarkenG von einer missbräuchlichen Ausnutzung einer formalen Rechtsstellung auszugehen, wann liegt insbesondere eine unzulässige Rechtsausübung vor?

Ein Markeninhaber meldet eine Vielzahl von Marken für unterschiedliche Waren oder Dienstleistungen an, er hat jedoch für diese Marken keinen ernsthaften Benutzungswillen und hortet sie, um Dritte, die identische oder ähnliche Bezeichnungen verwenden, mit Unterlassungs- und Schadensersatzansprüchen zu überziehen.

32. Wie lange dauert ein Markenschutz an?

Der Schutz beginnt mit dem Tag der Anmeldung, § 33 Abs. 1 MarkenG. Er endet nach 10 Jahren am letzten Tag des Monats, der durch seine Benennung dem Monat entspricht, in den der Anmeldetag fällt, § 47 Abs. 1 MarkenG. Allerdings kann die Schutzdauer um jeweils 10 Jahre verlängert werden.

33. Was verstehen Sie unter geografischen Herkunftsangaben?

Hierbei handelt es sich um Namen von Orten, Gegenden, Gebieten oder Ländern sowie sonstige Angaben oder Zeichen, die im geschäftlichen Verkehr zur Kennzeichnung der geografischen Herkunft von Waren oder Dienstleistungen benutzt werden, § 126 Abs. 1 MarkenG.

34. Wann kann von einer Gefahr der Irreführung über die geografische Herkunft gesprochen werden?

Die angegriffene Bezeichnung ruft bei einem nicht unwesentlichen Teil der Verkehrskreise eine unrichtige Vorstellung über die geografische Herkunft der Produkte hervor, allerdings kommt es nicht darauf an, ob die geografische Herkunft der Ware für die Kaufentscheidung der Verbraucher von Bedeutung gewesen ist.

§ 50 Patentrecht, Gebrauchsmuster- und Geschmacksmusterrecht, Sortenschutz- und Halbleiterschutzrecht sowie Arbeitnehmererfindungsrecht

1. Was fällt unter den Schutzbereich von Patenten?

Hiervon werden Erzeugnisse und auch bestimmte Verfahren geschützt.

2. Nennen Sie die Voraussetzungen, die für die Erteilung des Patents erforderlich sind!

➤ Erfindung
➤ Neuheit (§ 3 PatentG)
➤ Erfinderische Tätigkeit (§ 4 PatentG)
➤ Gewerbliche Anwendbarkeit (§ 5 PatentG)

3.   Erläutern Sie das Prioritätsprinzip im Zusammenhang mit dem Patentrecht!

Wenn mehrere Erfindungen voneinander unabhängig gemacht werden, so steht das (Patent-) Recht demjenigen zu, der die Erfindung zuerst beim Patentamt angemeldet hat, vgl. §§ 6 S. 2, 40 PatentG.

4.   Welche Wirkung hat das Patent?

Aufgrund des Patentes ist allein der Patentinhaber befugt, die patentierte Erfindung zu benutzen. Gegenüber Dritten stehen dem Patentinhaber vermöge dieses Patentes bestimmte Verbietungsansprüche zu. Außerdem kann der Patentinhaber bestimmte Unterlassungs- und Schadensersatzansprüche geltend machen. Schließlich besteht die Möglichkeit, Strafantrag gegen denjenigen zu stellen, der den patentrechtlichen Bestimmungen zuwider eine angemeldete Erfindung nutzt oder sich nutzbar macht.

5.   Nennen Sie die Voraussetzungen für die Anmeldung als Gebrauchsmuster!

➤   Erfindung

➤   Neuheit

➤   Erfinderischer Schritt

➤   Gewerbliche Anwendbarkeit/Technizität

6.   Was wird insbesondere durch das Geschmacksmusterrecht geschützt?

In den Schutzbereich des GeschmMG fallen insbesondere Designs (z. B. für Kaffeekannen, Autos etc.). Es kann sich sowohl um zweidimensionale als auch um dreidimensionale Gestaltungen handeln.

7.   Nennen Sie die Voraussetzungen für die Anmeldung eines Geschmacksmusters zum Deutschen Patent- und Markenamt!

➤   Neuheit

➤   Eigentümlichkeit

8.   Was versteht man unter dem Begriff der „Neuheit" i. S. d. Geschmacksmusterrechts?

Der Begriff der Neuheit ist im GeschmMG im Gegensatz zum PatentG bzw. GebrMG nicht definiert. Der Rechtsprechung zufolge ist Neuheit gegeben, wenn das Mustermodell zum Zeitpunkt der Anmeldung (Prioritätsdatum) inländischen Fachkreisen weder bekannt war noch - bei zumutbarer Beachtung der auf den einschlägigen oder benachbarten Gewerbegebieten vorhandenen Gestaltungen - bekannt sein konnte.

9.   Erläutern Sie den Begriff der Eigentümlichkeit eines Musters/Modells!

Die für die ästhetische Wirkung maßgeblichen Merkmale stellen das Ergebnis einer selbständigen, schöpferischen Leistung dar, die über das Durchschnittskönnen eines mit der Kenntnis des betreffenden Fachgebiets ausgerüsteten Mustergestalters hinausgehen. Das handwerklich-durchschnittliche Gestaltungsniveau muss überstiegen werden.

10. Unter welchen Voraussetzungen wird für eine Pflanzensorte Sortenschutz gewährt?

Sie muss unterscheidbar, homogen, beständig, neu und durch eine eintragbare Sortenbezeichnung bezeichnet sein. Der Schutz bezieht sich auf neue Züchtungen von Nutz- und Zierpflanzen.

11. Nennen Sie die Aufgabe des Halbleiterschutzgesetzes!

Dieses Gesetz vermittelt Schutz für dreidimensionale Strukturen von mikroelektronischen Halbleitererzeugnissen (Topografien, vorausgesetzt, diese weisen eine Eigenart auf).

12. Nennen Sie den Schutzbereich des ArbEG!

Dieses Gesetz soll die Erfindungen und technischen Verbesserungsvorschläge von Arbeitnehmern im privaten und im öffentlichen Dienst, von Beamten und Soldaten schützen.

13. Was gilt als Erfindung i. S. d. ArbEG?

Hierunter sind nur Erfindungen zu verstehen, die entweder patentfähig oder aber gebrauchsmusterfähig sind. Es kann sich sowohl um gebundene als auch um freie Erfindungen handeln.

14. Was verstehen Sie unter einer gebundenen Erfindung?

Hierbei handelt es sich um eine Diensterfindung, d. h., es liegt eine während der Dauer des Arbeitsverhältnisses vorgenommene Erfindung vor, die entweder

➢ aus der dem Arbeitnehmer im Betrieb oder in der öffentlichen Verwaltung obliegenden Tätigkeit entstanden ist oder

➢ maßgeblich auf Erfahrungen oder Arbeiten des Betriebes oder der öffentlichen Verwaltung beruht, § 4 Abs. 2 ArbEG.

15. Welche Verpflichtungen bestehen für den Arbeitnehmer im Zusammenhang mit der Diensterfindung?

➢ Unverzügliche Meldepflicht einer Diensterfindung gegenüber dem Arbeitgeber gem. § 5 ArbEG

➤ Verfügungsverbot des Arbeitnehmers bis zur Inanspruchnahme/Freigabe durch den Arbeitgeber (im Sinne einer relativen Unwirksamkeit zwischenzeitlich getroffener Verfügungen), § 7 Abs. 3 ArbEG

➤ Geheimhaltungsverpflichtung gem. § 24 Abs. 2 ArbEG

16. Wann liegt im Gegensatz zu einer Erfindung eine technische Verbesserung vor?

Hierbei handelt es sich um Vorschläge für sonstige technischen Neuerungen, die nicht patent- oder gebrauchsmusterfähig sind.

§ 51 Urheberrecht

1. Ein urheberrechtlicher Schutz kommt für ein Werk nur in Frage, wenn es sich um eine persönliche geistige Schöpfung gem. § 2 Abs. 2 UrhG handelt, wozu es einer gewissen Schaffens- oder aber Gestaltungshöhe bedarf! Was versteht man hierunter?

Das Werk, das Urheberrechtsschutz genießen möchte, muss sich von durchschnittlichen und serienmäßig gefertigten Produkten abheben, sodass einfache Alltagserzeugnisse ausgesondert werden. Eine Entscheidung ist vom jeweiligen Einzelfall abhängig und wird häufig von Gericht zu Gericht unterschiedlich getroffen.

2. Nennen Sie die verschiedenen Werkarten, die Urheberrechtsschutz genießen können!

➤ Sprachwerke

➤ Musikwerke

➤ Pantomimische Werke, Choreografie

➤ Werke der bildenden Kunst

➤ Lichtbildwerke

➤ Filmwerke

➤ Wissenschaftliche und technische Darstellungen

Diese Aufzählung in § 2 Abs. 1 UrhG ist nicht abschließend. Grundsätzlich können Werke, wenn sie eine persönliche geistige Schöpfung darstellen, Urheberrechtsschutz genießen, was vor allem auch für Multimediawerke gilt.

3. Nennen Sie die Voraussetzungen, die ein Sprachwerk erfüllen muss, damit es Urheberschutz genießen kann.

Nicht jede sprachliche Mitteilung genießt Urheberschutz. Vielmehr muss das geschützte Sprachwerk eine individuelle Gedankenführung aufweisen. So handelt es

sich beispielsweise bei einem Roman um ein urheberrechtlich zu schützendes Sprachwerk, während eine Biografie, bei der ein Autor seine Darstellung der Realität ent-
nimmt, nicht schutzfähig ist. Allerdings kommt es im Rahmen der Sprachwerke auch
wieder auf die jeweiligen Begleitumstände des Einzelfalles an, sodass verallgemei-
nernde Aussagen nicht getroffen werden können.

4.   Sind Werbeaussagen urheberrechtlich zu schützen?

Werbeaussagen werden nur selten vom Schutzbereich des Urheberrechts umfasst,
zumindest gilt dies für in der Regel sehr kurz gehaltene Werbeaussagen. Möglich ist
allerdings ein ergänzender Schutz über das Wettbewerbsrecht, dem eine Komplemen-
tärfunktion zukommt.

5.   Im Zusammenhang mit Musikwerken ist der Begriff der sog. „Kleinen Münze"
     anerkannt. Was versteht man unter diesem Begriff?

Hierunter versteht man einfache geistige Schöpfungen, also Gestaltungen, die ein
Minimum an Schaffens- bzw. Gestaltungshöhe aufweisen und daher gerade noch eben
urheberrechtsschutzfähig sind.

6.   Müssen Musikwerke einen künstlerischen Wert haben, damit sie urheberrechtlich
     schutzwürdig sind?

Nein, auf einen künstlerischen Wert kommt es im Zusammenhang mit Musikwerken
nicht an. Die formgebende Tätigkeit des Komponisten muss nur einen verhältnismäßig geringen Eigentümlichkeitsgrad aufweisen.

7.   Was genießt im Zusammenhang mit pantomimischen Werken, Choreografie,
     urheberrechtlichen Schutz?

Hierbei handelt es sich um sog. Bühnenwerke i. S. d. § 19 Abs. 2 UrhG. Geschützt wird
die Körpersprache in Form bestimmter Bewegungsabfolgen, Gebärden oder Mimiken.

8.   Nennen Sie Beispiele für Werke im Bereich der reinen bildenden Kunst sowie im
     Bereich der Baukunst!

Reine bildende Kunst: Zeichnungen, Bildhauerei, Malerei oder Druckgrafiken

Baukunst: Wohngebäude, Brücken, öffentliche Gebäude oder Aufbauten eines Schiffes

9.   Erklären Sie den Begriff des Plagiierens! Handelt es sich hierbei um eine urheber-
     rechtliche Beeinträchtigung?

Von Plagiieren wird gesprochen, wenn jemand fremdes geistiges Gut als sein eigenes
ausgibt („sich mit fremden Federn schmücken"). Hierbei liegt eine urheberrechtliche
Beeinträchtigung vor. Allerdings muss das plagiierte Werk inhaltlich genau bestimmt
und umrissen sein, damit ein Plagiatsvorwurf überhaupt erhoben werden kann. Außerdem muss das Plagiieren von der reinen Bearbeitung eines urheberrechtlich ge-

schützten Werkes abgegrenzt werden. Eine solche Bearbeitung kann unter Umständen auch urheberrechtlichen Schutz beanspruchen, wenn ein Werk gestalterisch auf einem anderen aufbaut und der Bearbeiter dabei selbst eine persönliche geistige Schöpfung vollbringt.

10. § 24 UrhG regelt die sog. freie Benutzung. Erläutern Sie diesen Schutz!

Mit Hilfe des § 24 UrhG soll nicht nur das unveränderte Werk geschützt werden, vielmehr soll der Urheber auch Schutz davor genießen, dass sein Werk in abgewandelter Form veröffentlicht und verwertet wird. Problematisch ist hier unter Umständen eine Abgrenzung zwischen den urheberrechtlich relevanten Benutzungshandlungen (Vervielfältigung, Bearbeitung) und der nach § 24 Abs. 1 UrhG zulässigen Verwertung eines in freier Benutzung geschaffenen Werkes. Hierbei kommt es dann entscheidend auf die Übereinstimmung im schöpferischen Bereich des älteren Werks an, was im Einzelfall konkret darzustellen ist. Nach den Regeln des sog. Anscheinsbeweises ist ein Rückschluss darauf erlaubt, dass der Komponist des jüngeren Werks das ältere benutzt hat, d. h. es gekannt und bewusst oder unbewusst bei seinem Werk darauf zurückgegriffen hat. Sind weitergehende Übereinstimmungen vorhanden, indizieren diese regelmäßig die Annahme, dass der Urheber des jüngeren Werks das ältere Werk benutzt hat.

11. Was sind sog. Sammelwerke?

Hierbei handelt es sich um Sammlungen von Werken, Daten oder anderen unabhängigen Elementen, die aufgrund der Auswahl oder Anordnung der Elemente eine persönliche geistige Schöpfung darstellen.

12. Was sind Datenbankwerke?

Hierbei handelt es sich um Sammelwerke, deren Elemente systematisch oder methodisch angeordnet und einzeln mit Hilfe elektronischer Mittel oder auf andere Weise zugänglich sind.

13. Die urheberrechtliche Schutzfähigkeit einer Website ist bisher noch nicht hinreichend geklärt. Worin besteht hier das Problem?

Zum einen enthalten Websites Texte, die als Sprachwerke geschützt sein können. Weiterhin sind oft Lichtbilder und eingespielte Videosequenzen enthalten, die dann entweder als Lichtbildwerke oder als filmähnliches Werk zu schützen sind. Weiterhin können Diagramme, Skizzen o. Ä. vorhanden sein, die dann über § 2 Abs. 1 Ziff. 7 UrhG zu schützen wären.

14. Genießen amtliche Werke urheberrechtlichen Schutz?

§ 5 UrhG unterscheidet zwischen absolut schutzunfähigen und solchen Werken, die nur einem sog. relativen Schutz unterliegen. Bei den absolut schutzunfähigen Werken handelt es sich um sog. gemeinfreie Werke. Hierunter fallen Gesetze, Verordnungen, amtliche Erlasse und Bekanntmachungen sowie Entscheidungen und amtliche Leitsätze zu Entscheidungen. Dem sog. relativen Schutz unterliegen die anderen amtlichen Werke, die im amtlichen Interesse zur allgemeinen Kenntnisnahme veröffentlicht worden sind, allerdings sind hier die Bestimmungen über Änderungsverbot und Quellenangabe entsprechend anzuwenden.

15. Wer kommt i. S. d. § 7 UrhG als Werkschöpfer in Betracht?

Hierbei handelt es sich um die Alleinurheberschaft. Solche Werkschöpfer können nur natürliche Personen sein. Juristische Personen können nur Inhaber abgeleiteter (Nutzungsrechte) sein. Die Schöpfung eines urheberrechtlichen Werkes stellt einen Realakt und kein Rechtsgeschäft dar, sodass auch Minderjährige und Geschäftsunfähige Urheber sein können.

16. Was genau muss jemand darlegen, der sich auf eine urheberrechtlich schutzfähige Leistung berufen will?

Zunächst muss er das betreffende Werk vorlegen. Darüber hinaus hat er jedoch auch die konkreten Gestaltungselemente darzulegen und ggf. zu beweisen, aus welchen Gestaltungselementen heraus konkret sich die urheberrechtliche Schutzfähigkeit ergeben soll. Welche konkreten Anforderungen im Einzelfall zu stellen sind, hängt von der konkreten Werkart ab.

17. Wann liegt eine Miturheberschaft i. S. d. § 8 UrhG, wann eine bloße Werkverbindung i. S. d. § 9 UrhG vor?

Von einer Miturheberschaft wird gesprochen, wenn mehrere Personen ein Werk gemeinsam geschaffen haben, ohne dass sich ihre Anteile gesondert verwerten lassen. Rechtlich gesehen muss ein gemeinsames Schaffen der Beteiligten vorliegen, bei dem jeder der Beteiligten einen schöpferischen Beitrag leistet, der dann in das gemeinsame Werk einfließt. Dagegen liegt eine bloße Werkverbindung vor, wenn lediglich mehrere selbständige Werke miteinander verbunden werden, ohne dass ein einheitliches neues Werk entsteht. Eine solche Werkverbindung kommt insbesondere dann in Betracht, wenn die jeweiligen Beiträge unterschiedlichen Werkarten angehören.

18. Dem Urheber wird es in der Regel schwer fallen, seine Urheberschaft im Zweifelsfall zu beweisen. Daher begründet § 10 UrhG eine sog. Beweiserleichterung. Erläutern Sie diese!

Es wird die Vermutung aufgestellt, dass, wer auf den Vervielfältigungsstücken eines erschienenen Werkes oder auf dem Original eines Werkes der bildenden Künste in der üblichen Weise als Urheber bezeichnet ist, bis zum Beweis des Gegenteils als Urheber des Werkes angesehen wird.

19. Was versteht man unter dem Urheberpersönlichkeitsrecht?

Hierbei handelt es sich um einen Ausfluss des sog. Allgemeinen Persönlichkeitsrechts, das ein aus dem Menschsein folgendes, naturgegebenes Recht ist, welches sich nicht abschließend festlegen lässt. Mit Hilfe des Urheberpersönlichkeitsrechts wird eine „Brücke" zwischen dem Urheber einerseits und dem von ihm geschaffenen Werk andererseits hergestellt.

20. Nennen Sie die verschiedenen Ausprägungen des Urheberpersönlichkeitsrechts, die ihm wiederum Kontur verleihen!

➢ Veröffentlichungs- und Informationsrecht (§ 12 UrhG)

➢ Urheberbenennungsrecht (§ 13 UrhG)

➢ Beeinträchtigungsverbot (§ 14 UrhG)

➢ Verwertungsrechte (Vervielfältigungs-, Verbreitungs-, Ausstellungs-, Vortrags-, Aufführungs-, Vorführungsrechte sowie Senderecht und Wiedergaberecht).

21. § 21 Abs. 2 UrhG beinhaltet den sog. Mitteilungs- und Beschreibungsvorbehalt. Was versteht man darunter?

Werkinhalte dürfen vor der Veröffentlichung durch den Urheber nicht bekannt gemacht werden, solange der Urheber keine Zustimmung erteilt hat.

22. Erläutern Sie das Beeinträchtigungsverbot i. S. d. § 14 UrhG!

Der Urheber kann eine Entstellung oder andere Beeinträchtigung seines Werkes verbieten, wenn diese geeignet ist, seine berechtigten geistigen oder persönlichen Interessen am Werk zu gefährden. Es kann sich sowohl um einen nicht körperlichen Eingriff als auch um einen Eingriff in die Substanz des Werkes handeln, wobei es auf eine Verschlechterung des Werkes nicht ankommt, da dies immer nur subjektiven Wertvorstellungen entspricht.

23. Nennen Sie die verschiedenen Verwertungsrechte, die dem Urheber zustehen können!

➢ Vervielfältigungsrecht gem. § 16 UrhG

➢ Verbreitungsrecht gem. § 17 UrhG

➢ Ausstellungs-, Vortrags-, Aufführungs- und Vorführungsrecht gem. §§ 18, 19 UrhG

➢ Bearbeitung/Umgestaltung und freie Benutzung gem. §§ 23, 24 UrhG

➢ Zugangsrecht gem. § 25 UrhG

➢ Folgerecht gem. § 26 UrhG

➢ Vergütungsansprüche gem. § 27 UrhG

24. Das sog. Verbreitungsrecht wird durch den in § 17 Abs. 2 UrhG zum Ausdruck kommenden allgemeinen Rechtsgedanken der „Erschöpfung" eingeschränkt. Begründen Sie das!

Der Urheber gibt mit der Veräußerung die Herrschaft über das Werkexemplar auf, sodass es für jede weitere Verwertung frei wird. Es soll genügen, dass der Urheber bei der ersten Verbreitungshandlung die Möglichkeit gehabt hat, seine Zustimmung von der Zahlung eines Entgelts abhängig zu machen. Eine spätere Benutzung des Werkstücks soll grundsätzlich frei sein. Dadurch sollen die in Verkehr gebrachten Werkstücke verkehrsfähig gehalten werden, was sowohl dem Interesse der Verwerter als auch der Allgemeinheit dienen sollte.

25. Ist das Urheberrecht übertragbar?

Nein, das Urheberrecht ist an die Person des Urhebers gebunden. Das UrhG lässt nur die Einräumung von sog. Nutzungsrechten zu.

26. Wie ist die angemessene Vergütung i. S. d. § 32 UrhG zu bestimmen?

Zunächst ist festzustellen, ob eine tarifvertragliche oder eine gemeinsame Vergütungsregelung besteht. Ist das nicht der Fall, entscheidet die redliche Branchenüblichkeit oder die Umstände des Einzelfalles. Selbst wenn vertragliche Vergütungsregelungen existieren, können diese nach Vertragsschluss noch einer Angemessenheitsprüfung unterzogen werden.

27. § 34 UrhG beinhaltet für den Fall der Übertragung von Nutzungsrechten ein Zustimmungserfordernis. Nennen Sie einen Fall, bei dem eine Ausnahme von dieser Regelung vorgesehen wird!

Hierbei handelt es sich um den Fall der Unternehmensveräußerung. Ein solches Geschäft ist sehr umfangreich, sodass nicht von allen Urhebern eine etwaige Zustimmung eingeholt werden kann. Sollte das allerdings den Interessen des Urhebers zuwiderlaufen, gewährt das Gesetz diesem Urheber in § 34 Abs. 3 S. 2, 3 UrhG ein Rückrufsrecht.

28. Das neue Urhebervertragsrecht wird entscheidend geprägt durch die Vergütungsregeln in §§ 36, 36 a UrhG. Was beinhalten diese Vorschriften?

§ 36 UrhG sieht vor, dass zur Bestimmung der Angemessenheit von Vergütungen die Vereinigungen von Urhebern mit den Vereinigungen von Werknutzern oder einzelnen Werknutzern gemeinsame Vergütungsregeln aufstellen. Dagegen wird in § 36 a UrhG die sog. Schlichtungsstelle erfasst. Sie soll gemeinsame Vergütungsregeln aufstellen, wenn Parteien dies vereinbaren oder eine Partei die Durchführung eines Schlichtungsverfahrens verlangt.

29. Was bewirkt eine sog. Vollschranke für das Urheberrecht des Werkschöpfers? Nennen Sie Beispiele!

Durch eine Vollschranke wird das urheberrechtliche Vergütungsrecht beschnitten, ohne dass der Urheber dafür eine Entschädigung erhält. Als Beispiele zu nennen wären § 45 UrhG zugunsten der Rechtspflege und öffentlichen Sicherheit sowie §§ 46, 47 UrhG zugunsten der schulischen Ausbildung.

30. Was verstehen Sie unter der sog. „Panoramafreiheit"?

Kunstwerke, die sich in einem öffentlichen Raum befinden, dürfen ohne Zustimmung des Künstlers fotografiert und diese Fotografien vertrieben werden, § 59 Abs. 1 UrhG. Allerdings muss das Werk von einem für das allgemeine Publikum zugänglichen Ort aus fotografiert werden. Ansonsten dürfen die Fotografien nicht ohne Zustimmung des Urhebers vertrieben werden.

31. Wie lange gilt das Urheberrecht?

Das Urheberrecht erlischt 70 Jahre nach dem Tode des Urhebers, vgl. § 64 UrhG. Bis zu diesem Zeitpunkt können noch nähere Angehörige des Urhebers vorhanden sein, denen die Einkünfte aus der Werknutzung billigerweise nicht entzogen werden sollten. Ist die Frist abgelaufen, wird das urheberrechtliche Werk gemeinfrei. Steht das Urheberrecht mehreren Miturhebern zu (§ 8 UrhG), beginnt der Zeitraum von 70 Jahren erst mit dem Tode des längstlebenden Miturhebers, vgl. § 65 S. 1 UrhG.

32. Was wird durch § 69 a UrhG geschützt?

§ 69 a UrhG gewährt Schutz für alle Ausdrucksformen eines Computerprogramms. Nicht geschützt sind allerdings die Ideen und Grundsätze, die einem Element eines Computerprogramms zugrunde liegen.

33. Mit Hilfe des § 69 a Abs. 2 UrhG soll ein Schutz für die Ausdrucksform vermittelt werden. Was gehört zu dieser Ausdrucksform?

Zunächst einmal gehören hierzu die Programmdaten. Weiterhin umfasst wird die innere Struktur und Organisation des Computerprogramms sowie die konkrete Sammlung, Auswahl und Gliederung der Befehle sowie das Gewebe des Computerprogramms.

34. Die zentrale Norm des zivilrechtlichen Urheberrechtsschutzes ist § 97 UrhG. Nennen Sie die verschiedenen Ansprüche, die dem Urheberrechtsinhaber bei Vorliegen der Voraussetzungen des § 97 UrhG zustehen!

➢ Unterlassungs- und Beseitigungsansprüche
➢ Auskunfts- und Rechnungslegungsansprüche

> Schadensersatzansprüche

> Ansprüche auf Entschädigung immaterieller Schäden

> Ansprüche auf Herausgabe des durch ungerechtfertigte Bereicherung Erlangten

> Anspruch auf Vernichtung oder Überlassung der Vervielfältigungsstücke (§ 98 UrhG)

35. Im Zusammenhang mit einem Schadensersatzanspruch wird es dem Urheber häufig schwer fallen, den Schaden auch der Höhe nach genau zu beziffern. Nennen Sie die verschiedenen Möglichkeiten, die ihm hierzu verbleiben!

Er kann zunächst den Schaden konkret berechnen, muss dann allerdings in diesem Fall den eingetretenen Schaden (entgangenen Gewinn) im Einzelnen nachweisen und genau beziffern. Das wird ihm häufig nicht möglich sein. Weiterhin hat er die Möglichkeit, vom Verletzer den durch den Eingriff erzielten Gewinn abzuschöpfen. Allerdings muss er auch hier den bei dem Verletzer eingetretenen Gewinn genau beziffern können, was ebenfalls wieder kaum möglich sein wird. Schließlich hat er die Möglichkeit, von dem Verletzer eine angemessene Lizenzgebühr zu verlangen, die dann im Wege der Lizenzanalogie berechnet wird. Wegen der Höhe der angemessenen Lizenzgebühr ist ggf. Beweis durch Einholung eines Sachverständigengutachtens zu erheben.

§ 52 Der Lizenzvertrag

1. Nennen Sie den Anwendungsbereich des Lizenzvertrages!

Ein erheblicher Bedarf an einem derartigen Vertragstyp besteht im Bereich des gewerblichen Rechtsschutzes und des Urheberrechts. Schließlich werden etwaige Nutzungsrechte an Patenten, Markenrechten, Geschmacksmuster- bzw. Gebrauchsmusterrechten, Urheberrechten u. Ä. im Wege des Lizenzvertrages vermittelt.

2. Was verstehen Sie unter einer einfachen, was unter einer ausschließlichen Lizenz?

Bei einer einfachen Lizenz hat der Lizenzgeber die Option, weitere Lizenzen an andere Personen zu erteilen und damit sein Schutzrecht - über die bereits an den ersten Lizenznehmer erteilte Lizenz hinaus - zu verwerten. Im Rahmen der ausschließlichen Lizenz wird gerade der Lizenznehmer geschützt. Hierbei wird dem Lizenzgeber kraft Vertrages untersagt, die Lizenz anderweitig zu verwerten, wodurch dem Lizenznehmer eine geschützte Rechtsposition verschafft wird.

3. Ist der Lizenzvertrag gesetzlich geregelt?

Nein, der Lizenzvertrag ist weder im BGB noch in anderen Gesetzen geregelt. Die Rechtsgrundlage für einen derartigen Lizenzvertrag sind die Regelungen in §§ 320 ff. BGB.

4. Die wohl wichtigste im Gegenseitigkeitsverhältnis stehende Verpflichtung im Rahmen des Lizenzvertrages ist die Verpflichtung des Lizenznehmers zur Zahlung einer vertraglich vereinbarten Vergütung. Wonach bestimmt sich die Höhe der angemessenen Lizenzgebühr?

Entsprechende Leitlinien oder Maßstäbe zur Überprüfung existieren nicht. Es empfiehlt sich, im Falle einer einfachen Lizenz eine Umsatz-Lizenzgebühr zu vereinbaren. Sie orientiert sich an dem mit der Einräumung der Schutzrechte gebundenen Umsätze. Haben sich Parteien nicht von vornherein im Vertrag geeinigt und bestehen Streitigkeiten über die Angemessenheit der Lizenzgebühr, wird nicht selten ein Gericht eine Entscheidung zu treffen haben. Die Grundlage für eine solche Entscheidung wird sein, welches Entgelt vernünftige Vertragspartner in der Lage der Streitparteien als angemessenes Honorar ausgehandelt hätten. Auch hier kommt es wieder auf die Umstände des konkreten Einzelfalles an.

Teil 5

Grundzüge der juristischen Fallbearbeitung – Fälle und Lösungen

Kapitel 13 Allgemeine Hinweise

Der Kontakt mit dem Wirtschaftsrecht bedeutet nicht nur die Beantwortung konkreter und abstrakter Fragen. Vielmehr gilt es häufig, einen Sachverhalt juristisch zu untersuchen und eine juristische Begutachtung zu erstellen. Hier setzen in aller Regel die ersten Schwierigkeiten für denjenigen Personenkreis an, der bisher noch nicht mit der juristischen Falltechnik vertraut war und für den das Wort „Subsumtion" ein Fremdwort ist. Mit Hilfe der Subsumtionstechnik werden (schwierigere oder einfach gelagertere) Sachverhalte einer Lösung zugeführt, indem die **entscheidungsmaßgeblichen Teile des Sachverhalts** mit den **einschlägigen juristischen Normen „verglichen"** werden. Dies soll wie folgt verdeutlicht werden:

> *Beispiel:*
>
> *Nehmen wir einmal an, es existiert ein „Gesetz über die Glaubwürdigkeit von Zeugen"; tatsächlich existiert dieses Gesetz natürlich nicht. Es dient an dieser Stelle lediglich der Verdeutlichung. In § 1 dieses Gesetzes ist geregelt: „Wer einmal lügt, dem glaubt man nicht". Nunmehr geht es in einem wichtigen Prozess um die Frage, ob ein Vertrag geschlossen worden ist. Dazu hat sich eine der beiden Streitparteien in dem Prozess auf den Beweis von Norbert Nimmersatt (N) berufen. Es konnte dargestellt werden, dass N bereits in einem anderen Verfahren nicht die Wahrheit gesagt hatte. Kann nunmehr in diesem Verfahren N geglaubt werden? Es findet nunmehr eine Abgleichung des Gesetzes mit dem tatsächlichen Sachverhalt statt. Es ergibt sich - stellt man den Gesetzeswortlaut voran - dann, dass dem N nicht geglaubt werden kann.*

Vorstehendes Beispiel ist relativ einfach gehalten, sodass das Ergebnis ohne Weiteres leicht nachvollziehbar erscheinen mag. Es wird sich jedoch bei den späteren Fällen und deren Lösungen herausstellen, dass die Subsumtion keineswegs so einfach vonstatten geht, wie es das Beispiel vielleicht andeuten mag. Insbesondere ist eine Kenntnis der einschlägigen Anspruchsgrundlagen und deren Voraussetzungen notwendig für eine einwandfreie juristische Subsumtion. Näheres dazu wird unter Kapitel 17 dargestellt.

Der geneigte Leser sollte - bevor er sich den Fällen und deren Lösungen zuwendet - zunächst einmal die nachstehenden Punkte sorgfältig durcharbeiten und diese verinnerlichen und **vor allen Dingen**, bevor er sich dann der hier dargestellten Lösung eines Falles zuwendet, zunächst eigenständig mithilfe des Gesetzestextes eine Lösungsskizze aufstellen. Nur so wird ein maximaler Lernerfolg garantiert.

Schon das alltägliche Leben erzeugt ständig Rechtansprüche und Rechtspflichten. Daher kann es durchaus passieren, dass der Leser einen Fall vorfindet, der ihm selbst so ohne Weiteres hätte passieren können. Er muss dann nur noch die fallentscheidenden Gesetze und Rechtsvorschriften bzw. Anspruchsgrundlagen und auf den Fall anwenden. Aber gerade Herausfinden der entsprechenden Rechtsvorschrift erscheint in den einzelnen Fällen problematisch, da der Gesetzgeber nicht jeglichen möglichen Lebenssachverhalt in einem Gesetzbuch regeln kann. Schließlich kann niemand die umfangreichen Konfliktmöglichkeiten des menschlichen Zusammenlebens komplett vorausahnen, sodass es immer wieder zu Lücken innerhalb der Rechtsordnung käme. Außerdem wäre ein solches Gesetzbuch kaum überschaubar, sprich: einfach zu umfangreich.

Als Rechtsquelle kommt zum einen das positive Recht und zum anderen das Gewohnheitsrecht in Betracht. Allerdings „gilt" auch Letzteres als positives Recht, es ist einfach unter anderen Umständen zustande gekommen. Hier bedarf es dann insbesondere richterrechtlicher Rechtsfortbildung oder allgemein überzeugender Ausführungen von Rechtslehrern.

Ein Fall wird sich jedoch selten durch eine einzige „Subsumtion" lösen lassen. Vielmehr wird von dem Leser erwartet, eine Reihe von Subsumtionen vorzunehmen. Um unnötige Ausführungen zu vermeiden, ist es entscheidend, auf Vollständigkeit und die richtige Reihenfolge zu achten. Der Leser wird feststellen, dass im Ergebnis immer wieder nach dem gleichen Verfahren vorzugehen sein wird.

Kapitel 14 Der Sachverhalt

Nicht selten habe ich es in den vergangenen Jahren der Vorlesung und Übung zum Zivilen Wirtschaftsrecht und auch in den Vordiplom-Klausuren erlebt, dass die Studierenden bei der Lösung des Falles sofort mit einer Ja- oder Nein-Antwort auf die Fallfrage antworteten und diese sodann näher begründet haben. Zu Recht wird - soweit ersichtlich - in allen einschlägigen Fallsammlungen davor gewarnt, sich den Sachverhalt nur so eben oberflächlich durchzulesen und sogleich mit der Lösung zu beginnen. Die/der Studierende, die/der einen juristischen Sachverhalt zur Begutachtung vorliegen hat, sollte den **Sachverhalt** zunächst einmal **durchdringen und verstehen**. Die/der Studierende muss sich hier alle Einzelheiten genau einprägen, weil ohne Weiteres davon auszugehen ist, dass sie für die weitere Lösung relevant sein werden. Dabei gilt, dass das Sachverhaltsgeschehen ausnahmslos juristisch ausgewertet werden muss. Es kommt nur selten vor, dass ein Sachverhalt mit Aufmachungen versehen ist, die für die juristische Beurteilung unerheblich sind. Im Ergebnis muss hiernach beinahe jede Anmerkung im Sachverhalt unter dem wesentlichen juristischen Gesichtspunkt subsumiert werden.

In der Regel kann die/der Studierende schon während dieser Lösungsschritte ersehen, ob sie/er den richtigen Weg eingeschlagen hat oder nicht. Sind bestimmte Sachverhaltsangaben für ihre/seine Lösung schlichtweg überflüssig, kann mit Sicherheit vom falschen Lösungsweg ausgegangen werden, insbesondere, wenn es sich hierbei um genaue Zahlenangaben oder Daten handelt. Auch umgekehrt gilt: Benötigt die/der Studierende für ihre/seine Lösung Sachverhaltsangaben, die diese aber nicht beinhaltet, kann von einem falschen Lösungsweg ausgegangen werden. Das heißt, die/der Studierende sollte bei Vorhandensein mehrerer Lösungswege denjenigen einschlagen, der es ihm ermöglicht, alle Sachverhaltsangaben sinnvoll zu verwerten.

Es wird **dringend empfohlen**, wenn mehr als zwei Personen am Sachverhalt beteiligt sind, eine **Fallskizze** anzufertigen, die dann einen Überblick über die zur Entscheidung stehende Situation verschafft. Auch ist nichts dagegen einzuwenden, wenn schon während des Durchlesens des Falles auf einem separaten Zettel alles notiert wird, was einem an juristischen Gedanken in den Sinn kommt. Vielmals vergisst man im Laufe des Durchlesens diese spontanen Einfälle, die vielleicht für die spätere Lösung mehr als hilfreich gewesen wären.

Die/Der Studierende sollte sich davor hüten, den zur Entscheidung gestellten Sachverhalt „anzupassen" und in die Lösung Sachverhaltsvarianten einzuflechten, die im Sachverhalt tatsächlich nicht vorkommen. Das wiederum bedeutet, dass der **Sachverhalt nicht nach eigenem Gusto ergänzt oder abgeändert** wird oder - was auch häufig vorkommt - in bestimmte Passagen des Sachverhalts etwas hineininterpretiert wird, was den Bearbeiter auf einen völlig falschen Lösungsweg führen könnte. Insbesondere darf die/der Studierende sich nicht auf die Suche nach einem ähnlich gelagerten Fall begeben. Häufig wird es vorkommen, dass man so etwas Ähnliches doch schon irgendwann einmal gehört hat und dann versucht, sich an die Lösung dieses Falles zu erinnern. Ein solches Vorgehen blockiert in der Regel nur die eigenen Überlegungen, sodass davon eher abzuraten ist. Der Sachverhalt wird objektiv angedeutet, sodass die rechtliche Beurteilung des Falles angibt, wie der Sachverhalt zu verstehen ist. Die/der Verfasser/in der Klausur hat jedes Wort genau abgewogen, Unterstellungen sind völlig fehl am Platz.

Empfehlenswert ist es, den Sachverhalt historisch-chronologisch aufzuarbeiten. Zahlreiche Fälle sind mit mehreren hintereinander geschalteten Übereignungsvorgängen oder mehrfachen Belastungen eines Grundstückes mit verschiedenen Grundpfandrechten ausgeschmückt. Gerade hier ist es nötig, sich über die zeitlichen Abläufe genau im Klaren zu sein, um einwandfreie rechtliche Erwägungen anzustellen.

Häufig werden rechtserhebliche Tatsachen im Sachverhalt nicht direkt mitgeteilt. Der Hinweis auf den „Realschüler" sollte Anlass geben, über die beschränkte Geschäftsfähigkeit gem. § 106 BGB bei evtl. Vertragsabschlüssen bzw. über den Taschengeldparagraphen (§ 110 BGB) Gedanken anzustellen. Ist im Sachverhalt von einer „Bürgschaft" die Rede, sollte der/die Bearbeiter/in es nicht versäumen, zumindest gedanklich zu prüfen, ob die Bürgschaftserklärung des Bürgen dem Formerfordernis des § 766 S. 1 BGB genügt oder – in Ermangelung der Schriftform gem. § 126 BGB – evtl. nach Maßgabe der §§ 766 S. 1, 126 Abs. 1 BGB nichtig ist (so z. B. bei einer Bürgschaftserklärung, die schlicht, d. h. ohne elektronische Signatur per e-mail abgegeben wird).

Kapitel 15 Die Fallfrage

Es kann nicht eindringlich genug darauf hingewiesen werden, dass der Gutachter, der einen juristischen Sachverhalt zu lösen hat, sich mit der Fallfrage zunächst einmal auseinanderzusetzen hat. Diese **Fallfrage** gibt ihm die „**Marschrichtung**" für sein Gutachten vor. Allein die Fallfrage gibt ihm die Richtung vor, welche Ansprüche zu prüfen sind. In einigen Bundesländern ist es üblich, bereits am Ende des Sachverhalts mehrere gezielte Fragen anzubringen, sodass die/der Studierende nicht mit der Fülle der aus dem Fall ersichtlichen Rechtsprobleme überfordert wird. Die Fragen sprechen die zu diskutierenden Rechtsprobleme schon direkt an. Sie sind in der Regel unabhängig voneinander zu betrachten und in der Reihenfolge zu beantworten, in der sie gestellt worden sind. Insbesondere ist darauf zu achten, keine Frage zu beantworten, die überhaupt nicht gestellt wurde. Abgesehen von dem Zeitverlust, der sich notwendigerweise einstellen muss, wird auch der Korrektor angesichts der umfangreichen Anzahl zu korrigierender Klausuren nicht besonders erfreut sind, an sich überflüssige Bemerkungen lesen zu müssen, die keinen Bezug zur Fallfrage haben.

Dagegen wird in anderen Regionen die gebundene Klausurfrage verwendet. Die soll sich dann aus dem mitgeteilten Fall auf natürliche Weise ergeben. Hier wird häufig der Widerstreit zwischen den Interessen der einzelnen Beteiligten so eindeutig dargestellt, dass sogar eine eindeutige Frage am Ende der Aufgabe überflüssig ist. Diese Fallfragen können verschiedentlicher Natur sein, so z. B.:

> ➤ Welche Ansprüche hat A gegen B?

> ➤ Hat A einen Anspruch auf Herausgabe der Ware gegen B?

> ➤ Wie ist die Rechtslage?

Insbesondere die letzte Fallfrage verdeutlicht eine besondere Situation für den Begutachter. Bei der Frage nach der Rechtslage hat der Begutachter eine umfassende Wertung des juristischen Sachverhalts in jeder Hinsicht vorzunehmen und nicht nur Ansprüche einer einzelnen Person gegen eine andere Person zu prüfen; vielmehr hat eine umfassende Bewertung des Sachverhalts dahingehend zu erfolgen, wer gegen wen welche Ansprüche hat und durchzusetzen in der Lage ist. Es kommt also in erster Linie darauf an, festzustellen, was die Parteien eigentlich wollen, wobei das tatsächliche Begehren maßgeblich ist.

Auch die Fallfrage gibt der/dem Studierenden die Möglichkeit, sogleich den ersten Satz seiner Begutachtung gleichsam aufzunehmen. Lautet z. B. die Fallfrage „Kann A von B Herausgabe der Maschine verlangen?", so kann der Bearbeiter des Sachverhalts bzw. dieser Fallfrage sein Gutachten mit dem Einleitungssatz beginnen: „A könnte die

Herausgabe der Maschine verlangen, wenn ihm entsprechende Ansprüche zur Seite stehen; insoweit kämen Ansprüche aus Eigentum oder Besitz in Frage." Sodann wird der/die Studierende konkrete Anspruchsgrundlagen untersuchen. Denn erst, wenn ganz und gar deutlich geworden ist, was die Parteien wollen, besteht ein fester Anhaltspunkt für die Suche nach den in Betracht kommenden Rechtsnormen.

Hilfreich ist die viel verwendete Formel **„Wer will was von wem woraus?"**. Wenn hiermit auf die Fallfrage durchaus richtig herausgearbeitet werden kann, wird doch schon in diesem Stadium eine Verbindung mit der Suche nach einer entsprechenden Anspruchsgrundlage vorgenommen. Dann besteht aber die Gefahr, sich vorschnell auf eine Norm festzulegen. Natürlich kann es sich hierbei um die richtige Norm handeln, die Schwierigkeit besteht dann allerdings darin, auch am Rande liegende Probleme nicht zu übersehen und die juristische Diskussion nicht zu eng zu führen.

Der Bearbeiter hat sich unbedingt an die Fallfrage zu halten. Wenn er dies nicht tut und Rechtsbeziehungen bzw. Ansprüche untersucht, nach denen nicht gefragt ist, so bleiben diese Ausführungen falsch, mögen sie auch zum Sachverhalt irgendwie „passen".

Kapitel 16 Die Anspruchsgrundlage

Erfahrungsgemäß ist die Suche nach der **Anspruchsgrundlage** für den Anfänger die schwierigste Situation, weil er mit dem Gesetzeswortlaut nicht vertraut ist und dementsprechend nicht ermessen kann, mit welcher Vorschrift die Begutachtung bzw. die Falllösung zu beginnen hat. Um sich hier aus der Affäre zu ziehen, werden Studierende häufig (unnötigerweise) noch einmal den Sachverhalt wiederholen. Auch hier liegt ein Fehler in der Darstellung. Nicht die Nacherzählung des Sachverhalts wird bewertet, sondern dessen Lösung! Die Wiedergabe des Sachverhalts ersetzt natürlich nicht dessen Lösung und auch nicht die Subsumtion einer Norm. Wichtig für das „Erkunden" einer Anspruchsgrundlage ist die Klärung der Rechtsbeziehungen der in dem Sachverhalt genannten Personen. Dem Begutachter muss klar sein, wer der Anspruchsteller und wer der Anspruchsgegner ist. Um es auf eine Kurzformel zu bringen, muss die/der Studierende die „**fünf W**" beherrschen:

➤ **Wer**

➤ **will**

➤ **was**

➤ **von wem**

➤ **woraus?**

Auch hier wird der Bearbeiter relativ schnell freilegen können, wer etwas von einer anderen Person begehrt. Fraglich ist jedoch, welches der richtige Aufhänger für die geltend gemachten Ansprüche ist, welches also die Norm ist, die dem Anspruchsteller zum Ziel verhilft. Auch hier sei darauf hingewiesen, dass die Gesetzesnormen regelmäßig nach Tatbestandsseite einerseits und Rechtsfolgenseite andererseits aufgebaut sind. Als Beispiel mag hier die Regelung in § 433 BGB dienen. Durch den Kaufvertrag wird der Verkäufer einer Sache verpflichtet, dem Käufer die Sache zu übergeben und das Eigentum an der Sache zu verschaffen. Der Verkäufer hat dem Käufer die Sache frei von Sach- und Rechtsmängeln zu verschaffen, vgl. § 433 Abs. 1 BGB. Der Käufer hingegen ist verpflichtet, dem Verkäufer den vereinbarten Kaufpreis zu zahlen und die gekaufte Sache abzunehmen, vgl. § 433 Abs. 2 BGB. Die Tatbestandsseite lässt sich insbesondere aus § 433 Abs. 1 BGB nicht schlicht durch die Trennung von Haupt- und Nebensatz freilegen, wie dies unter Umständen bei anderen Vorschriften (z. B. § 823 Abs. 1 BGB) der Fall wäre. Der Begriff **Tatbestandsseite** gibt die Voraussetzungen einer Anspruchsnorm wieder, während die **Rechtsfolgenseite** das daraus abzuleitende rechtliche Ergebnis wiedergibt. Bei dem Beispiel des § 433 Abs. 1 BGB bedeutet dies für die Tatbestandsseite, dass ein Kaufvertrag abgeschlossen worden ist. Sollte ein solcher Tatbestand gegeben sein, wird dadurch der Anspruch des Käufers gegen den

Verkäufer deutlich. Der Käufer hat gegen den Verkäufer einen Anspruch darauf, dass ihm die Sache übergeben und das Eigentum an der Sache verschafft wird. Das wiederum bedeutet, dass der Käufer von dem Verkäufer die Herausgabe der Sache verlangen kann. Umgekehrt ist der Käufer gem. § 433 Abs. 2 BGB verpflichtet, dem Verkäufer den vereinbarten Kaufpreis zu zahlen. Daraus wiederum ist abzuleiten, dass der Verkäufer gegen den Käufer einen Zahlungsanspruch gem. § 433 Abs. 2 BGB hat, für den Fall, dass ein Kaufvertrag abgeschlossen worden ist.

Zweckdienlicherweise wird die/der Studierende bei der Nennung einer **Anspruchsgrundlage** dem Leser auch mitteilen, warum er eben diese Anspruchsgrundlage bzw. diese Norm nennt. Ist z. B. im Rahmen einer Sachverhaltsprüfung ein Vertragsschluss zu prüfen, so muss selbstverständlich die/der Studierende auch erörtern, ob nicht ggf. diese Willenserklärung unter Umständen nachträglich unwirksam geworden sein könnte, dies z. B. durch den Tatbestand der Anfechtung. Gibt der Sachverhalt Anlass zu der Annahme, dass eine Vertragspartei sich durch eine Anfechtungserklärung wegen arglistiger Täuschung im Nachhinein von seiner Willenserklärung lösen möchte, so sollte dann formuliert werden: „Die Willenserklärung des A könnte hingegen gem. §§ 142, 123, 124, 143 BGB nichtig sein." Nachdem dann diese Vorschriften genannt worden sind, sind deren einzelne Merkmale (Tatbestandsvoraussetzungen) zu überprüfen. Voraussetzungen der Anfechtung sind:

> Anfechtungserklärung (vgl. § 143 BGB)

> Anfechtungsgrund (z. B. § 123 BGB)

> Einhaltung der Anfechtungsfrist (z. B. § 124 BGB).

Die/der Studierende sollte sich vergegenwärtigen, dass es nicht lediglich eine einzige Anspruchsgrundlage geben könnte, die dem Anspruchsteller gegen den Anspruchsgegner zum Ziel verhilft. Das wiederum heißt, dass das Gesetz an zahlreichen Stellen Zahlungs-, Herausgabe- oder Unterlassungsansprüche gewährt. Wenngleich es ein verbindliches Schema für die Prüfung mehrerer Ansprüche nicht gibt, so hat sich doch herauskristallisiert, dass es Sinn macht, vertragliche Ansprüche vor den außervertraglichen Ansprüchen zu prüfen. Allgemein ausgedrückt lässt sich folgende Prüfungsreihenfolge für etwaige Ansprüche aufstellen:

> Vertragliche Ansprüche

> Vertragsähnliche Ansprüche (z. B. Verschulden bei Vertragsschluss, § 280 BGB)

> Ansprüche aus Geschäftsführung ohne Auftrag

> Dingliche Ansprüche aus Eigentum und/oder Besitz

> Ansprüche aus Delikt und/oder Gefährdungshaftung

> Ansprüche aus ungerechtfertigter Bereicherung

Da im Gesetz Ansprüche verschiedenster Art geregelt sind, sollte sich der/die Bearbeiter/in zunächst Klarheit darüber verschaffen, um was für eine Art Anspruch es konkret geht, d. h. um einen Schadensersatz- oder einen Herausgabeanspruch, um einen Schmerzensgeld- oder einen Kaufpreisanspruch. § 433 Abs. 1 S. 1 BGB verschafft dem Käufer einen Anspruch auf Übergabe der Sache und auf deren Übereignung, während § 433 Abs. 2 BGB wiederum dem Verkäufer einen Anspruch auf Zahlung des Kaufpreises vermittelt. § 823 Abs. 1 BGB gewährt unter den dort genannten Voraussetzungen einen Schadensersatzanspruch und § 847 BGB einen Schmerzensgeldanspruch. Über § 985 BGB kann der Eigentümer einer Sache Herausgabe beanspruchen.

Gelangt man im Rahmen der Fallbearbeitung zu dem Zwischenergebnis, dass dem Anspruchsteller der Anspruch zusteht (weil sämtliche Tatbestandsvoraussetzungen der Anspruchsgrundlage gegeben sind), so sollte der/die Bearbeiter/in nicht übersehen, dass dem Anspruchsgegner (Schuldner) evtl. Einreden oder Einwendungen zustehen, die dann auch noch zu prüfen sind, so z. B. die Einrede der Verjährung oder die Einrede der Verwirkung. Auf Einreden muss sich der Betreffende, der davon profitieren will, ausdrücklich berufen, während Einwendungen in einem Prozess vom Gericht von Amts wegen zu berücksichtigen sind. Solche Einwendungen sind z. B. die der ordnungsgemäßen Erfüllung.

Kapitel 17 Die Subsumtion

Wir hatten bereits kennen gelernt, dass Anspruchsgrundlagen nach Tatbestands- sowie Rechtsfolgenseite aufgebaut sind. Auf diese Weise wird deutlich, dass bestimmte Rechtsfolgen immer nur **dann** eintreten, **wenn** die entsprechenden einschlägigen Voraussetzungen vorliegen („Wenn-Dann-Verhältnis").

Beispiel:

Nur dann, wenn ein Kaufvertrag abgeschlossen worden ist, hat ein Verkäufer gegen den Käufer einen Zahlungsanspruch bzw. ein Käufer gegen den Verkäufer einen Anspruch auf Herausgabe der Kaufsache.

Die Subsumtionstechnik (lat. subsumere, unter- oder einordnen) ist kein Buch mit sieben Siegeln, sondern ein schlichter Vorgang, den man auch als **Deduktion** bezeichnen kann. Um einen solchen Deduktionsschluss zu erreichen, wird die Rechtsnorm (Anspruchsgrundlage), die in dem jeweiligen Fall einschlägig sein könnte, mit dem zur Entscheidung stehenden Sachverhalt verglichen, um zu überprüfen, ob der Sachverhalt einschlägig ist.

Beispiel:

Ludwig Lustig (L) ist ein gewiefter Autohändler, der auch schon mal fünfe gerade sein lassen kann und darauf bedacht ist, bei jedem Vertragsabschluss seinen „Schnitt" zu machen. L hat schon seit einiger Zeit einen VW Passat, Baujahr 1999, bei sich auf dem Hof stehen, den er dringend verkaufen möchte und bietet dieses Fahrzeug zum Preis von 5.950 € an. Bodo Brumm (B), werdender Vater, sieht sich nach einem für ihn und seine Familie passenden Fahrzeug um. Auf die Frage von B, ob das Fahrzeug denn auch unfallfrei sei, entgegnet L scheinheilig, dass dieses Fahrzeug selbstverständlich unfallfrei sei. Er, L, verkaufe nur unfallfreie Fahrzeuge, denn mit Unfallfahrzeugen habe man nur Ärger. L weiß jedoch ganz genau, dass das Fahrzeug an einem Auffahrunfall beteiligt war. Der Rahmen war völlig verzogen; die Karosserie ist aufwendig wieder aufgebaut worden. L und B werden bei einem Preis von 5.800 € handelseinig. Nachdem B zwei Monate nach Vertragsabschluss in die Werkstatt fährt, wird er darauf aufmerksam gemacht, dass das Fahrzeug wohl einen schweren Unfall erlitten haben muss. Kann B von L die Rückzahlung des Betrages in Höhe von 5.800 € verlangen?

Bei diesem Beispiel ist der Ansatz schon etwas schwieriger zu finden, und zwar erst, indem man „um zwei Ecken" denkt. Der Vertrag wurde ja zunächst ordnungsgemäß abgewickelt. Der Verkäufer hat den Kaufpreis (5.800 €) erhalten und an den Käufer wurde die Kaufsache (Pkw VW Passat) übergeben. Auf welche Weise kann aber nun B den Kaufpreis zurückbeanspruchen? Hier muss die/der Studierende juristische Fantasie entfalten und die Lösung über § 123 BGB und die Arglistanfechtung entwickeln. Für den Fall, dass B die von ihm abgegebene Willenserklärung wegen arglistiger Täuschung gem. § 123 Abs. 1 BGB in wirksamer Weise anficht, gerät die von ihm abgegebene Willenserklärung (Angebot oder Annahme) nachträglich in Wegfall, sodass ein wirksamer Kaufvertrag nicht gegeben ist. Ist jedoch ein Kaufvertrag nicht wirksam abgeschlossen worden, so hat der L den Betrag in Höhe von 5.800 € ohne Rechtsgrund erhalten, sodass auf diese Weise B in die Lage versetzt wird, diesen ohne Rechtsgrund empfangenen Betrag gem. § 812 Abs. 1 S. 1 BGB zurückzufordern. Wer durch die Leistung eines anderen oder in sonstiger Weise auf dessen Kosten etwas ohne rechtlichen Grund erlangt, ist ihm zur Herausgabe verpflichtet, vgl. § 812 Abs. 1 S. 1 BGB. Insbesondere bei dem Tatbestandsmerkmal „ohne rechtlichen Grund" wäre die/der Studierende gehalten, die Arglistanfechtung gem. §§ 142, 123, 143, 124 BGB einzuarbeiten, und zwar sinngemäß wie folgt:

> *Beispiel:*
>
> *B könnte von L den von ihm gezahlten Betrag in Höhe von 5.800 €*
> *gem. § 812 Abs. 1 S. 1 BGB zurückverlangen. Dann müsste L etwas*
> *durch die Leistung von B „ohne rechtlichen Grund" erlangt haben.*
> *Bejahendenfalls wäre B zur Herausgabe, d. h. zur Rückzahlung des*
> *Betrages in Höhe von 5.800 € verpflichtet. Hier haben L und B einen*
> *Kaufvertrag gem. § 433 Abs. 1 BGB über den Pkw VW Passat zum*
> *Kaufpreis von 5.800 € abgeschlossen. Die von ihm abgegebene Wil-*
> *lenserklärung könnte B indessen gem. § 142, 123, 143, 124 BGB*
> *wirksam anfechten, wenn er von L arglistig getäuscht worden wäre.*
> *Hier hat L den B wider besseren Wissens darüber im Unklaren ge-*
> *lassen, dass das Fahrzeug Pkw VW Passat, welches der B infolge der*
> *Täuschung dann erworben hat, tatsächlich einen schweren Unfall*
> *erlitten hatte. L ging dabei davon aus, dass B - in Kenntnis der wah-*
> *ren Umstände - den Kaufvertrag zu einem Preis von 5.800 € nicht*
> *mehr abschließen wird. Die Täuschung von L ist auch ursächlich für*
> *den Vertragsabschluss geworden. Wenn B die Anfechtung ausdrück-*
> *lich und innerhalb der von § 124 BGB vorgesehenen Frist erklärt, ist*
> *L zur Rückzahlung des Betrages in Höhe von 5.800 € verpflichtet,*
> *weil er diesen dann ohne rechtlichen Grund erhalten hat.*

Abschließend sei darauf hingewiesen, dass der Begutachter eines juristischen Sachverhaltes sich stets des sog. **Gutachtenstils** befleißigen sollte. Im Gegensatz dazu steht der sog. Urteilsstil, den indessen nur die Gerichte bei der Begründung ihrer Entscheidungen verwenden. Der Gutachtenstil ist dadurch gekennzeichnet, dass zunächst - wie soeben dargestellt - eine Frage aufgeworfen wird und erst dann erläutert wird, unter welchen tatbestandlichen Voraussetzungen eben diese Frage bejaht (oder verneint) werden kann. Sodann werden die entsprechenden Voraussetzungen untersucht.

Beispiel:

A könnte gegen B einen Anspruch auf Herausgabe der Maschine gem. § 985 BGB haben. Dies setzt voraus, dass der A Eigentümer und der B Besitzer der Sache ist. (Sodann werden die Voraussetzungen „Eigentum" sowie „Besitz" erörtert und in diesem Zusammenhang der zur Entscheidung stehende Sachverhalt historisch aufgearbeitet).

Kapitel 18 Fälle

1 Fernseher per Internet

Paulchen Schröder (S) ist ein Schnäppchenjäger und entdeckte beim Surfen im Internet ein für ihn wahrhaft tolles Angebot. Die Fa. Wir Verkaufen Alles (WVA) hatte in ihrer Homepage ein LCD-Fernsehgerät zu einem Einzelpreis von 270,47 € angeboten. Unter dem 20.10.2004, um 7.53 Uhr, bestellte S im Wege einer Online-Bestellung 10 Fernsehgeräte von diesem Typ; er wollte eines dieser Geräte für sich behalten und die übrigen neun Geräte mit einem gehörigen Aufschlag an Bekannte und Verwandte weiterveräußern. S erhielt noch am gleichen Tag von der Fa. WVA um 8.43 Uhr per E-Mail die Mitteilung: „Vielen Dank für Ihre E-Mail. Wir werden Ihren Auftrag umgehend bearbeiten." Der vorstehenden, per E-Mail übersandten Mitteilung von WVA war als Anhang der wesentliche Inhalt der von S zuvor aufgegebenen Bestellung beigefügt. Am 21.10.2004 übersandte WVA dem S um 15.31 Uhr per E-Mail folgende Mitteilung: „Vielen Dank für Ihre Bestellung. Leider können wir Ihre Bestellung preislich nicht bestätigen. Bei diesem Preis handelt es sich um einen temporären Fehler auf unserer Internetseite. Der richtige Einzelpreis für dieses Modell beträgt 2.704,70 €. Wir bitten um Ihr Verständnis und würden uns freuen, wieder von Ihnen zu hören." S, der im Übrigen im 3. Semester Rechtswissenschaft studiert, ist der Meinung, dass ein Kaufvertrag zwischen ihm und der Fa. WVA zustande gekommen ist, wonach nunmehr die Fa. WVA verpflichtet ist, 10 Fernsehgeräte des von ihm bestellten Typs zu einem Gesamtpreis in Höhe von 2.704,70 € zu liefern. Die Fa. WVA vertritt den Standpunkt, ein Kaufvertrag sei überhaupt nicht zustande gekommen.

Hat S einen Anspruch auf Lieferung von 10 Fernsehgeräten zum Preis von 2.704,70 €?

2 Heißwasser an kalten Tagen

Die Fa. KAWA GmbH (K) ist auf dem Gebiet der Kälte- und Wärmetechnik tätig. Sie beansprucht ihrerseits von der Fa. Buntnessel KG (B) einen Betrag in Höhe von 76.000 €. B hat gegen diese Forderung mit einem von ihr geltend gemachten Schadensersatzanspruch wegen eines eingetretenen Wasserschadens die Aufrechnung erklärt, und zwar aus folgendem Grund:

B beauftragte K mit der Ausführung von Arbeiten an einer Heizungsanlage. Bei diesen Arbeiten tauschten Mitarbeiter von K in der Übergabestation Hähne aus und dichteten diese neu ein, wobei sie Dichtungen einbauten, die asbestfreies Material enthielten, welches von einer anderen Firma entwickelt und produziert worden war. In dem von den Arbeiten betroffenen Bereich der Heizungsanlage floss heißes Druckwasser mit einer Temperatur von ca. 160 bis 180° C. Die von B gegenüber K in Auftrag gegebenen Arbeiten wurden dann ohne Beanstandung am 25.09.2004 abgenommen. Am 03.11.2004 bemerkte Herr Naguckmal (N), der als Fachbauleiter der von B mit der Bauleitung und -überwachung beauftragten Schaudochmalnach GmbH (S) tätig war, dass ein Wasserhahn des Heißwasserrohrleitungssystems in der Übergabestation tropfte. Am 10.11.2004 stellten N und ein weiterer Mitarbeiter bei einer weiteren Begehung fest, dass der Hahn immer noch tropfte. N informierte nunmehr unter dem 03.11. und 10.11.2004 über diese festgestellten Undichtigkeiten die Fa. K und forderte dabei auf, die Undichtigkeiten zu beseitigen. B trug nun in dem gerichtlichen Verfahren vor, dass N bei seinen beiden Anrufen die Durchwahl des für das Bauvorhaben zuständigen Mitarbeiters bei K gewählt habe, wobei sich jeweils ein Herrn N unbekannter Mitarbeiter bzw. eine Mitarbeiterin der K gemeldet und die Telefongespräche entgegengenommen habe. Am 15.11.2004 brach die zuvor nur tropfende Flachdichtung, die die K bei ihren Arbeiten eingebaut hatte, in einer Flanschverbindung des Absperrhahns. Nach dem Bruch der Dichtung traten große Mengen an Heißwasser aus der Rohrleitung aus und überschwemmten den Bodenbereich des dortigen Kellers und verursachten Schäden in einer Größenordnung von 75.000 €.

Hat K noch gegen B Anspruch auf Zahlung von 76.000 €?

3 Besorgung einer Internet-Domain

Die Fa. Knecht GmbH (K) betreibt ein Unternehmen für Apparatebau. Sie wurde im Handelsregister eingetragen. Herr Blaumann (B) ist Internetprovider. Die Parteien kamen 2003 in Kontakt, nachdem K ihre Zusammenarbeit mit dem Unterprovider von B, der Fa. Luschig (L), gekündigt hatte. Mit E-Mail vom 07.03.2003 stellte sich B bei K vor und informierte über seine Tätigkeit. Dabei führte er u. a. Folgendes aus: „Wie Sie hoffentlich verständlich aus den vorherigen Zeilen erfahren haben können, ist der springende Punkt die Sache ‚Eigentümer der Internet-Adresse'. In der Regel ist es bei uns so, dass wir grundsätzlich der Auffassung sind, eine Internet-Adresse gehört dem Kunden, sprich in diesem Falle mit der www.knecht-app.com gehört diese Internet-Adresse der K. L hat uns mitgeteilt, dass in Bezug auf die Registrierung der knecht-app.com dies auf seinen Namen erfolgen soll. Wir haben L aufgeklärt, dass dies nicht möglich ist, weil L nicht die Fa. K ist, sondern Sie." Die Fa. K schloss daraufhin unmittelbar mit B einen Providervertrag über die Domain „www.knecht-app.com" ab. Der B hatte dabei auch mitbekommen, dass die K an der Domain „www.knecht.com" interessiert war. Diese war jedoch schon anderweitig vergeben. Der B bemühte sich um die Domain „www.knecht.de" und stellte sie der K in Rechnung. Die K nutzte die Domain

„www.knecht.de" für ihren Geschäftsbetrieb und bezahlte die von B hinsichtlich der Domain „.de" gestellten Rechnungen. Am 28.01.2004 sprach die K gegenüber dem B die fristlose Kündigung hinsichtlich des ihm erteilten Auftrags aus, die Version 2.0 der Website der Fa. K zu erstellen. In der Folge stellte die Fa. K dann fest, dass die Domain „www.knecht.de" nicht mehr konnektiert war. Die Domain „www.knecht.de" war ausweislich der Denic History zunächst auf einen Herrn Wolpertinger registriert, wurde am 24.06.1997 an die Fa. Total Egal GmbH übertragen und schließlich am 13.02.2000 auf den B umgeschrieben. Die Fa. K ist nunmehr der Auffassung, sie habe dem B den Auftrag erteilt, die Domain „www.knecht.de" für sie zu besorgen. Sie sei von Anfang an davon ausgegangen, dass sie für diese Domain als Inhaberin angemeldet werden würde. Es sei ihr auch nichts Gegenteiliges bekannt geworden. Im Übrigen habe der Beklagte auch den Auftrag, die Domain „www.knecht.de" zu erlangen, anlässlich einer Besprechung im Hause unter dem 15.06.2003 erhalten. Dabei habe nämlich der Beklagte erklärt, dass er im Internet recherchiert habe und es für möglich halte, diese Domain für die Fa. K zu besorgen. Daraufhin habe der Geschäftsführer der Fa. K zugestimmt und insoweit den Auftrag erteilt. Unmittelbar später habe der B Erfolg gemeldet. Erst im zeitlichen Zusammenhang mit der gegenüber B ausgesprochenen Kündigung habe man dann bemerkt, dass als Domaininhaberin die Fa. Total Egal GmbH eingetragen gewesen sei.

K begehrt nunmehr die Umschreibung der Domain auf sie und möchte den B zur Zustimmung zur Umschreibung veranlassen. Mindestens soll es ihm aber untersagt werden, die Domain „www.knecht.de" im Internet oder anderweitig im Geschäftsverkehr zu nutzen oder nutzen zu lassen, insbesondere es zu unterlassen, die Registrierung und Konnektierung dieser Domain im Internet aufrechtzuerhalten.

Hat die Fa. K gegen B einen entsprechenden Anspruch?

4 Ein österreichischer „Unterjubler"

Am 04.08.1994 schloss die in Österreich geschäftsansässige Firma Quasi - Gesellschaft für Software GmbH (Q) mit der Fa. Arglos GmbH & Co. KG (A) einen Softwareüberlassungsvertrag ab; der Vertrag sah vor, dass er unter Einhaltung einer Frist von drei Monaten zum Ende eines jeden Kalenderjahres gekündigt werden konnte. Hundertprozentige Gesellschafterin der Fa. Q war wiederum die Fa. Kleinaufwand GmbH (K). Im Jahre 1998 übersandte die K der A mit Anschreiben vom 09.04.1998 einen Formularvertragsentwurf über die Überlassung von Software, der - neben der Geltung deutschen Rechts - die Regelung enthielt, dass eine Kündigung frühestens nach 60 Monaten möglich sei. In diesem Vertrag trat die K als Lizenzgeberin auf, ferner war in dem Vertragsentwurf vorgesehen, dass die bisher erteilte Lizenz erlischt, an Dritte geleistete Zahlungen jedoch angerechnet werden. Weiterhin heißt es in dem mit dem Vertragsentwurf übermittelten Anschreiben:

„Euro-Umstellung/Jahr 2000-Umstellung

Sehr geehrter Herr Kollege,

es ist uns ein Anliegen, die in der Vergangenheit gute Zusammenarbeit mit Ihrem Hause auch in der Zukunft in positiver und erfolgreicher Weise fortzuführen und weiterzuentwickeln.

Wir haben deshalb die Prosys (r) Print Software um Funktionen erweitert, die die Umstellungsfähigkeit auf den EURO und auf das Jahr 2000 garantieren.

Die hierzu notwendigen Zusatzprogramme erhalten Sie von uns im Rahmen des beiliegenden Software-Überlassungsvertrages kostenfrei. Die monatlichen Gebühren für Lizenz und Wartung erhöhen sich ebenfalls nicht.

Wir hoffen, dass unser Angebot bei Ihnen Zustimmung findet und bitten Sie, die beigefügten zwei Exemplare der Verträge unterschrieben bis zum 30.04.1998 zurückzusenden, um eine rasche Erledigung der erforderlichen Maßnahmen sicherstellen zu können."

Der Vertragsentwurf wurde nunmehr von der Fa. A unterzeichnet zurückgesandt. Mit Schreiben vom 31.05.2000 teilte die Fa. A der Fa. K und mit Schreiben vom 05.06.2000 dann der Fa. Q mit, dass sie die Zusammenarbeit zum 31.12.2000 kündige und die letzte Zahlung für das 4. Quartal 2000 erfolgen werde. Mit Schreiben vom 08.06.2000 verwies K die A auf die vertraglichen Bestimmungen sowie darauf, dass eine Kündigung erst nach Ablauf von fünf Jahren, folglich erst zum 31.12.2003, erfolgen könne. A ist empört und lehnt jede weitere Korrespondenz ab.

Nunmehr erhebt K Ansprüche gegen A in Höhe von 14.000 €, wobei es sich dabei um die Lizenzgebühren für das 1. und 2. Quartal 2001 handelt; pro Quartal war ein Betrag in Höhe von 7.000 € an Lizenzgebühren vertraglich vereinbart worden. Gegen diesen Anspruch der Fa. K wendet die Fa. A ein, der von ihr im April 1998 unterzeichnete Softwareüberlassungsvertrag sei ihr quasi „untergejubelt" worden. Die Mindestbindungsfrist aus diesem Vertrag in Höhe von 60 Monaten sei unwirksam. Im Übrigen habe sie, die Fa. A, vor dem LG Graz am 21.11.2000 Klage erhoben, und zwar gegen die Fa. Q und die Fa. K, gerichtet auf Feststellung, dass die Vertragsbeziehungen mit dem 31.12.2000 beendet seien.

Hat die Fa. K einen Anspruch gegen die Fa. A auf Zahlung der Lizenzgebühren für das 1. und 2. Quartal 2001 in Höhe von insgesamt 14.000 €?

5   Verbraucherschutz in Südniedersachsen

Am 03.11.2002 unterzeichnete Friedrich Wuttke (W) auf der Verbraucherausstellung „SIVA" in Göttingen ein als „Kaufvertrag über eine Messe-Einbauküche" überschriebenes Schriftstück, wonach eine näher bezeichnete Einbauküche nach Aufmaßerstellung und Feinplanung in Abstimmung mit W geliefert und spätestens bis zur 52. Kalenderwoche 2003 abgenommen werden sollte. Diesen Vertrag schloss Herr Wuttke mit Herrn Hartmut Schnellert, handelnd unter der Fa. KOBRA - Kochen & Braten (K). In den zugrunde liegenden Vertragsbedingungen verpflichtete sich W zur Leistung eines pauschalierten Schadensersatzes in Höhe von 30 % der Gesamtzahlungsverpflichtung in Höhe von 7.000 €, also in Höhe von 2.100 €, für den Fall einer Erfüllungsverweigerung. Als K den W Anfang Oktober 2003 schriftlich zur Leistung der vereinbarten Anzahlung in Höhe von 1.300 € aufforderte, erklärte W, an die Vereinbarung nicht gebunden zu sein. W ist der Auffassung, dass der von ihm unterzeichnete Vertrag ein Verbraucherschutzvertrag, und zwar ein Haustürgeschäft, sei; deshalb habe der Vertrag eine Widerrufsbelehrung enthalten müssen. Da dieser Vertrag eine Widerrufsbelehrung nicht enthalte, könne er, W, jederzeit den Widerruf erklären, was er hiermit auch tue. Hingegen ist K der Auffassung, dass es sich bei dem zwischen ihm und W abgeschlossenen Vertrag keineswegs um einen Verbraucherschutzvertrag bzw. um ein Haustürgeschäft handele und deswegen auch keine Widerrufsbelehrung notwendig sei.

Hat K einen Anspruch auf Zahlung des pauschalierten Schadensersatzes in Höhe von 2.100 € wegen Erfüllungsverweigerung durch W?

6   Munter und mobil

Die Fa. Laut-Phon (L) bewirbt und vertreibt sog. Multimediapakete, mit denen Telekommunikationsverträge nebst Mobiltelefonen angeboten werden. In der Anzeige wird für Bestellungen auf eine Bestell-Hotline von L verwiesen. Der Geschäftsablauf ist dabei Folgender: Auf entsprechende telefonische Bestellungen von Kunden bereitet L einen schriftlichen Vertrag vor, den sie mit dem entsprechenden Gerät und der Chipkarte an den Kunden im Wege des sog. PostIdent-2-Verfahrens zum Versand bringt. Bei diesem Verfahren wird der Empfänger vom Zusteller identifiziert, eine Unterschrift auf dem Originaldokument sowie bis zu zwei weitere Unterschriften eingeholt sowie die Ausweisnummer des Empfängers notiert. Bei diesem Verfahren prüft also der Postzusteller die Identität des Empfängers und händigt die Sendung erst nach Leistung mehrerer Unterschriften aus; anschließend benachrichtigt er die Fa. L, die dann den Telefonanschluss freischaltet. Aus Anlass einer telefonischen Bestellung durch einen Herrn Witzig (W) wurde an ihn ein Multimediapaket ausgeliefert; im

Anschluss daran, wenige Tage nach Auslieferung, widerrief Herr Witzig die Bestellung, woraufhin die Fa. L ihn mit Schreiben vom 08.12.2002 mitteilte, dass ein Widerruf des Mobilfunkvertrages nicht möglich sei.

Daraufhin schaltete Herr Witzig einen Verbraucherschutzverband, und zwar den Verein „Wir kümmern uns - in echt - um Ihr Recht e. V." (V), ein. Bei diesem Verein handelte es sich um eine qualifizierte Einrichtung und damit anspruchsberechtigte Stelle i. S. d. § 3 Unterlassungsklagengesetz (UKlaG).

V ist der Ansicht, dass die Fa. L entsprechende Verträge nicht ohne eine Widerrufsbelehrung bewerben und vertreiben dürfe und will daher L auf Unterlassung ihrer bisherigen Werbung in Anspruch nehmen. Denn diese Werbung verstoße gegen §§ 312 b ff. BGB, weil nicht auf das Widerrufsrecht hingewiesen werde und im Übrigen der Vertrag zwischen L und den Kunden aufgrund der Annahme der telefonischen Bestellung zustande komme und damit unter das Fernabsatzrecht falle. L hingegen ist der Auffassung, dass der Vertrag nicht durch Fernkommunikationsmittel i. S. d. §§ 312 b ff. BGB zustande komme; vielmehr komme der Vertrag erst durch Unterzeichnung des vom Postzusteller vorgelegten Vertrages zustande.

Hat V einen entsprechenden Anspruch auf Unterlassung der bisherigen Bewerbung von Multimediapaketen durch L, in welchen nicht auf das Widerrufsrecht hingewiesen wird?

7 Küche mit Finesse

Nach seinen Erfahrungen auf der „SIVA" in Göttingen, bei der er zwar keine Küche erhalten hatte, wohl aber einen pauschalierten Schadensersatz zu zahlen hatte, schaute sich Friedrich Wuttke (W) nunmehr bei einem regulären Küchenstudio nach einer für ihn geeigneten Küche um. Insofern wandte er sich an die Fa. Knusperhaus-Küchen GmbH & Co. KG (K). Am 11.01.2004 unterbreitete K dem W ein schriftliches Angebot über verschiedene Küchenteile und errechnete einen Endpreis in Höhe von 11.890,79 €; daraus wiederum wurde ein „Hauspreis" von 9.800 €. Nach dem Angebot von K sollte u. a. eine „Finesse" Kühl- und Gefrierkombination geliefert werden. Montage und Lieferung waren in dem vereinbarten Preis hingegen nicht enthalten. Farb- und Ausführungsänderungen, welche keinen Einfluss auf den Preis haben sollten, waren ausdrücklich vereinbart. Mit Vertrag vom 12.01.2004 bestellte W die Küche gemäß dem vorausgehenden Angebot. Unter dem 18.01.2004 leistete W dann wiederum eine Anzahlung in Höhe von 5.000 €. Im Folgenden bat W die Fa. K um Aufschlüsselung der Preise, weil er die Möglichkeit prüfen wollte, Änderungen vorzunehmen. Am 18.02.2004 teilte K dem W mit, die Kühl-/Gefrierkombination könne nicht mehr geliefert werden. W beantwortete das Schreiben noch am selben Tag. Am 27.06.2004 teilte K dem W mit, die Küche könne nun doch wie bestellt geliefert werden. W forderte am 20.08.2004 die Fa. K zur Lieferung unter Fristsetzung bis zum 01.10.2004 auf. Mit Schreiben vom 19.09.2004 erklärte W allerdings die Anfechtung wegen arglistiger Täuschung und hilfsweise den Rücktritt vom Vertrag. Einig sind sich die Parteien darüber, dass die von W bestellte „Finesse" Kühl- und Gefrierkombination nicht mehr lieferbar ist. Noch bei einer Besprechung am 11.01.2004 hatte K erklärt, nur sie könne die zwei Meter hohe Kühl-/Gefrierkombination noch liefern. Die Firma stelle diese Geräte gar nicht mehr her. Dies war auch ein wesentlicher Grund, warum W bei der Fa. K die Küche bestellt hatte.

W erhebt Ansprüche auf Rückzahlung der von ihm geleisteten Anzahlung in Höhe von 5.000 €. Steht dem W ein solcher Rückzahlungsanspruch gegen K zu?

8   Die Rolex bei Ebay

Xaver Kantholz (K), wohnhaft in Österreich, ersteigerte (unter dem Pseudonym ka-si64) von Adriano Aalglatt (A) am 12.11.2002 bei der Fa. „Ebay", einem Unternehmen, welches private Auktionen über das Internet durchführt, eine Armbanduhr „Rolex Daytona Stahl" zu einem Gebotspreis von 9.300 €. K überwies am 13.11.2002 einen Betrag in Höhe von 9.500 € (den Gebotspreis zzgl. Versicherungs- und Versandkosten) auf ein Konto von A. Ausweislich eines Einlieferungsscheines der Deutschen Post, welche als Absender den A und als Empfänger den K ausweist, war an A am 17.11.2002 ein Wertpaket abgesandt worden, und zwar mit einer Wertangabe über 12.500 € und einem Gewicht von 1,1 kg. Der K erhielt auch ein Paket. Er behauptet indessen, dass dieses lediglich eine leere Holzbox beinhaltet habe, nicht aber die ersteigerte Uhr. Am 07.01.2003 stellte K sowohl bei der österreichischen als auch bei der Deutschen Post Euro Express entsprechende Nachforschungsaufträge. Mit Schreiben vom 25.06.2003 lehnte die österreichische Post jede Haftung mit dem Hinweis auf fehlende Aufbruchspuren und die Unversehrtheit des Paketverschlusses ab. Angeblich, so K, habe die deutsche Nachforschungsstelle dann am 29.11.2003 ein Ergebnis per E-Mail mitgeteilt. Danach sei das Paket unversiegelt über Nürnberg an die österreichische Grenze gekommen und dort nachplombiert worden. Das Gewicht der Sendung war bei Absendung und Ankunft überprüft worden und war jeweils gleich gewesen.

Nunmehr verlangt K von A die Rückzahlung des an ihn überwiesenen Betrages in Höhe von 9.500 €.

Hat K einen Rückzahlungsanspruch gegen A auf 9.500 €?

9 Besser die Lawine auf dem Dach als den Schnee auf dem Auto

Nadja Nelke (N) betreibt ein Maklerbüro in der Innenstadt von Göttingen. In ihrem Eigentum befindet sich ein Pkw der Marke Jaguar, Baujahr 2001, den sie ständig nutzt. Am 13.01.2004 stellte sie das Fahrzeug auf einem Stellplatz ab, der sich an ihrem Wohngrundstück befindet. Der Stellplatz grenzt an das im Eigentum der Fa. Schepper (S) stehende Nachbargrundstück, wo in unmittelbarer Grenznähe die Garage der S steht. Das geneigte Dach dieser Garage weist einen leichten Überhang zum Grundstück der N auf. Vom Garagendach löste sich, im Laufe einer Periode andauernden heftigen Schneefalls, am 13.01.2004 eine Dachlawine, die das Fahrzeug der N in nicht unerheblichem Maße beschädigte. N musste für die Reparatur des Fahrzeugs einen Betrag in Höhe von 15.500 € aufwenden. N begehrt nunmehr Ersatz dieses Schadens von S.

Hat N Anspruch gegen S auf Ersatz der von ihr aufgewendeten 15.500 €?

10 Die fromme Helene

Die Fa. Futtertrog GmbH & Co. KG (F) hat gegen die Kauffrau Helene Sauertopf (S) zwei vollstreckbare Titel (Urteile) über 35.000 € und 900 €, jeweils zzgl. Zinsen, erwirkt. Aus diesen beiden Urteilen möchte F nunmehr die Vollstreckung gegen S durchführen, stellt hingegen fest, dass bei S „nichts zu holen" ist. Im Rahmen der Recherchen von F stellt sich heraus, dass Frau S, die nicht im Handelsregister eingetragen war, Lebensmittelzusätze vertrieben hat, die sie nach vorgegebenen Rezepturen für Abnehmer gemischt und ihnen ausgeliefert hat. Sie verwendete auf Briefköpfen die Bezeichnung „HS Handelsagentur Lieferant von Additiven für die Lebensmittelindustrie." Unter derselben Bezeichnung, lediglich mit dem Zusatz „GmbH" ergänzt, handelt die S mit einer vor einigen Jahren gegründeten und kurze Zeit später in das Handelsregister eingetragenen Firma unter der früheren Anschrift der S und unter Verwendung von deren früherer Telefon- und Faxnummer mit Additiven für die Lebensmittelindustrie.

Nunmehr hat sich F überlegt, aus den bereits erwirkten Vollstreckungstiteln (Urteilen) gegen die GmbH vorzugehen und möchte eine sog. Titelumschreibung gem. §§ 729 Abs. 2, 1, 727 ZPO erreichen. Dazu teilt F mit, dass die GmbH die bisherige Firma von S fortgeführt hat. S tritt dem entgegen und ist der Ansicht, dass die Benutzung der Wortfolge „HS Handelsagentur Lieferant von Additiven für die Lebensmittelindustrie" nicht genügen könne, um die Voraussetzungen für eine Firmenfortführung zu begründen. Denn dabei handele es sich lediglich um eine Geschäftsbezeichnung und nicht um eine Firma. Eine Firmenfortführung sei schließlich nur anzunehmen, wenn der Kern einer nach §§ 17 ff. HGB für einen Kaufmann überhaupt möglichen Firma übernommen werde.

Hat F einen Anspruch auf Umschreibung der von ihr gegen S erwirkten Titel, sodass sie - ohne einen neuen Prozess betreiben zu müssen - nunmehr die Fa. HS Handelsagentur Lieferung von Additiven für die Lebensmittelindustrie GmbH im Rahmen der Vollstreckung in Anspruch nehmen kann?

11   Ein makelloses Maklerlos

Die Fa. Nimmosatt (N) ist ein Maklerunternehmen im Immobilienbereich. Thorsten Trockenfuss (T) war in der Zeit von August bis November 2002 im Betrieb von N tätig; während dieser Zeit hatte er in der Zeit eine Anwesenheitspflicht, wie auch die anderen dort Beschäftigten, zwischen 9.00 und 18.00 Uhr; weiterhin hatte T die Pflicht, gegenüber N Bericht zu erstatten, und zwar über sämtliche, von ihm entfalteten Aktivitäten und hatte zudem seine Arbeit in den von der N zur Verfügung gestellten Räumen zu erledigen. Während der Dauer der Beschäftigung stand T im Kontakt zu zwei Kunden der N, denen Mietverträge vermittelt wurden. Der Mietvertrag zu der Fa. Zack-Zack GmbH kam am 04.11.2002 zustande, der Mietvertrag der Fa. Punktum-GmbH im März 2003. Die Fa. Zack-Zack GmbH zahlte 7.620 € als Vermittlungsprovision an N, die Fa. Punktum-GmbH 35.000 €. T ist nunmehr der Ansicht, dass ihm bezüglich der Vermittlung des Mietvertrags der Zack-Zack GmbH nach Abzug eines Einbehalts von 500 € für einen Zwischenvermittler ein Provisionsanspruch in Höhe von 2.486,40 € brutto (d. h. inkl. MwSt.) und für die Vermittlung des Vertrages der Punktum-GmbH eine Provision in Höhe von 12.180 € brutto zustehe. Denn er sei als Handelsvertreter für die N tätig gewesen und als solcher auch provisionsberechtigt. Er habe an dem Abschluss des Mietvertrages ganz erheblichen Anteil gehabt. Daher stehe ihm eine 30%ige Provision in Bezug auf den Mietvertrag der Zack-Zack GmbH, mithin 2.486,40 € inkl. MwSt., zu; im Übrigen sei mit dem Geschäftsführer von N in Bezug auf den Mietvertrag der Punktum-GmbH eine Provision in Höhe von drei Monatsmieten in Bezug auf den Mietvertrag der Punktum-GmbH vereinbart, mithin 12.180 € brutto (inkl. MwSt.). N hingegen ist dieser Forderung im Wesentlichen mit der Behauptung entgegengetreten, dass T nur im Rahmen eines Schulungsvertrages bei ihr tätig gewesen sei.

Hat T gegen N einen Anspruch auf Zahlung von 2.486,40 € bzw. 12.180 €?

12 Geschäftsführer - verzweifelt gesucht

Die Fa. POP - Personal-Organisation-Planung GmbH (P) ist ein Personalberatungsunternehmen, das sich mit der systematischen Suche und der Vermittlung qualifizierter Führungskräfte in der Wirtschaft befasst. Die Fa. AUS - Aluminium und Stahl GmbH & Co. KG (A) ist ein metallverarbeitender Industriebetrieb. Mit Schreiben vom 03.06.2001 übersandte A an P eine „Spezifikation" für die bei der Fa. A zu besetzenden Stelle eines technischen Geschäftsführers. Mit Schreiben vom 04.06.2001 machte P nähere Angaben zu der von ihr angebotenen Dienstleistung und zu ihren Honorarvorstellungen. Am 21.06.2001 trafen sich die Geschäftsführer der beiden Firmen. In diesem Gespräch wurden die Möglichkeiten einer Zusammenarbeit für den Fall in Betracht gezogen, dass die eigenen Bemühungen der Fa. A um einen „Kandidaten aus dem Frankfurter Raum" scheitern sollten. Am 29.08.2001 fand ein weiteres, telefonisches Gespräch der Geschäftsführer statt, dessen Inhalt streitig ist. Noch am gleichen Tag sandte die P der Fa. A „vertrauliche Berichte" über vier aus ihrer Sicht für die Stelle eines technischen Geschäftsführers bei der Gemeinschuldnerin in Frage kommende Kandidaten. Am 30.08.2001 teilte der Geschäftsführer der Fa. P in einem als „Persönlich/Vertraulich" gekennzeichneten Schreiben dem Geschäftsführer der Gemeinschuldnerin unter Hinweis auf „unser kürzlich geführtes Telefonat" mit, dass er sich für den „uns übertragenen Beratungsauftrag, Ihnen bei der Suche und Vorauswahl von geeigneten Herren zur Besetzung der Position des technischen Geschäftsführers behilflich zu sein", bedanke. Darüber hinaus enthielt dieses Schreiben nähere Ausführungen zu dem Honorar der Fa. P „wie verabredet". Des Weiteren war dem Schreiben eine erste Rechnung beigefügt, die ebenso wie zwei weitere Rechnungen vom 30.09. und 31.10.2001 über einen Betrag in Höhe von 10.060 € lautete. Mit Schreiben vom 21.11.2001 teilte der Geschäftsführer der Gemeinschuldnerin der Klägerin mit, dass die Verhandlungen mit dem Kandidaten aus Frankfurt zwischenzeitlich erfolgreich abgeschlossen worden seien. Zu einer Begleichung der Rechnung sehe man sich nicht in der Lage, „zumal das Stadium einer Präakquisition" nie verlassen worden sei. P ist der Ansicht, dass am 29.08.2001 telefonisch ein Beratungsvertrag abgeschlossen worden sei und begehrt nunmehr von A Zahlung der berechneten Vergütung in Höhe von 30.180 €.

Hat P einen Anspruch gegen A auf Zahlung der Vergütung für die Vermittlungstätigkeit?

13 Ein „Agreement" unter Kaufleuten

Die Fa. GLP - Gesellschaft für Lohnbuchhaltungsprogramme GmbH (G) lieferte der Fa. ABS - Allgemeiner Buchungsservice OHG (A) aufgrund eines von dieser angenommenen Angebots ein von ihr entwickeltes Lohnprogramm „Agree" zum Preis von 100.000 €, zahlbar in vier gleichen jährlichen Raten. Die Datenträger wurden A am 15.07.2002 übergeben. Am 17.08.2002 konnte das Programm erstmals auf der Datenverarbeitungsanlage von A aufgerufen werden. Nachdem Mitarbeiter von G wegen verschiedener Fehler Änderungen am Programm durchgeführt hatten, war dieses seit dem 22.10.2002 auf der Anlage von A eingeschränkt lauffähig. Am 14.10.2002 zahlte A an G die erste Kaufpreisrate in Höhe von 25.000 € und am 22.10.2002 die gesetzliche Mehrwertsteuer in Höhe von 4.000 €. Mit Telefaxschreiben an G vom 11.12.2002 beanstandete A mehrere Fehler des Programms und verlangte Mängelbeseitigung unter gleichzeitiger Fristsetzung mit Ablehnungsandrohung bis zum 10.01.2003. Mit einem weiteren Schreiben an A vom 07.02.2003 rügte A u. a. das Fehlen von Hilfstexten. Mit Schreiben vom 13.02.2003 behielt sich A die detaillierte Darstellung der von ihr gerügten Mängel für einen evtl. Rechtsstreit vor und bat sodann mit Schreiben vom 09.04.2003 um „Stornierung" des Vertrags. G begehrt nunmehr die Zahlung der restlichen drei Kaufpreisraten in Höhe von insgesamt 75.000 € zzgl. Zinsen. Mit Schreiben vom 01.12.2003 begehrte A hingegen die Rückgängigmachung des Vertrages und forderte die Rückzahlung der von ihr bereits geleisteten ersten Kaufpreisrate in Höhe von 25.000 € und machte geltend, dass das Programm zahlreiche Fehler enthalte und zu keinem Zeitpunkt störungsfrei gelaufen sei.

Hat G Anspruch auf Zahlung der noch ausstehenden Kaufpreisraten in Höhe von insgesamt 75.000 € gegen A?

14 Fensterbau mit Schwierigkeiten

Alfred (A), Bernhard (B), Carsten (C) und Daniel (D) sind Freunde schon seit Schulzeiten und haben die gleiche Ausbildung als Tischler absolviert. Nach erfolgreicher Berufsausbildung und einigen Jahren „on the job" beschließen die vier Freunde A, B, C und D, eine Firma, und zwar eine GmbH, zu gründen. Sie wollen sich auf Fensterbau spezialisieren. Zu diesem Zweck haben sie schon einmal prophylaktisch für sich abgesprochen, unter welchen Konditionen die Kooperation erfolgen soll. Alle vier sind sich auch einig, eine GmbH gründen zu wollen und haben zu diesem Zweck auch schon Vorgespräche mit einem Rechtsanwalt/Notar geführt. Dieser hat die vier Freunde dahingehend beraten, dass - wenn alle übrigen Voraussetzungen erfüllt sind - eine GmbH erst mit Eintragung in das Handelsregister wirksam Bestand hat. Nachdem der Gesellschaftsvertrag notariell beurkundet worden ist, ließ die Eintragung in das Handelsregister allerdings einige Zeit auf sich warten. Da sich jedoch die ABCD-Fensterbau GmbH in Gründung (i. G.) bis zur Eintragung nicht gedulden wollte, wurden bereits vor Eintragung der Gesellschaft in das Handelsregister Aufträge entgegengenommen bzw. auch Bestellungen von Seiten der neu zu gründenden GmbH getätigt. Wider Erwarten zahlten die Kunden der ABCD-Fensterbau GmbH i. G. nicht bzw.

nicht die vollen Rechnungsbeträge, andererseits stellten die Lieferanten sehr schnell ihre (teilweise hohen) Rechnungen. Die ABCD-Fensterbau GmbH i. G. geriet in Zahlungsschwierigkeiten. Zu guter Letzt stellte sich dann auch heraus, dass das Handelsregister eine Eintragung der GmbH (aus hier nicht näher interessierenden Gründen) nicht vornehmen wollte und lehnte eine Eintragung endgültig ab. Nunmehr trat der Werkstofflieferant, die Fa. Holzkeil GmbH & Co. KG, an die vier Freunde A, B, C und D heran und begehrte Zahlung des ausstehenden Rechnungsbetrages in Höhe von insgesamt 50.000 € gesamtschuldnerisch von allen vier Personen. A, B, C und D verwiesen jedoch darauf, dass nicht sie, sondern die GmbH i. G. Schuldner des Betrages in Höhe von 50.000 € sei.

Hat die Fa. Holzkeil GmbH & Co. KG einen Zahlungsanspruch gegen A, B, C und D?

15 Die Herrenboutique in Wuppertal

Hannes Trinkaus (T) betrieb in Wuppertal eine Herrenboutique. Nachdem er einen größeren Lottogewinn erzielt hatte, beabsichtigte er, mit seiner Herrenboutique den Geschäftssitz innerhalb von Wuppertal zu wechseln. Im Hinblick auf die damit einhergehenden und angedachten Werbemaßnahmen wandte sich T an die Fa. Unic Marketing GmbH & Co. KG (U). Ende Oktober 2001 erschien T in den Geschäftsräumen von U und stellte sich dem Mitarbeiter von U, Herrn Sorglos (S), als T vor, der für „sein Geschäft" ein Angebot für Werbeflyer einholen wolle. In diesem Werbeflyer sollte auf den geplanten Umzug des Geschäfts aufmerksam gemacht werden. Kurze Zeit danach suchte S den T in den Geschäftsräumen der Herrenboutique „T-Moden" auf. In der Folge wurde vereinbart, dass die Werbeflyer von U gedruckt und verteilt werden sollten. Spätestens zum Zeitpunkt der Auftragserteilung überreichte T eine Visitenkarte. Diese Visitenkarte trug die Aufschrift „T-Moden" samt damaliger Adresse und Telefonnummer des Geschäfts. Dass es sich bei der Fa. „T-Moden" um eine GmbH handelte, war auf der Karte nicht vermerkt. Nach Durchführung der Werbeaktion kam es zur Erteilung eines Auftrags durch T über die Ausleuchtung des neuen Geschäftslokals. Nachdem dann U eine Rechnung über 7.600 € erteilt hatte, wurde kurze Zeit später über das Vermögen der Fa. „T-Moden GmbH" das Insolvenzverfahren eröffnet. Nunmehr überlegt U, im Hinblick auf die - noch nicht gezahlte - Rechnung, den T persönlich in Anspruch zu nehmen.

Hat U einen Anspruch auf Bezahlung der Rechnung in Höhe von 7.600 € gegen T persönlich?

16 Aufsichtsrat in Not

Torsten Tiger (T), Peter Panter (P) sowie Ludwig Löwe (L) sind Mitglieder eines mehrköpfigen Aufsichtsrates der Guter-Rat-Ist-Nicht-Teuer-Rechtsschutzversicherungs-AG (G). Alle drei Aufsichtsratsmitglieder T, P und L wollen wissen, ob sie die Möglichkeit haben, gegen den Beschluss eines Aufsichtsrates vorzugehen, keinerlei Schadensersatzansprüche gegen den Vorstandsvorsitzenden von G geltend zu machen, und zwar vor dem Hintergrund folgenden Sachverhalts:

G und deren Tochtergesellschaften traten in Geschäftsbeziehung zu einer in London gegründeten, dort jedoch nur eine Briefkastenadresse unterhaltenden Gesellschaft; deren Geschäftsführender Direktor war der mehrfach vorbestrafte Elektroinstallateur Kurzschluss (K), der im Wesentlichen über diese Gesellschaft vor allem von der Schweiz aus Anlagen- und Anlagenvermittlungsgeschäfte abwickelte. Dessen Firma nahm einerseits Kapital zu erheblich über dem Kapitalmarktniveau liegenden Zinsen entgegen und gewährte andererseits unterhalb des marktüblichen Zinsniveaus liegende Billigkredite. Die Verluste aus dieser Geschäftstätigkeit konnten nur für eine begrenzte Zeit durch Ausweitung des Geschäftsumfanges nach Art eines „Schneeballsystems" aufgefangen werden. Anfang 1997 brach die Geschäftsgruppe von K zusammen. Infolge dieses Zusammenbruchs erlitten auch G und deren Tochtergesellschaften aus Darlehensgeschäften einen Zinsausfallschaden erheblichen Umfangs, der sich auch noch dadurch vergrößerte, dass bestimmte Patronatserklärungen abgegeben waren, die durch den Vorstandsvorsitzenden unterzeichnet waren.

T, P und L sind der Ansicht, der Vorstandsvorsitzende von G habe im Rahmen der mit der Firma von K getätigten Geschäfte seine ihm gegenüber der Gesellschaft obliegenden Sorgfaltspflichten verletzt und müsse daher den daraus entstandenen Schaden ersetzen. Allerdings hatte nun der gesamte Aufsichtsrat den Antrag von P, einen entsprechenden Beschluss zu fassen, in zwei Sitzungen abgelehnt. T, P und L halten diese Beschlüsse für rechtswidrig und möchten nunmehr gerichtlicherseits die Feststellung anstreben, dass beide Beschlüsse nichtig sind.

T, P und L fragen daher an, ob ein derartiges gerichtliches Nichtigkeitsfeststellungsverfahren überhaupt zulässig ist und - bejahendenfalls - ob ein solches Nichtigkeitsfeststellungsverfahren Aussicht auf Erfolg hat.

17 Der Einkaufsgutschein als Quelle unternehmerischen Wohlwollens

Puttchen Brammel (B) betreibt ein Versandhaus und verschickt an Personen zu deren Geburtstag Einkaufsgutscheine über jeweils 5 €. Zu diesem Zweck versendet sie an potentielle Kunden, die Geburtstag haben, Briefe, die folgenden Inhalt haben:

> „Als kleine Geburtstagsüberraschung legen wir Ihnen einen Einkaufsgutschein über 5 € bei. Einfach diese Marke auf Ihre nächste Bestellung kleben oder bei telefonischer Bestellung Ihre Vorteilsnummer angeben - und Sie bezahlen automatisch 5 € weniger."

Neben der zuvor dargestellten Angaben ist dann eine Gutscheinmarke mit einer entsprechenden Vorteilsnummer abgedruckt; die Bestellkarte trägt dann den Hinweis „Auftragswert möglichst über 40 €."

Der Konkurrent von B, der Unternehmer Rudi Rabatt (R), ist der Ansicht, dass ein derartiges Verhalten wettbewerbswidrig sei. Denn die vorstehende Werbung richte sich in erheblichem Umfang auch an Bezieher mit geringem Einkommen. Diese würden, soweit das umfangreiche Warensortiment von B mit Artikeln auch mit niedrigen Preisen betroffen sei, durch die Gratisvergabe der Gutscheine unsachlich beeinflusst. Daher würden Kaufentscheidungen nicht nur nach der Attraktivität des Preis-, Qualitäts- und Leistungsangebots von B getroffen; vielmehr ließen sich die angesprochenen Kunden auch von der Vorstellung leiten, das Geldgeschenk in Höhe von 5 € zu realisieren. Dadurch werde der Aufwand mit produktfremden Leistungen verzerrt, der dann in seiner Preiskalkulation seinen Niederschlag finden müsse.

Kann R die Werbung von B durch ein Gericht untersagen lassen?

18 Kein Bier im Regenwald

Die bekannte „Kornbecher"-Brauerei ist eine bundesweit bekannte und tätige Brauerei und warb von Ende April 2002 bis Ende Juli 2002 für den Verkauf des von ihr hergestellten „Kornbecher"-Bieres mit einem sog. „Kornbecher Regenwald-Projekt". Seit dem 01.05.2003 führte die Kornbecher-Brauerei (K) bis 31.07.2003 eine erneute Werbekampagne mit dem „Regenwald-Projekt" durch. Unter Beteiligung eines bekannten Fernsehjournalisten und einer früheren Tennisspielerin wurden unter dem 27.04.2003 und 19.05.2003 in einem Privatsender Werbespots folgenden Inhalts ausgestrahlt:

1. „Das Kornbecher Regenwald-Projekt geht weiter und immer mehr sind dabei! Mit Ihrer Unterstützung schützen wir vom WWF den Regenwald vor Holzeinschlag und Wilderei! Denn für jeden verkauften Kasten Kornbecher ... fließt eine Spende in die Regenwald-Stiftung des WWF, um einen Quadratmeter Regenwald in Afrika nachhaltig zu schützen! ... Handeln und genießen Sie!"

2. „Die Spenden aus dem Kornbecher Regenwald-Projekt helfen dem WWF, diesen unersetzbaren Lebensraum für unsere Kinder zu bewahren! Jeder einzelne Quadratmeter zählt. ... Für jeden verkauften Kasten Kornbecher fließt ... eine Spende in die Regenwald-Stiftung des WWF, um einen Quadratmeter Regenwald nachhaltig

zu schützen. Wie viel Quadratmeter wir schon erreicht haben, zeigt Ihnen unser neuer Spendenstand!"

Im Juli 2003 wurden mit dem bekannten Fernsehjournalisten über den Privatsender Texte mit folgendem Inhalt gesendet:

3. „Das Kornbecher Regenwald-Projekt ... die Flachland-Gorillas des afrikanischen Regenwaldes! ... Der Lebensraum dieser seltenen Tiere ist bedroht! Sie können helfen! Denn mit jedem verkauften Kasten Kornbecher Pils, alkoholfrei oder Radler, fließt eine Spende in die Regenwald-Stiftung des WWF, um einen Quadratmeter Regenwald in Afrika nachhaltig zu schützen. Ein Fortbestand der so scheuen Flachland-Gorillas ist nur in einem geschützten Regenwald möglich! ... Jeder Quadratmeter Lebensraum, den wir mit dem Kornbecher Regenwald-Projekt unter den Schutz des WWF stellen können, hilft! ... Genießen Sie Ihr Kornbecher!"

4. „Das Kornbecher Regenwald-Projekt. Klar helfen Sie gerne! Aber Sie wollen auch sicher sein, dass Ihre Hilfe sinnvoll ist und ankommt! Beim Kornbecher Regenwald-Projekt, da ist das so! Dafür sorgt der WWF mit seinen Helfern vor Ort. ... Z. B. beim Aufbau einer ökologischen Forstwirtschaft! ... Die Unterstützung der ökologischen Forstwirtschaft durch den WWF stoppt diesen Raubbau."

K wirbt für ihr Projekt außerdem mit einem Faltblatt, das in den Verkaufsstellen neben den Bierkisten ausgelegt ist. Auf dem Deckblatt dieser Faltblätter heißt es:

5. „Kornbecher Regenwald-Projekt: Handeln und genießen Sie! 1 Kasten = 1 m². Mit jedem verkauften Kasten Kornbecher fließt eine Spende in die Regenwald-Stiftung des WWF. Diese sorgt für den Schutz vor Wilderei und Holzeinschlag, die Ausbildung und Ausrüstung von Park-Rangern sowie den Aufbau von ökologischer Forstwirtschaft."

In einem von der Fa. Atlas (A) für die Zeit vom 07.07.2003 bis 12.07.2003 herausgegebenen Prospekt wird mit Zustimmung von K die Werbung für das „Kornbecher Regenwald-Projekt" mit einem Gewinnspiel verknüpft, auf das mit folgendem Text hingewiesen wird:

6. „Kornbecher Regenwald-Projekt: Handeln und genießen Sie bei uns! Gewinnen Sie bei uns! Eine Woche Fuerteventura für zwei Personen im Vier-Sterne-LTU-Hotel mit Flug, Übernachtung und Halbpension"

Eine ebenfalls überregional tätige Brauerei, und zwar die Istsand-Brauerei (I) fragt an, ob das Handeln von K mit geltendem Wettbewerbsrecht in Einklang zu bringen ist und welche Maßnahmen ggf. ergriffen werden können, um schnellstmöglich eine ähnliche Werbung für die Zukunft unterbinden zu können.

19   Schwer auf Draht

Die Fa. Dicke Lippe GmbH (D) bezeichnet sich selbst als „Fullservice-Solution-Provider", die auf den Geschäftsfeldern Mobilfunk, Behörden- und Industriefunksystem und Festnetztelefon Waren, Dienstleistungen, Technologien und Systeme anbietet. Sie hat für sich die Wortmarke „DONLINE" im Juli 1998 eintragen lassen; diese Marke ist u. a. für Datenverarbeitungsgeräte und Computer sowie für die Zurverfügungstellung von Online- und Telekommunikationsdiensten geschützt. Sie hat diese Marke wenige Stunden lang als Internet-Domain genutzt. Sodann wurde die Deutsche Telekom AG (T) darauf aufmerksam und initiierte ein gerichtliches Verfahren. T ist Inhaber der im November 1995 eingetragenen Wortmarke „T-Online". Die T hat in der Vorgehensweise von D eine Verletzung ihrer Marke gesehen und Ansprüche auf Unterlassung, Löschung, Auskunftserteilung und Feststellung der Schadensersatzverpflichtung geltend gemacht. D soll u. a. untersagt werden, unter der Marke „DONLINE" Registrierkassen, Rechenmaschinen, Datenverarbeitungsgeräte und Computer und/oder die Dienstleistungen Telekommunikation, Zurverfügungstellung von Online- und Telekommunikationsdiensten und die Erstellung von Programmen für die Datenverarbeitung anzubieten.

Wird ein etwaiges Klageverfahren der T gegen D im Hinblick auf markenrechtliche Ansprüche Aussicht auf Erfolg haben?

20   Der Makel des Tabernakel

Herr Prof. Dr. Lütgenrode (L) war in den 70er Jahren von der katholischen Kirchengemeinde St. Peter und Paul beauftragt worden, Arbeiten im Innenraum einer Kirche auszuführen; diese Arbeiten sahen u. a. die Veränderung des Altars, die Schaffung eines Ambos, eines Steinsockels für den Tabernakel und einer Madonna mit Kind vor. Nachdem nun einige Jahre ins Land gegangen waren, hatten sich einige Kirchgänger an die Gemeinde gewandt und darum gebeten, dass der Tabernakel und die Marienstatue umgruppiert würden. Diesem Wunsch kam die Kirchengemeinde nach. In dem Moment, als dies L bekannt wurde, wandte er sich sofort nach dorthin und gab zu verstehen, dass er sein Einverständnis nicht würde erteilen können. Er habe ein urheberrechtlich geschütztes Werk geschaffen. So einfach ginge das nicht, entsprechende Umgruppierungen vorzunehmen. Es solle alles wieder so hingestellt werden, wie er dies zuvor arrangiert hätte, anderenfalls er Klage führen müsse.

Nunmehr bittet die Kirchengemeinde um Auskunft, ob L ein solcher evtl. Klageanspruch zustehen könne.

Kapitel 19 Lösungen

1 Fernseher per Internet[1]

S könnte einen Anspruch gegen WVA gem. § 433 Abs. 1 S. 1 BGB auf Lieferung der von ihm bestellten 10 Fernseher zu einem Gesamtpreis von 2.704,70 € haben, wenn ein Kaufvertrag wirksam zustande gekommen wäre. Ein wirksamer Kaufvertragsabschluss setzt ein entsprechendes Angebot sowie die Annahme dieses Angebotes voraus.

1. Ein Kaufvertrag könnte dann zustande gekommen sein, wenn S durch seine Bestellung vom 20.10.2004 (um 7.53 Uhr) ein Angebot von Seiten der Fa. WVA wirksam angenommen hätte. Allerdings handelt es sich bei der Ausschreibung auf der Internetseite der Fa. WVA nicht um ein wirksames Angebot, sondern vielmehr um eine sog. **invitatio ad offerendum**, mithin um eine Aufforderung zur Abgabe eines Angebotes auf Abschluss eines Vertrages durch einen potentiellen Kunden. Zwar enthielten die Internetseiten, auf denen die Ware angeboten wurde, durch deren eingehende Bestellung und die Darstellung der Versand- und Zahlungsbedingungen alle wesentlichen Vertragsbestandteile; gleichwohl besteht bei dieser Art Warenanpreisung kein grundsätzlicher Unterschied zu einer Schaufensterauslage oder einer Zeitungsannonce. Dass die Ware über ein elektronisches Medium angepriesen wird, führt zu keiner abweichenden Beurteilung. Daran ändert auch nichts die Tatsache, dass der potentielle Kunde nur noch die auf der entsprechenden Internetseite eingeblendete Schaltfläche „Kaufen" anklicken muss.

   In der Bestellung von S unter dem 20.10.2004 um 7.53 Uhr ist folglich keine Annahmeerklärung durch ihn zu sehen. Vielmehr handelt es sich bei dieser Bestellung lediglich um ein Angebot, gerichtet auf Annahme eines Kaufvertrages.

---

[1] AG Butzbach, NJW-RR 2003, 54; weiterführende Hinweise enthalten die Entscheidungen BGHZ 149, 129 = NJW 2002, 363 - Ricardo.de, nach der ein wirksamer Vertragsabschluss im Rahmen einer Internet-Auktion bei der Plattform Ricardo.de unter Berücksichtigung von dort verwendeten Allgemeinen Geschäftsbedingungen (AGB) bejaht wurde sowie OLG Oldenburg, NJW 2004, 168, wonach ein Kaufvertrag nicht zustande gekommen ist, wenn die Vertragsparteien im Rahmen einer Internet-Auktion während der laufenden Bietzeit mit deutlich unterschiedlichen Preisvorstellungen erfolglos über einen Vertragsschluss verhandelt haben sowie KG NJW 2002, 1583, wonach die von dem Anbieter einer Plattform zur Internet-Auktion verwendete Klausel „Mit Ablauf der vom Verkäufer bestimmten Zeit kommt zwischen dem Verkäufer und dem Höchstbieter ein Kaufvertrag zustande" weder gegen § 4 AGB-Gesetz (jetzt: § 305 b BGB) noch gegen § 9 AGB-Gesetz (jetzt: § 307 BGB) verstößt; zu der Problematik Vertragsabschluss bei einer Internet-Auktion vgl. auch Wenzel, NJW 2002, 1550

2. Fraglich ist, ob eine Annahme dieses Angebotes von S durch die Fa. WVA erfolgt ist. Aus dem Inhalt der Erklärung der Fa. WVA vom 20.10.2004 (um 8.43 Uhr) lässt sich durch Auslegung auch unter Berücksichtigung der Verkehrssitte nicht die Annahme eines abgegebenen Angebotes entnehmen. Dabei dürfte nicht von Bedeutung sein, wie diese Erklärung technisch zustande gekommen ist, d. h. es ist unerheblich, ob es sich um eine automatisierte, durch Datenverarbeitung erzeugte Erklärung handelt, oder aber um eine Erklärung, die auf einer konkreten Einzelfallbearbeitung durch einen Erfüllungsgehilfen der Fa. WVA basiert. Mit der in der E-Mail der Fa. WVA vom 20.10.2004 abgegebenen Erklärung wurde lediglich erläutert, dass die Bestellung von S eingegangen sei und eine weitere Bearbeitung umgehend erfolge. Ein solcher Wortlaut lässt eine Auslegung in zweierlei Richtung zu, und zwar zum einen in die Richtung, dass die Fa. WVA nunmehr mit der konkreten Abwicklung des Auftrages in Gestalt der Bereitstellung der Ware, des Versandes und der Buchung beginnt (was dann eine Vertragsannahme einschließen würde); zum anderen ist aber auch eine Auslegung dergestalt denkbar, dass die Fa. WVA zunächst prüfen möchte, ob sie sich auf die in dem Angebot innewohnenden Vertragsbedingungen einzulassen gedenkt. Grundsätzlich kann die Annahme eines auf einen Vertragsabschluss gerichteten Angebotes nur in einer Erklärung der vorbehaltlosen Annahme erblickt werden. Unter Berücksichtigung der besonderen Verkehrssitte des elektronischen Geschäftsverkehrs kann jedoch der E-Mail der Fa. WVA kein dahingehender Erklärungsinhalt entnommen werden, dass das Angebot des S vorbehaltlos angenommen werden soll. Vielmehr musste S damit rechnen, dass die Fa. WVA sein Angebot einer erneuten Überprüfung unterziehen will und dass diese Prüfung eben nicht innerhalb einer knappen Stunde erledigt sein kann. S musste damit rechnen, dass der bei der Fa. WVA vorhandene Warenbestand zunächst dahingehend überprüft wird, um alle evtl. zu schließenden Verträge zu erfüllen.

Bei der E-Mail der Fa. WVA vom 20.10.2004 (um 8.43 Uhr) handelt es sich folglich **nicht um die Annahme eines Vertragsangebotes**. Folglich kommt es dann auch nicht mehr auf die Frage an, ob in der E-Mail vom 20.10.2004 (um 15.31 Uhr) um die (unverzüglich erklärte) Anfechtung einer Willenserklärung wegen Erklärungsirrtums (§ 119 Abs. 1 2. Alt. BGB) handelt.

Ein Kaufvertrag zwischen S und der Fa. WVA über 10 Fernsehgeräte zu einem Gesamtpreis von 2.704,70 € ist **nicht zustande gekommen**.

Ergebnis:

S hat keinen Anspruch gegen die Fa. WVA auf Lieferung von 10 Fernsehgeräten.

2 Heißwasser an kalten Tagen[2]

K hat Anspruch auf Zahlung von ausstehendem Werklohn in Höhe von 76.000 €, wenn nicht dieser Anspruch durch entsprechende Aufrechnungserklärung gem. §§ 387 ff. BGB erloschen ist. Das wiederum setzt voraus, dass der Fa. B eine entsprechende Schadensersatzforderung zur Seite steht, mit der dann die Aufrechnung hätte erklärt werden können und auf diese Weise das Erlöschen der der Fa. K zustehenden Forderung bewirkt worden ist.

Fraglich ist also, ob der Fa. B ein entsprechender Schadensersatzanspruch gegen die Fa. K zusteht. Ein solcher Anspruch könnte sich aus §§ 634 Ziff. 4, 636, 281 Abs. 1 S. 1, Abs. 2, 280 Abs. 1 BGB ergeben. Dann müsste K ihre Pflicht zur Nachbesserung aus dem mit B abgeschlossenen Werkvertrag schuldhaft verletzt haben. Ein derartiger Schadensersatzanspruch umfasst alle Schäden, die durch das Unterbleiben der Nachbesserung entstehen. K war aufgrund der bei ihr eingegangenen Anrufe von Herrn N am 03.11. und 10.11.2004, in denen dieser aufgefordert hatte, die Undichtigkeiten zu beseitigen, verpflichtet, umgehend die Ursache für diese Undichtigkeiten festzustellen und ggf. für Abhilfe Sorge zu tragen. Angesichts der besonderen Gefahrensituation, die durch das Leck in der Hochdruckheizungsanlage entstanden war, konnte B von der Fa. K erwarten und verlangen, dass diese unmittelbar nach Erhalt der Aufforderung zur Mängelbeseitigung mit den dafür notwendigen Arbeiten beginnen würde. Es musste sich insofern auch ein unmittelbarer Handlungsbedarf aufdrängen, da nach der Lebenserfahrung eine solche Undichtigkeit in einem Hochdruckheißwassersystem befürchten lässt, dass es zu einer Ausweitung des Lecks mit weiteren Schäden kommen kann.

Fraglich ist hingegen, ob sich die Fa. K so behandeln lassen muss, dass die entsprechenden Mitteilungen von N ihr auch tatsächlich zugegangen sind. Dies erscheint insofern fraglich, weil Herr N bei seinen Gesprächen am 03.11. und 10.11.2004 jeweils einen unbekannten Mitarbeiter bzw. eine unbekannte Mitarbeiterin der K am Telefon hatte. Es handelte sich dabei nicht um den für das Bauvorhaben zuständigen Mitarbeiter.

Grundsätzlich ist Empfangsbote, wer entweder vom Empfänger zur Entgegennahme von Erklärungen ermächtigt worden ist oder aber, wer als ermächtigt anzusehen ist, Willenserklärungen oder diesen gleichstehende Mitteilungen mit Wirkung für den Erklärungsempfänger entgegenzunehmen und zur Übermittlung an den Empfänger geeignet und bereit ist. Von einem Kaufmann mit der Bedienung seines Telefonanschlusses beauftragte Angestellte werden regelmäßig kraft Verkehrsanschauung als Empfangsboten anzusehen sein wie sonstige kaufmännische Angestellte des Empfängers. Zwar kann im Einzelfall bei nur untergeordneten Mitarbeitern die Stellung als Empfangsbote fehlen, wobei zu berücksichtigen ist, dass bei nicht verkörperten Wil-

---

2 BGH NJW 2002, 1565 = WM 2002, 819

lenserklärungen wegen der Schwierigkeit, mündliche Erklärungen korrekt zu übermitteln, höhere Anforderungen an die Übermittlungsperson zu stellen sind als etwa bei der Weitergabe verkörperter Äußerungen (z. B. Briefe). Dabei muss allerdings im vorliegenden Fall Berücksichtigung finden, dass Herr N stets die Telefonnummer des für die Abwicklung des Bauvorhabens zuständigen Mitarbeiters gewählt hat und über dessen Telefonapparat in Kontakt zu dem ihm unbekannten Mitarbeiter der Fa. K getreten ist. In Fällen, in denen Telefonanrufe auf dem Apparat eines tatsächlich oder nach der Verkehrsanschauung zur Entgegennahme von Willenserklärungen ermächtigten Mitarbeiters eingehen, beinhaltet die Schaltung einer Anrufweiterleitung, die dann bewirkt, dass der Anruf an einem anderen Telefonapparat entgegengenommen werden kann, dass der auf diese Weise eingehende Anrufe entgegennehmende Mitarbeiter - unabhängig von seiner Stellung im Unternehmen - im Zweifel nach der Verkehrsauffassung als ermächtigt gilt, Willenserklärungen oder diesen gleichzustellende Mitteilungen mit Wirkung für den Erklärungsempfänger entgegenzunehmen.

Hinzu kommt, dass die Mängelbeseitigungsaufforderungen durch Herrn N wie Willenserklärungen zu behandeln sind und insofern die Bestimmungen über den Zugang von Willenserklärungen entsprechende Anwendung finden. Das wiederum bedeutet, dass dann, wenn eine fernmündliche Erklärung, wie im vorliegenden Fall, nicht gegenüber dem Empfänger selbst, sondern gegenüber einem Empfangsboten abgegeben wird, die Regelung in § 130 BGB Anwendung findet. In einem solchen Fall bestimmen sich dann die Zugangsvoraussetzungen nach der Person des Erklärungsadressaten. Wenn dieser bei Annahme gewöhnlicher Verhältnisse die (theoretische) Möglichkeit der Kenntnisnahme hat, ist die an den Empfangsboten abgegebene Erklärung zugegangen. Denn der Empfangsbote hat lediglich die Funktion einer personifizierten Empfangseinrichtung des Adressaten.

All dies vorausgeschickt ergibt sich dann, dass sich die Fa. K die Mängelbeseitigungsaufforderungen durch Herrn N zurechnen lassen muss. Fa. K hat verschuldetermaßen, ohne dass ein Entschuldigungsgrund erkennbar wäre, auf diese Mängelmitteilungen bzw. Mängelbeseitigungsaufforderungen nicht reagiert und dadurch zugelassen, dass ein solcher Schaden entstehen kann.

Fa. B steht ein Anspruch gegen die Fa. K auf Schadensersatz in Höhe von 76.000 € gem. §§ 634 Ziff. 4, 636, 281 Abs. 1 S. 1, Abs. 2, 280 BGB zu. Mit diesem Anspruch hat die Fa. B wirksam die Aufrechnung gem. §§ 387 ff. BGB erklärt; die übrigen Voraussetzungen der Aufrechnung liegen vor.

Ergebnis:

Fa. K hat infolge wirksamer Aufrechnung mit einem Schadensersatzanspruch keinerlei Ansprüche gegen Fa. B auf Werklohn in Höhe von 76.000 €.

3   Besorgung einer Internet-Domain[3]

Vorbemerkung:

Der „Einstieg" in die nachstehende Falllösung ist für den Bearbeiter sicherlich deswegen schon schwierig, weil hier ein gewisses Maß an Abstraktionsvermögen in Bezug auf das Auffinden der Anspruchsgrundlage verlangt wird. Losgelöst von den bisherigen, üblicherweise verwendeten - vertraglichen und/oder außervertraglichen - Anspruchsgrundlagen, geht es hier um einen rechtlich wenig greifbaren Vertragstyp, und zwar um einen Vertrag über das Besorgen einer Internet-Domain. Eine Zuordnung zu den bekannten gesetzlichen Vertragstypen ist nicht möglich. Anerkanntermaßen handelt es sich bei einem solchen Vertragstyp um einen Geschäftsbesorgungsvertrag.[4] Dies allein verschafft aber noch keine Anspruchsgrundlage, weil in § 675 Abs. 1 BGB lediglich weitestgehend auftragsrechtliche Bestimmungen für anwendbar erklärt werden. Der Bearbeiter des vorliegenden Falles wird sich daher, sobald er dies erkannt hat, vielmehr mit der Frage auseinander zu setzen haben, was die Parteien denn im vorliegenden Fall konkret vereinbart hatten.

K könnte gegen B einen vertraglichen Anspruch auf Übertragung der Domain „www.knecht.de" haben, wenn zwischen ihnen ein entsprechender (Geschäftsbesorgungs-) Vertrag in Bezug auf eben diese Domain abgeschlossen worden ist.

1.   Ein Vertrag kommt durch Angebot gem. § 145 BGB sowie durch Annahme dieses Angebotes gem. § 147 BGB zustande. Das Zustandekommen eines Vertrages setzt eine Willenseinigung voraus. Durch eben die beiderseitigen Willenserklärungen legen die Parteien fest, was zwischen ihnen Geltung beanspruchen soll. Daher ist auf die beiderseitigen Willenserklärungen bei Vertragsschluss abzustellen. Empfangsbedürftige Willenserklärungen sind dabei, sofern sie nicht eindeutig sind, so auszulegen, wie es der Erklärungsempfänger nach Treu und Glauben unter Berücksichtigung der Verkehrssitte verstehen musste. Auf seinen Horizont und seine Verständnismöglichkeit ist bei der Auslegung abzustellen, und zwar auch dann, wenn der Erklärende die Erklärung anders verstanden hat und auch verstehen durfte. Entscheidend ist nicht der empirische Wille des Erklärenden, sondern der ggf. durch Auslegung zu ermittelnde objektive Erklärungswert des Verhaltens. Dabei sind auch außerhalb der Erklärungen liegende Begleitumstände mit einzubeziehen. Vorliegend ist von Bedeutung, dass der K unstreitig die Inhaberschaft der Domain „www.knecht-app.com" übertragen worden ist. In der E-Mail vom 07.03.2003 verweist B schon darauf, dass der springende Punkt die Sache „Eigentümer der Internet-Adresse" sei. Weiterhin gibt er an, dass er grundsätzlich der Auffassung sei, eine Internet-Adresse gehöre dem Kunden, also im vorliegenden Fall der K. Aus eben diesen Begleitumständen lässt sich ableiten,

---

3   OLG München, NJW-RR 2003, 1423 = MMR 2003, 795
4   OLG München, NJW-RR 2003, 1423 = MMR 2003, 795

dass die für den Vertragsschluss maßgebliche Willenserklärung von B im Juni 2003 aus Anlass eines Gesprächs im Hause von K dahingehend auszulegen ist, dass der Vertrag zwischen K und B mit dem Inhalt geschlossen wurde, die Domain „www.knecht.de" für K registrieren zu lassen und ihr die Stellung einer Domaininhaberin einzuräumen.

Daraus wiederum folgt ein entsprechender Anspruch von K gegen B, nunmehr ihr eine solche Position im Nachhinein einzuräumen und die Nutzung dieser Domain „www.knecht.de" zu ermöglichen.

2. Selbst dann, wenn man nicht der Auffassung ist, dass bereits vor Einrichtung der Domain „www.knecht.de" ein entsprechender Vertrag zwischen K und B zustande gekommen ist, so wäre zu überlegen, ob ein solcher Vertrag jedoch nach Einrichtung dieser Domain entstanden ist. Insoweit ist zu vergegenwärtigen, dass nach dem Sachverhalt die Domain seitens B eingerichtet wurde und gegenüber K auch abgerechnet wurde und K diese Domain genutzt und die Rechnung an B ausgeglichen hat. Die Einrichtung der Domain und die Rechnungsstellung ist - bei entsprechender wertender Auslegung - als Antrag gem. § 145 BGB sowie die Nutzung der Domain und Bezahlung der Rechnung durch K als Annahme des Vertrages gem. § 147 BGB auszulegen.

Die Kündigung seitens K vom 28.01.2004 bezog sich nicht auf den Domain-Besorgungsvertrag, sondern lediglich auf den Auftrag zur Erstellung der Version 2.0 der Website sowie der Funktion als Provider.

Ergebnis:

K hat einen Anspruch gegen B darauf, dass die Domain „www.knecht.de" auf sie übertragen wird und B der Umschreibung auf K gegenüber der Denic zustimmt.

4   Ein österreichischer „Unterjubler"[5]

K könnte gegen A einen Anspruch auf Zahlung der Lizenzgebühren in Höhe von 14.000 € für das 1. und 2. Quartal 2001 aus dem zwischen ihnen abgeschlossenen Softwareüberlassungs- bzw. Lizenzvertrag haben, wenn dieser Kaufvertrag wirksam abgeschlossen worden wäre und nicht im Nachhinein seine Beendigung zum 31.12.2000 gefunden hätte.

1. Zwischen der Fa. K und der Fa. A wurde im April 1998 ein Softwareüberlassungsvertrag abgeschlossen, der die Fa. A zur Zahlung von 7.000 € Lizenzgebühren pro Quartal verpflichtete. Dieser Vertrag, der im April 1998 zwischen den Parteien ab-

---

5   OLG Köln, OLG-Report 2003, 197

geschlossen wurde, sah vor, dass eine Kündigung frühestens nach 60 Monaten möglich sei; dies wäre dann frühestens für die Zeit ab April 2003 möglich.

Fraglich ist jedoch, ob dieser formularmäßig und für eine Vielzahl von Fällen vorgesehene Vertrag mit den Bestimmungen der §§ 9, 24, 24 a AGB-Gesetz[6] zu vereinbaren ist. Nach näherer Maßgabe des § 9 AGB-Gesetz (jetzt: § 307 BGB) sind Bestimmungen in AGB unwirksam, wenn sie den Vertragspartner des Verwenders entgegen den Geboten von Treu und Glauben unangemessen benachteiligen, wobei sich eine unangemessene Benachteiligung auch daraus ergeben kann, dass die Bestimmung nicht klar und verständlich ist. Mit dem Schreiben vom 09.04.1998 hat die Fa. K der Fa. A die kostenfreie Überlassung von Zusatzprogrammen, die die Umstellungsfähigkeit der Software auf den Euro und das Jahr 2000 garantieren, unter Hinweis darauf angeboten, dass sich die monatlichen Gebühren für Lizenz und Wartung nicht erhöhen. Dieses Angebot entsprach hingegen ohnehin dem, wozu die Fa. Q bereits aufgrund des zuvor abgeschlossenen Wartungsvertrages verpflichtet war, nämlich der Vorbereitung der Software auf das „Jahr 2000-Problem". Nach dem Wortlaut des Schreibens vom 09.04.1998 durfte die Fa. A also davon ausgehen, dass die angebotenen Zusatzprogramme für sie in jeder Hinsicht kostenlos sein sollten. Dann aber ist es treuwidrig, wenn die Fa. K versucht, durch die Verwendung vorformulierter Vertragsbedingungen die im ursprünglichen Wartungsvertrag vereinbarte dreimonatige Kündigungsfrist auf eine mit Vertragsunterzeichnung beginnende Mindestlaufzeit von 6 Jahren (und einer Kündigungsfrist von 12 Monaten) zu verlängern. Dies widerspricht dem Gebot von Treu und Glauben, das Angebot eines kostenlosen Zusatzprogrammes mit einer solchen Verlängerung der Laufzeit zu koppeln.

Folglich ist die Laufzeit- bzw. Kündigungsregelung in dem zwischen den Parteien abgeschlossenen Vertrag für die Fa. A benachteiligend und unangemessen i. S. d. § 9 AGB-Gesetz (jetzt: § 307 BGB) und daher unwirksam. Auf diese Regelung kann sich die Fa. K daher nicht berufen. Folglich hat die Fa. A den zwischen ihr und der Fa. K bestehenden Vertrag wirksam zum 31.12.2000 gekündigt.

2. Ungeachtet der vorstehenden Frage der Unwirksamkeit nach Maßgabe des AGB-Gesetzes (jetzt: §§ 305 ff. BGB) könnte der Vertrag von der Fa. A indessen auch wirksam gem. §§ 142, 123 Abs. 1, 143, 124 BGB angefochten worden sein. Wenn eine wirksame Anfechtung der Willenserklärung der Fa. A (infolge arglistiger Täuschung) vorliegen würde, wäre der zwischen den Parteien abgeschlossene Vertrag unwirksam, weil keine wirksame Annahmeerklärung von Seiten der Fa. A vorliegen würde. Fraglich ist daher, ob die Voraussetzungen der Anfechtung vorliegen.

---

6   Mit Rücksicht auf den Zeitpunkt des Vertragsabschlusses ist noch das AGB-Gesetz anzuwenden. Wäre der Vertrag zwischen K und A nach dem 01.01.2002 abgeschlossen worden, wären §§ 305 ff. BGB einschlägig; den im Lösungstext angesprochenen Regelungen der §§ 9, 24, 24 a AGB-Gesetz entsprechen die Vorschriften §§ 307, 310 Abs. 1 BGB.

a) Zunächst einmal müsste die Fa. A dann eine entsprechende **Anfechtungserklärung** abgegeben haben. Eine derartige Anfechtungserklärung muss nicht ausdrücklich erklärt werden und das Wort „Anfechtung" enthalten; vielmehr kann die Anfechtung einer Willenserklärung auch stillschweigend erfolgen. Entsprechend den Umständen des jeweiligen Einzelfalles sind die Willensäußerungen einer zur Anfechtung berechtigten Person auszulegen. Hier ist zu vergegenwärtigen, dass die Fa. A unter dem 21.11.2000 vor dem LG Graz Klage auf Feststellung erhoben hat, dass die vertraglichen Beziehungen zu der Fa. K mit Ablauf des 31.12.2000 beendet sind. Ein derartiges Klagebegehren und die darin enthaltene Willensäußerung sind als (stillschweigend erklärte) Anfechtung anzusehen.

b) Fraglich ist, ob die Anfechtung auch innerhalb der vom Gesetz vorgesehenen **Anfechtungsfrist** erklärt worden ist. Die Anfechtungsfrist beginnt gem. § 124 Abs. 2 BGB mit dem Zeitpunkt, in dem der Getäuschte die Täuschung entdeckt hat. Im vorliegenden Fall ist die Fa. A von der Fa. K durch Schreiben vom 08.06.2000 auf den neuen Vertrag hingewiesen worden; gleichzeitig wurde die von der Fa. A erklärte Kündigung zurückgewiesen. Spätestens mit Erhalt dieses Schreibens vom 08.06.2000 war die Fa. A über die Täuschung in Kenntnis gesetzt. Mit Erhalt des Schreibens vom 08.06.2000 begann die einjährige Anfechtungsfrist zu laufen. Da die Klageerhebung vor dem LG Graz am 21.11.2000 erfolgte, war damit die Anfechtungserklärung auch noch innerhalb der Jahresfrist erfolgt.

c) Fraglich ist jedoch, ob auch ein **Anfechtungsgrund** i. S. d. § 123 Abs. 1 BGB, folglich eine arglistige Täuschung von Seiten der Fa. K vorliegt. Insofern ist die Historie der Vertragsabschlüsse zugrunde zu legen. Eine solche arglistige Täuschung könnte in dem Schreiben der Klägerin vom 09.04.1998 gesehen werden. Dazu ist zu vergegenwärtigen, dass der Inhalt des ersten Absatzes dieses Schreibens vom 09.04.1998 an die Fa. A unrichtig ist. Rein rechtlich gesehen gab es zu dem damaligen Zeitpunkt noch keine Zusammenarbeit der Firmen A und K. Vertragspartner der Fa. A war zum damaligen Zeitpunkt die in Österreich ansässige Fa. Q.

Auch der zweite Absatz des Schreibens vom 09.04.1998 ist dazu angetan, eine Täuschung zu bewirken. Denn zu der im zweiten Absatz erwähnten Formulierung war der Vertragspartner der Fa. A ohnehin schon vertraglich verpflichtet. Demgegenüber wird (wohl bewusst) der Eindruck erweckt, die Fa. A könne nur durch die (alsbaldige!) Unterzeichnung des beigefügten Vertrages die Umstellfähigkeit auf das Jahr 2000 und den Euro sicherstellen, ohne dass damit sonstige erhebliche Vertragsänderungen verbunden seien. Diese Umstellfähigkeit wurde der Fa. A indessen bereits durch die in Österreich ansässige Fa. Q geschuldet. Gleichwohl bot die Fa. K im vorgenannten Schreiben die für die Umstellung notwendigen Zusatzprogramme unter ausdrücklichem Hinweis darauf an, dass sich die monatlichen Gebühren für Lizenz/Wartung nicht erhöhen würden, machte deren Übersendung aber zugleich von der Unterzeichnung von neuen Vertragsformularen abhängig, um die erforderlichen Maßnahmen sicherstellen zu können. Um die „erforderlichen Maßnahmen sicherstellen zu können", musste die Fa. A aber nichts tun, erst recht musste sie nicht den beigefügten Vertrag unterzeichnen.

Dies vorausgeschickt ist das Schreiben vom 09.04.1998 nicht nur wegen des Inhaltes eine arglistige Täuschung, sondern auch und erst recht wegen des unterbliebenen Hinweises bezüglich der im zu unterzeichnenden Vertrag enthaltenen Änderungen. Denn ein Hinweis auf die weiteren, ganz wesentlichen Änderungen des Vertrages bezüglich der Vertragslaufzeit und der Kündigungsfrist enthielt das Anschreiben gerade nicht. Mit dem Vertrag, der den ursprünglichen Vertrag zwischen der Fa. Q und der Fa. A ersetzen sollte, wurde tatsächlich nicht nur der Vertragspartner ausgetauscht, sondern auch - wie ausgeführt - eine längere Kündigungsfrist vereinbart. Ein solches Vorgehen ist arglistig und das eines Kaufmannes unwürdig.

Da die Voraussetzungen für eine Anfechtung wegen arglistiger Täuschung vorliegen und die Fa. A eine entsprechende Anfechtungserklärung gem. § 143 BGB auch abgegeben hat, ist damit auch wegen dieser Täuschungsanfechtung der zwischen ihr und der Fa. K abgeschlossene Vertrag unwirksam.

Ergebnis:

Die Fa. K hat keinen Anspruch gegen die Fa. A auf Zahlung von Lizenzgebühren in Höhe von 14.000 € für das 1. und 2. Quartal 2001.

5   Verbraucherschutz in Südniedersachsen[7]

K könnte einen Anspruch gegen W auf Zahlung des vertraglich vereinbarten pauschalierten Schadensersatzes in Höhe von 2.100 € haben, wenn der zwischen ihm und W abgeschlossene Vertrag wirksam ist und nicht durch einen zwischenzeitlich erklärten Widerruf des W nachträglich beendet worden ist.

1. Die Parteien haben einen Vertrag über die Lieferung und den Einbau einer Messe-Einbauküche abgeschlossen. Es handelt sich dabei um eine nicht vertretbare Sache (vgl. § 91 BGB), sodass der Vertrag wohl als **Werklieferungsvertrag** i. S. d. § 651 BGB zu qualifizieren ist.

---

7   BGH, NJW 2004, 362 = WM 2004, 37 = WRP 2004, 104 = ZiP 2004, 365; weiterführend BGH NJW 2002, 3100 sowie BGH NJW 1992, 1889 sowie OLG Dresden, NJW-RR 1997, 1346

An der Wirksamkeit des Vertragsabschlusses bestehen angesichts des Sachverhalts zunächst keinerlei Zweifel.

2. Fraglich ist jedoch, ob dieser Vertrag von Seiten des W wirksam widerrufen worden ist. W hat insofern einen Widerruf erklärt und darauf hingewiesen, dass der Vertrag ihn nicht über sein Widerrufsrecht belehrt habe. Ein Widerruf würde nur dann den Vertragsschluss im Nachhinein zunichte machen, wenn dem W tatsächlich eine Widerrufsmöglichkeit zur Seite steht. Eine solche Widerrufsmöglichkeit könnte sich aus dem Umstand ergeben, dass es sich bei dem zwischen K und W abgeschlossenen Vertrag um ein Haustürgeschäft i. S. d. § 312 Abs. 1 S. 1 Ziff. 2 BGB handelt. Nach dieser Regelung liegt ein Haustürgeschäft vor, wenn ein Vertrag zwischen einem Unternehmer und einem Verbraucher abgeschlossen wird, welcher eine entgeltliche Leistung zum Gegenstand hat und zu dessen Abschluss der Verbraucher anlässlich einer vom Unternehmer oder von einem Dritten zumindest auch im Interesse des Unternehmers durchgeführten Freizeitveranstaltung bestimmt worden ist. In einem solchen Fall eines Haustürgeschäftes steht dem Verbraucher ein Widerrufsrecht zu, über das er dann nach näherer Maßgabe der §§ 312 Abs. 2, 355, 357 BGB hinzuweisen ist.

Das wiederum wirft die Frage auf, ob es sich bei der „SIVA" in Göttingen um eine „Freizeitveranstaltung" i. S. d. § 312 Abs. 1 S. 1 Ziff. 2 BGB handelt. Nach der Rechtsprechung des BGH kommt es für die Beurteilung des Begriffs der „Freizeitveranstaltung" auf das Wortverständnis nicht an; vielmehr wird der Begriff durch dessen Sinn und Zweck im Rahmen der Zielsetzung des Gesetzes im Ganzen bestimmt. Diese gesetzliche Regelung soll den Verbraucher vor der Gefahr schützen, in bestimmten, dafür typischen Situationen bei der Anbahnung und dem Abschluss von Geschäften unter Beeinträchtigung seiner rechtsgeschäftlichen Entscheidungsfreiheit überrumpelt oder sonst auf unzulässige Weise zu unüberlegten Geschäftsabschlüssen gedrängt zu werden. Soweit es dann um Freizeitveranstaltungen geht, ist es Sinn und Zweck dieser Regelung, eine Bindung des Verbrauchers an rechtsgeschäftliche Erklärungen in einer Situation zu vermeiden, in der für ihn der Geschäftszweck hinter die vom Veranstalter herbeigeführte freizeitliche Stimmung und die Erwartungshaltung zurücktritt, Preis- und Qualitätsvergleiche praktisch nicht möglich sind und die Gelegenheit zu einer ruhigen Überlegung und einer etwaigen Umkehr nicht bzw. nur eingeschränkt gegeben ist.

Von einem Geschäftsabschluss aus Anlass einer „durchgeführten Freizeitveranstaltung" kann daher nur dann ausgegangen werden, wenn das Freizeitangebot und die Verkaufsveranstaltung derart organisatorisch miteinander verknüpft sind, dass der Kunde im Hinblick auf die Ankündigung und die Durchführung der Veranstaltung in eine aus seiner Sicht freizeitlich unbeschwerte Stimmung versetzt wird und sich dem auf einen Geschäftsabschluss gerichteten Angebot nur schwer entziehen kann, sei es aufgrund der örtlichen oder zeitlichen Gegebenheiten, sei es aufgrund eines Gruppenzwangs oder einer empfundenen Dankbarkeit für das Unterhaltungsangebot, die bei dem Verbraucher das Gefühl wecken, dem

Verkaufsunternehmen in irgendeiner Weise verpflichtet zu sein. Fehlt es dagegen an einer **Verknüpfung von Freizeitcharakter und gewerblichem Angebot**, ist der Tatbestand des § 312 Abs. 1 S. 2 Ziff. 2 BGB zu verneinen.

Das wiederum heißt:

Entscheidend für den Begriff der „Freizeitveranstaltung" ist also, ob zwei in Wechselbeziehung zueinander stehende Faktoren gegeben sind, nämlich einerseits der **Freizeitcharakter der Veranstaltung**, die den Verbraucher in eine seine rechtsgeschäftliche Entschließungsfreiheit beeinflussende Stimmung versetzt sowie andererseits durch die **Organisationsform der Veranstaltung**, der sich der Kunde nur schwer entziehen kann. Nach Auffassung des BGH ist nicht jede **Verbrauchermesse** oder **Verbraucherausstellung** zugleich eine Freizeitveranstaltung i. S. d. vorgenannten Vorschrift. Bei der „SIVA" handelt es sich trotz eines unterhaltenden Rahmenprogramms um eine gewöhnliche Verbraucherausstellung und nicht um eine Freizeitveranstaltung. § 312 Abs. 1 S. 1 Ziff. 2 BGB erfasst nur solche Veranstaltungen, bei denen der gewerbliche Charakter verschleiert oder zumindest verdrängt wird, indem mit der eigenen gewerblichen Absicht nicht im Zusammenhang stehende attraktive Leistungen in den Vordergrund gerückt würden, die den Kunden über den Hauptzweck der Veranstaltung hinwegsehen lassen und ihn dazu bringen, den Verkaufsabsichten näher zu treten. Konkrete Anhaltspunkte dafür, dass es sich bei der „SIVA" um eine solche Veranstaltung handelt, gibt es hingegen nicht. Selbst wenn ein beträchtliches Unterhaltungsprogramm geboten wird, daneben jedoch in 20 Hallen etwa 400 gewerbliche Ausstellungen mit den Angebotsschwerpunkten Hausbau, Renovierung, Wohnen, Energie, Hauswirtschaft, Gastronomie, Gesundheit und Garten vertreten sind, so liegt dann der Angebotsschwerpunkt nicht auf dem täglichen Beiprogramm, sondern im gewerblichen Bereich, was wiederum der Veranstaltung den Freizeitcharakter i. S. d. vorgenannten Vorschrift nimmt.

Das wiederum führt zu dem Ergebnis, dass dem W ein Widerrufsrecht nicht zuzugestehen ist, weil es sich bei dem von ihm mit K abgeschlossenen Vertrag nicht um ein Haustürgeschäft i. S. d. § 312 b Abs. 1 BGB handelt.

3. An dem vorstehenden Ergebnis ändert auch der Umstand nichts, dass sich die durch ein umfangreiches Unterhaltungsangebot angelockten Besucher den Verkaufsbemühungen an den Ausstellungsständen nur schwer entziehen können. Auch das Argument, dass der Kunde sich aufgrund des bezahlten Eintrittspreises in einer Drucksituation befinden könnte, verfängt nicht. Denn das Anlocken mit einem Unterhaltungsangebot genügt nicht für eine Situation, in der sich ein Besucher Verkaufsbemühungen unschwer entziehen kann; im Übrigen bewirkt die Zahlung eines Eintrittsgeldes keine Drucksituation, die mit den Sachverhalten, die das Gesetz erfassen will, zu vergleichen wäre. Vielmehr wirkt ein vom Verbraucher für den Eintritt entrichtetes Entgelt gerade dem Empfinden entgegen, den auf der Ausstellung vertretenen Anbietern verpflichtet zu sein.

Ergebnis:

K hat einen Anspruch gegen W auf Zahlung des pauschalierten Schadensersatzes in Höhe von 2.100 €.

6 Munter und mobil[8]

V könnte einen entsprechenden Unterlassungsanspruch gem. §§ 2 ff. UKlaG, 312 b ff. BGB haben, wenn es sich bei ihm um eine anspruchsberechtigte Stelle i. S. d. § 3 Abs. 1 UKlaG handelt und L einem (oder mehreren) Verbraucherschutzgesetz(en) zuwiderhandeln würde.

1. Fraglich ist, ob V überhaupt anspruchsberechtigt ist. Denn insofern hatte - wie sich aus dem Sachverhalt ergibt - den entsprechenden Vertrag, um den es geht, nicht V abgeschlossen, sondern vielmehr Herr Witzig. Aus §§ 2, 3 UKlaG ergibt sich jedoch, dass Ansprüche auf Unterlassung auch einer qualifizierten Einrichtung zustehen, die nachweisen kann, dass sie in die Liste qualifizierter Einrichtungen gem. § 4 UKlaG oder aber in dem Verzeichnis der Kommission der EG gem. Art. 4 der Richtlinie 98/27/EG eingetragen ist.

   Im vorliegenden Fall handelt es sich bei V um eine qualifizierte Einrichtung i. S. d. § 4 UKlaG, der in die Liste eingetragen ist, die bei dem Bundesverwaltungsamt geführt wird.

2. Fraglich ist jedoch, ob ein verbraucherschutzgesetzwidriges Verhalten auf Seiten L vorliegt, sofern dort die Multimediapakete beworben werden. Insofern hatte V die Ansicht geäußert, dass L im Hinblick auf die Regelungen in §§ 312 b ff. BGB über das Widerrufsrecht zu belehren habe. Dies wäre dann der Fall, wenn die von L beworbenen Verträge tatsächlich Fernabsatzverträge sind. Dies sind Verträge über die Lieferung von Waren oder die Erbringung von Dienstleistungen, die zwischen einem Unternehmer und einem Verbraucher unter ausschließlicher Verwendung von Fernkommunikationsmitteln abgeschlossen werden, es sei denn, dass der Vertragsschluss nicht im Rahmen eines für den Fernabsatz organisierten Vertriebs- oder Dienstleistungssystems erfolgt, vgl. § 312 b Abs. 1 BGB. In einem solchen Fall regelt das Gesetz in § 312 d BGB, dass dem Verbraucher ein Widerrufsrecht zusteht und über ein solches Widerrufsrecht nach näherer Maßgabe des § 355 BGB zu belehren ist.

   a) Fraglich ist zunächst, ob und unter welchen Voraussetzungen ein Vertragsschluss zwischen der Fa. L und deren Kunden erfolgt. Der Anruf des Kunden bei der Bestell-Hotline der Fa. L ist als Vertragsangebot i. S. d. § 145 BGB zu

---

[8] BGH NJW 2004, 3699; OLG Schleswig, NJW 2004, 231; vgl. weiterführend auch BGH MDR 2003, 732

bewerten. Durch seine Bestellung macht der Kunde deutlich, dass er das Multimediapaket der Fa. L zu den in der Anzeige genannten Bedingungen erwerben will.

Hingegen stellt die Zeitungsanzeige der Fa. L selbst noch kein Vertragsangebot dar, sondern ist vielmehr lediglich als eine **invitatio ad offerendum** anzusehen, als eine Aufforderung zur Abgabe von Angeboten.

Fraglich ist, ob diese Angebote der Kunden von Seiten der Fa. L angenommen werden und wenn ja, auf welche Weise. Gem. § 151 BGB kann ein Vertragsangebot angenommen werden, ohne dass dies dem Antragenden gegenüber erklärt werden muss; einzige Voraussetzung ist, dass eine solche Erklärung nach der Verkehrssitte nicht zu erwarten ist. Dazu ist eine nach außen erkennbare Handlung erforderlich, aus der sich die Zustimmung zu dem vorgeschlagenen Vertrag ergibt. Bringt ein Unternehmer die bestellte Leistung zur Absendung, wird dies in der Regel als Betätigung des Annahmewillens anzusehen sein.

b) Fraglich ist hingegen, ob sich eine andere Bewertung aus dem Umstand ergibt, dass die Fa. L die von ihr beworbenen Multimediapakete in sog. **PostIdent-2-Verfahren** übermittelt. Bei objektiver Beurteilung gibt die Fa. L mit der Absendung des bestellten Multimediapaketes nach außen zu erkennen, dass sie das ihr unterbreitete Angebot annehmen und damit den Vertragsschluss herbeiführen möchte. Auf einen etwaigen entgegenstehenden inneren Willen auf Seiten der Fa. L kommt es nicht an. Vielmehr hat eine Bewertung nach objektiven Kriterien zu erfolgen.

c) Die Erklärung der Annahme durch die Fa. L muss allerdings auch fristgerecht i. S. d. §§ 147 Abs. 2, 148 BGB erfolgen. Nach den Umständen und bei objektiver Betrachtung der Ausgangssituation ist davon auszugehen, dass ein Anrufer auf der Bestell-Hotline, der nicht auf einer sofortigen Annahmeerklärung besteht, stillschweigend der Fa. L eine angemessene Annahmefrist einräumt. Im Falle des Herrn Witzig erfolgte diese Annahme nach wenigen Tagen, mithin rechtzeitig i. S. d. § 147 Abs. 2 BGB.

d) Fraglich ist jedoch, ob dieser Vertragsabschluss auch - wie dies in § 312 b Abs. 1 BGB vorgesehen ist - unter Einsatz von sog. Fernkommunikationsmitteln erfolgt ist.

Fernkommunikationsmittel sind Kommunikationsmittel, die zur Anbahnung oder zum Abschluss eines Vertrages zwischen einem Verbraucher und einem Unternehmer ohne gleichzeitige körperliche Anwesenheit der Vertragsparteien eingesetzt werden können, insbesondere Briefe, Kataloge, Telefonanrufe, Telekopien, E-Mails sowie Rundfunk, Tele- und Mediendienste. Anerkanntermaßen sind nach Auffassung des Gesetzgebers, dies ergibt sich insoweit aus dem Gesetzgebungsverfahren, auch Verträge, deren Abschluss nach Maßgabe des § 151 BGB zustande gekommen sind, als Fernabsatzgeschäfte anzusehen.[9]

e) Der Vertragsschluss erfolgte auch **im Rahmen eines für den Fernabsatz organisierten Vertriebs- oder Dienstleistungssystems**. Dies ergibt sich bereits zwanglos aus dem Umstand, dass die Fa. L eine Bestell-Hotline eingerichtet hat. Die Einrichtung einer Bestell-Hotline indiziert ein derartiges fernabsatzrechtliches Vertriebssystem.

f) Die Verträge werden in aller Regel auch zwischen **Unternehmer** (also der Fa. L) und einem **Verbraucher** (im vorliegenden Fall Herrn Witzig bzw. andere Privatpersonen) abgeschlossen.

Da im Übrigen die Regelungen des § 312 b Abs. 1 BGB vorliegen, ist die Fa. L verpflichtet, Verbraucher über das Bestehen eines Widerrufsrechts zu informieren. Denn ein solches Widerrufsrecht steht den Verbrauchern gem. § 355 BGB zu. Darüber hat der Unternehmer **vor Abschluss** eines (Fernabsatz-) Vertrages zu informieren, vgl. § 312 c BGB iVm § 1 Abs. 1 Ziff. 1 BGB-InfoVO.

g) Fraglich ist hingegen, ob die Argumentation der Fa. L zutrifft, dass der Postzusteller als Bote der Fa. L dem Kunden ein schriftliches Vertragsangebot unterbreite, welches dieser erst durch seine Unterschrift annehmen würde. Zwar wäre dann insofern, weil ein Vertragsschluss nicht mittels „Fernkommunikationsmittel" abgeschlossen wurde, kein eigentlicher direkter Fernabsatzvertrag gegeben.

Allerdings:

In einem solchen Fall, wäre die Ansicht der Fa. L zutreffend, würde der Vertragsschluss unter Anwesenden als ein Umgehungsgeschäft i. S. d. § 312 f BGB anzusehen sein und damit ebenfalls den Regelungen der §§ 312 b ff. BGB unterliegen. Denn auch in einem solchen Fall ist die besondere Gefahrenlage des Verbrauchers durch ein für das Fernabsatzgesetz organisiertes System gegeben. Auch in einem solchen Fall begegnen sich schließlich der Anbieter und der Verbraucher nicht physisch und im Übrigen kann der Verbraucher die Leistung auch nicht vor Vertragsschluss in Augenschein nehmen. Es entspricht daher Sinn und Zweck der fernabsatzrechtlichen Bestimmungen, auch Vertragsabschlüsse unter Einschaltung eines Mitarbeiters eines Logistik-Unternehmens in den Schutzbereich der §§ 312 b ff. BGB einzubeziehen.[10]

Folglich ist L verpflichtet, bei entsprechenden Verträgen über das Multimediapaket mit Verbrauchern über das vom Gesetz her vorgesehene Widerrufsrecht zu belehren und zu informieren und die Verträge mit einer entsprechenden Widerrufs-

---

[9] BT-Drs. 14/2658 S. 31
[10] Vgl. dazu auch Wendehorst in: Münch Komm-BGB, § 312 b Rdziff. 44 sowie § 312 f Rdziff. 17

belehrung auszugestalten. Da dies nicht vorgenommen wurde bzw. L dies in Abrede nimmt, steht dem V ein entsprechender Unterlassungsanspruch zur Seite.

Ergebnis:

V hat einen Unterlassungsanspruch gegen L gem. §§ 3, 2 UKlaG, 312 b BGB.

7 Küche mit Finesse[11]

W könnte einen Anspruch auf Rückzahlung der von ihm bereits geleisteten Anzahlung in Höhe von 5.000 € gem. §§ 346 Abs. 1, 323 Abs. 5, 266 BGB haben. Dies setzt voraus, dass zum einen ein (vertragliches oder gesetzliches) Rücktrittsrecht besteht und insofern W in wirksamer Weise den Rücktritt vom Vertrag erklärt hat.

Gem. § 346 Abs. 1 BGB sind im Falle des Rücktritts die empfangenen Leistungen zurückzugewähren und die bezogenen Nutzungen herauszugeben, wenn sich eine Vertragspartei vertraglich den Rücktritt vorbehalten hat oder ihr ein gesetzliches Rücktrittsrecht zusteht. Im vorliegenden Fall ist ein Rücktrittsrecht vertraglich nicht vereinbart worden. Gleichwohl könnte fraglich sein, ob nicht dem W ein gesetzliches Rücktrittsrecht zur Seite steht.

Ein solches Rücktrittsrecht zugunsten des W könnte sich aus der Regelung in § 323 Abs. 5 BGB ergeben. Nach dieser Regelung kann der Gläubiger vom ganzen Vertrag nur zurücktreten, wenn der Schuldner eine Teilleistung bewirkt und wenn der Gläubiger an der Teilleistung kein Interesse hat.

Im vorliegenden Fall kann es offen bleiben, ob der Vertrag zwischen W und K über die gem. Angebot verkauften „Küchenteile" eine teilbare Leistung enthält oder aber ob - entsprechend der Vorstellung von W - eine „Küche" verkauft worden ist. Denn zwischen den Parteien besteht kein Streit darüber, dass K zur Lieferung der bestellten Kühl-/Gefrierkombination nicht in der Lage ist; wiederum hat W die ihm dann angebotene übrige Teilleistung, d. h. den Rest der Küche, nicht entgegengenommen. Angesichts der bestehenden Teilunmöglichkeit in Bezug auf die Kühl-/Gefrierkombination ist W berechtigt, die Leistung von K insgesamt abzulehnen, dies nach Maßgabe der Regelungen in §§ 323 Abs. 5, 266 BGB. Die Frage einer Teilbarkeit einer Leistung tritt nur dann auf, wenn der Gläubiger die Teilleistung auch angenommen hat. Hat er sie gem. § 266 BGB zurückgewiesen, liegt ein Fall vollständiger Nichtleistung vor. Das Rücktrittsrecht erstreckt sich in diesem Fall auf den gesamten Vertrag.

---

[11] LG Rottweil, NJW 2003, 3139

Angesichts der bestehenden Teilunmöglichkeit bedurfte es auch einer Fristsetzung nicht mehr. Überdies wäre eine der K gesetzte Frist zur Erfüllung ungenutzt verstrichen.

Fraglich ist jedoch, ob nicht W ausnahmsweise zur Entgegennahme einer Teilleistung verpflichtet wäre. Dies wäre dann der Fall, wenn es zu einer entsprechenden vertraglichen Abrede gekommen wäre. Dafür, dass die Käuferpartei zur Abnahme einer Teilleistung verpflichtet ist, ist die Verkäuferpartei beweislastverpflichtet. Ist eine Vertragsurkunde erstellt, die dann die Vermutung der Vollständigkeit und Richtigkeit der vertraglichen Absprachen indiziert, ist es einmal mehr Sache der Verkäuferpartei, die Unvollständigkeit dieser vertraglichen Absprachen darzustellen und auch substantiiert darzulegen, wann, wie und wo und mit welchen Inhalten darüber hinausgehende Absprachen, die sich nicht in der Vertragsurkunde befinden, getroffen wurden.

Im vorliegenden Fall sind derartige, über den schriftlichen Vertrag hinausgehende Regelungen zwischen den Parteien nicht getroffen worden, sodass W wirksam vom Vertrag zurücktreten konnte und dementsprechend auch seine Anzahlung gem. §§ 346 Abs. 1, 323 Abs. 5, 266 BGB zurückverlangen kann.

Ergebnis:

W hat gegen K einen Anspruch auf Rückzahlung der von ihm geleisteten Anzahlung in Höhe von 5.000 €.

8   Die Rolex bei Ebay[12]

K könnte gegen A einen Anspruch auf Rückzahlung der bereits geleisteten Zahlung in Höhe von 9.500 € gem. §§ 326 Abs. 5, 275 Abs. 1, 323 BGB haben.

1.   Voraussetzung wäre zunächst, dass zwischen K und A ein Kaufvertrag über die hier streitgegenständliche „Rolex Daytona Stahl" zu einem Kaufpreis von 9.300 € geschlossen worden ist. Durch das Anbieten der Uhr seitens des A und das Abgeben des höchsten Gebots innerhalb der festgelegten Zeitspanne ist ein Kaufvertrag zustande gekommen. Das Unternehmen „Ebay" ist in diesen Vertrag direkt nicht mit eingebunden, sondern schließt mit den Verkäufern, die eine Gebühr für den Verkauf entrichten müssen, lediglich Nutzungsverträge.

Ergänzend sei hinzugefügt, dass in aller Regel die Parteien bei „Ebay" unter einem Pseudonym handeln. Allein dies führt zu der Überlegung, dass die Parteien dann nicht einwenden können, im fremden Namen gehandelt zu haben; denn

---

[12]   LG Berlin, NJW 2003, 3493; vgl. im Übrigen zum Erfüllungsort bei Geschäften im Versandhandel BGH NJW 2003, 3341

mangels Erkennbarkeit einer Stellvertretung sind die handelnden Personen selbst als Verkäufer- bzw. Käuferpartei nach näherer Maßgabe des § 164 Abs. 2 BGB anzusehen.

Fraglich ist jedoch, ob ggf. ein Ausnahmefall von dem Offenkundigkeitsprinzip vorliegt, der es rechtfertigen könnte, eine andere Person als die handelnden Parteien, also als A oder K, als Vertragsparteien anzusehen. Ein Ausnahmefall ist indessen nicht gegeben. Das **Geschäft für den, den es angeht**, ist nicht gegeben. Internetkäufe sind nicht Kaufverträge des täglichen Lebens und eine sofortige Abwicklung der über das Internet abgeschlossenen Geschäfte ist nicht möglich. Im Übrigen ist es bei einem Geschäft dieser Größenordnung für den Käufer gerade nicht unerheblich, wer Vertragspartner werden soll.

2. A hat nicht dargelegt, dass er die ihm gem. § 433 BGB obliegenden Verpflichtungen, und zwar Übergabe und Übereignung der Uhr, erfüllt hat. Fraglich könnte dies insofern sein, weil - wie der Sachverhalt wiedergibt - K angibt, zwar eine Holzbox erhalten zu haben, die hingegen leer gewesen sei. Eine Uhr habe er nicht erhalten. Dann jedoch ergeben sich Zweifel bezüglich der wirksamen Erfüllung der Verpflichtungen gem. § 433 Abs. 2 BGB.

Was den tatsächlichen Erhalt der Uhr durch den K anbelangt, so besteht zwar die theoretische Möglichkeit, dass K trotz des Erhalts dieser Ware wahrheitswidrig behauptet hat, die Uhr tatsächlich nicht erhalten zu haben. Indessen ist A für einen solchen abweichenden Sachverhalt darlegungs- und beweislastverpflichtet.

Hinsichtlich der sodann noch verbleibenden Möglichkeit, dass das Paket ohne die Uhr auf den Postweg gegeben wurde oder aber auf dem Transportweg verloren ging, trägt bei einem „Ebay"-Kauf der Verkäufer die Gefahr. Im Rahmen der besonderen Umstände über diese Internet-Plattform haben die Parteien einen Versendungskauf gem. § 447 BGB vereinbart; im Rahmen eines derartigen Versendungskaufs geht die Gefahr auf den Käufer (hier: K) über, wenn der Verkäufer (hier: A) die Uhr der „zur Versendung bestimmten Person" übergeben hätte.

Im vorliegenden Fall ist zu vergegenwärtigen, dass A die Uhr - wie er darstellt - ordnungsgemäß verpackt auf den Postweg gegeben hat. Bei der Deutschen Post AG handelt es sich um eine „zur Versendung bestimmte Person", sodass in dem Moment der Postaufgabe die Gefahr des zufälligen Unterganges auf den Käufer (hier: K) übergegangen ist.

All dies vorausgeschickt ergibt sich, dass die Gefahr des zufälligen Untergangs ab dem Zeitpunkt der Warenaufgabe bei der Post auf K übergegangen ist. Das wiederum leitet zu der Annahme über, dass A sämtliche ihm obliegenden Verpflichtungen bedient und damit den Kaufvertrag seinerseits erfüllt hat.

Der Tatbestand des § 275 Abs. 1 BGB ist nicht gegeben, was wiederum dazu führt, dass K auch keinen Rückzahlungsanspruch gegen A durchsetzen kann.

Ergebnis:

K hat keinen Rückzahlungsanspruch gegen A in Bezug auf die von ihm geleistete Zahlung in Höhe von 9.500 €.

9 Besser die Lawine auf dem Dach als den Schnee auf dem Auto[13]

1. N könnte einen Anspruch gegenüber S gem. § 836 BGB haben. Wird nämlich durch den Einsturz eines Gebäudes oder eines anderen mit einem Grundstück verbundenen Werkes oder durch die Ablösung von Teilen des Gebäudes oder des Werkes ein Mensch getötet, der Körper oder die Gesundheit eines Menschen verletzt oder eine Sache beschädigt, so ist der Besitzer des Grundstücks, sofern der Einsturz oder die Ablösung die Folge fehlerhafter Errichtung oder mangelhafter Unterhaltung ist, verpflichtet, dem Verletzten den daraus entstehenden Schaden zu ersetzen, vgl. § 836 Abs. 1 S. 1 BGB. Auf Dachlawinen ist jedoch die Regelung des § 836 BGB nicht anwendbar, sodass diese Anspruchsgrundlage ausscheidet.

2. N konnte aber gegen S einen Anspruch gem. § 823 Abs. 1 BGB wegen Beschädigung ihres Eigentums haben. Dies setzt voraus, dass die Fa. S eine ihr obliegende Verkehrssicherungspflicht verletzt hat. In der Rechtsprechung ist es bereits seit langem anerkannt, dass einen Hauseigentümer grundsätzlich nicht die Pflicht trifft, Dritte durch spezielle Maßnahmen vor Dachlawinen zu schützen, wenn diese Maßnahmen nicht vorgeschrieben sind. Zunächst ist es Aufgabe einer jeden Person selbst, sich vor solchen Gefahren zu schützen. Erst dann entsteht eine Rechtspflicht, wenn besondere Umstände Sicherungsmaßnahmen zum Schutz von Dritten dies gebieten. Diese Umstände können sich aus der allgemeinen Schneelage des Ortes, der Beschaffenheit und Lage des Gebäudes, den konkreten Schneeverhältnissen und der Lage und des Umfangs des gefährdeten Verkehrs ergeben. Derartige Aspekte sind indessen nach dem Sachverhalt nicht erkennbar. Selbst dann, wenn man dies aber einmal auch zugunsten von N annehmen wollte, so wäre zu überlegen, ob sie ein weit überwiegendes, ggf. sogar haftungsausschließendes eigenes Verschulden (vgl. § 254 Abs. 1 BGB) trifft. Denn sie hatte die Gefahr konkret vor Augen und war mit den örtlichen Verhältnissen und den Witterungsbedingungen vertraut.

---

[13] OLG Hamm, NJW-RR 2003, 1463

Ergebnis:

N hat keinen Anspruch gegen S auf Erstattung der von ihr aufgewendeten 15.500 € für die Reparatur des Fahrzeuges.

10 Die fromme Helene[14]

F könnte einen Anspruch auf Umschreibung der von ihr bereits gegen S erwirkten Vollstreckungstitel gem. §§ 729 Abs. 2, 1, 727 ZPO, 25 Abs. 1 S. 1 HGB haben.

Gem. § 25 Abs. 1 S. 1 HGB haftet derjenige, der ein unter Lebenden erworbenes Handelsgeschäft unter der bisherigen Firma mit oder ohne Beifügung eines das Nachfolgeverhältnis andeutenden Zusatzes fortführt, für alle im Betrieb des Geschäfts begründeten Verbindlichkeiten des früheren Inhabers. Das wiederum bedeutet, dass die Fa. HS Handelsagentur Lieferant von Additiven für die Lebensmittelindustrie GmbH hier für die von S begründeten Verbindlichkeiten haften könnte, wenn eine Fortführung der Firma nach außen i. S. d. § 25 Abs. 1 S. 1 HGB gegeben ist. Fraglich ist jedoch, ob eine solche Firmenfortführung vorliegt. Zweifel können sich ergeben, weil unter Umständen die vorherige Firma „HS Handelsagentur Lieferant von Additiven für die Lebensmittelindustrie" nicht zulässig ist.

Nach der Rechtsprechung des BGH kommt es nicht auf die firmenrechtliche Zulässigkeit oder Unzulässigkeit der alten oder der neuen oder beider Firmen an. Entscheidend ist allein, dass die unter dem bisherigen Geschäftsinhaber tatsächlich geführte und von dem Erwerber weitergeführte Firma eine derart prägende Kraft besitzt, dass der Geschäftsverkehr sie mit dem Unternehmen gleichsetzt und in dem Verhalten des Erwerbers eine Fortführung der bisherigen Firma sieht. Dabei spielen gewisse Änderungen der alten Firma keine Rolle, sofern der prägende Teil der alten Firma in der neuen beibehalten ist. Diese Grundsätze gelten im Übrigen auch dann, wenn die Unzulässigkeit der tatsächlich geführten Firma darauf beruht, dass der als sog. Firmenkern geltende bürgerliche Familienname und Vorname des Geschäftsinhabers nicht in ausgeschriebener, sondern in abgekürzter Form (wie hier: HS) geführt wird. Auch dann kommt es für die Anwendbarkeit des § 25 Abs. 1 S. 1 HGB entscheidend darauf an, ob die eigentliche prägende Kraft der Bezeichnung, unter der das alte Unternehmen bekannt ist, von einem fortgeführten Bestandteil ausgeht.

All dies vorausgeschickt muss die unveränderte Weiterbenutzung der Bezeichnung „HS Handelsagentur Lieferant von Additiven für die Lebensmittelindustrie" durch S als eine Fortführung der Firma gem. § 25 Abs. 1 S. 1 HGB gewertet werden. Denn die Zusammenstellung ihrer - mit einer Ausnahme - für sich genommen unauffälligen

---

14 Vgl. BGHZ 146, 374 = NJW 2001, 1352 = WM 2001, 683 = ZiP 2001, 567

einzelnen Bestandteile und die Verwendung des Fremdworts „Additive" machen die Bezeichnung zum unverwechselbaren Kennzeichen des Unternehmens. Die Anfügung des Zusatzes „GmbH" ändert an dieser Betrachtung nichts.

Eine Firmenfortführung i. S. d. § 25 Abs. 1 S. 1 HGB liegt vor.

Ergebnis:

F hat einen Anspruch auf Umschreibung der Vollstreckungstitel gem. §§ 729 Abs. 2, 1, 727 ZPO, 25 Abs. 1 HGB.

11   Ein makelloses Maklerlos[15]

T könnte einen Anspruch gegen N gem. §§ 87 Abs. 1 S. 1, 87 a Abs. 1 S. 1, 87 b Abs. 1, 84 Abs. 1 HGB auf die Zahlung einer Provision in Höhe von 2.486,40 € bzw. 12.180 € haben.

1. Voraussetzung für den von T behaupteten Anspruch ist, dass T Handelsvertreter i. S. d. § 84 HGB ist. Handelsvertreter ist, wer als selbständiger Gewerbetreibender ständig damit betraut ist, für einen anderen Unternehmer Geschäfte zu vermitteln oder in dessen Namen abzuschließen. Zwar war T damit betraut, Geschäfte für die N zu vermitteln. Fraglich ist jedoch, ob auch das Merkmal der Selbständigkeit für einen Handelsvertreter erfüllt ist. Selbständig ist, wer im Wesentlichen frei seine Tätigkeit gestalten und seine Arbeitszeit bestimmen kann, vgl. § 84 Abs. 1 S. 2 HGB.

    Dies ist bei T indessen nicht der Fall gewesen. T hatte vor allem Anwesenheitspflichten in den ihm zur Verfügung gestellten Räumlichkeiten von N. Seine Arbeitszeit konnte er daher nicht frei gestalten.

    Folglich fehlte es am Merkmal der Selbständigkeit, sodass T nicht als Handelsvertreter anzusehen ist.

2. T könnte indessen einen Anspruch auf Verprovisionierung der von ihm vermittelten Geschäfte gem. § 84 Abs. 2 iVm §§ 59 Abs. 1, 65, 87 Abs. 1, 87 a Abs. 1 S. 1, 87 b Abs. 1 HGB haben. Dies wiederum setzt voraus, dass T als unselbständiger Handelsvertreter anzusehen ist und als ein solcher provisionspflichtige Geschäfte für die Fa. N abgewickelt hat und in der von ihm geltend gemachten Höhe einen Provisionsanspruch erworben hat.

    a) Als **unselbständiger Handelsvertreter** war T gem. § 84 Abs. 1 HGB iVm § 59 Abs. 1 HGB als **Handlungsgehilfe** anzusehen. Wenn der Handlungsgehilfe für

---

[15]   LG Frankfurt, NJW-RR 2002, 53

Geschäfte, die von ihm geschlossen oder vermittelt werden, Provisionen erhalten soll, so sind die für den Handelsvertreter geltenden Vorschriften des § 87 Abs. 1, 3 sowie §§ 87 a bis 87 c HGB anzuwenden, vgl. § 65 HGB.

Im vorliegenden Fall sollte T auf jeden Fall für seine Aktivitäten Provisionen erhalten (Anm.: Ggf. wäre, wenn diese Behauptung zwischen den Parteien im Streit stehen würde, darüber Beweis zu erheben; der ggf. zwischen den Parteien bestehende Vertrag wäre ein Anhaltspunkt für die Verprovisionierung).

Da T grundsätzlich gem. §§ 65, 87 Abs. 1, 3 HGB provisionsberechtigt ist, kommt es folglich darauf an, ob er provisionspflichtige Geschäfte zugunsten von N getätigt hat. Im vorliegenden Fall hat T den Mietvertrag der Zack-Zack GmbH sowie der Punktum-GmbH vermittelt und ist damit am Zustandekommen des Mietvertrages beteiligt gewesen.

In diesem Zusammenhang sei im Übrigen - höchst vorsorglich - angemerkt, dass es für das Entstehen des Provisionsanspruchs irrelevant ist, ob der Abschluss der jeweiligen Mietverträge auf eine alleinursächliche Tätigkeit zurückzuführen ist; denn für das Entstehen des Provisionsanspruchs reicht lediglich eine **mitursächliche Tätigkeit** des Handlungsgehilfen, um den Provisionsanspruch auszulösen. Voraussetzung für einen solchen Provisionsanspruch ist es, wenn die Tätigkeit des Handlungsgehilfen wenigstens insoweit Erfolg gehabt hat, dass diese Tätigkeit die zum Abschluss führenden Verhandlungen mit veranlasst hat. Dies ist vorliegend der Fall.

b) Fraglich ist jedoch, in welcher Höhe der T Provisionsansprüche erworben hat. Vorliegend macht T Provisionsansprüche für die Vermittlung des Mietvertrages in Bezug auf die Zack-Zack GmbH in Höhe von 30 % der an N gezahlten Provision geltend; dabei handelt es sich dann um eine sog. **Innenprovision**. Diese zeichnet sich dadurch aus, dass auch im Innenverhältnis (hier: zwischen N und T) eine Verprovisionierung, d. h. die Zahlung einer Provision, stattfindet, ohne dass dies nach außen hin, d. h. im Verhältnis zur Zack-Zack GmbH, deutlich gemacht worden wäre. Sofern T eine Provision in Höhe von 30 % beansprucht, ist er darlegungs- und beweislastverpflichtet. Kann er diesen Beweis nicht führen, so ist damit sein Anspruch insgesamt nicht hinfällig. Vielmehr greift in diesem Fall zu seinen Gunsten die Regelung in § 87 b Abs. 1 HGB. Danach ist der übliche Satz als vereinbart anzusehen, wenn die Höhe der Provision nicht bestimmt ist. Üblicherweise wird bei Maklertätigkeiten wie im vorliegenden Fall eine Verprovisionierung in Höhe von 20 % als üblich angesehen, wobei dies regional unterschiedlich gehandhabt wird. Ausgehend von einem Provisionssatz von 20 % hat T damit lediglich einen Anspruch in Höhe von 1.767,84 €.

c) T beansprucht weiterhin eine Provisionszahlung in Höhe von 12.180 € für den Nachweis der Gelegenheit zum Abschluss eines Mietvertrages an die Punktum-GmbH. Ein solcher Anspruch könnte sich aus §§ 84 Abs. 2, 59, 65, 87 Abs. 1, 87 b Abs. 1 HGB ergeben. Auch insoweit ist T als unselbständiger Handelsvertreter anzusehen und hat ein grundsätzlich provisionspflichtiges Geschäft zugunsten von N vermittelt, sodass N in den Genuss einer Provision in Höhe von 35.000 € gekommen ist.

3. Fraglich könnte im vorliegenden Fall nur sein, ob T auch dann provisionsanspruchsberechtigt ist, wenn das provisionspflichtige Geschäft erst zu einem Zeitpunkt zum Abschluss gelangt, als T bereits aus den Diensten von N ausgeschieden war. Im vorliegenden Fall wurde der Mietvertrag der Punktum-GmbH erst im März 2003 abgeschlossen. Zu diesem Zeitpunkt war T schon aus den Diensten von N ausgeschieden. Dies allein hindert das Entstehen des Provisionsanspruchs nicht. Denn bei Ausscheiden von T aus den Diensten von N war der Abschluss des Mietvertrages mit der Punktum-GmbH bereits soweit gediehen, dass lediglich die Zustimmung des Grundstückseigentümers zum Abschluss fehlte. Insoweit greift zugunsten von T im Übrigen die Regelung in § 87 Abs. 3 Ziff. 1 HGB ein. Danach hat der Handelsvertreter für ein Geschäft, das erst nach Beendigung des Vertragsverhältnisses abgeschlossen wird, nur dann einen Provisionsanspruch, wenn er das Geschäft vermittelt hat oder es eingeleitet und so vorbereitet hat, dass der Abschluss überwiegend auf seine Tätigkeit zurückzuführen ist und das Geschäft innerhalb einer angemessenen Frist nach Beendigung des Vertragsverhältnisses abgeschlossen worden ist. Dies ist vorliegend der Fall. T hatte die Geschäfte vorbereitet. Innerhalb einer angemessenen Frist, d. h. innerhalb von sechs Monaten nach Ausscheiden aus den Diensten von N, kam es dann zum Vertragsabschluss der Punktum-GmbH mit dem Vermieter. Dies reicht für das Entstehen des Provisionsanspruchs aus.

Soweit es die Höhe anbelangt, ist hier die Zahlung von einer Provision in Höhe von drei Monatsmieten nicht im Streit.

Ergebnis:

T hat gegen N einen Anspruch auf Zahlung von Provision in Höhe von 1.767,84 € bzw. 12.180 €, und zwar nach näherer Maßgabe der §§ 84 Abs. 2, 59, 65, 87 Abs. 1, 87 b Abs. 1 HGB gegen N.

12 Geschäftsführer - verzweifelt gesucht[16]

P könnte gegen A einen Anspruch auf Zahlung des Betrages in Höhe von 30.180 € haben, wenn in einem entsprechenden Vertrag zwischen den Parteien eine Zahlungsverpflichtung der Fa. A geregelt wäre.

---

[16] BGH NJW-RR 2001, 680; OLG Köln, NJW-RR 2003, 612

Fraglich ist ein Vertragsschluss im vorliegenden Fall deshalb, weil die Parteien insoweit unterschiedlicher Ansicht sind. P behauptet, dass am 29.06.2001 ein entsprechender Beratungsvertrag per Telefon zustande gekommen sei, während A der Auffassung ist, dass das Stadium einer Präakquisition nie verlassen worden sei, folglich einen Vertragsschluss in Abrede nimmt. Unter Umständen könnte es jedoch weder auf die eine noch auf die andere Ansicht ankommen, und zwar dann, wenn die Grundsätze des kaufmännischen Bestätigungsschreibens eingreifen. Bei Schweigen auf ein kaufmännisches Bestätigungsschreiben gilt der Vertrag entsprechend dem Inhalt des Schreibens als zustande gekommen, wenn entsprechende Voraussetzungen gegeben sind. Kaufleute oder gleichgestellte Personen müssen mündlich einen Vertrag abgeschlossen haben, zumindest müssen Vertragsverhandlungen vorausgegangen sein; sodann folgt eine zusammenfassende schriftliche Bestätigung, wobei das Bestätigungsschreiben unmittelbar abgesandt wird. Ist der Absender des Schreibens redlich und schweigt der Empfänger des Schreibens und widerspricht nicht unverzüglich, gelten dann die Rechtsfolgen dieses Schweigens auf ein kaufmännisches Bestätigungsschreiben.

Unter dem 29.08.2001 fand zwischen den Parteien ein Telefongespräch statt, dessen Gegenstand die gemeinsame Zusammenarbeit zwischen ihnen gewesen ist. Dem daraufhin am 30.08.2001 von P abgesandten kaufmännischen Bestätigungsschreiben hat die Fa. A nicht unverzüglich widersprochen. Dass dieses Schreiben vom 30.08.2001 im Übrigen nicht ausdrücklich als „Bestätigungsschreiben" bezeichnet worden ist, steht dem nicht entgegen. Es genügt, dass der Inhalt des Schreibens den Bestätigungswillen des Absenders erkennen lässt.

Fraglich ist hingegen, ob tatsächlich diese Grundsätze des kaufmännischen Bestätigungsschreibens im vorliegenden Fall eingreifen können. Denn die Regel, wonach bei Schweigen auf ein kaufmännisches Bestätigungsschreiben der Vertrag entsprechend dem Inhalt des Schreibens als zustande gekommen gilt, ist nur dann anwendbar, wenn dem Bestätigungsschreiben auch Vertragsverhandlungen vorausgegangen waren. Dies ist dann von dem Absender des Schreibens, der aus diesem Schreiben Rechte herleiten will, darzutun und zu belegen. Dazu ist zu berücksichtigen, dass die Parteien bereits im Juni 2001 Gespräche bzw. Korrespondenzen geführt hatten; in diesem Zusammenhang hat die Fa. A der Fa. P eine umfangreiche „Spezifikation" übermittelt, in welcher die Hauptaufgaben des technischen Geschäftsführers geschildert und das „Anforderungsprofil" näher beschrieben wurde. Die Fa. P reagierte darauf und teilte mit, mit welchen Gehaltsvorstellungen geeigneter Kandidaten zu rechnen sei und stellte ihre eigenen Honorarvorstellungen deutlich.

Fraglich ist hingegen, ob im vorliegenden Fall die Fa. A als Empfängerin des Bestätigungsschreibens von P tatsächlich hätte widersprechen müssen. Denn der Empfänger eines Bestätigungsschreibens braucht nicht zu widersprechen, wenn sich der Inhalt des Schreibens so erheblich von dem Verhandlungsergebnis entfernt, dass der Absender des Bestätigungsschreibens mit dem Einverständnis des Empfängers redlicherweise nicht rechnen konnte. Dies wiederum darzutun und zu belegen ist Sache des Empfängers des Schreibens. In diesem Zusammenhang ist zu berücksichtigen, dass die Parteien anhand der persönlichen und telefonischen Gespräche im Juni/August 2001 eine Zusammenarbeit nur für den Fall in Betracht gezogen haben, dass die eigenen Bemühungen der Fa. A um einen Kandidaten aus dem Frankfurter Raum scheitern sollten; daraus wiederum ist abzuleiten, dass aus Sicht der Beklagten überhaupt noch kein Anlass bestanden hatte, am 29.08.2001 eine verbindliche Zusage über die Vertragsdurchführung gegenüber P abzugeben, da zu diesem Zeitpunkt die eigenen Bemühungen der Fa. A keineswegs gescheitert waren, diese vielmehr im weiteren Verlauf von Erfolg gekrönt waren.

Aus diesem Grund war auch für die Fa. P ersichtlich, dass das Schreiben vom 30.08.2001 inhaltlich derart weit von den Vorgesprächen entfernt war, dass ernsthaft mit einer Zustimmung bzw. einem Einverständnis des Empfängers **nicht** hätte gerechnet werden können.

Dies vorausgeschickt greifen die Grundsätze des kaufmännischen Bestätigungsschreibens auf den vorliegenden Fall nicht durch. Ein Vertrag zwischen den Parteien ist nicht zustande gekommen.

Ergebnis:

P hat gegen A keinen Anspruch auf Zahlung der Vergütung in Höhe von 30.180 €.

13   Ein „Agreement" unter Kaufleuten[17]

G könnte gegen A einen Anspruch auf Zahlung des noch ausstehenden Kaufpreises in Höhe von 75.000 € gem. § 433 Abs. 2 BGB haben. Zwischen den beiden Parteien wurde ein Kaufvertrag über eine Standardsoftware (Lohnprogramm „Agree") zu einem Preis von 100.000 € abgeschlossen. Diese Kaufsache wurde auch an A übergeben. Auf die Lieferung von bereits fertig entwickelter Standardsoftware (nebst den dazugehörigen Quellcodes) zur dauerhaften Benutzung und gegen ein einmaliges, wenngleich ggf. auch in Raten zu zahlendes Entgelt, ist Kaufrecht anwendbar. Mithin steht der Fa. G grundsätzlich ein Kaufpreisanspruch auf 75.000 € zu.

Fraglich ist hingegen, ob A mit Erfolg Mangelhaftigkeit dieser Software einwenden kann und sich auf ihr Recht zum Rücktritt von dem Vertrag gem. §§ 437 Ziff. 2, 440, 323, 326 Abs. 5 BGB berufen kann. Dies wäre hingegen dann nicht mehr möglich, wenn es sich zwischen den Parteien um einen Handelskauf i. S. d. §§ 373 ff. HGB handeln würde und von Seiten A die Mangeleinreden nicht mehr entsprechend den einschlägigen Voraussetzungen erhoben wurde.

---

[17]   In Anlehnung an BGHZ 143, 307 = NJW 2000, 1415

1. Sowohl G als auch A sind Formkaufleute i. S. d. § 6 HGB, für die der Verkauf bzw. der Erwerb einer Standardsoftware zum Zwecke der Lohnbuchhaltung ein (beiderseitiges) Handelsgeschäft i. S. d. §§ 343, 344 HGB darstellt.

2. Fraglich ist allerdings im vorliegenden Fall, ob A auch der ihr obliegenden Verpflichtung zur Untersuchung und Anzeige etwaiger Mängel in genügendem Maße vor dem Hintergrund der Bestimmung in § 377 HGB nachgekommen ist. Nach dieser Bestimmung hat der Käufer die Ware unverzüglich nach der Ablieferung durch den Verkäufer, soweit dies nach ordnungsmäßigem Geschäftsgange tunlich ist, zu untersuchen und, wenn sich ein Mangel zeigt, dem Verkäufer unverzüglich Anzeige zu machen. Fraglich ist hingegen, ob von einer „Ablieferung" der Ware ausgegangen werden kann. Dies ist nur dann der Fall, wenn die Ware auch **vollständig** in den Machtbereich des Käufers gelangt. Bei dem Verkauf von Software wird dies von Seiten der Rechtsprechung verneint, solange die Lieferung eines zur Hauptleistungspflicht des Verkäufers gehörenden Handbuchs noch nicht erfolgt ist. Dies ist im vorliegenden Fall jedoch nicht einschlägig. Entsprechende Handbücher sind übergeben worden. Von Seiten der Fa. A wird gerügt, dass bestimmte Online-Hilfsfunktionen fehlten. Dies führt jedoch nicht dazu, eine **vollständige** Ablieferung der Ware zu verneinen. Denn diese Online-Hilfsfunktionen sind keine selbständigen, mit anderen zu einer Sachgesamtheit zusammengefassten Sache, sondern Bestandteile der Software; deren Fehlen beeinträchtigt die Gebrauchstauglichkeit der Software und macht diese mangelhaft. Demgemäß ist von einer vollständigen, wenngleich mängelbehafteten Lieferung der gekauften Software auszugehen.

3. Fraglich könnte jedoch gleichwohl sein, ob eine **Ablieferung** i. S. d. § 377 Abs. 1 HGB stattgefunden hat. Insbesondere bei Software wird zum Teil auch die Ansicht vertreten, dass nicht bereits mit der Verbringung der Software in den Machtbereich des Käufers von einer Ablieferung ausgegangen werden kann, vielmehr soll erst eine Ablieferung zu einem späteren Zeitpunkt angenommen werden, und zwar dann, wenn von einem im Wesentlichen ungestörten Probelauf ausgegangen werden kann. Dieser Ansicht hat sich indessen der BGH nicht angeschlossen. Auch bei dem Kauf von Software gilt, dass die Kaufsache abgeliefert ist, wenn sie in einer ihre Untersuchung ermöglichenden Weise in den Machtbereich des Käufers gelangt ist. Für eine Sonderregelung bei dem Kauf von Software fehlt es an einer rechtlichen Grundlage. Im Übrigen besteht für eine Sonderregelung auch kein hinreichendes Bedürfnis. Zweifellos können Schwierigkeiten bei der Entdeckung von Mängeln insbesondere bei umfangreicher und differenzierter Software entstehen. Diesen Schwierigkeiten kann allerdings durch Hinausschieben des Zeitpunktes der Ablieferung in einer die Interessen des Käufers wahrenden Weise auch durch eine großzügige Bemessung der Untersuchungsfrist i. S. d. § 377 Abs. 1 HGB Rechnung getragen werden. Hinzu kommt, dass üblicherweise bei dem ersten Auftreten von Mängeln der Verkäufer im Einvernehmen mit dem Käufer die Fehler zu beseitigen versucht, was wiederum zu einer Hemmung des Laufs der Verjährungsfrist führt.

Dies führt dazu, dass im vorliegenden Fall von einer Ablieferung der Software i. S. d. § 377 Abs. 1 HGB an A am 15.07.2002 auszugehen ist. Zwar wurden dann in der Folgezeit bis zum 22.10.2002 noch Nachbesserungsarbeiten wegen verschiedener Fehler des Programms durchgeführt. Dies setzt jedoch voraus, dass zuvor entsprechende Mängelrügen von A erfolgt waren. Es kann zugunsten von A auch unterstellt werden, dass diese Mängelrügen rechtzeitig erhoben wurden. Die Nachbesserungsarbeiten waren aber am 22.10.2002 abgeschlossen und das Programm war - wenn auch eingeschränkt und mangelhaft - lauffähig. Jedoch war A **nach Abschluss der Nachbesserungsarbeiten** gehalten, die Kaufsache unverzüglich erneut zu untersuchen und etwa verbliebene oder auch neue Mängel ebenfalls **unverzüglich zu rügen**. Dies gilt im Übrigen auch wegen einer auch nach Beendigung der Nachbesserungsarbeiten evtl. fortbestehenden Mangelhaftigkeit der Software.

4. Fraglich ist daher, ob die mit Telefaxschreiben vom 11.12.2002 erfolgte erneute Mängelrüge von A noch als **unverzüglich** i. S. v. § 377 Abs. 1 HGB angesehen werden kann. Unverzüglich bedeutet zunächst ohne schuldhaftes Zögern. Im vorliegenden Fall liegen zwischen der Beendigung der Nachbesserungsarbeiten und der Mängelrüge etwa drei Wochen. Unter den gegebenen Umständen, d. h. Ablieferung der Software am 15.07.2002, Beseitigung von Mängeln und Abschluss der Nachbesserungsarbeiten am 22.10.2002, wäre die A gehalten gewesen, innerhalb weniger Tage die Funktionsfähigkeit der Software zu überprüfen. Dies hat sie hingegen offenkundig nicht getan, obschon die Mangelnachbesserungsarbeiten in der Zeit vom 15.07. bis 22.10.2002 Anlass genug gegeben hätten.

Dies führt dazu, dass die von G gelieferte Standardsoftware nach Maßgabe des § 377 Abs. 2 HGB „als genehmigt" gilt; in einem solchen Fall vermag sich A dann nicht mehr auf die Mangelhaftigkeit der Standardsoftware mit Erfolg zu berufen und dies dem Zahlungsanspruch der G entgegenzuhalten.

Ergebnis:

G hat gegen A einen Anspruch auf Zahlung der ausstehenden Kaufpreis-Raten in Höhe von insgesamt 75.000 € gem. §§ 433 Abs. 2 BGB, 343, 344 HGB.

14 Fensterbau mit Schwierigkeiten[18]

Die Fa. Holzkeil GmbH & Co. KG (H) könnte einen Anspruch gegen A, B, C und D gem. § 433 Abs. 2 BGB haben. Dies wiederum setzt voraus, dass Vertragspartner der Fa. H nicht evtl. eine andere Person, und zwar hier die Fa. ABCD-Fensterbau GmbH i. G., geworden ist.

---

[18] Nach OLG Jena, NJW-RR 2002, 970

Es ist allgemein anerkannt, dass sich eine Gesellschaft, die ursprünglich die Rechtsform der GmbH angestrebt hat und deren Eintragung in das Handelsregister jedoch endgültig gescheitert ist, sich im Nachhinein in eine OHG umwandelt, wenn sie ein Handelsgewerbe betreibt. Im vorliegenden Fall haben A, B, C und D als Gesamtschuldner ein Handelsgewerbe betrieben. Sie haben - mit der Absicht einer dauernden Gewinnerzielung - Baustoffe eingekauft und Fenster bzw. Fensterrahmen wiederverkauft und auch eingebaut. Das wiederum führt dazu, dass die von ihnen gegründete Gesellschaft von Anfang an als Offene Handelsgesellschaft (OHG) anzusehen ist.

Bei einer OHG haften die Gesellschafter dieser Gesellschaft persönlich, unbeschränkt und gesamtschuldnerisch, sodass die Fa. Holzkeil A, B, C und D gesamtschuldnerisch in Anspruch zu nehmen berechtigt ist.

Ergebnis:

H hat einen Zahlungsanspruch in Höhe von 50.000 € gegen A, B, C und D.

15   Die Herrenboutique in Wuppertal[19]

U könnte einen Anspruch gegen T persönlich gem. § 179 BGB als sog. falsus procurator haben. Voraussetzung für eine Haftung des Vertreters ohne Vertretungsmacht ist hingegen, dass ein Vertrag des Vertretenen (hier: T-Moden GmbH) mit dem Vertragspartner (hier: U) nicht zustande gekommen ist. Aus den Angaben im Sachverhalt geht hervor, dass T immer von seinem Geschäft gesprochen hat. Er hat den Auftrag für sein Geschäft erteilt. Unter diesen Umständen geht bei den sog. **unternehmensbezogenen Geschäften** der Wille der Parteien im Zweifel dahin, dass Vertragspartner die (vertretene) Firma bzw. der Betriebsinhaber der Firma wird. Das wiederum führt dazu, dass zunächst primär die Fa. T-Moden GmbH für die entsprechenden Forderungen von U haftet.

Fraglich könnte hingegen sein, ob nicht auch T persönlich **neben** der Fa. T-Moden GmbH nach Rechtsscheinsgrundsätzen - in entsprechender Anwendung des § 179 BGB - für die Forderungen von U zu haften hat. In Anwendung der Grundsätze der Rechtsscheinhaftung gem. § 242 BGB iVm §§ 5, 15 HGB bzw. § 4 GmbH-Gesetz könnte sich T so behandeln lassen müssen, als hafte er mit seinem Vermögen persönlich für die Schulden der Fa. T-Moden GmbH gegenüber U. Grundsätzlich ist derjenige, der in zurechenbarer Weise einen Rechtsschein veranlasst hat, weniger schutzwürdig als der auf den Rechtsschein redlich vertrauende Dritte. Wer den Anschein erweckt, persönlich mit seinem Vermögen zu haften, muss es sich gefallen lassen, gegenüber einem Dritten, der diesem Rechtsschein vertraut, auch so behandelt zu werden.

---

[19]   Nach LG Wuppertal, NJW-RR 2002, 178

Insofern ist zu berücksichtigen, dass sich T gegenüber S zunächst einmal als Herr T von „T-Moden" vorgestellt hat, ohne auf eine Haftungsbeschränkung in Gestalt der Firmierung einer GmbH aufmerksam zu machen. Dabei gilt es allerdings auch zu berücksichtigen, dass nicht allein auf mündliche Vertragsverhandlungen abgestellt werden kann. In mündlichen Absprachen wird regelmäßig zur Verdeutlichung des Namens auf etwaige Zusätze verzichtet, um nicht ggf. vom Wesentlichen abzulenken. Deshalb ist das Vertrauen des Empfängers einer Willenserklärung auf eine etwaige unbeschränkte Haftung **nicht geschützt**, solange dieser nichts Schriftliches in der Hand hat, auf das er sich ggf. berufen kann. Allein durch die Unterredung mit S hat T daher noch **keinen Rechtsschein** gesetzt, an dem er sich festhalten lassen müsste.

Weiterhin ist hingegen zu berücksichtigen, dass sich eine Rechtsscheinhaftung aber aus dem weiteren Auftreten von T gegenüber S dadurch ergeben könnte, dass T dem S eine Visitenkarte überreicht hat. Durch eben die Überreichung dieser Karte wurde der Rechtsschein erweckt, dass keine Haftungsbeschränkung vorliegt. Diese Karte ist jedenfalls nicht ausschließlich zu dem Zweck übergeben worden, dass die für die Werbezettel verwendete Schriftart von dieser Karte übernommen werden sollte. Dadurch wurde der Anschein einer unbeschränkten Haftung von T erweckt. Auf diese Visitenkarte durfte U auch vertrauen.

Ergebnis:

U hat einen Anspruch auf Zahlung der Rechnung in Höhe von 7.600 € gegen T gem. § 179 BGB.

16 Aufsichtsrat in Not[20]

A. Zulässigkeit einer Nichtigkeitsfeststellungsklage

Ein entsprechendes Nichtigkeitsfeststellungsklageverfahren wäre nur dann erfolgreich, wenn den Klägern (T, P und L) ein entsprechendes Rechtsschutzbedürfnis zur Seite steht. Möglicherweise könnte sich ein solches Rechtsschutzinteresse bereits aus dem persönlichen Interesse eines Aufsichtsratsmitglieds ergeben, sich von einem Beschluss dieses Organs (Aufsichtsrat) zu distanzieren und damit möglichen Regressansprüchen gem. § 116 AktG wegen der Mitwirkung an rechtswidrigem Organhandeln vorzubeugen. Dies kann aber im Ergebnis dahinstehen. Auf jeden Fall folgt das Feststellungsinteresse aus der Organstellung der Aufsichtsratsmitglieder und ihrer sich daraus ergebenden gemeinsamen Verantwortung für die Rechtmäßigkeit der von ihnen gefassten Beschlüsse. Ein Aufsichtsratsmitglied hat nicht nur das Recht und die Pflicht, die ihm im Rahmen

---

[20] Entsprechend BGHZ 135, 244 = NJW 1997, 1926 - ARAG/Garmenbeck

seiner Organtätigkeit zugewiesenen Aufgaben in Übereinstimmung mit den Anforderungen, die Gesetz und Satzung an die Erfüllung stellen, wahrzunehmen. Aus eben dieser Stellung ergibt sich auch das Recht, darauf hinzuwirken, dass das Organ, dem es angehört, seine Entscheidungen nicht im Widerspruch zu Gesetzes- und Satzungsrecht trifft. Kann es dieses Ziel im Rahmen der Diskussion und Entscheidungsfindung im Aufsichtsrat nicht erreichen, ist das einzelne Aufsichtsratsmitglied berechtigt, eine Klärung auf dem Klageweg anzustreben. Dementsprechend folgt das rechtliche Interesse an der Feststellung der Nichtigkeit des Aufsichtsratsbeschlusses aus der Stellung als Aufsichtsratsmitglied.

Ein derartiges Interesse an der Feststellung gerät auch nicht dadurch in Wegfall, dass die Hauptversammlung der AG noch keinen Beschluss darüber gefasst hat, Schadensersatzansprüche gegen das entsprechende Vorstandsmitglied geltend zu machen. Denn die Verpflichtung des Aufsichtsrats, das Bestehen von Schadensersatzansprüchen gegen ein Vorstandsmitglied zu prüfen, folgt aus der Funktion des Aufsichtsratsmandates, die gesamte Geschäftsführung des Vorstandes zu kontrollieren und ggf. die Gesellschaft gem. § 112 AktG gegenüber Vorstandsmitgliedern gerichtlich und außergerichtlich zu vertreten. Die Möglichkeit der Hauptversammlung, gem. § 147 Abs. 1 AktG über die Geltendmachung von Schadensersatzansprüchen gegenüber einem Vorstandsmitglied zu befinden, entbindet den Aufsichtsrat nicht von dieser **eigenverantwortlichen Prüfung**. Das Recht des einzelnen Aufsichtsratsmitglieds, die Rechtmäßigkeit der Entscheidung des Aufsichtsrats einer gerichtlichen Prüfung zu unterziehen, wird daher von der Möglichkeit der Beschlussfassung durch die Hauptversammlung gem. § 147 Abs. 1 AktG nicht berührt.

Im Übrigen ist das Feststellungsinteresse in Bezug auf das einzelne Aufsichtsratsmitglied auch von einer zwischenzeitlichen Klageerhebung der AG gegen das Vorstandsmitglied **unabhängig**.

B. Begründetheit einer Nichtigkeitsfeststellungsklage

T, P und L wollen sich gegen den Beschluss des Aufsichtsrats erfolgreich zur Wehr setzen, durch die der Aufsichtsrat die Einleitung von Schadensersatzansprüchen abgelehnt hat. Diese Beschlüsse könnten nichtig sein, wenn sie mit den entsprechenden einschlägigen Bestimmungen des AktG nicht in Einklang zu bringen sind. Auszugehen ist hierbei von den Regelungen in §§ 111, 112 AktG. Danach trifft den Aufsichtsrat die Pflicht, eigenverantwortlich das Bestehen von Schadensersatzansprüchen der Gesellschaft gegenüber Vorstandsmitgliedern zu prüfen und - soweit die Voraussetzungen gegeben sind - solche unter Beachtung des Gesetzes- und Satzungsrechts zu verfolgen. Diese Verpflichtung besteht - wie bereits dargestellt - unabhängig von der Möglichkeit der Hauptversammlung, von sich aus eine Rechtsverfolgung zu beschließen. Denn dieses der Hauptversammlung eingeräumte Recht dient allein dem Schutz der Aktionäre und befreit den Aufsichtsrat nicht von seiner Verpflichtung, im Rahmen des gesetzlichen Aufgabenkreises die Interessen der Gesellschaft in Eigenverantwortung sachgemäß wahrzunehmen. Erst dann, wenn die Hauptversammlung beschlossen hat, einen Schadensersatzanspruch zu verfolgen, **muss** der Aufsichtsrat (insoweit gem. § 147 AktG) diesen Beschluss umsetzen und die erforderlichen Maßnahmen ergreifen.

Zu diesem Zweck hat der Aufsichtsrat zunächst die zum Schadensersatz verpflichtenden Tatsachen in tatsächlicher sowie in rechtlicher Hinsicht festzustellen und eine Analyse des Prozessrisikos und der Beitreibbarkeit der Forderung vorzunehmen. Bei seiner Beurteilung, ob der festgestellte Sachverhalt den Vorwurf eines schuldhaft pflichtwidrigen Vorstandsverhaltens rechtfertigt, hat der Aufsichtsrat zu berücksichtigen, dass dem Vorstand bei der Leitung der Geschäfte des Gesellschaftsunternehmens ein weiter Handlungsspielraum zusteht, ohne den eine unternehmerische Tätigkeit schlechterdings nicht denkbar wäre. Dazu gehört neben dem bewussten Eingehen geschäftlicher Risiken grundsätzlich auch die Gefahr von Fehlbeurteilungen und Fehleinschätzungen, der jeder Unternehmensleiter, mag er auch noch so verantwortungsbewusst handeln, ausgesetzt ist. Eine Schadensersatzverpflichtung eines Vorstands kann folglich erst dann in Betracht kommen, wenn die Grenzen eines unternehmerischen Ermessensspielraumes überschritten sind und die Bereitschaft, unternehmerische Risiken einzugehen, in unverantwortlicher Weise überspannt worden ist oder das Verhalten des Vorstands aus anderen Gründen als pflichtwidrig gelten muss.

Ein Entscheidungsspielraum steht dem Aufsichtsrat dabei nicht zu. Die Haltbarkeit und Richtigkeit seiner Beurteilung der Erfolgsaussichten einer gerichtlichen Anspruchsverfolgung sind ggf. vor Gericht grundsätzlich voll nachprüfbar, da es bis hierher nicht um Fragen des Handlungs-, sondern allein des Erkenntnisbereichs geht. Führt also eine sorgfältige Prozessanalyse zu dem Ergebnis, dass der AG voraussichtlich Schadensersatzansprüche gegen ihr Vorstandsmitglied zustehen, kann sich auf der nächsten Stufe die Frage stellen, ob der Aufsichtsrat gleichwohl von der Anspruchsverfolgung absehen kann. Dies wird man nur ausnahmsweise dann annehmen können, wenn gewichtige Interessen und Belange der Gesellschaft dafür sprechen, den ihr entstandenen Schaden ersatzlos hinzunehmen. Ein derartiges Abstandnehmen von einer Rechtsverfolgung wird allerdings auch nur nach einer ausführlichen und sorgfältigen Interessenabwägung angenommen werden können. Dabei können Gesichtspunkte, wie z. B. negative Auswirkungen auf Geschäftstätigkeit und Ansehen der Gesellschaft in der Öffentlichkeit, Behinderung der Vorstandsarbeit und Beeinträchtigung des Betriebsklimas Bedeutung erlangen. Anderen Gesichtspunkten als denen des Unternehmenswohls, wie etwa der Schonung eines verdienten Vorstandsmitglieds oder dem Ausmaß der mit der Beitreibung für das Vorstandsmitglied und seine Familie verbundenen sozialen Konsequenzen, darf nur in Ausnahmefällen Raum gegeben werden. Ein solcher Ausnahmefall kann z. B. dann in Betracht kommen, wenn auf der einen Seite das pflichtwidrige Verhalten nicht allzu schwer wiegt und die der Gesellschaft zugefügten Schäden verhältnismäßig gering sind, auf der anderen Seite jedoch einschneidende Folgen für das ersatzpflichtig gewordene Vorstandsmitglied drohen.

Dies vorausgeschickt ergibt sich die Schlussfolgerung, dass die Verfolgung von Schadensersatzansprüchen gegenüber einem Vorstandsmitglied die Regel sein muss. Der Verzicht auf eine Anspruchsverfolgung stellt die Ausnahme dar. Derlei Ausnahmetatbestände sind hingegen im vorliegenden Sachverhalt nicht erkennbar.

Ergebnis:

Eine von T, P und L geplante Nichtigkeitsfeststellungsklage ist zulässig und auch begründet.

17 Der Einkaufsgutschein als Quelle unternehmerischen Wohlwollens[21]

R könnte einen Anspruch auf Unterlassung gegen B (gerichtlich) geltend machen, wenn die entsprechenden Voraussetzungen vorliegen.

Zwischen B und R liegt ein Wettbewerbsverhältnis vor. Beide sind auf dem gleichen (Versandhandels-) Sektor wirtschaftlich/gewerblich tätig. Im Übrigen ist das von R beanstandete Verhalten von B auch als ein Handeln im geschäftlichen Verkehr anzusehen. Fraglich ist jedoch, ob auch die weitere Voraussetzung des § 3 UWG, die Unlauterkeit der Werbung, zu bejahen ist. Insofern käme als Fallgruppe das übertriebene Anlocken in Betracht.

Bei der Beurteilung des Unterlassungsanspruchs von R ist zu berücksichtigen, dass sich die Rechtslage infolge des Wegfalls des Rabattgesetzes geändert hat. Daher ist die Frage der Unlauterkeit ausschließlich nach § 3 UWG zu beurteilen. Dabei ist die in Form eines Einkaufsgutscheins über 5 € gewährte Vergünstigung der Sache nach als ein Preisnachlass bei einem Wareneinkauf anzusehen. Die Anlockwirkung, die von einer besonders günstigen Preisgestaltung ausgeht, ist jedoch niemals wettbewerbswidrig, sondern gewollte Folge des Leistungswettbewerbs. Eine das zulässige Maß übersteigende Werbung kann zwar in eng begrenzten Einzelfällen - insbesondere, wenn ein Teil eines Angebots unentgeltlich gewährt werden soll - gegeben sein, sofern von der Vergünstigung eine derart starke Anziehungskraft ausgeht, dass der Kunden davon abgehalten wird, sich mit dem Angebot der Mitbewerber zu befassen. Von einem die Wettbewerbswidrigkeit begründenden übertriebenen Anlocken kann jedoch nur dann ausgegangen werden, wenn auch bei einem verständigen Verbraucher aus-

---

21 Nach BGH NJW 2003, 3632 = WRP 2003, 1428 = GRUR 2003, 1057

nahmsweise die Rationalität der Nachfrageentscheidung völlig in den Hintergrund gedrängt wird. Davon kann jedoch bei einer Preisvergünstigung von 5 € auf alle Waren nicht ausgegangen werden. Dies gilt auch unabhängig davon, an welche Verkehrskreise sich das Angebot richtet.

Es könnte allerdings wettbewerbswidrig sein, wenn dem Verbraucher für den Fall des Erwerbs einer Ware oder der Inanspruchnahme einer Leistung Vergünstigungen versprochen werden und dies in einer Weise geschieht, dass die Kunden über den tatsächlichen Wert des Angebots getäuscht oder doch unzureichend informiert werden. Davon ist jedoch vorliegend nicht auszugehen.

Ergebnis:

R hat keinen Unterlassungsanspruch gem. § 3 UWG gegen B.

18 Kein Bier im Regenwald[22]

Ein Anspruch der L gegen K auf Unterlassung der genannten Werbung zu Ziff. 1. - 6. könnte sich aus § 3 UWG ergeben. Insofern könnte die Fallgruppe des sog. Kundenfangs unter dem Aspekt des „psychischen Kaufzwangs" bzw. der „gefühlsbetonten Werbung" einschlägig sein; darüber hinaus käme auch eine unzulässige Koppelung zweier Leistungen bzw. der Verstoß gegen das Transparenzgebot in Betracht.

Die Verknüpfung eines sozialen Anliegens mit der Werbung für eine Ware ist nur dann wettbewerbswidrig, wenn im Einzelfall konkret eine Verfälschung des Leistungswettbewerbs festgestellt werden kann, dies insbesondere dadurch, dass der Kunde aufgrund der Intensität der Werbung von Konkurrenzangeboten abgelenkt wird. Eine derartige Beeinträchtigung des Leistungswettbewerbs ist indessen nicht erkennbar.

Im Übrigen erreichen den potentiellen Käufer die dargestellten Fernsehwerbespots bzw. die Prospektwerbung nicht in einer Situation, in der sich auf Käuferseite ein Kaufzwang bilden kann.

Fraglich ist hingegen, ob ein unzulässiges Koppelungsangebot gegeben ist. Nach Maßgabe der Rechtsprechung des BGH können zwar grundsätzlich zwei Leistungen miteinander verkoppelt werden. In einem derartigen Fall darf hingegen die Transparenz eines Angebotes nicht verloren gehen. Von daher ist im Rahmen einer Missbrauchskontrolle zu beurteilen, ob durch die Verbindung von zwei Leistungen der Wert der Gesamtleistung für den Kunden noch durchsichtig bleibt. Dies gilt auch,

---

[22] OLG Hamm, NJW 2003, 1745 = WRP 2003, 396 = GRUR 2003, 975 sowie LG Siegen, GRUR-RR 2003, 379

wenn eine Ware mit einer sonstigen Leistung, insbesondere mit einer Sponsoring-Leistung verknüpft wird. Das wiederum führt dazu, dass im Rahmen der Werbung die Sponsoring-Leistung genau umrissen werden muss, damit der Kunde letztlich noch weiß, welche Geldleistung der von ihm erworbenen Ware noch entspricht. Aus diesem Grund wird eine volle Transparenz im Sinne der Rechtsprechung des BGH nur dann erreicht, wenn zugleich dargelegt wird, welcher Betrag vom Entgelt für die gekoppelte Ware für den umworbenen Zweck abgeführt wird. Zwar wird im Rahmen der dargestellten Werbung deutlich gemacht, dass mit jedem verkauften Kasten Kornbecher-Bier eine Spende in die Regenwald-Stiftung des WWF fließt. Wenngleich eine unmittelbare Verknüpfung zwischen dem gekauften Kasten Bier und dem Schutz eines Quadratmeters Regenwald hergestellt wird, so bleibt doch unklar, in welcher Weise dieses Bild vom quadratmeterweisen Schutz des Regenwaldes herbeigeführt werden soll. Durch die vorstehende Werbung, insbesondere zu Ziff. 1. - 3. wird bei dem Kunden hingegen der Eindruck erweckt, mit dieser Spende von jedem verkauften Kasten Bier sei der Schutz eines Quadratmeters Regenwald verbunden. Auf diese Weise wird die Vorstellung einer besonders effektiven Hilfeleistung hervorgerufen; tatsächlich bleibt aber für den Verbraucher unklar, auf welche Weise K in dieser Werbung zu Ziff. 1. - 3. den quadratmeterweisen Schutz des Regenwaldes gewährleisten will bzw. kann. K verspricht eine zielgerichtete, konkrete Verwendung der einzelnen Spende, ohne dieses Versprechen tatsächlich auch einzulösen.

Andererseits ist anzumerken, dass lediglich diejenigen Aussagen bedenklich sind, die nicht lediglich allgemein für das Regenwald-Projekt werben und über die Aktivitäten der Regenwald-Stiftung des WWF informieren. Wettbewerbswidrig wegen Verstoßes gegen das Transparenzgebot sind nur die Aussagen zu Ziff. 1. - 3., welche eine Verknüpfung zwischen dem Kauf eines Kasten Biers und dem Schutz eines Quadratmeters Regenwald herstellen.

Ergebnis:

Vor diesem Hintergrund würde ein Antrag der Fa. L auf Erlass einer einstweiligen Verfügung, gerichtet auf Unterlassung der Werbemaßnahmen zu Ziff. 1. - 3. Aussicht auf Erfolg haben, im Übrigen hingegen erfolglos bleiben.

19 Schwer auf Draht[23]

T könnte einen Anspruch gegen D auf Unterlassung und Schadensersatz gem. § 14 Abs. 2 Ziff. 2 iVm § 14 Abs. 3 Ziff. 2, 3, 4, 5 iVm § 14 Abs. 5, 6 MarkenG zustehen.

---

[23] BGH NJW-RR 2004, 550

Die von geltend gemachten Ansprüche sind davon abhängig, dass eine **Verwechslungsgefahr** i. S. d. § 14 Abs. 2 Ziff. 2 MarkenG besteht. Diese Frage ist unter Berücksichtigung aller Umstände des Einzelfalls umfassend zu beurteilen. Dabei ist regelmäßig von einer Wechselwirkung der maßgeblichen Faktoren auszugehen. Das wiederum bedeutet, dass die Frage der Ähnlichkeit der Waren/Dienstleistungen sowie der Marken und die Kennzeichnungskraft der Klagemarke derart in Zusammenhang zu bringen ist, dass ein hoher Grad der Warenähnlichkeit ebenso einen geringen Grad der Ähnlichkeit der Marken auszugleichen vermag wie eine hohe Kennzeichnungskraft oder umgekehrt. Für die Frage einer Verwechslungsgefahr bzw. einer hinreichenden Ähnlichkeit der Marken kann nicht nur auf die klangliche Nähe der Marken abgestellt werden. Vielmehr ist der Sachverhalt bei einer behaupteten Verwechslungsgefahr i. S. d. § 14 Abs. 2 Ziff. 2 MarkenG auszuschöpfen. Der Begriff „online" gehört auf dem vorrangig in Rede stehenden Geschäftsfeld der Telekommunikation zum allgemeinen Wortschatz. Schon aus diesem Grund könnte daher für den Rechtsverkehr Anlass bestehen, die beanstandete Bezeichnung „DONLINE" im Telekommunikationsbereich dementsprechend mehr oder weniger deutlich getrennt auszusprechen.

Ebenso ist zu berücksichtigen, dass auch die Bekanntheit der Klagemarke „T-Online" den Verkehr bei der Aussprache des Zeichens ebenfalls mit einem vorangestellten Buchstaben und online gebildetem Zeichen „DONLINE" im Bereich der Telekommunikation beeinflussen kann. Auch bei der Beurteilung der Aussprache einer von der bekannten Marke nur unwesentlich abweichenden Lautfolge einer Kennzeichnung muss in Betracht gezogen werden, dass die bekannte Marke gewissermaßen „stilbildend" auf die Gewohnheiten einwirken kann.

Ebenso ist zu berücksichtigen, dass die kraft Benutzung gesteigerte Kennzeichnungskraft bei der Beurteilung der Verwechslungsgefahr sich grundsätzlich auf den Geschäftsbereich beschränkt, in dem sie erworben worden ist.

All dies vorausgeschickt besteht eine markenrechtliche Verwechslungsgefahr i. S. d. § 14 Abs. 2 Ziff. 2 MarkenG, soweit D und T auf den gleichen Geschäftsfeldern tätig sind, mithin u. a. Telekommunikation und Datenverarbeitung. Etwas anderes gilt hingegen für Datenverarbeitungsgeräte bzw. Registrierkassen und Rechenmaschinen. Hier ist nicht davon auszugehen, dass es zu konkurrierender Tätigkeit und damit auch zu einer Verwechslungsgefahr kommt.[24]

---

[24] Ungeachtet der markenrechtlichen Ausgangssituation bestünde ggf. noch die Möglichkeit, wettbewerbsrechtliche Ansprüche zwischen den Parteien unter dem Gesichtspunkt der Beeinträchtigung oder Ausnutzung der Wertschätzung einer Marke zu finden, vgl. BGH NJW 2004, 600 = GRUR 2004, 235 - Davidoff II; im Ausgangsfall ist jedoch ausdrücklich nicht nach solchen Ansprüchen gefragt worden.

20 Der Makel des Tabernakel[25]

L könnte ggf. einen Unterlassungsanspruch bzw. Schadensersatzanspruch nach Maßgabe des § 97 UrhG geltend machen. Dies würde dann allerdings voraussetzen, dass die Kirchengemeinde ein urheberrechtlich geschütztes **Werk** ist. Die räumliche Anordnung von einem Altar, einem Tabernakel, einem Ambo und einer Marienstatue im Chorraum und im Seitenschiff einer Kirche ist kein urheberrechtliches Werk. Bei der Beurteilung der Frage nach der urheberrechtlichen Qualität eines Werkes und der damit verbundenen geistigen Schöpfung ist maßgeblich auf die Auffassung der für Kunst empfänglichen und mit Kunstanschauung einigermaßen vertrauten Verkehrskreise abzustellen. Ein durchschnittlich künstlerisch gebildeter und für Kunst empfänglicher Betrachter wird in der räumlichen Anordnung von Altar, Tabernakel, Ambo und Marienstatue einen künstlerischen Aussagegehalt im Sinne eines ästhetisch-geistigen Zusammenwirkens dieser einzelnen Elemente nicht erkennen. Eine Beziehung als Gruppe mit einer eigenen Aussagekraft erschließt sich einem kunstsinnigen Betrachter nicht. Ein solcher richtet sein Interesse vielmehr ausschließlich auf die künstlerische Gestaltung von Einzelelementen. Daran ändern auch etwaige, der Anordnung zugrunde liegende theologische Überlegungen nichts.

Selbst dann, wenn man einmal davon ausgehen wollte, dass es sich gleichwohl um ein urheberrechtlich geschütztes Werk handelt, wären die von der Kirchengemeinde vorgenommenen Änderungen in der Gruppierung auf der Grundlage einer Interessenabwägung zulässig. Denn die religiösen und liturgischen Bedürfnisse von Gemeindemitgliedern einer Kirchengemeinde haben nicht ohne Weiteres hinter dem Interesse an einer Erhaltung eines von einer anderen Person geschaffenen Zustands (gestalterische Anordnung von Altar, Tabernakel, Ambo und Marienstatue) zurückzutreten.

Ergebnis:

L kann keine urheberrechtlichen Ansprüche gegen die Kirchengemeinde geltend machen.

---

[25] OLG Karlsruhe, NJW 2004, 608

Stichwortverzeichnis